Managementwissen
für Studium und Praxis

Herausgegeben von
Professor Dr. Dietmar Dorn und
Professor Dr. Rainer Fischbach

Volkswirtschafts- lehre II

Volkswirtschaftstheorie und -politik

Von

Professor Dr. Dietmar Dorn

und

Professor Dr. Rainer Fischbach

R. Oldenbourg Verlag München Wien

Die Deutsche Bibliothek - CIP-Einheitsaufnahme

Dorn, Dietmar:
Volkswirtschaftslehre / von Dietmar Dorn und Rainer
Fischbach. - München ; Wien : Oldenbourg
(Managementwissen für Studium und Praxis)
NE: Fischbach, Rainer:

2. Volkswirtschaftstheorie und -politik. - 1995
ISBN 3-486-22927-3

Gesamtherstellung: R. Oldenbourg Graphische Betriebe GmbH, München

ISBN 3-486-22927-3

Vorwort

Nach der "Volkswirtschaftslehre I", die Grundlagen und elementare Denkweisen der modernen Nationalökonomie behandelt, bietet die "Volkswirtschaftslehre II" den Einstieg in die Wirtschaftspolitik. Ohne vollständig zu sein, werden die wichtigen und aktuellen wirtschaftspolitischen Problemfelder, wie u.a. Inflation, Geld und Kredit, Zentralbankpolitik, Wechselkurse, Zahlungsbilanz, Außenwirtschaft und Hemmnisse im Außenhandel, analysiert.

Methodisch ist das Werk so aufgebaut, daß zunächst die notwendigen theoretischen Grundlagen vorgestellt und anschließend die wirtschaftspolitischen Konsequenzen erörtert werden. Wie in der "Volkswirtschaftslehre I" wird eine Sprache gewählt, die zwar die Fachbegriffe der Wirtschaftswissenschaften mit verwendet, diese aber ausreichend erklärt und somit den Stoff leichter erschließt. Dem besseren Verständnis dienen ebenfalls die zahlreichen Übersichten, graphischen Darstellungen und Beispiele aus der Praxis der Wirtschaftspolitik.

Die "Volkswirtschaftslehre II" wendet sich an Studierende der Wirtschaftswissenschaften an Universitäten und Fachhochschulen. Aufgrund des realitätsorientierten Konzepts spricht das Buch auch den Praktiker im Beruf und alle in Aus- und Weiterbildung Stehenden an.

Inhalt

1 Einführung

1.1 Geld

Heutige Volkswirtschaften sind, von Zeiten eines vorübergehenden Verfalls abgesehen (z.B. in Kriegs- oder Nachkriegsperioden), Geldwirtschaften. Dieses Faktum gilt in ganz besonderem Maße für Marktwirtschaften, es gilt aber auch für Planwirtschaften.

D.h. neben den realen, konkreten ökonomischen Phänomenen wie Produktion, Technik, Natur, Bodenschätze steuern Geldvorgänge immer deutlicher unseren Wirtschaftsablauf. Es erscheint uns selbstverständlich zu sein, daß ein Arbeitnehmer (ein privater Haushalt) seine Faktor-(Arbeits-)leistung gegen Bezahlung von Geld an eine Unternehmung verkauft. Mit diesem bezogenem Geld (Einkommen) kauft sich der Haushalt all die Waren und Dienste, die er benötigt.

Man kann jedes ökonomische Stichwort nehmen wie Darlehen, Investition, Sparen, Produzieren, Kalkulieren, Planen, Import und Export, Wechselkurs usw., immer ist es irgendwie mit "Geld" verbunden.

Unser Anliegen besteht somit darin, zu klären, was für eine Aufgabe und Bedeutung das Geld in modernen Volkswirtschaften hat. Dabei gehen vom Geld nicht nur positive Wirkungen aus, vielmehr kann es eine Wirtschaft in ein Chaos führen (Inflation). Schließlich ist zu berücksichtigen, daß man Geldphänomene nicht nur logisch rationell erfassen kann, vielmehr psychologisch bedingte emotionelle Faktoren auch eine Rolle spielen.

1.1.1 Herkunft des Geldes

Zunächst ist in diesem Zusammenhang die Frage zu klären, woher dieses heute so wichtige Medium kommt, d.h. woraus sich das Geld entwickelt hat.

Übereinstimmend ist die Wissenschaft dazu der Auffassung, daß der *rationalistische Erklärungsversuch für die Entstehung des Geldes nicht zutrifft* (obwohl diese Auffassung schon Aristoteles ca. 350 v. Chr. vertreten hat). Dies bedeutet, Geld ist *nicht* irgendwann von irgend jemandem erfunden worden. Vielmehr ist Geld eine soziologische Kategorie, d.h. was wir als Geld bezeichnen, gehört (von wenigen Ausnahmen abgesehen) zur menschlichen Entwicklung und hatte in seinen ersten Urformen keinen primären wirtschaftlichen Bezug, wobei hier gleichzeitig eine Reihe von Wurzeln parallel wirkten.

Erste Wertvorstellungen (d.h. die Unterscheidung der Dinge entsprechend einer Werteskala) entwickelten die Menschen in grauer Vorzeit in Bezug zum Überirdischen, zur Gottheit. Dies drückt sich u.a. in den kultischen Handlungen, in den *Opfergaben* aus. Als Opfergabe kamen nur als wertvoll betrachtete Dinge in Frage, um die Gottheit günstig zu stimmen (sog. sakrales Geld). Oder, wenn die verschiedenen Stämme oder Völkerschaften miteinander friedlich in Kontakt traten, so war es üblich, gegenseitig *Gastgeschenke* auszutauschen. Dafür kamen nur Dinge in Frage, die beide Seiten als wertvoll ansahen. Eine weitere Wurzel erblickt man im menschlichen Urtrieb des Sammelns, *des Schatzbildens*, des Anlegens eines Hortes. Der Besitz eines Schatzes brachte in der Gemeinschaft eine entsprechende soziale Stellung (sog. Prestige-, Protz-, Prunkgeld).

Für all diese Vorgänge verwendete man Dinge, die man als besonders wertvoll in Relation zu anderen Dingen ansah, d.h. in den verschiedenen Kulturkreisen entwickelte sich der Gebrauch von Waren, die sich besonderer Wertschätzung erfreuten, die man (heute rückblickend) als erste Formen des Geldes bezeichnet (sog. **Warengeld**). Dabei haben schon viele Waren als Geld gedient, z.B. Nahrungsmittel (Reis, Olivenöl, Salz, Mais), oder Waffen (Speerspitzen, Messer, Säbel, Pulver, Flinten), Kleidungsstücke (Leder, Felle, Baumwolle, Seide), Vieh, Sklaven, Metalle (Kupfer, Silber, Gold). So zeigt dies z.B. die etymologische Ableitung des Wortes Pfennig vom Lateinischen pannus (Stück Tuch), oder Rupie kommt von rupa = Viehherde.

Daneben wurden in verschiedenen Kulturen aber auch bereits Waren als Geld verwendet, die selbst nur geringwertig waren, d.h. das Geld nimmt hierbei einen (fast) abstrakten Charakter an, es ist nur (noch) Maßstab für den Warenaustausch, es ist Recheneinheit. So galten auf der Insel Yap im Stillen Ozean große Mühlsteine als Geld, bei den Kwakiutl-Indianern zeremonielle Strohmatten, in Dahomey Kauri-Schnecken.

Wenn man jemanden als den Erfinder des Geldes bezeichnen möchte, so kommt dies *den Sumerern* (ca. 3.100 - 2.000 v. Chr.) zu. Bei den Sumerern ist eine deutlich wirtschaftliche Verwendung des Warengeldes gegeben (d.h. eine Loslösung von den ursprünglichen Wurzeln). Als Bezugsgröße für Geld und Geldpreise wählten sie die Edelmetalle Gold und Silber. Wobei Gold und Silber aber nicht im Umlauf waren, sondern im Tempel aufbewahrt wurden. Die Priester setzten die Tauschwerte der Güter (= deren Preise) in Einheiten der beiden Edelmetalle fest und bestätigten diese

Preise auf Tontäfelchen. Eine insgesamt sehr modern anmutende Form der Geldwirtschaft.
Im Laufe der Zeit wurde aus der Fülle des Warengeldes eine Form besonders bevorzugt, die sich für die Tauschvorgänge bestens eignete, nämlich Metallstücke, besonders aus Edelmetallen. D.h. jetzt wurden diese Edelmetallstücke wie "Geld" in Zahlung gegeben und angenommen. Der Zahlungsverkehr damit war jedoch schwierig, man mußte die Metallstücke nachwiegen und auf ihre Reinheit prüfen.
Ein großer Fortschritt war somit die Verwendung der **Geldmünzen als Geld**. Münzen sollen ca. 700 v. Chr. von den Lydern (Kleinasien) zum ersten Mal verwendet worden sein. Durch das Einprägen des königlichen Siegels wurde das Gewicht und der Feingehalt der Metallstücke garantiert (vollwertige Kurantmünzen). Der Warenaustausch wurde dadurch erheblich erleichtert, so daß sich diese Geldart sehr schnell verbreitete.

1.1.2 Geldarten

Die Geldarten, d.h. die verschiedenen Erscheinungsformen, in denen uns das Geld gegenübertreten kann, teilt man überwiegend in das *Warengeld* und das *Kreditgeld* (= *abstraktes Geld)* ein.

Das **Warengeld** ist uns bereits bei der Erörterung der Herkunft des Geldes begegnet. Über einen langen Entwicklungsprozeß tritt es uns schließlich als Münze, und zwar als vollwertig ausgeprägte Edelmetallmünze (Kurantmünze) gegenüber.
Das entscheidende Charakteristikum des Warengeldes als Kurantmünze besteht darin, daß der aufgeprägte Geldwert der Münze identisch mit dem Waren = Metallwert der Münze ist. Dies bedeutet, jede Kurantmünze hatte einen Wert an sich (nämlich seinen Metall-Warenwert), das Geld war in seiner Existenz an sich wertvoll. Denn man konnte sich entschließen, eine Kurantmünze nicht mehr als Geld zu betrachten, sondern sie als Ware anzusehen und z. B. einzuschmelzen.
Heute noch vorhandene Geldmünzen sind (von Ausnahmen abgesehen, z.B. altes silbernes Fünfmarkstück) grundsätzlich sog. *Scheidemünzen.* D.h. sie sind unterwertig ausgeprägte Münzen (der aufgeprägte Wert ist höher als der Substanz = Metallwert). Die letzte Form eines heute noch vorhandenen Warengeldes sind somit unsere Scheidemünzen.

Das **Kreditgeld** als abstraktes Geld zeichnet sich dadurch aus, daß es uns nicht mehr als Ware gegenübertritt (es wurde seiner Warenfunktion entkleidet). Dies bedeutet,

daß das Kreditgeld keinen Wert mehr an sich (als Ware) hat, d.h. es kann nicht mehr gleichzeitig als Ware verwendet werden. Das Kreditgeld ist nur solange Geld bzw. es kann seine Aufgaben als Geld nur solange erfüllen, soweit es die sog. Geldfunktionen ausüben kann (siehe nächsten Abschnitt).
Das Kreditgeld begegnet uns zunächst als Banknote (man kann es als Stoff zwar noch physisch nehmen, aber es handelt sich dabei um einen wertlosen Stoff, um ein Stück Papier) und als Giralgeld (das uns nicht einmal mehr als ein Stück Papier gegenübertritt).

Die **Banknote** (das Papiergeld, das Notengeld) hat verschiedene historische Wurzeln. In China soll es viele Jahrhunderte v. Chr. das erste Papiergeld gegeben haben. Zur Zeit Marco Polos (ca. 1.200 n. Chr.) waren Banknoten in China bereits üblich. Vorläufer sind auch im antiken Griechenland zu finden. Unsere heutigen Banknoten haben sich im wesentlichen seit dem 13. Jh. n. Chr. aus einem Handelsgebrauch der Kaufleute entwickelt. Da es sehr unbequem und auch gefährlich (Straßenräuber, Raubritter) war, auf langen Handelsreisen große Mengen von Münzgeld mitzuführen, entwickelte sich zunächst in Oberitalien die Sitte, in der Heimatstadt bei einer Bank, einem Geldwechsler oder auch Goldschmied (z.B. in England) Münzen zu hinterlegen und sich dafür eine Bescheinigung (sog. Depotscheine) ausstellen zu lassen. Bei einem befreundeten Geldwechsler (oder einer Bank) am Reiseziel wurde der Hinterlegungsschein dann in die entsprechende Menge an Münzen ausgezahlt. Da diese Geschäfte in beiden Richtungen durchgeführt wurden, mußten die Banken lediglich von Zeit zu Zeit eine Art Clearing der Salden vornehmen.
Im Laufe der Zeit wurde es üblich, das Umtauschen zu unterlassen und mit den Depotscheinen direkt zu bezahlen (die Depotscheine mußten jetzt entweder auf den jeweiligen Inhaber lauten oder mit einem Indossament versehen sein). Man verließ sich darauf, im Bedarfsfall einen Umtausch in Münzen (= dem "eigentlichen" Geld) vornehmen zu können.
Eine entscheidende Weiterentwicklung (zum eigentlichen Kreditgeld) ergab sich, als die Banken und Geldwechsler mehr Depotscheine ausgaben als bei ihnen Münzen hinterlegt waren (sie hatten festgestellt, daß nur ein kleiner Teil immer bar umgewechselt wurde, somit auch bei mehr Depotscheinen den Umtauschwünschen nachgekommen werden konnte - eine deutliche Parallele zur Gegenwart). Erst im letzten Drittel des 19. Jh. wurde das Recht, derartige Banknoten auszugeben, von den Privatbanken als alleiniges Recht auf den Staat übertragen (Notenmonopol). So wurden z.B. in Deutschland erst am 01.01.1910 sog. Reichsbanknoten eingeführt. Diese konnten wie die alten Depotscheine jederzeit in Goldmünzen (= alleiniges gesetzli-

ches Zahlungsmittel) eingetauscht werden (= sog. unechtes Papiergeld). Erst am 04.08.1914 (Beginn des 1. Weltkrieges) wurde dieses Umtauschrecht (sog. Konvertibilität) aufgehoben. Somit erlangte erst jetzt die Banknote als Geld ihre heutige Bedeutung.

Das **Buch- bzw. Giralgeld** hat ebenfalls eine Reihe historischer Ahnen. In der heutigen Erscheinung dürfte es sich auf niederländische Banken und Kaufleute und die Hanse im 17. Jh. zurückführen lassen, die damals bereits einen bargeldlosen Zahlungsverkehr aufgebaut hatten. Giralgeld als Geld existiert nur noch als Buchungsvorgang durch Gutschriften/Belastungen auf den Konten der Banken und wird nur durch den Kontoauszug sichtbar.
Giralgeld ist dabei eine (nicht verbriefte) Forderung als sog. Sichteinlage auf dem Girokonto eines Kreditinstitutes (und der Zentralnotenbank). Diese Forderungen können jederzeit (= auf Sicht) in die gesetzlichen Zahlungsmittel = Banknoten umgewandelt werden oder durch Scheck und Überweisung auf andere Wirtschaftssubjekte übertragen werden (man sehe die starke Ähnlichkeit der Einlösung von Depotscheinen in Münzen). Kurz: Giralgeld ist das Guthaben von Nichtbanken bei Banken.
Giralgeld der heutigen Art entstand 1868 durch die Kreditgenossenschaften, die einen überregionalen Überweisungs- und Giroverkehr aufbauten. Banken und Sparkassen folgten bald nach. Die entscheidende Bedeutung gewann diese Geldart erst nach dem 2. Weltkrieg.
Durch die Verwendung der EDV im Kreditwesen (sog. *Computergeld*) hat sich lediglich die Erscheinungsform des Giralgeldes gewandelt. Es wird jetzt nicht mehr wie früher durch Buchungsbelege (= Buchgeld) repräsentiert, sondern in der EDV durch deren technische Möglichkeiten abgespeichert.

Heute bestehen somit drei Geldarten nebeneinander, die Münzen (letzte Form des Warengeldes), die Banknoten und das Giralgeld. Die folgende Abbildung, Abb. 1-1, zeigt die Entwicklung dieser drei Geldarten in der BRD.

Neben den Geldarten gewinnen sog. **Geldsurrogate** (near-money, geldnahe Titel) eine wachsende Bedeutung. Es handelt sich dabei um verbriefte oder nicht verbriefte Forderungen in Geld, die jederzeit oder nach bestimmten Fristen in Geld umgewandelt werden können oder mit deren Hilfe man Geld bewegen kann. Es sind dies Termin- und Spareinlagen, aber auch Geld- und Kapitalmarktpapiere und die Kreditkarten.

Geldarten	1970		1980		1990	
	Mio DM	%	Mio DM	%	Mio DM	%
Scheidemünzen Banknoten	3.008 36.480	2,8 33,7	7.461 83.730	2,9 32,5	12.781 166.909	2,2 28,6
= Bargeld	39.488	36,5	91.191	35,4	179.690	30,8
Giralgeld	68.731	63,5	166.144	64,6	404.648	69,2
= Geldvolumen als M_1	108.219	100,0	257.335	100,0	584.338	100,0

Abb.: 1-1: Entwicklung der Geldarten in der BRD

1.1.3 Geldfunktionen

Wie wir gesehen haben, kann uns Geld in ganz verschiedenen Formen (= Geldarten) begegnen. Somit ist zu klären, was vorhanden sein muß, damit ein bestimmtes Medium als Geld bezeichnet werden kann, es ist das *Wesen des Geldes* festzulegen.
Früher wurde über diese Frage lange diskutiert. Heute sagt man, das Wesen des Geldes ist durch seine Funktionen bestimmt. D.h. wenn ein Medium eben diese Geldfunktionen erfüllt, dann handelt es sich ökonomisch um Geld (unabhängig von der juristischen Definition).
Wichtig sind hierbei drei Funktionen: Geld muß allgemeines Tauschmedium, Recheneinheit und Wertaufbewahrungsmittel sein.

Vor allem die **Tauschmittelfunktion** ist eine Eigenschaft, ohne die eine moderne, arbeitsteilige Volkswirtschaft nicht funktionieren würde. In einer Naturaltauschwirtschaft (d.h. einer Wirtschaft ohne Geld) ist nur ein umständlicher direkter Tausch möglich. Will ein Wirtschaftssubjekt ein Gut A erwerben und dafür ein Gut C hergeben (eintauschen), so setzt dies eine umständliche Suche nach einem Wirtschaftssubjekt voraus, welches das Gut A hergeben und genau dafür das Gut C akzeptieren würde. Durch das Geld als allgemeines Tauschgut wird dieser Vorgang in zwei Tauschakte zerlegt. Zunächst erfolgt der Verkauf des Gutes A an ein beliebiges Wirtschaftssubjekt gegen Hergabe von Geld = dem allgemeinen Tauschmittel (dieses Wirtschaftssubjekt findet sich erheblich leichter, da dafür alle Interessenten für das Gut A in Betracht kommen). Mit dem erworbenen Geld kann dann völlig unabhängig von einem anderen Wirtschaftssubjekt das (eigentlich gewünschte) Gut C erworben werden. Allg. Tauschmittel heißt somit, daß sich das Geld zwischen die eigentlichen

Tauschwünsche schiebt, dadurch aber den Austausch erheblich erleichtert. Der direkte Tausch geht in den indirekten über.
Die Funktion als allgemeines Tauschmittel kann Geld nur dann erfüllen, wenn es überall beim Kauf akzeptiert wird (= Massengewohnheit der Annahme). Dazu reicht es nicht aus, daß der Staat sagt, dieses Geld ist gesetzliches Zahlungsmittel. Vielmehr ist entscheidend, daß man die Gewißheit hat, mit diesem Geld kann man sich wieder alle Waren kaufen. So kann z.B. in Zeiten hoher Inflationsraten Geld als gesetzliches Zahlungsmittel nicht die Massengewohnheit der Annahme durchsetzen. Hier übernehmen häufig andere Güter die Funktion des allgemeinen Tauschmittels (z.B. nach dem 2. Weltkrieg die sog. Zigarettenwährung).

Die Funktion als **allgemeine Recheneinheit** ist ein ebenso wichtiger Bestandteil einer arbeitsteiligen Volkswirtschaft. Durch die allgemeine Recheneinheit des Geldes ist es möglich, den Wert aller Güter, Forderungen, Verbindlichkeiten usw. in Einheiten einer Bezugsgröße (eben in Geld) auszudrücken und auf diese Weise vergleichbar zu machen.
Wie umständlich eine Wirtschaft ohne Geld, d.h. ohne allgemeines Wertausdrucksmittel wird, zeigt sich, wenn man sich vorstellt, man müßte sich alle Tausch = Wertrelationen im Verhältnis immer der Güter zueinander merken. Also, 1 Pfund Mehl = 5 Eier oder 1/2 Pfund Butter oder 1 Pfund Schweinefleisch usw. Mit der Formel

$$\frac{n^2 - n}{2}$$

läßt sich errechnen, wie viele Austauschpaarverhältnisse man sich ohne Geld merken müßte. Bei 100.000 verschiedenen Gütern (für eine moderne Volkswirtschaft eine sehr geringe Anzahl) wären dies = 4.999.950.000, d.h. fast 5 Mrd. Austauschrelationen. Drückt man diese 100.000 Güter in Geldpreisen aus, so muß man sich lediglich 100.000 Austauschrelationen merken, d.h. nur ca. 0,002 % derjenigen in einer Naturaltauschwirtschaft. Der erforderliche Umfang an Informationen auf den Märkten mit Geld verringert sich erheblich.

Geld als **Wertaufbewahrungsmittel** (Kassenhaltung, Ersparnisse) bedeutet, daß Geld die Funktion besitzen muß, Werte für später aufzubewahren, man muß mit dem Geld sparen können, und man muß Werte in der Kasse aufheben können. Spart man in Geld, so ist dies gleichzeitig die liquideste Form der Wertaufbewahrung, d.h. man kann sich sofort entschließen, eine andere Form der Vermögensbildung zu wählen (soweit das Geld als allgemeines Tauschmittel verwendet wird). Betreibt man eine

Ersparnis (Vermögensbildung) in Geldform, dann ist Voraussetzung, daß keine bzw. nur geringe Inflationsraten herrschen.

Neben diesen drei entscheidenden Funktionen soll Geld noch eine Reihe **sekundärer Funktionen** erfüllen (die meist realisierbar sind, wenn die drei ersten erfüllt werden):

Geld ist ein **Werttransportmittel**, d.h. mit Hilfe des Geldes kann man bequem große Werte durch den Raum bewegen, man kann damit an jedem Ort Zahlungen leisten.

Geld ist ein **Kapitalübertragungsmittel,** d.h. mit seiner Hilfe kann man einfach Vermögen und Kapital entweder unentgeltlich (Schenkung) oder entgeltlich (Kredit) von einer Person auf eine andere übertragen. Wichtig ist hierbei das Geld für ein Darlehen.

Geld ist schließlich **gesetzliches Zahlungsmittel**. Alle Staaten haben gesetzlich festgelegt, daß eine schuldenbefreiende Zahlung nur im staatlich anerkannten Geld möglich ist. Geld dient hier somit zur Lösung einseitiger Zahlungsverpflichtungen wie Steuern, Schadensersatz, Strafen usw. In der BRD sind Münzen beschränkt, Banknoten unbeschränkt gesetzliches Zahlungsmittel.

Ein gutes und funktionsfähiges Geld müßte die drei Haupt- und die drei Nebenfunktionen gleichzeitig erfüllen. In Krisenzeiten ist Geld häufig nicht in der Lage, diese gestellten Anforderungen zu erfüllen. Somit ist zu analysieren, **welche Eigenschaften und Bedingungen erfüllt sein müssen, damit Geld seine Funktionen ausüben kann.**

Zunächst müssen einige *technische Eigenschaften* des Geldes gegeben sein (die sich heute meist leichter erfüllen lassen): Zunächst die *Homogenität.* D.h. alle Geldarten sind gleich beschaffen und vertreten sich gegenseitig. Dann die *Teilbarkeit*, d.h. Geld muß ohne Verlust in kleinere Einheiten aufteilbar sein, um jeden Rechnungsbetrag darstellen zu können. Die *Haltbarkeit* soll verhindern, daß im Zeitablauf u.U. Substanzverluste auftreten. *Seltenheit* bekommt es, wenn eine kleine Gewichtseinheit einen relativ hohen Wert darstellt.

Diese technischen Eigenschaften garantieren aber nicht, daß es seine Funktionen erfüllt, vielmehr ist hierzu entscheidend eine *ökonomische Bedingung.* Es muß in der Lage sein, wiederholte und/oder stärkere Schwankungen seiner Kaufkraft zu vermeiden, d.h. es muß (in etwa) seine Wertbeständigkeit garantieren. Nur wenn man heute und in Zukunft für eine bestimmte Geldmenge eine annähernd gleiche Gütermenge eintauschen kann, wird es seine Funktionen zufriedenstellend erfüllen können.

1.1.4 Gelddefinition - Bedeutung des Geldes

Zur Klärung der Frage nach dem Wesen des Geldes, d.h. der Antwort darauf, was Geld letztlich ist, gibt es eine Fülle von Theorien. Sie alle können nicht endgültig das Wesen des Geldes klären.
Überwiegend **definiert man Geld** heute von seinen Funktionen her wie folgt:
Geld ist unabhängig von seiner äußeren Form ein allgemeines Gut nominalen Charakters, das im Wirtschaftsleben als allgemeines Tauschmittel, als Wert- und Rechenmaßstab und als Wertaufbewahrungsmittel Verwendung findet. D.h. es ist ein Medium, das man allgemein als Zahlungsmittel akzeptiert, das Werte ausdrücken und damit vergleichen kann, das man aufbewahren kann, das man übertragen kann, und das einen engen Bezug zu den realen Werten des Sozialproduktes herstellt.

Will man die **Bedeutung des Geldes** für moderne Volkswirtschaften darlegen, so kann man zunächst von den Geldfunktionen ausgehen.
Die *Tauschmittelfunktion* ermöglicht den Übergang von direktem Naturaltausch zum indirekten Geldtausch. Dies hat für die Wirtschaftssubjekte den Vorteil, nicht umständlich einen Tauschpartner suchen zu müssen. Man vergegenwärtige sich die großen Schwierigkeiten der sog. Kompensationsgeschäfte im internationalen Handel und mache sich damit die positive Bedeutung des Geldes klar.
Die Funktion als *allgemeine Recheneinheit* besitzt den wichtigen Vorteil, daß man sich nicht unzählig viele Austauschrelationen merken muß. Ein umfassender Ansatzpunkt, um die Bedeutung des Geldes zu ermessen, wäre die *Kreislaufbetrachtung*. Hier wird deutlich, daß jeder wichtige ökonomische Vorgang, sei es produzieren, konsumieren, Faktorleistungen anbieten und dafür Einkommen erhalten, sparen, investieren usw., in Geld ausgedrückt wird. Nur dadurch kann man so unterschiedliche Vorgänge wie z.B. Produzieren und Sparen gedanklich und quantitativ verbinden.
Besonders für *Marktwirtschaften* kommt hinzu, daß der *Preis- und Marktmechanismus* (selbst in eingeschränkter Form) seine wichtigen Funktionen ohne Geld nicht erfüllen kann. Ohne die "Geldsignale" wären diese Mechanismen nicht verständlich, und es wäre dann ein wichtiger Kern des Funktionierens dieses Wirtschaftssystems lahmgelegt.
Die *freie Konsumwahl* des Verbrauchers ist nur mit Geld möglich. Ohne Geld gäbe es nur eine Warenrationierung und eine Zuteilung der Güter entsprechend einem fiktiven "Normalverbraucher". Abweichende Bedürfnisse müßten dann nachträglich durch Naturaltausch ausgeglichen werden.

Eine heutige *arbeitsteilige Produktion* ist ohne Geld nicht durchführbar. Denn der Produzent kann ohne Geldrechnung keine rationelle ökonomische Wirtschaftsführung praktizieren. Nur mit Geld läßt sich ein einigermaßen exakter Vergleich zwischen Ertrag und Aufwand durchführen.
Geld ist schließlich Voraussetzung für die Entstehung und enorme *Bedeutung der Kreditmärkte.*
Ein *Großteil* der dargelegten *Tatbestände* der Bedeutung des Geldes gilt auch für die heutigen (bestehenden oder gewesenen) *Planwirtschaften*, denn dort ist genau wie in Marktwirtschaften Geld vorhanden. Der Grund liegt darin, daß die Grundvoraussetzungen des Wirtschaftens in beiden Systemen sehr ähnlich sind (auch in Planwirtschaften wünscht man freie Konsumwahl, auch dort versucht man eine rationelle rechnerische Produktion usw.).

1.1.5 Geldmengenabgrenzungen

Obwohl kurz vorher eine Gelddefinition gegeben wurde, ist die Bestimmung der Geldmenge nicht eindeutig möglich. D.h. es ist nicht eindeutig und sicher faßbar, was letztlich alles zum Geld rechnen kann. Deshalb ist es üblich, verschiedene Geldmengenabgrenzungen zu verwenden und je nach Zweckmäßigkeit bzw. Konvention einen bestimmten Geldmengenbegriff zu unterstellen.
Die Abgrenzung der verschiedenen Geldmengenaggregate ist in den einzelnen Länder sehr unterschiedlich, wodurch ein internationaler Vergleich sehr erschwert wird (der Grund dafür ist die verschiedene Bankenstruktur der jeweiligen Länder, der Kreditmärkte, der staatlichen Ordnungspolitik u.ä.). Die einzige Geldmenge, die (in etwa) gleich ermittelt wird, ist M_1.
Die Beobachtung der verschiedenen Geldvolumina in ihrer absoluten bzw. relativen Höhe, deren zeitliche Entwicklung und ihre gegenseitige Veränderung ermöglichen eine monetäre Analyse. Diese Größen stellen weiterhin monetäre Steuer- und Zielgrößen der Geldpolitik dar (so wenn z.B. die Deutsche Bundesbank für das kommende Jahr ihr Geldmengenziel bekannt gibt, so wird dies am Aggregat M_3 gemessen).
Die folgenden Geldmengenabgrenzungen beziehen sich auf die BRD in der Definition der Deutschen Bundesbank (DBB).

Der am engsten abgegrenzte Geldmengenbegriff ist die **Zentralbankgeldmenge M_Z** (häufig auch Geldbasis genannt). Die DBB zählt dazu den Bargeldumlauf an Münzen

und Banknoten (ohne die Kassenbestände der Banken) plus die Mindestreserven auf Inlandsverbindlichkeiten (berechnet mit konstanten Sätzen zu einem festen Basisjahr).
Erwähnt sei nur, daß man in der BRD u.a. eine einfach korrigierte und erweiterte Geldbasis unterscheidet, und daß der Sachverständigenrat eine etwas unterschiedlich abgegrenzte Zentralbankgeldmenge unterscheidet.

Die **Geldmengenabgrenzung M_1** ist die einzige, die international vergleichbar ist und die am ehesten der Vorstellung des Geldvolumens einer Volkswirtschaft entspricht.
M_1 umfaßt das Bargeld an Münzen und Banknoten (ohne Kassenbestände der Banken) plus die Sichteinlagen (= Giralgeld) inländischer Nichtbanken bei den Kreditinstituten.

Die **Geldmenge M_2** umfaßt die Geldmenge M_1 plus das sog. Quasi-Geld, d.h. alle Termingelder bis zu vier Jahren (d.h. alle Termineinlagen von Nichtbanken bei Kreditinstituten bis zu vier Jahren).

Die **Geldmenge M_3** umfaßt die Geldmenge M_2 zuzüglich der Spareinlagen mit gesetzlicher Kündigungsfrist. M_3 stellt die weiteste Abgrenzung der Geldmenge dar und ist seit 1988 für die DBB die Meßgröße zur Bestimmung des Geldmengenzieles.

Die verschiedenen Geldmengenaggregate zeigen, daß es keinen "richtigen" Geldmengenbegriff gibt, vielmehr bestimmt der Zweck der monetären Analyse die Wahl eines bestimmten Geldmengenaggregates. D.h. die verschiedenen Geldmengenbegriffe spiegeln primär bestimmte Geldfunktionen wider. Zielt man z.B. auf die Tauschmittelfunktion des Geldes ab, d.h. möchte man wissen, welches Volumen an Käufen bzw. Verkäufen möglich ist, so erscheint M_1 passend zu sein. Würde man dagegen nur M_1 betrachten, so kann es in einer Zeit deutlich steigender Zinsen passieren, daß die Wirtschaftssubjekte ihre Sichteinlagen auflösen (die für kurzfristige Käufe nicht benötigt werden) und dafür verzinsliche Termineinlagen (z.B. Monatsgelder) erwerben, ohne daß sich sonst am Publikumsverhalten etwas ändert. Die Konsequenz wäre aber ein Sinken des Geldvolumens M_1. Ein expansives Agieren der Geldpolitik, um den vermeintlichen Abfluß an Geld (Kaufkraft) auszugleichen, wäre hier aber falsch. Eine Beobachtung von M_2 zeigt nämlich, daß sich bei diesem Aggregat nichts verändert hat, somit (wie dargelegt) lediglich eine Umschichtung der Geldanlage stattgefunden hat und ein Eingreifen der Geldpolitik nicht erforderlich ist.

Die folgende Abbildung 1-2 faßt die vier wichtigsten Geldmengendefinitionen zusammen.

			Geldmenge M_3	
		Geldmenge M_2		
	Geldmenge M_1			
Zentralbankgeldmenge M_Z				
Mindestreserven auf Inlandsverbindlichkeinten zu konstanten Reservesätzen mit fester Jahresbasis	Bargeld: Münzen und Banknoten ohne Kassenbestände der Banken	Sichteinlagen von Nichtbanken bei Kreditinstituten	Termineinlagen bis zu vier Jahren von Nichtbanken	Sparguthaben mit gesetzlicher Kündigungsfrist

Abb.: 1-2: Geldmengenabgrenzungen in der BRD nach der DBB

Die unterschiedlichen Geldaggregate und deren Entwicklung im Zeitablauf reichen zur monetären Beurteilung häufig nicht aus, denn daraus ist nicht erkennbar, wie intensiv in einer Volkswirtschaft das Geld genutzt wird. Dazu benötigt man als Maßzahl die sog. **Umlaufgeschwindigkeit des Geldes.**

In der Literatur existieren eine Reihe unterschiedlicher Definitionen für diesen Begriff. Am verständlichsten ist es, wenn man unter der Umlaufgeschwindigkeit des Geldes (V) den Quotienten aus dem Bruttosozialprodukt und einer passenden Geldmenge (z.B. M_1) versteht, d.h.

$$V = \frac{\text{Bruttosozialprodukt (in jeweiligen Preisen)}}{\text{Geldmenge (z.B. } M_1\text{)}} ,$$

auch Einkommenskreislaufgeschwindigkeit des Geldes genannt.

Die Maßzahl V gibt an, wie oft (im Laufe eines Jahres) die jeweilige Geldmenge umgesetzt (genutzt, verwendet) wurde, um das gesamte Bruttosozialprodukt zu kaufen bzw. zu verkaufen.

Häufig kann man beobachten, daß in einem Konjunkturaufschwung die Umlaufgeschwindigkeit ansteigt, beim Konjunkturrückgang sich dagegen verlangsamt. Der Grund liegt in der intensiveren Nutzung der Geldmenge (Aufschwungsphase) bzw. in der geringen Intensität der Geldmengennutzung (Abschwungsphase). Diese Regelmäßigkeit kann aber durch zwei Effekte nicht unbeträchtlich umgeworfen werden. Einmal, wenn die Zentralnotenbank eine prozyklische Geldpolitik betreibt, und zum

anderen, wenn sich die Kassenhaltungsgewohnheiten der Wirtschaftssubjekte ändern sollten, was z.B. durch eine veränderte Zinsstruktur, unterschiedliche Einkommenshöhen, Änderung der Steuersätze, Inflationshöhe bewirkt werden könnte (d.h. wie so häufig ist bei sog. Regelmäßigkeiten im Wirtschaftsablauf Vorsicht geboten).
Die folgende Abbildung 1-3 bringt einige Daten zu den verschiedenen Geldmengendefinitionen und zur Umlaufgeschwindigkeit für ausgewählte Jahre.

Jahr	M_1	M_2	M_3	GNP=Y	$V_1 =$	$V_3 =$
	Mrd. DM	Mrd. DM	Mrd. DM	Mrd. DM	$Y : M_1$	$Y : M_3$
1975	179,9	279,3	490,9	1.033,9	5,75	2,11
1980	257,3	440,6	739,4	1.497,5	5,82	2,03
1985	334,1	557,1	985,5	1.844,9	5,52	1,87
1990	584,3	987,9	1503,0	2.439,1	4,17	1,62

Abb.: 1-3: Entwicklung der Geldmengen und der Umlaufgeschwindigkeit in der BRD

1.1.6 Liquidität

Bekanntlich versteht man *unter der Liquidität* die Fähigkeit eines Wirtschaftssubjektes, jederzeit seinen Zahlungsverpflichtungen termingerecht nachzukommen. Dies setzt aber voraus, daß ein Wirtschaftssubjekt Vermögenstitel in Form von Geld, Geldsurrogaten und anderen Vermögensanlagen bestitzt oder über einen Kredit verfügen kann, nur so kann es seinen Verpflichtungen termingerecht entsprechen.
Der Liquiditätsgrad all dieser Vermögenstitel ist unterschiedlich. Geld verfügt über die höchste Liquidität. Besitzt ein Wirtschaftssubjekt eine Immobilie als Vermögenstitel, so ist es u.U. sehr zeitaufwendig und problematisch, bis diese in liquide Mittel umgewandelt ist, um damit den Zahlungsverpflichtungen dann nachzukommen (Schwierigkeit der Liquidierung eines Vermögenstitels).

Die *gesamtwirtschaftliche* (volkswirtschaftliche) *Liquidität* ergibt sich (theoretisch) aus der Summe der Liquiditäten aller Wirtschaftssubjekte, d.h. der Haushalte, der Unternehmungen, der Banken und des Staates. Dies zu erfassen ist organisatorisch und statistisch nicht möglich, so daß man sich als Indikator der gesamtwirtschaftlichen Liquidität mit *derjenigen der Geschäftsbanken* (Kreditinstitute) zufriedengibt. Dies ist deshalb begründbar, da die Kreditinstitute als Schaltstelle im Geldkreislauf einer Volkswirtschaft agieren.

Eine Geschäftsbank richtet ihr wirtschaftliches Verhalten letztlich nach zwei Kriterien aus, der Liquidität und der Rentabilität. Unter dem Aspekt der Rentabilität (maximaler Gewinn!!) müßte eine Bank sämtliche hereinkommenden Gelder (Einlagen) zu 100 Prozent wieder als Kredit ausleihen. Dieses Bestreben kollidiert aber mit der Erfordernis der Liquidität, d.h. wenn Kunden Teile ihrer Einlagen abheben, muß sie zahlungsfähig sein. Es darf unter keinen Umständen Zweifel an der Zahlungsfähigkeit einer Bank aufkommen, die Folge wäre ein Run auf die Einlagen mit der evtl. Konsequenz ihrer Insolvenz. Für die Bank konzentriert sich diese Problematik somit auf die Frage, wie kann sie möglichst sofort (schnell) Verluste an Geld (sog. Zentralbankgeld) bei vermehrten Barabhebungen ausgleichen. Dabei ist vom Faktum auszugehen, daß jede Bank die Einlagen ihrer Kunden zu weniger (deutlich weniger) als 100 Prozent in bar in ihrer Kasse hat. Wie können somit, heißt die Frage, evtl. auftauchende Liquiditätsprobleme umgehend behoben werden, d.h. es ist die Frage der sog. **Liquiditätsreserven** einer Bank zu beantworten (d.h. woher und wie bekommt sie sofort Geld).

Hierbei sind zunächst die sog. *freien Liquiditätsreserven* einer Bank (in der Definition der Bundesbank) wichtig. Diese bestehen aus den *Überschußreserven*, d.h. Zentralbankguthaben einer Bank minus deren Mindestreservenverpflichtung (es müssen eine Reihe von Begriffen verwendet werden, die erst in den folgenden Kapiteln dargelegt werden), plus denjenigen *Offenmarkttiteln* (d.h. inländische Geldmarktpapiere) *mit Geldmarktfähigkeit*, d.h. deren Ankauf von der DBB jederzeit vorgenommen wird, plus dem *unausgenutzten Rediskontspielraum*, d.h. das Volumen an Handelswechseln, das die DBB jederzeit noch ankaufen (= rediskontieren) würde. Die *Liquiditätsreserven einer Bank* durch *Zurverfügungstellung von Zentralbankgeld* umfassen neben den freien Liquiditätsreserven (= praktisch die erste Stufe der Liquidität) noch folgende Posten:

1) den *unausgenutzten Lombard-* und evtl. *Sonderlombardspielraum*, d.h. das Volumen der von der DBB noch jederzeit beleihbaren Wertpapiere
2) den Umfang der noch *verfügbaren Wertpapierpensionsgeschäfte* einer Bank bei der DBB
3) das Volumen *noch bereitgestellter Devisen-Swapgeschäfte* durch die DBB
4) Menge der noch möglichen Devisen-Pensionsgeschäfte bei der DBB

Die *Bankenliquidität im weiteren Sinne* umfaßt neben den eben dargelegten Liquiditätsreserven über Zentralbankgeld die Posten:

1) Alle *Geldsurrogate*, d.h. die durch den Verkauf von Geld- und Kapitalmarktpapieren außerhalb der DBB hereinkommende Liquidität

2) Saldo aus den Interbankverbindlichkeiten und den Kreditlinien bei anderen Banken
3) Einlagen des Staates bei den Banken
4) Guthaben und Kreditlinien bei ausländischen Banken plus das Volumen der Möglichkeit der Aufnahme eines Eurogeldmarktkredites

Die Aufzählung von den Liquiditätsreserven einer Bank über die freien Liquiditätsreserven, zu den Liquiditätsreserven durch Zurverfügungstellung von Zentralbankgeld, hin zur Bankenliquidität im weiteren Sinne zeigt zweierlei:
Einmal handelt es sich dabei um eine "Stufenleiter der Liquidierbarkeit", d.h. zunächst (= freie Liquiditätsreserven) ist diese Liquidität sehr schnell und sicher verfügbar. Bei den folgenden aufgeführten Möglichkeiten ist dies nicht in jedem Fall bzw. in jeder konkreten Wirtschaftssituation gegeben. Zum anderen stehen den Banken sehr umfangreiche Möglichkeiten offen, sich (zumindest mittelfristig) Liquidität zu beschaffen.

1.2 Kredit

Eng verbunden mit dem modernen Geldwesen ist das Kreditwesen. Wir haben bereits gesehen, daß Geld heute aus stoffwertlosen Forderungen besteht, ausgestattet mit einem Zahlungscharakter. Das Vorhandensein einer Forderung ist aber gleichzeitig Ausdruck eines Kredits.
Somit sind die heutigen Zahlungsmittel (heutiges Geld) letztlich ein Geschöpf des Kredites. Deshalb müssen wir uns (kurz) mit dem Kredit beschäftigen, denn eine moderne Volkswirtschaft ist sowohl eine Geld- wie eine Kreditwirtschaft.

1.2.1 Begriff des Kredites

Zunächst scheint es relativ einfach zu sein, den Begriff bzw. Inhalt des Kredites zu klären, indem man von der Wortbedeutung Kredit ausgeht. Kredit kommt aus dem Lateinischen von credere, was glauben, vertrauen bedeutet. Somit würde Kredit gleich Vertrauen bedeuten, z.B. darauf, daß der Schuldner das Darlehen nebst Zinsen termingerecht zurückzahlt.
Bei dieser Begriffsbestimmung hat man etwas Zufälliges zur Hauptsache gemacht. Ein "gewisses Quantum" Vertrauen ist für jedes ökonomische Geschäft (somit

selbstverständlich auch für einen Kredit) nötig, sonst kommt es nicht zustande. Bekanntlich sichert sich eine Bank bei einer Kreditvergabe soweit wie nur möglich ab, somit ist das Vertrauen hierbei doch nur verhältnismäßig relativ vorhanden. Insgesamt gehört Vertrauen zum Kredit, macht aber nicht sein entscheidendes Wesen aus.

Das Wesen des Kredits besteht vielmehr "in der entgeltlichen (= Zinsen) und befristeten (= Tilgung) Übertragung von Geld- oder auch Realwerten vom Gläubiger (= Kreditgeber) auf den Schuldner (= Kreditnehmer)".
Kredit ist somit heute meist die befristete Hingabe von Geld gegen Zinsen.

Damit zeigt sich auch die gegenwärtige enge Verzahnung von Geld und Kredit (so spricht man ja häufig synonym von Geldpolitik und von Kreditpolitik der DBB).
Trotzdem ist Geld nicht gleich Kredit zu setzen. Denn der Kredit wird in einer bestimmten Form (z.B. als Darlehen oder als Zahlungsziel), für einen bestimmten Zweck, für eine bestimmte Zeit als ein Kreditgeschäft abgeschlossen.
Geld repräsentiert dagegen in einer bestimmten Relation Kaufkraft gegenüber dem Bruttosozialprodukt.
Der *Kredit hat* im Wirtschaftsbereich (heute) *zwei Aspekte*: Die formale Seite ist ein monetäres Phänomen (= die Hingabe von Geld), während die materielle Seite eine güterwirtschaftlich wirksame Verfügung von Kaufkraft darstellt.
Die *Hauptfunktion* des Kredites besteht in der zeitlichen Verschiebung von Kaufkraft vom Kreditgeber auf den Kreditnehmer, wobei die dabei entstehenden Kreditbeziehungen immer Schuldverhältnisse darstellen.

Die vielfältigen Untergliederungsmöglichkeiten der Kredite in kurz-, mittel-, und langfristige, oder private bzw. öffentliche Kredite dürften begrifflich keine Schwierigkeiten darstellen, so daß dazu auf die Literatur verwiesen wird.

1.2.2 Geldmenge und Kreditvolumen

Stark vereinfachend kann man das *Kreditvolumen einer Volkswirtschaft* als die Summe der gegebenen Kredite durch die Geschäftsbanken bezeichnen.

Zwischen der Geldbasis (Zentralbankgeldmenge) M_Z oder einer sonst abgegrenzten Geldmenge (z.B. M_1) und dem Kreditvolumen einer Wirtschaft bestehen enge Wechselbeziehungen. Dabei ist der Zusammenhang der Reaktion zwischen der Geldbasis und einer abgegrenzten Geldmenge (M_1, M_2 oder M_3) ziemlich eng, während eine Reaktion der Geldmenge (bzw. der Geldbasis) auf das Kreditvolumen deutlich weniger eng ausgeprägt ist. Das Kreditvolumen wird deutlich von der konjunkturellen Entwicklung und der volkswirtschaftlichen Gesamtnachfrage bestimmt.

Ein Beispiel soll den Zusammenhang zwischen Geldmenge und Kreditvolumen verdeutlichen (siehe dazu auch den Abschnitt zur Transmission und der Geldpolitik der Bundesbank):
Ein *expansiver monetärer Impuls*, z.B. ausgelöst durch eine Senkung der Mindestreserven durch die DBB, erhöht zunächst die Geldbasis. Dies bewirkt eine wachsende Geldmenge und damit einen Anstieg der Liquidität der Banken. Dies veranlaßt die Banken ihr Kreditangebot (wohl zu sinkenden Zinsen) auszudehnen. Ob aber diese Zunahme der Geldbasis, der Geldmenge, der Bankenliquidität auch zu einem steigenden Kreditvolumen führt, hängt von der jeweiligen Konjunktursituation ab.
Nur wenn ein Konjunkturaufschwung herrscht und/oder eine positive Konjunkturerwartung gegeben ist, wird das Kreditangebot der Banken auf eine wachsende Kreditnachfrage der Nichtbanken treffen und so zu einer Ausweitung des Kreditvolumens führen.
Aber auch bei einem Konjunkturaufschwung werden die Nichtbanken zunächst auf ihre eigene Liquidität bzw. auf ihre eigenen Geldanlagen zur Finanzierung der zusätzlichen Käufe bzw. Investitionen zurückgreifen (= Selbstfinanzierung). Erst wenn diese Bestände erschöpft sind und noch weitere Käufe plus Investitionen sinnvoll sind, geht man zur Fremdfinanzierung mittels Kredit über. D.h. die eben unterstellte Übertragung (Transmission) vom Geldbereich auf den Kreditbereich erfolgt häufig mit zeitlicher Verzögerung (time-lag).
Um im Beispiel zu bleiben, wird (kann!) der Übertragungsprozeß durch eine steigende Nachfrage der privaten Haushalte (Gebrauchsgüter), durch eine Zunahme der staatlichen Nachfrage (deficit spending) und des Auslandes (Exporte) nochmals angeregt werden, was zu einer weiteren Zunahme des Kreditvolumens führt.
Würde dagegen besagter expansiver monetärer Impuls in der Konjunkturphase der Depression stattfinden, so ist zumindest eine deutlich schwächere Zunahme des Kreditvolumens die Folge, hin bis zum Grenzfall, daß keine Veränderung des Kreditvolumens eintritt.
Ein *restriktiver monetärer Impuls* durch die Bundesbank wird ziemlich sicher eine Einschränkung des Kreditvolumens zur Folge haben.
Insgesamt ergibt sich somit:
Ob und mit welcher Intensität ein monetärer Impuls von der Geldmenge auf das Kreditvolumen übertragen wird, hängt von der jeweiligen Konjunkturlage und der Verhaltensweise der Wirtschaftssubjekte ab.

1.2.3 Volkswirtschaftliche Bedeutung des Kredites

Da sehr viele geschäftliche Transaktionen mit einem Kredit verbunden sind (Zahlungsziele, Anzahlungen, Ratenkauf, Vorauskasse usw. sind alles Kredite), ist die Bedeutung des Kredites für eine moderne arbeitsteilige Volkswirtschaft sehr groß.

1) Der Kredit ermöglicht den *Ausgleich zwischen verschiedenen Wirtschaftssubjekten.* So erfolgt das Sparen überwiegend in den privaten Haushalten, die Investitionen dagegen in den Unternehmen. Der Kredit verbindet den Sparer und den Investor. D.h. ohne den Kredit bliebe der Konsumverzicht (= Sparen) der Haushalte ohne Resonanz und die Unternehmensinitiative könnte sich ebenfalls nicht entfalten
2) Ein Kredit ermöglicht die *Schaffung großer Geldkapitalien*, d.h. ohne den Kredit könnte man nicht aus vielen kleinen Kapitalbeträgen (Ersparnissen) einen großen Kapitalbetrag bilden und damit eine große Investition finanzieren
3) Eine Gelddisposition mit Hilfe eines Kredites nimmt eine *zeitliche Verschiebung vor.* Das heutige Sparen verlagert den Konsum in die Zukunft und ermöglicht damit in der Gegenwart eine Verschiebung von der Konsum- auf die Investitionsnachfrage
4) Der Kredit ermöglicht eine *gleichmäßigere Gestaltung des Konjunkturverlaufes*

In der Depression ist der Kredit ein (mögliches) Mittel zur Erhöhung der gesamtwirtschaftlichen Nachfrage und gibt damit die Chance, die ungünstige Beschäftigungslage zu verbessern.
Umgekehrt könnte in einer Boomphase eine Kreditbeschränkung die Überhitzungserscheinungen verbessern.
Bei einem vermehrten Kredit zur Verbesserung der Depressionsphase ist es von Bedeutung, ob dieser Kredit aus vorhandener Kaufkraft (Geld) gewährt wird, d.h. ob ein *vermittelter Kredit* vorliegt, bzw. ob hier ein Sparen vorausgegangen ist. Oder aber, ob der Kredit nicht aus vorhandener Kaufkraft gewährt wird, bzw. kein Sparen vorausgegangen ist, d.h. ein sog. *geschöpfter Kredit* vorliegt. Hier würde dann die Kaufkraft aus dem "Nichts" entstehen. Dabei setzt die Kreditschöpfung die Geldschöpfung voraus. Ein geschöpfter Kredit bzw. die Geldschöpfung erfordert allerdings einen Nachsparvorgang.

1.3 Währung

1.3.1 Begriff der Währung

Ursprünglich bedeutete Währung die Garantie (des Staates) für Gewicht und Feingehalt des Edelmetalls für vollwertig ausgeprägte Kurantmünzen.

Da diese Definition nicht mehr von Bedeutung ist, versteht man *heute* unter Währung dreierlei:

1) die Geldverfassung eines Staates
2) das gesetzlich anerkannte Zahlungsmittel eines Staates oder einer Staaten-Union (enger Währungsbegriff)
3) ein internationales Währungssystem

Zu 1) Heute ist das Geldwesen ein Geschöpf des Staates und seiner Rechtsordnung, d.h. jeder Staat beansprucht die Regelung des Geldwesens als eines seiner ureigensten Souveränitätsrechte.
Unter Währung versteht man somit all die Regelungen (Gesetze, Verordnungen, Bestimmungen) des Staates für sein Geldwesen, die sog. **Geldverfassung**.
Im Rahmen dieser Geldverfassung eines Staates sind insbesondere folgende Maßnahmen geldtechnischer und geldrechtlicher Art zu lösen:

1) *Bestimmung der Währungseinheit* und ggf. deren *Stückelung*
   Durch das Währungsgesetz von 1948 ist in der BRD die Deutsche Mark (DM) als Währungseinheit eingeführt, mit ihrer Stückelung in 100 D Pf
2) Festlegung, *was als Währungsgeld zu gelten hat*
   Währungsgeld sind in der BRD Banknoten (unbeschränktes gesetzliches Zahlungsmittel) und Münzen (beschränkt). Dabei wird ebenfalls bestimmt, in welchen Bruchteilen und Vielfachen der Währungseinheit das gesetzliche Geld eingeführt wird
3) *Festlegung einer Währungsparität*
   Parität heißt, ob ein Wertverhältnis zwischen der Währungseinheit (der DM) und z.B. dem Gold (wäre eine Goldparität) oder auch einer anderen Währung, z.B. dem US $ (wäre eine Dollarparität) gesetzlich festgelegt wird. Es würde dann im Währungsgesetz z.B. heißen: 1 DM = x g Feingold. In der BRD ist für die DM keine Parität vorhanden

4) Bestimmung von *Münzhoheit und Notenprivileg*
   Das Münzprivileg hat in der BRD die Bundesregierung (d.h. sie darf Münzen prägen). Das Notenprivileg (= Banknoten drucken und in Umlauf bringen) liegt in der BRD bei der Bundesbank
5) *Zuordnung der Währungspolitik*
   In der BRD ist für die binnenwirtschaftliche Währungspolitik die Bundesbank zuständig, für den Außenwährungsbereich (Wechselkurse) die Bundesregierung

Zu 2) Unter der Währung versteht man auch die **nationale Währungseinheit** eines Staates, in der BRD eben die DM.
Entsprechend der internationalen Bedeutung differenziert man hierbei in harte, weiche und in Leitwährungen.
Eine *harte Währung* zeichnet sich dadurch aus, daß bei ihr die Konvertibilität gegeben ist (d.h. daß diese Währung jederzeit von jedermann unbeschränkt in jede andere Währung umgetauscht werden kann). Hartwährungsländer sind vorwiegend marktwirtschaftliche Industrieländer.
Eine *weiche Währung* ist dagegen diejenige, für die die Konvertibilität nicht oder nur teils gegeben ist (d.h. eine derartige Währung ist nicht oder nur mit Auflagen in andere Währungen umtauschbar). Länder mit weicher Währung sind die Mehrzahl der Entwicklungsländer und viele der Planwirtschaften.
Eine Leitwährung ist eine harte Währung, die wegen der wirtschaftlichen Stärke und Bedeutung dieses Landes im Welthandel ein besonderes Vertrauen genießt. Die erste Leitwährung ist immer noch der US $, teils der französische Franc (z.B. für die CFA-Franc-Zone in Afrika) und das britische Pfund. Teils Leitwährungen sind auch der japanische Yen und die DM.

Zu 3) Der Begriff Währung wird auch im Hinblick auf die gegenseitigen Beziehungen zweier oder mehrerer Währungsgebiete gebraucht, d.h. im Sinne eines **internationalen Währungssystems**.
Bei dieser Begriffsinterpretation steht die außenwirtschaftliche Seite der Währung im Vordergrund. Hierbei verpflichten sich mehrere Staaten bzw. deren Währungsbehörden im Verkehr der Währungen untereinander bestimmte Regeln und Beziehungen einzuhalten. Überwiegend dreht es sich dabei um die Regelung des Wechselkurses, um evtl. Interventionsverpflichtungen am Devisenmarkt, den Ausgleich der Zahlungsbilanzen, um Währungskredite oder die Übertragung von Währungsreserven auf einen Fonds und dergleichen. Beispiele derartiger Übereinkünfte wäre das System von Bretton Woods oder das Europäische Währungssystem (EWS).

1.3.2 Währungssysteme

Die Frage der Währungssysteme zielt primär auf die erste Definition des Begriffs Währung ab, nämlich auf die Ausgestaltung der Geldverfassung eines Landes. Diese Definition wird meist mit der 3. Begriffserklärung verbunden, mit den Fragen eines internationalen Währungssystems. Spricht man heute von einem Währungssystem, so muß man beide Seiten, die binnenwirtschaftliche (= die Geldverfassung) und die außenwirtschaftliche Komponente (= Devisenkurse und Zahlungsbilanz) gleichzeitig analysieren.

Bei der Unterscheidung der Währungssysteme geht man insbesondere von einem Kriterium der Geldverfassung aus, nämlich ob diese vorliegende Währung eine Parität hat oder nicht.

Man gelangt dabei zu zwei Gruppen von Währungssystemen, den sog. gebundenen Währungen (diese haben eine Parität) und den freien Währungen (diese haben keine Parität).

1.3.2.1 Gebundene Währungssysteme

Gebundene Währungssysteme besitzen über die Parität eine feste Kopplung der Währungseinheit an eine Sache, wichtig ist hierbei nur die Kopplung an diejenige eines Edelmetalls (Gold oder Silber). Währungstechnisch findet dies seinen Ausdruck im sog. Münzfuß (= gesetzliche Relation von der Währungseinheit zum Edelmetall), der z.B. im deutschen Währungsgesetz von 1873/75 war: 1 kg Feingold = 2.790 Mark, somit 1 Mark = ca. 0,36 g Feingold.

Ökonomisch entscheidend ist dabei, daß der Geldwert an die Wertbewegungen einer Sache gebunden ist und daß das Geld einen Wert an sich hat.

Gebundene Währungen gab es in einer großen Vielfalt:

So zunächst die *monometallistischen Währungen*, hier ist nur ein Edelmetall gesetzliches Währungsmetall (Gold oder Silber -> d.h. Gold- oder Silberwährung). Dann gab es *bimetallistische Währungen*, hier waren Gold und Silber gleichzeitig Währungsmetall (als sog. Doppel- und als Parallelwährung).

Aus der Fülle der Varianten soll nur diejenige vorgestellt werden, die heute noch als Denkmodell und Diskussionsgrundlage wichtig ist, und zwar die *Goldwährung*. Auch sie kann in verschiedenen Formen auftreten:

Zunächst als **reine Goldumlaufswährung**. Bei dieser befinden sich aus Gold hergestellte Kurantmünzen als alleiniges gesetzliches Zahlungsmittel im Umlauf. Daneben vorhandene Scheidemünzen und Banknoten werden jederzeit von der Zentralnotenbank in Goldmünzen eingetauscht (Goldeinlösepflicht).
1774 war England in Europa das erste Land mit einer Goldumlaufswährung, 1871 folgte das Deutsche Kaiserreich, in den 70 bis 80 Jahren des 19. Jh. die meisten übrigen Staaten, so daß bis zum Ausbruch des 1. Weltkrieges (wo das System aufgehoben wurde) dies das weltweit vorherrschende System war.

Eine sog. **Goldkernwährung** zeichnet sich dadurch aus, daß keine Goldmünzen als Zahlungsmittel mehr umlaufen, sondern daß das gesamte Währungsgold in den Tresoren der Zentralnotenbank lagert (auch Goldbarrenwährung genannt). Banknoten und Scheidemünzen sind gesetzliche Zahlungsmittel. Eine Einlösepflicht (Konvertierbarkeit) der Zentralnotenbank besteht nicht mehr. Das Gold der Zentralnotenbanken wird nur evtl. noch zwischen den Staaten bewegt und dient dann dazu, Zahlungsbilanzdefizite auszugleichen.
Die entscheidende ökonomische Wirkung des Goldkernes (der Zentralnotenbank) besteht in der **Deckung** des umlaufenden Bargeldes. D.h. im Währungsgesetz ist bindend festgelegt, daß ein bestimmter Prozentsatz (z.B. 22,5 %) des umlaufenden Bargeldes durch den Goldkern (in einer festen Wert-/Mengenrelation) abgedeckt sein muß. Dadurch ist einer (hemmungslosen) Ausdehnung (Erweiterung) des umlaufenden Bargeldes ein starkes Hemmnis entgegengesetzt (eine Inflation somit erschwert).
Das System einer Goldkernwährung wurde (von Vorläufern abgesehen) in Europa nach dem 1. Weltkrieg (nach Überwindung der Inflation) in nahezu allen Ländern eingeführt. Es hielt sich aber nur einige Jahre und wurde von der nächsten Variante abgelöst.

Die Weiterentwicklung war die **Golddevisenwährung** bzw. der sog. **Golddevisenstandard**. Hier dient zur Deckung nicht nur Gold (das dafür nicht mehr ausreicht), sondern es werden dazu auch sog. Golddevisen verwendet (sind solche, die ihrerseits den Golddevisenstandard praktizieren). Der Schatz der Zentralnotenbank zur Deckung besteht somit aus Gold und Devisen.
Der Golddevisenstandard brach faktisch durch die Auswirkungen der Weltwirtschaftskrise zusammen.

Nachdem in der währungspolitischen Diskussion in Zeiten hoher Inflationsraten immer wieder der Vorschlag zur Wiedereinführung einer Goldwährungsvariante vorgebracht wird (z.B. Anfang der 80er Jahre durch Laffer, einem währungspolitischen

Berater des amerikanischen Präsidenten Reagan), sind kurz die **Vor- und Nachteile einer Goldwährung** darzulegen.

Die *Vorteile* umfassen drei (wichtige) wirtschaftliche Komplexe:

Einmal ergibt eine Goldwährung eine relativ *hohe Geldwertstabilität*, d.h. eine Inflation durch den Staat (Haushaltsdefizite) oder sonst ausgelöst ist im starken Ausmaß nicht möglich. Zum anderen eine *hohe Stabilität der Wechselkurse* (= stabile Wechselkurse), erreicht über den Wirkungszusammenhang des sog. Goldautomatismus, und schließlich eine *Konvertierbarkeit der Währung* im internationalen Handelsverkehr.

Diese bedeutungsvollen wirtschaftlichen Vorteile einer Goldwährung ergeben sich aber nur, wenn folgende Voraussetzungen strikt eingehalten werden: Die Golddeckungsvorschriften und die Spielregeln des Goldautomatismus müssen praktiziert werden. Preise (= alle, d.h. auch Löhne) müssen nach oben und unten beweglich sein. Es darf keine störenden Kapitalbewegungen geben, und es muß liberaler Freihandel praktiziert werden (man sehe demgegenüber die Realität: Preise (Löhne!) sind nach unten praktisch unbeweglich, es gibt ein enormes Potential frei beweglichen internationalen Kapitals und statt Freihandel wird häufig Protektionismus praktiziert).

D.h. aus den Voraussetzungen einer Goldwährung ergeben sich deren *Nachteile:*

Die Spielregeln einer Goldwährung erzwingen den weitgehenden Verzicht auf eine autonome Geld-, Wirtschafts- und Konjunkturpolitik. Man müßte somit eine Arbeitslosigkeit z.B. hinnehmen, ohne nur den Versuch einer Überwindung zu machen. Die wirtschaftliche Entwicklung, das Wachstum würden vom Umfang der Goldproduktion abhängen. Das Währungssystem wäre relativ teuer (Teile des Sozialproduktes müßten zum Ankauf von Währungsgold verwendet werden). Schließlich wohnt einer Goldwährung eine sog. Deflationstendenz inne (d.h. sie neigt eher zu einer Depression mit Arbeitslosigkeit).

1.3.2.2 Freie Währungssysteme

Ein freies Währungssystem hat keine Parität, d.h. keine gesetzliche Bindung der Währungseinheit an das Gold oder sonst etwas. Das wichtigste Bargeld sind hier die stoffwertlosen Banknoten, für die weder eine Einlösepflicht noch eine Deckungsvorschrift des Staates besteht. Dieses Geld ist somit an sich wertlos. Sein Wert beruht nur (und nur solange) auf seinen Funktionen.

Daraus folgt, diese Währung ist manipulierbar, d.h. da die Geldmenge nicht an das Vorhandensein einer Ware (z.B. Gold) gebunden ist, kann man grundsätzlich die vorhandene Geldmenge unbegrenzt ausweiten, bzw. positiv formuliert, nach anderen wirtschaftspolitischen Gesichtspunkten bestimmen. Ein Hemmnis für die Ausweitung der Geldmenge ist nicht mehr vorhanden.

Beurteilung der **Vor- und Nachteile** eines freien Währungssystems:
Die *Vorteile* bestehen darin, daß die Geldherstellung sehr billig ist. Bei der Geldschöpfung ist die Zentralnotenbank nicht behindert, sie ist frei (keine Deckungsvorschrift). Somit kann sich die Geldmenge elastisch den Bedürfnissen des Gütervolumens anpassen. Man kann eine aktive Geld- und Konjunkturpolitik betreiben, d.h. es besteht die Möglichkeit, eine Depression und Arbeitslosigkeit von der monetären Seite her anzugehen.
Die *Nachteile* eines freien Währungssystems liegen darin, daß es für eine Geldmengenvermehrung keine Grenzen gibt. D.h. die Wirtschaft (in Grenzen) und vor allem der Staat können sich das nötige Geld beschaffen (primitiv durch Geld drucken). Das entscheidende Problem ist somit die Wertbeständigkeit in diesem Währungssystem bzw. die permanente Gefahr einer Inflation. Ein zweiter Problembereich ist die Frage der Wechselkurse und des Zahlungsbilanzausgleiches (vor allem bei stabilen Wechselkursen).

Das *gegenwärtige Währungssystem der BRD* ist ein freies Währungssystem, d.h. es hat folgende Kriterien:

1) Frei; keine Parität
2) Manipulierbar; die Geldmenge kann nach irgendwelchen (guten oder schlechten) Aspekten bestimmt werden
3) Papierwährung; das wichtigste Bargeld sind die Banknoten

2 Geldtheorie - der Geldmarkt

Nachdem im ersten Abschnitt (der Einführung) die grundlegenden Begriffe Geld, Kredit und Währung analysiert wurden, soll mit dem zweiten Abschnitt (der Geldtheorie) das prinzipielle Verständnis für den monetären Bereich einer Volkswirtschaft dargelegt werden. D.h. nach dem heute vorherrschenden Selbstverständnis der Volkswirtschaftslehre sollen mit diesem Abschnitt, über die Geldtheorie, die Erscheinungen des monetären Bereiches verstanden und beurteilbar werden. Diese Erkenntnisse der Geldtheorie stellen dann die Basis dar, auf der die Wirtschaftspolitik (d.h. die Geld- und Währungspolitik) erörtert werden soll.

Geht man von der Verkehrsgleichung von Irving Fisher aus, d.h. von:

$$M \cdot V = Q \cdot P$$

(wobei M = Geldmenge, V = Umlaufgeschwindigkeit des Geldes, Q = Gütermenge bzw. reales Sozialprodukt und P = Preisniveau bedeuten), so drücken die vier Symbole die vier (klassischen) Bausteine der Makroökonomie aus:
M befaßt sich mit der Geldangebotstheorie; V (bzw. der sog. Kassenhaltungskoeffizient $k = 1 : V$) beschäftigt sich mit der Geldnachfragetheorie. $M \cdot V$ stellt dann den monetären Bereich einer Volkswirtschaft dar (= der Geldmarkt).
P beschreibt die Inflationstheorie und Q die Beschäftigungs- und Wachstumstheorie. $P \cdot Q$ erklärt dann den güterwirtschaftlichen Bereich einer Volkswirtschaft (= Gütermarkt und Arbeitsmarkt).

In diesem Abschnitt geht es zunächst darum, die Geldnachfrage (= V) und das Geldangebot (= M) zu untersuchen. Anschließend daran soll die Interdependenz zwischen dem Geld- und Güterbereich mit den daraus ableitbaren wirtschaftspolitischen Konsequenzen (die sog. Transmission) vorgestellt werden.
Der Geldmarkt ist, neben dem Güter- und Arbeitsmarkt, der dritte Analysegegenstand der makroökonomischen Theorie. Auf dem Geldmarkt treffen das gesamtwirtschaftliche Geldangebot und die gesamtwirtschaftliche Geldnachfrage aufeinander. Der (hier unterstellte) volkswirtschaftliche Begriff des Geldmarktes unterscheidet sich von dem in der Kreditwirtschaft (= dem Bankensektor) verwendeten. Im Bankenbereich versteht man unter dem Geldmarkt nur den Handel der Banken untereinander mit Zentralbankgeld. Der volkswirtschaftliche Geldmarktbegriff umfaßt dagegen wesentlich mehr.

2.1 Geldnachfrage

2.1.1 Gegenstand der Geldnachfragetheorie

Der Kauf von Gütern (Waren und Dienstleistungen) erfordert den Besitz und Einsatz von Geld. Die Wirtschaftssubjekte müssen deshalb bestrebt sein, ausreichende Kassenbestände an Geld zu halten (= sog. *Kassenhaltung*). *Diese Kassenhaltung* der Wirtschaftssubjekte *nennt man auch die Geldnachfrage*, denn um die geplanten Transaktionen (Käufe) durchführen zu können, fragen die Haushalte so gesehen Geld nach (wie andere Güter auch).
Diese Kassenhaltung ist lediglich deshalb nötig, weil sich Zahlungseingänge (z.B. Lohnzahlung) und Zahlungsausgänge (Käufe von Konsumgütern) zeitlich in der Realität nicht decken. Die Wirtschaftssubjekte sind somit gezwungen Kasse zu halten, nur so können sie die zeitlichen Abstände der Zahlungseingänge und -ausgänge überbrücken (ein privater Haushalt erhält am Monatsende eine Einkommenszahlung, z.B. Lohn. Die Ausgaben dagegen erfolgen relativ gleichmäßig während der folgenden 30 Tage, bis am Ende wieder ein Einkommenszufluß erfolgt. Am Monatsanfang ist die Haushaltskasse gefüllt, gegen Monatsende ziemlich leer = typischer Kassenhaltungsrhythmus eines Haushaltes).

In der Geldnachfragetheorie stehen zwei Fragen im Vordergrund: Einmal, wie hoch der Kassenbestand ist, den die Wirtschaftssubjekte in ihrer Kasse halten wollen und zum anderen, von welchen Einflußfaktoren dieser Kassenbestand abhängt. Wenn man (gedanklich) die Kassengeldbestände aller Wirtschaftssubjekte addiert, ergibt sich die volkswirtschaftliche (gesamte) Geldnachfrage.

Zum Fragenkomplex der Geldnachfrage gibt es eine Reihe von unterschiedlichen Theorien, die wichtigsten sind:
Die *klassische Geldnachfragetheorie* (J. Fisher), die in den Mittelpunkt der Geldnachfrage das sog. Transaktionsmotiv stellt, d.h. Geld wird gehalten, um Güterkäufe durchführen zu können.
Die *keynesianische Geldnachfragetheorie* fügt zum Transaktionsmotiv der Klassiker noch zwei weitere Motive hinzu: Das Vorsichts- und das Spekulations- bzw. Wertaufbewahrungsmotiv (siehe folgenden Abschnitt).
Der *Postkeynesianismus* arbeitet insbesondere (in Ergänzung zu Keynes) mit dem *Portfolioansatz*. Dieser erklärt, warum Wirtschaftssubjekte ihr Vermögen (= ihr Portfolio) in der Regel auf Geld und andere (verzinsliche) Aktiva gleichzeitig aufteilen.

Die Haupterklärung ist hierbei die Einbeziehung des Risikos einer Vermögensanlage in Relation zum Ertrag dieser Anlage.
Die *Neoklassische (Monetaristische) Geldnachfrage* (M. Friedman) geht noch weiter und berücksichtigt die erwartete Veränderung des Preisniveaus als Bestimmungsfaktor der realen Geldnachfrage. Dabei wird das Einkommen (u.a.) als Ertrag des Humankapitals (= menschliche Arbeit) mit berücksichtigt.

Im folgenden sollen die Geldnachfrage nach Keynes und diejenige der Neoklassiker genauer dargelegt werden. Dies auch deshalb, weil die beiden Auffassungen in der Geld- und Währungspolitik die deutlichsten Spuren hinterlassen haben bzw. als Kontroverse zwischen Fiskalisten (= Keynes) und Monetaristen (= Neoklassik, bzw. Friedman) dargestellt werden.

2.1.2 Geldnachfrage nach J.M. Keynes

Die Grundlage der modernen Geldtheorie und der nachhaltigste Einfluß auf die Wirtschaftspolitik gehen von den Überlegungen J.M. Keynes und seinen Nachfolgern aus. Obwohl die Theorie von Keynes heute in vielen Teilen so nicht mehr akzeptiert wird, zeigt die immer wieder aufkommende Kontroverse zwischen den Fiskalisten und den Monetaristen, daß eine Entscheidung gegen Keynes noch lange nicht erfolgt ist.

Keynes unterstellt, daß die Wirtschaftssubjekte (die Nichtbanken) eine Kassenhaltung aus drei verschiedenen Motiven heraus vornehmen (wobei die Aufteilung in drei verschiedene Kassen eine rein gedankliche Aufteilung ist, in Wirklichkeit liegt real nur eine Kasse vor), nämlich in das Transaktionsmotiv, das Vorsichtsmotiv und das Wertaufbewahrungs- bzw. Spekualtionsmotiv. Die Transaktions- und die Vorsichtskasse bezeichnet man als die **aktive Kasse** und die Wertaufbewahrungs- bzw. Spekulationskasse als die **passive Kasse**.

Die Transaktionskasse (und die Cambridgegleichung mit dem Kassenhaltungskoeffizienten) übernimmt Keynes aus der klassischen Theorie. Geldhaltung in der Transaktionskasse erfolgt, weil Ein- und Auszahlungen meist nicht gleichzeitig und in gleicher Höhe anfallen, was beim Wirtschaftssubjekt ein "Zwischenlager" für Geld notwendig macht. Den Zusammenhang der nicht deckungsgleichen Ein- und Auszahlungen stellt man graphisch wie in Abbildung 2-1 dar.

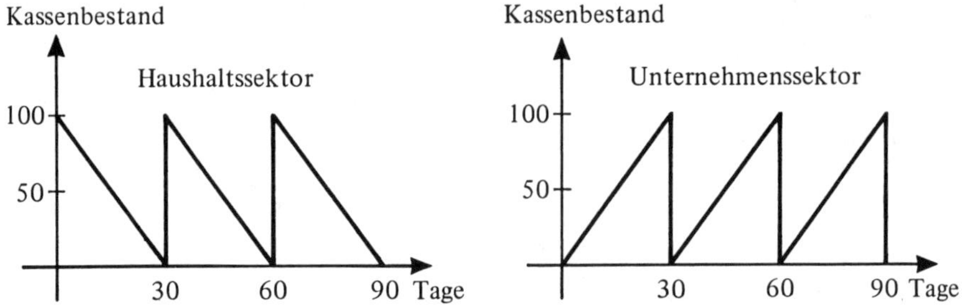

Abb.: 2-1: Kassenentwicklung im Haushalts- und Unternehmenssektor

Aus Abb. 2-1 ergibt sich, daß die Haushalte am Monatsanfang eine Einkommenszahlung von 100 Einheiten erhalten, die sie gleichmäßig für Transaktionszwecke bis zum nächsten Monatsanfang ausgeben usw. Das Resultat ist die sägeartige Zahnung in der Ausgabenentwicklung der Haushalte. Bei den Unternehmen entsteht dagegen ein inverses Profil der Kassenentwicklung. Dort ist am Monatsende durch die Einkommenszahlung an die Beschäftigten die Kasse = Null. Durch die Verkäufe bzw. die hereinkommenden Erlöse wird die Unternehmenskasse im Laufe des Monats aufgebaut, sie hat kurz vor der Einkommenszahlung ein Maximum, fällt dann auf Null zurück usw.

Vereinfachend nimmt Keynes (wie die Klassiker) an, daß die Transaktionskasse L_T im wesentlichen nur vom Umfang des Volkseinkommens (Y) bestimmt wird. Unterstellt man, daß L_T eine lineare Funktion ist, so gilt:

$$L_T = f(Y) \quad \text{->} \quad L_T = k \cdot Y;$$

wobei k = der Kassenhaltungskoeffizient ist. Der geometrische Verlauf der L_T-Funktion ergibt sich wie in Abbildung 2-2.

$L_T = k \cdot Y$ ist eine aus dem Nullpunkt ansteigende (positive) lineare Funktion. Eine Änderung der unterstellten (ceteris paribus) Bedingung = der Zeitdauer der Zahlungsperioden würde eine Drehung der L_T (um den Nullpunkt) ergeben. Wenn z.B. statt der (heute) üblichen Monatszahlungen Quartalszahlungen gegeben wären, würde sich die L_T-Kurve nach rechts (= - . - . -) drehen (d.h. die Wirtschaftssubjekte bräuchten eine vergrößerte L_T-Kasse) und umgekehrt.

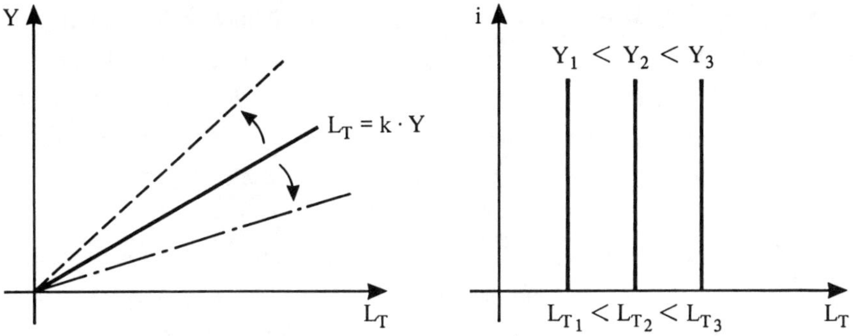

Abb.: 2-2: L_T-Funktion in Abhängigkeit von Y und i

Da von Keynes angenommen wurde (was neuerdings bestritten wird), daß die Transaktionskasse von der Zinsentwicklung (allg. vom Zins) *nicht* abhängig ist, ergibt die Graphik von L_T in Abhängigkeit vom Zins i eine Parallele zur Ordinate (siehe Abb. 2-2). Lediglich eine Veränderung der Bestimmungsgeldmenge L_T = des Volkseinkommens Y, würde eine andere Transaktionsgeldmenge L_T ergeben (z.B. L_{T2} beim höheren Volkseinkommen Y_2). Man sagt auch L_T ist gegenüber dem Zins völlig unelastisch.

Die Vorsichtskasse L_V beschreibt den Zusammenhang, daß die Wirtschaftssubjekte nicht immer mit sicheren Ein- und Auszahlungen rechnen können. Sie müssen auch mit unvorhergesehenen Transaktionen rechnen (plötzliche Ausgaben für Unfälle, Autoreparaturen und dgl.), so daß sie aus dem Vorsichtsmotiv heraus dazu (gedanklich) eine eigene Kasse halten.
Auch hier unterstellt man vereinfachend (in der Literatur wird darüber hinaus auch noch ein Bezug zum Zins und der Unsicherheit der zukünftigen Entwicklung angenommen), daß sich der Vorsichtskassenbedarf proportional zum Volkseinkommen Y entwickelt, d.h. $L_V = l \cdot Y$ (l ist dabei ein bestimmter Proportionalitätsfaktor).

Da ersichtlich ist, daß L_V den nämlichen funktionalen Zusammenhang wie L_T aufweist, faßt Keynes L_T und L_V zu einer einzigen Kasse zusammen und spricht künftig nur noch von der Transaktionskasse. Geometrisch müßte lediglich die ursprüngliche L_T-Funktion um die Größe von L_V verschoben werden.

Die Spekulationskasse L_S drückt gleichzeitig zwei Motive einer Kassenhaltung aus. Einmal die *Unsicherheit* der Wirtschaftssubjekte im Hinblick auf die künftige Entwicklung der Wertpapierkurse (und deren Effektivverzinsung). Deshalb streben die Wirtschaftssubjekte danach, Spekulationsgewinne zu erzielen und halten sich dazu eine Spekulationskasse. Zum anderen liegt dieser Kasse die Erkenntnis zugrunde, daß Geld auch eine Form der *Vermögensanlage* darstellt (Wertaufbewahrungsmotiv).

Die Entscheidung, das Vermögen entweder in Geld oder in Wertpapieren zu halten (bei Keynes gibt es für ein Vermögen nur die Alternative Geld oder Wertpapiere), wird durch die Kriterien der Liquidität und Rentabilität bestimmt. Während Geld eine hohe Liquidität und keine Zinsen erbringt (so es in der Spekulationskasse gehalten wird), besteht bei Wertpapieren eine geringere Liquidität und eine Effektivverzinsung in Abhängigkeit vom Kurs des Papieres (siehe Effektivverzinsungsformel bei Wertpapieren). D.h. bei Wertpapieren verändert sich der Effektivzins entgegengesetzt zur Kursentwicklung.

Die *Anlagekalküle* der Wirtschaftssubjekte *lassen sich wie folgt beschreiben:*

1) Erwarten die Anleger in Zukunft sinkende Kurse (dies ist der Fall bei sehr hohen Kursen bzw. niedrigen Zinsen), d.h. Kursverluste (bzw. einen steigenden Zins), dann stellen sie Wertpapierkäufe zurück. U.U. verkaufen sie sogar Wertpapiere und füllen ihre Spekulationskasse auf (= sog. Liquiditätspräferenz).

   Umgekehrt, erwarten die Anleger in Zukunft steigende Kurse (wäre der Fall bei sehr niedrigen Kursen bzw. sehr hohen Zinsen), so wollen sie diesen Kursgewinn mitmachen und verwenden das Geld aus der Spekulationskasse, um Wertpapiere zu kaufen (bauen L_S ab)

2) Oder über die Verzinsung der Wertpapiere erläutert:

   Ist die momentane Verzinsung der Wertpapiere niedrig (wäre der Fall bei hohen Kursen), dann ist der Zinsentgang bei Bargeldhaltung gering, und die Spekulationskasse kann aufgefüllt werden.

   Ist aber umgekehrt die Verzinsung der Wertpapiere hoch (der Fall bei niedrigen Kursen), dann wäre der Zinsentgang groß und die Wirtschaftssubjekte schichten ihr Vermögen von der Spekulationskasse (= Geld) in Wertpapiere um (L_S wird abgebaut)

Insgesamt besteht somit zwischen der Spekulationskasse und dem Effektivzins (dem Zins) eine negative Beziehung, d.h.

$$L_S = f(i)$$

Geometrisch ist L_S eine negative Funktion zum Zins i. Keynes nimmt an, daß bei einem *sehr niedrigen Zins* i_o die Geldnachfrage für Spekulationszwecke sogar völlig elastisch wird, d.h. die Kurve jetzt parallel zur X-Achse verläuft (d.h. die Wirtschaftssubjekte halten jetzt nur noch die Kasse L_S und keine Wertpapiere mehr). Dieser zur X-Achse parallel verlaufende Teil der Kurve ist die sog. **Liquiditätsfalle**. Geometrisch ergibt sich der Verlauf von L_S entsprechend der Abbildung 2-3.

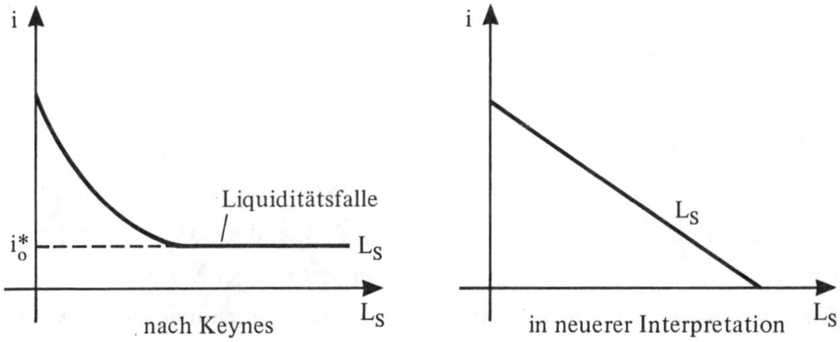

Abb.: 2-3: Verlauf der L_S-Kurven

Keynes begründet die Liquiditätsfalle damit, daß bei i_o alle Wirtschaftssubjekte damit rechnen, daß der Zins nur noch steigen kann (bzw. der Kurs fällt) und deshalb extrem hohe Kassenbestände L_S halten.

Neuere Untersuchungen haben die Liquiditätsfalle nicht nachweisen können und gehen somit von einer stetig fallenden Kurve L_S aus (siehe Abb. 2-3).

Die gesamte Geldnachfrage nach Keynes (= Liquiditätspräferenzfunktion) ergibt sich, indem man L_T (mit L_V) und L_S addiert; somit ist die *gesamte Geldnachfrage L* nach Keynes folgende Funktion:

$$L = f(Y,i) \quad \text{->} \quad L = L_T + L_S$$

Die geometrische Darstellung von L ergibt sich ebenfalls durch Addition der L_T- und der L_S-Kurve (siehe Abb. 2-4).

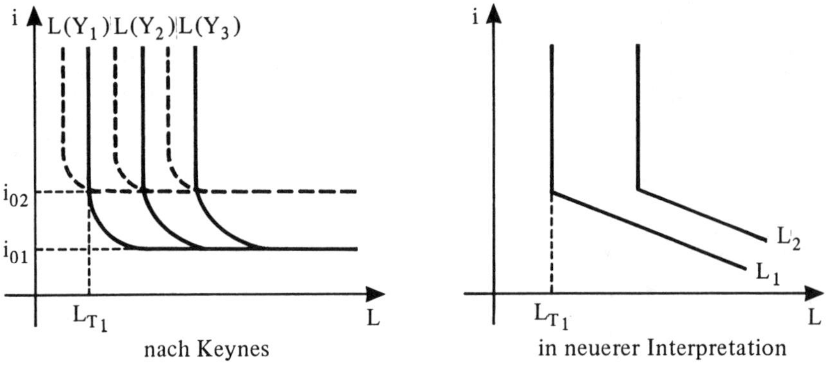

Abb.: 2-4: Verlauf der gesamten Geldnachfragekurven L

Nach Keynes ergibt sich bei einem gegebenen Volkseinkommen Y_1 die gesamte Geldnachfrage entsprechend L (Y_1), die im parallelen Teil zur Y-Achse allein durch die Transaktionskasse für Y_1 bestimmt wird, im gekrümmten und im zur X-Achse parallelen Teil von dem Spekulationsmotiv determiniert wird (siehe Abb. 2-4). Ein anderes Volkseinkommen, hier Y_2 (= andere Transaktionskasse) bei gleichem Spekulationsmotiv ergäbe L (Y_2).

Ändert sich das Spekulationsmotiv (z.B. steigt i_0 an), so entstehen andere L-Kurven (hier gestrichelt).

Unterstellt man, wie heute üblich, keine Liquiditätsfalle, so wäre der Verlauf wie in Abb. 2-4 (in neuer Interpretation) dargestellt.

Exkurs: Das Gleichgewicht auf dem Geldmarkt (nach Keynes)

Das Gleichgewicht auf dem Geldmarkt (nach Keynes) ergibt sich bei Gleichheit zwischen der Geldnachfrage und dem Geldangebot.

Das Geldangebot ist nach Keynes eine einfache Größe, da es bei ihm *eine* gegebene Größe ist, die ausschließlich von der Zentralbank bestimmt wird. Bezeichnet man das *Geldangebot mit M* (z.B. M_1), so ist M eine Parallele zur Y-Achse (= eine gegebene Größe). Überträgt man L und M in eine Grafik, so ergibt sich Abb. 2-5.

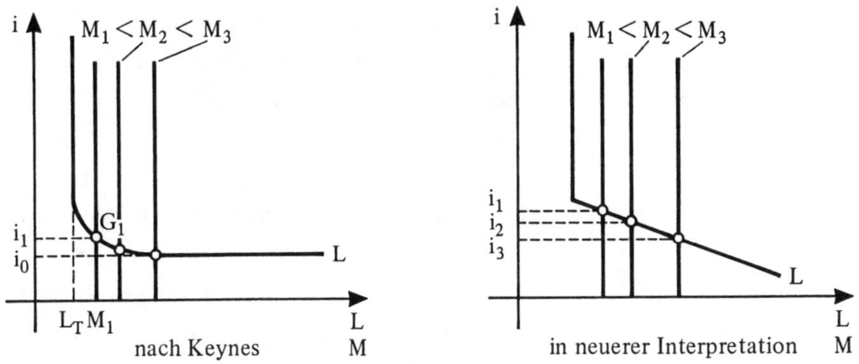

Abb.: 2-5: Gleichgewichtssituation am Geldmarkt

Nach Keynes ergäbe sich bei einer Geldnachfrage L und einem Geldangebot von M_1 ein Gleichgewicht im Schnittpunkt beider Kurven in G_1 mit einem Zins i_1 (Marktgleichgewichtszins). Bei einem anderen Zins ergäbe sich kein Gleichgewicht. Wäre der Zins nicht i_1 und würde L sich nicht ändern, so müßte (soll Gleichgewicht herrschen) durch die Geldpolitik das Geldangebot angepaßt werden.
Das gesamte Geldangebot M_1 würde sich im Gleichgewicht auf die Geldnachfrage L wie folgt aufteilen: L_T wäre für die Transaktionskasse und (die Strecke) M_1 - L_T für die Spekulationskasse (siehe Abb. 2-5) vorhanden.
Eine Vergrößerung des Geldangebotes, z.B. auf M_2, ergäbe eine Zinssenkung und lediglich eine weitere Auffüllung der Spekulationskasse (bei unterstellter gleichbleibender L). Nicht beeinflußt vom größeren Geldangebot M_2 wird die Transaktionskasse. Wird das Geldangebot nochmals, auf M_3, erhöht, so fließt das gesamte zusätzliche Geldangebot ausschließlich in L_S, eine weitere Zinssenkung ergibt sich nicht (der Schnittpunkt befindet sich im Bereich der Liquiditätsfalle).
Dieses Ergebnis nach Keynes hat schwerwiegende Folgen für die Effektivität der Geldpolitik: Unterstellt man, daß in einer Depression durch Zinssenkung der Zentralnotenbank (d.h. durch expansive geldpolitische Maßnahmen) eine Verbesserung der Wirtschaftslage erreicht werden soll, so ergibt sich: Bei einem Gleichgewicht (= Schnittpunkt) des Geldangebotes M mit der Geldnachfrage L in der Liquiditätsfalle greift eine Geldmengenveränderung (hier Vermehrung) nicht mehr. Eine monetäre Konjunkturpolitik ist hier nicht mehr machbar (z. B. bei M_3). Aus dieser Analyse zieht Keynes den Schluß, daß eine Depression durch die Geldpolitik (alleine) nicht überwunden werden kann.

Unterstellt man dagegen keine Liquiditätsfalle (= neuere Interpretation in Abb. 2-5), so würde ein vermehrtes Geldangebot immer eine Zinssenkung ergeben, und somit wäre der Versuch einer Konjunktursteuerung (hier Verbesserung) durch den Zins denkbar (wobei die Kernfrage in moderner Interpretation aber ist, ob über die Zinsänderung sich überhaupt eine Konjunkturbeeinflussung ergibt).

2.1.3 Geldnachfrage der Monetaristen (Neoklassik)

Theoretischer Kern der neoklassischen Nachfragetheorie bzw. derjenigen der Monetaristen ist die Neoquantitätstheorie. Die Neoquantitätstheorie stellt eine Weiterentwicklung der (alten) Quantitätstheorie (J. Fisher) dar, wobei z.B. auch bei Keynes einige Gedanken (so die passive Kasse) dazu feststellbar sind.
Als Ansatzpunkt der Analyse sieht (u.a.) der Hauptvertreter der Monetaristen, *Milton Friedman*, die Kassenhaltungsmotive von Keynes als wenig sinnvoll an. Daß die Wirtschaftssubjekte Geld (in der Kasse) halten, wird als Faktum hingenommen. Entscheidend sieht man in der Neoklassik dagegen die Faktoren (Gründe) an, die die Wahl der Wirtschaftssubjekte zwischen Geld und anderen Aktiva bestimmen.
Im Mittelpunkt der Nachfragetheorie der Monetaristen steht somit ein sehr weit gefaßter Vermögensbegriff (sog. *vermögenstheoretischer Ansatz*). Friedman geht dabei davon aus, daß Geld ein Vermögensobjekt neben anderen Vermögensformen darstellt. *Das Gesamtvermögen* eines Wirtschaftssubjektes besteht aus fünf Gruppen: 1) Geld (als Kassenhaltung) 2) Festverzinsliche Wertpapiere 3) Aktien 4) Sachkapital (physische Güter wie z.B. Immobilien) 5) das *human capital* (= Humankapital entspricht den durch Ausbildung erworbenen Fähigkeiten und dem Wissen, d.h. stellt die Arbeitsleistung dar, aus der ein Arbeitseinkommen fließt).

Friedman unterscheidet *vier Einflußgruppen (Determinanten)*, die für die *Geldnachfrage wichtig sind*:

1) *Das Gesamtvermögen* als Summe der Vermögen aller privaten Haushalte, wobei dieses wiederum aus obigen fünf Arten bestehen kann, wovon eine Geld ist. Die Höhe dieses Gesamtvermögens bestimmt somit auch, wie viel davon in Geld gehalten wird. Dieses Gesamtvermögen wird dabei stellvertretend durch das Einkommen gemessen, allerdings als Konzept des *permanenten Einkommens*. Darunter versteht man das dauerhaft erwartete Einkommen als Gegenwartswert aller in der Zukunft erwarteten Einkommen (d.h. auf die Gegenwart abgezinst)

2) Die *Aufteilung des Gesamtvermögens in obige fünf Arten* übt insofern einen Einfluß auf den Umfang der Geldnachfrage aus, als z.B. ein hoher Bestand an Sach- und Finanzvermögen und Humankapital die Geldnachfrage positiv beeinflussen wird. Ein Wirtschaftssubjekt wird z.B. umso mehr Geld halten (Geldnachfrage steigt), je größer der Anteil des Humankapitals am Gesamtvermögen ist, um die mangelnde Liquidität und Marktfähigkeit (= Verkaufsfähigkeit) des Humankapitals auszugleichen
3) Als entscheidend für die Vermögenszusammensetzung und damit für die Geldnachfrage sind die *erwarteten Erträge* und die *Relation der Erträge der unterschiedlichen Vermögensarten* und die *Höhe der Inflationsrate*
   So werden z.B. die Erträge anderer Anlageformen (als Geld) die Geldnachfrage beeinflussen, da ein Wirtschaftssubjekt den Ertrag seines Vermögens maximieren will. Wichtig ist ebenfalls die Berücksichtigung der Inflationsrate. Wenn z.B. eine Preisniveausteigerung erwartet wird, ist Geld keine risikofreie Anlage mehr und somit wird die Geldnachfrage zurückgehen, sollten die Erträge (Zinsen) der anderen Vermögensformen konstant geblieben sein. Rechnet man umgekehrt mit Preissenkungen, so steigt der reale Wert des Geldes, die Geldnachfrage steigt
4) Der *Nutzen des Geldes* liegt u.a. in der ständigen vollkommenen Zahlungsfähigkeit mit Bargeld oder mit dem gering verzinsten Giralgeld. Geld gibt die beste Form der Liquidität

Aus all diesen Überlegungen wird dann die (vereinfachte) Funktion der Geldnachfrage *L* (auch als M_d bezeichnet) entwickelt:

$$L = f\,(Y^P\,;\, w\,;\, P\,;\, i_m\,;\, i_b\,;\, i_e\,;\, i_r\,;\, P^x/P\,;\, u_m)$$

bzw. die reale Geldnachfrage *L/P*:

$$L/P = f\,(Y^P/P\,;\, w\,;\, i_m\,;\, i_b\,;\, i_e\,;\, i_r\,;\, P^x/P\,;\, u_m)$$

Wobei bedeuten:

P	= (nominales) Preisniveau
Y^P	= nominales permanentes Einkommen
Y^P/P	= reales permanentes Einkommen
w	= Anteil des Humankapitals am Gesamtvermögen

$i_m; i_b; i_e; i_r$ = Ertragssätze (Renditen) von Geld, festverzinslichen Wertpapieren, Aktien und Sachkapital

P^x/P = erwartete Preisänderungsrate

u_m = Nutzen des Geldes

Nach einigen Umformungen (siehe Literatur) wird die Geldnachfragefunktion zu

$$\frac{Y}{L} = U,$$

wobei Y = das Nominaleinkommen und U = Umlaufgeschwindigkeit bzw. Kreislaufgeschwindigkeit des Geldes darstellen. Obwohl in U über die Größe L alle Faktoren der Geldnachfragefunktion ja enthalten sind, kann nach Auffassung der Monetaristen U als relativ stabil angesehen und somit berechnet werden.
Eine der *wichtigsten Schlußfolgerungen* aus der Geldnachfragefunktion ist nach Friedman, daß sich die *Geldnachfrage proportional* zu den *Veränderungen des Preisniveaus* und des *Nominaleinkommens entwickelt.*

Wichtig sind nun die mit Hilfe der Funktion L (wieder umgeformt dazu) durchgeführten empirischen Untersuchungen zur Geldnachfrage und ihre Anwendung auf die Geldpolitik.
So wurde infolge einer von Friedman und Schwartz für die USA für den Zeitraum von 1870 - 1954 durchgeführten Analyse die Einkommenselastizität der Geldnachfrage auf 1,8 geschätzt. Dies würde bedeuten, daß ein Anstieg des realen Einkommens von 1 % langfristig einen Anstieg der Geldnachfrage von 1,8 % zur Folge hätte. Empirische Untersuchungen für die BRD haben einen Wert von 1 % ergeben. Daraus kann der Schluß gezogen werden, daß das Einkommen ein wichtiger Bestimmungsfaktor der Geldnachfrage ist, dagegen Preisniveauveränderungen nur bei hohen Inflationsraten eine Rolle spielen.

2.1.4 Zusammenfassung

Sowohl vor den Fiskalisten (vor allem Keynes) und den Monetaristen (insbesondere Friedman) als auch nach diesen beiden (mit bekanntesten) Richtungen hat es eine Reihe jeweils ähnlicher, aber auch kontroverser Auffassungen zum Thema Geldnachfrage gegeben.
Wenn man versucht, aus den beiden vorgestellten Theorien und auch aus den anderen Auffassungen insbesondere die praktischen Konsequenzen für die Wirtschafts-

politik aus den jeweiligen theoretischen Konzepten herauszufiltern, so stellen wir die Frage nach der Relevanz der durchgeführten empirischen Untersuchungen.
Dabei ergab sich:

1) Der *Zinssatz* übt (im Gegensatz zur Auffassung von Friedman) einen empirisch bestätigten Einfluß auf die Geldnachfrage aus. Die Höhe der *Zinselastizität* (= um wie viel Prozent ändert sich die Geldnachfrage bei einer einprozentigen Zinsänderung) kann nicht allgemeingültig angegeben werden. Der Zusammenhang zwischen Zins und Geldnachfrage ist (wie Keynes unterstellt) negativer Art. Eine *Liquiditätsfalle* existiert (im Gegensatz zu Keynes) nicht
2) Empirische Analysen zeigen (wie Friedman annimmt), daß die nominale Geldnachfrage bei steigendem Preisniveau zunimmt
3) Die *Einkommenselastizität* der Geldnachfrage ist positiv, d.h. mit steigendem Einkommen steigt die Geldnachfrage. Meistens ist sie stärker ausgeprägt also die Zinselastizität
4) Das *Vermögen* (z.B. in der Form des *permanenten Einkommens*) spielt für die Geldnachfrage eine Rolle, eindeutige Testergebnisse liegen bisher aber nicht vor
5) Die *Schwankung der Kassenhaltung* (der Zusammenhang der *Stabilität der Geldnachfrage*funktion) ist in normalen wirtschaftlichen Zeiten nicht so stark, wie von Keynes angenommen. Allerdings sind hierbei die empirischen Resultate nicht so eindeutig, d.h. es gab auch Ergebnisse mit stärkeren Abweichungen (z.B. Energiepreisschocks, größere Währungsprobleme)
6) Gegen Keynes spricht die strikte *Trennung in Transaktions- und Spekulationskasse*, die in der Realität nicht vorkommt. Ebenfalls wird im Gegensatz zu Keynes *auch die Transaktionskasse vom Zins tangiert*
7) Von Keynes nicht berücksichtigt wurde, daß bei *Vermögensanlagen auch das Risiko* einer Anlage mit zu sehen ist (ein Ergebnis der Portfoliotheorie). Ebenfalls *gibt* es neben Geld und festverzinslichen Wertpapieren *noch weitere Alternativen einer Vermögensanlage*

Insgesamt kann somit für heute (grob vereinfachend) *gelten*:
Die Geldnachfrage (die Kassenhaltung) wird von den Wirtschaftssubjekten als eine Art "Luxus" angesehen. Diesen Luxus kann man sich umso eher leisten (d.h. die Geldnachfrage ist größer), je höher das Einkommen (bzw. der Umsatz) und je höher das Vermögen (bzw. der Wohlstand) ist. Man kann ihn sich umso weniger leisten (damit geht die Geldnachfrage zurück), je höher der Zinssatz, die Inflationsrate und die Arbeitslosigkeit ist.

Somit bestimmen das Einkommen, das Vermögen, Höhe des Zinssatzes, Inflationsrate und Ausmaß der Arbeitslosigkeit den Umfang der Geldnachfrage.
Daraus wiederum folgt: Die Zentralnotenbanken können bei der Geldmengensteuerung und Geldpolitik nicht von eindeutig gesicherten Ergebnissen und Zusammenhängen ausgehen. Somit stehen die Determinanten der Geldnachfrage nicht eindeutig fest, und damit bestehen für die gesamte Wirkung der Geldpolitik weiterhin nicht unbeträchtliche Unsicherheiten.

2.2 Geldangebot

Die Analyse des Geldangebotes bzw. die Geldangebotstheorie behandelt die Frage, wodurch der Umfang des Geldangebotes in einer Volkswirtschaft bestimmt wird. Dabei muß man zwei Geldarten unterscheiden, einmal das Bargeld (= Münzen und Banknoten) und das Giralgeld.

2.2.1 Geldproduktion

Zunächst ist dazu die Herstellung von Geld, die Geldproduktion zu betrachten.
Geldproduktion im volkswirtschaftlichen Sinne heißt dabei *nicht* die physische Herstellung von Geld (z.B. das Prägen von Münzen oder das Drucken von Banknoten), sondern die Bereitstellung von Geld (von Währungseinheiten) an die Geldnachfrager. Als Beispiel sei die Banknotenproduktion in der Bundesbank dargelegt. Solange die Banknoten sich innerhalb der Bundesbank befinden, sind sie lediglich bunt bedrucktes Papier, sie sind *kein* Geld. Sobald jedoch ein Geldnachfrager (Geschäftsbanken oder der Staat) über diese Banknoten verfügen kann, werden sie zu Geld, es hat eine Geldproduktion **(Geldschöpfung)** stattgefunden (wobei es unerheblich ist, ob die Banknoten als Bargeld von der Bundesbank abgehoben werden = abfließen, oder bei ihr verbleiben und der Geldnachfrager dafür über ein Sichtguthaben bei der Bundesbank verfügt). Findet der umgekehrte Vorgang statt, d.h. fließen die Banknoten wieder an die Bundesbank zurück, so hat eine sog. **Geldvernichtung** stattgefunden, d.h. die in der Wirtschaft vorhandene Geldmenge ist um diese Geldvernichtung verringert worden.

Wie kommt es nun aber genau zur Geldproduktion?

Geld entsteht immer dann, wenn eine Bank (kann sein die Zentralbank oder eine Geschäftsbank) Aktiva (= Vermögen), die nicht Zahlungsmittel sind, von privaten oder staatlichen Nichtbanken erwirbt und dafür Forderungen gegen sich selbst (gegen die Bank) abgibt, die jetzt Zahlungsmittel sind. Diese Forderungen gegen sich selbst können Bargeld oder Sichteinlagen (= Giralgeld) sein. Durch diesen Tausch von Vermögensgegenständen gegen Zahlungsmittel sind mehr Zahlungsmittel im Umlauf (d.h. im Besitz von Nichtbanken), es ist Geld produziert worden.

Findet der umgekehrte Vorgang statt, d.h. gibt eine Bank einen Vermögensgegenstand an eine Nichtbank ab und erhält von dieser dafür Zahlungsmittel, so hat eine Geldvernichtung stattgefunden. Ein Beispiel wäre, wenn ein Importeur von der Bundesbank Devisen erwirbt und diese mit Bargeld oder durch Verringerung seines Sichtguthabens bezahlt.

Keine Geldproduktion oder Vernichtung findet dagegen statt, wenn zwischen einer Bank und einem Wirtschaftssubjekt lediglich verschiedene Zahlungsmittelformen (= Geldarten) ausgetauscht werden. Z.B. wenn ein Kunde bei seiner Bank auf sein Girokonto Bargeld einzahlt, so wechselt er lediglich Bargeld in Giralgeld um, bzw. es steht ihm weder mehr noch weniger Geld zur Verfügung.

Die Aktiva, die eine Bank erwerben kann (zur Geldproduktion) können Sachgüter oder finanzielle Vermögensgüter sein (z.B. Wertpapiere und Kredite). D.h. wenn eine Bank einem Kunden einen Kredit einräumt und ihm somit in Höhe des Kredites Zahlungsmittel zur Verfügung stellt, so findet Geldproduktion statt.

Zur Demonstration soll eine Bankbilanz betrachtet werden, in der die Geschäfte der Bank die Geldproduktion widerspiegeln:

Aktiva (Vermögen)		in Mio DM	Passiva (Verbindlichkeiten)	
Filialunternehmen	20	——>	Sichtverbindlichkeit an X	20
Wertpapiere	80	——>	Sichtverbindlichkeit an Y	80
Buchkredit	100	——>	Sichtverbindlichkeit an Z	100
sonstiges Vermögen	800		sonstige Verbindlichkeiten	800
	1000			1000

Abb.: 2-6: Bankbilanz und Umfang der Geldproduktion

Folgende Geschäfte der Bank haben stattgefunden: 1) Sie hat von einem Besitzer X ein Filialunternehmen für 20 GE (= 20 Mio DM) erworben, 2) sie hat Wertpapiere im Umfang von 80 GE von einem Unternehmen Y gekauft und 3) sie hat einem Konzern Z einen Kredit von 100 GE eingeräumt und dafür jeweils Sichtverbindlichkeiten gewährt. Die Summe all dieser Geschäftsvorfälle ergibt einen Tausch von Vermögensgegenständen in dieser Periode gegen Zahlungsmittel von 200 GE. Somit hat im Umfang von 200 GE Geldproduktion stattgefunden.

Betrachtet man die **Geldproduktion der Zentralbank**, so muß unser Beispiel modifiziert werden, da die Bundesbank *nicht* beliebige Aktiva erwerben darf, was z.B. für Sachvermögen gilt. Die grundsätzlichen Überlegungen gelten aber auch hier. Geldproduktion einer Zentralbank entsteht, wenn diese Aktiva gegen Zahlungsmittel (hier das sog. Zentralbankgeld) eintauscht.
Die Geschäftspartner (Institutionen) der Zentralbank sind (wobei von diesen folgende Aktiva von ihr erworben werden können):

1) Geschäfte mit Kreditinstituten, von denen die Bundesbank Forderungen aus Refinanzierungskrediten (Wechsel- und Lombardgeschäft) und aus Offen-Markt-Geschäften erwerben kann
2) Geschäfte mit dem Staat, wenn sie Forderungen aus Krediten erhält
3) Geschäfte mit dem Ausland, wenn sie Währungsreserven hält (entweder als Geld oder als Devisenforderung aus Kreditgeschäften)

Die Bilanz der Bundesbank hat deshalb folgendes schematisches Aussehen:

Aktiva	Passiva
Nettowährungsreserven (Nettoauslandsforderungen der DBB)	Bargeld
Nettokredite an den Staat	Sichtguthaben der Banken bei der DBB (sog. Reserven der Banken)
Nettokredite an inländ. Banken	Sichtguthaben des Staates
sonstige Aktiva minus Passiva	
Bilanzsumme	Bilanzsumme

Abb.: 2-7: Schema der Bilanz der Bundesbank

Nach der Bilanz der Bundesbank ergibt sich insgesamt eine Produktion von Geld (in der Form von Zentralbankgeld) in Höhe der Bilanzsumme. Die Passivseite zeigt dabei die Verwendung der Zentralbankgeldmenge (d.h. als Bargeld oder Guthaben des Staates bzw. der Banken bei der DBB), die Aktivseite zeigt die Entstehung des Zentralbankgeldes.
Seit 1958 unterliegt (lt. Bundesbankgesetz) die Geldproduktion der DBB keinerlei Begrenzung. Die Grenze ergibt sich aus der Aufgabe der Bundesbank in der Sicherung der Geldwertstabilität.

Die Geschäftsbanken haben dagegen Begrenzungen in ihrer Produktion von Buchgeld (siehe dazu den Abschnitt zur Giralgeldschöpfung).

2.2.2 Grundlagen des Geldangebotes

Das Geldangebot an Bargeld und an Giralgeld ist zunächst (einfach) in seinen Grundlagen darzulegen. Es werden dabei die Verhältnisse in der BRD zugrunde gelegt.

Bargeld besteht aus Münzen und Banknoten.
Münzen entstehen (heute) in der BRD über das Münzprivileg durch Prägen der Münzen seitens der Bundesregierung, wobei die Bundesbank die Münzen dann in den Umlauf bringt. *Banknoten werden* über das Notenprivileg ausschließlich von der Bundesbank gedruckt und (wie dargelegt) in den Kreislauf gebracht. Per saldo wird somit das Bargeld (meist als Zentralbankgeld bezeichnet) von der Bundesbank geschaffen, produziert, geschöpft, *sog. Geldschöpfung*, und repräsentiert die Geldbasis unserer Volkswirtschaft.
Die Produzenten von Buchgeld sind im wesentlichen die Geschäftsbanken. Verschwindet eine dieser Geldarten aus dem Wirtschaftskreislauf, so spricht man von *Geldvernichtung*.

Das **Zentralbankgeld** kann von der *Bundesbank auf zwei Wegen geschöpft werden*, durch einen Kredit und durch eine nichtkreditweise Schaffung.
Die *Schaffung von Zentralbankgeld* durch die Bundesbank *auf dem Kreditwege* geschieht dadurch (wie bereits dargelegt), daß sie dem Staat oder einem Kreditinstitut einen Kredit einräumt. Durch die Verlängerung der Bilanz der DBB und des Staates bzw. der Bank entsteht in Höhe des Kredites Zentralbankgeld. Man beschreibt diesen Vorgang so, daß man sagt, die Notenbank habe die Aktiva monetisiert. Bei Rückzahlung des Kredites findet die Geldvernichtung statt.
Die *nichtkreditweise Schaffung von Bargeld* durch die DBB erfolgt, wenn ihr eine Geschäftsbank Devisen, Gold oder Wertpapiere verkauft. Die Geldschöpfung der DBB ist wieder an ihrer Bilanzverlängerung erkennbar. Bei der Geschäftsbank dagegen hat nur ein Aktivtausch stattgefunden. Ein nicht unwesentlicher Unterschied besteht dagegen bei der Geldvernichtung. Diese findet erst dann statt, wenn die Geschäftsbank Devisen, Gold oder Wertpapiere wieder von der Bundesbank erwirbt (also nicht automatisch wie beim Kredit).

Das **Giralgeld** kann mit *Hilfe der Geschäftsbanken* ebenfalls *auf zwei Wegen*, als aktive und als passive Buchgeldschaffung entstehen.
Die *aktive Giralgeldschöpfung* durch eine Geschäftsbank erfolgt entweder dadurch, daß die Bank ihrem Kunden einen Kredit gewährt über den der Kunde per Sicht verfügt), oder aber der Bankkunde verkauft an die Bank Gold, Devisen oder Wertpapiere und erhält dafür ebenfalls eine Gutschrift auf seinem Girokonto. Beide Male hat sich eine Bilanzverlängerung der Bank ergeben, und beide Male ist Giralgeld entstanden, weil die Nichtbank über zusätzliche Sichtguthaben verfügen kann. Der Giralgeldschöpfungsprozeß kommt dann nicht zustande, wenn der Kunde seinen Kredit oder den Verkaufserlös (aus dem Gold-, Devisen- bzw. Wertpapierverkauf) in bar ausbezahlt haben möchte. Die Geldvernichtung findet beim umgekehrten Vorgang statt.
Die *passive Giralgeldschöpfung* entsteht, wenn eine Nichtbank bei einer Geschäftsbank Bargeld auf ihr Girokonto einzahlt. Für die Nichtbank hat sich die Geldmenge, über die sie verfügen kann, nicht verändert (= Geldartentausch).

Für die folgenden Überlegungen soll von dem *Modell des Bankensektors* ausgegangen werden, das in der BRD ausschließlich von praktischer Bedeutung ist, nämlich einem *einstufigen Mehrbankensystem mit gemischtem Zahlungsverkehr.*
Einstufiges Mehrbankensystem bedeutet, daß der Bankensektor aus einer übergeordneten Zentralnotenbank und einer Reihe von Geschäftsbanken besteht. Gemischter Zahlungsverkehr heißt, daß im Zahlungsverkehr der Nichtbanken Bargeld und Giralgeld Verwendung finden.

2.2.3 Geldangebotstheorie

In der Geldangebotstheorie analysiert man die Bestimmungsfaktoren des Geldangebotes.
Dabei unterscheidet man zwischen einem *traditionellen*, sog. *mechanistischen Ansatz* und einem *neueren, der Kreditmarkttheorie.*
Beim mechanistischen wird über Kreditschöpfungsmultiplikatoren berechnet, wieviel zusätzliche Einlagen bzw. Kredite bei den Banken bei einer bestimmten Zunahme der Zentralbankgeldmenge maximal geschaffen werden können. Dieser Ansatz kann dabei nur das Maximum der schöpfbaren Giralgeldmenge beschreiben, aber nicht die tatsächliche Entwicklung der Geldmenge.

Der neuere Ansatz, die Kreditmarkttheorie, ist verhaltensorientiert. Hier liegt ein geschlossenes Modell vor, das den gesamten Geldangebotsprozeß erklärt. Untersucht wird dabei, wie die von Nichtbanken gehaltene Geldmenge vom Verhalten der drei Sektoren Zentralbank, Geschäftsbanken und private Nichtbanken abhängt.

2.2.3.1 Giralgeldschöpfungsprozeß (mechanistischer Ansatz)

Wie dargelegt, werden beim Geldangebot zwei Hauptquellen unterschieden, einmal die Schöpfung von Zentralbankgeld durch die Zentralbank (DBB) und die Giralgeld-(Kreditgeld-)schöpfung durch die Geschäftsbanken.
Die Schöpfung von Zentralbankgeld (bereits erörtert) bietet vom Verständnis her keine Probleme, so daß nunmehr die Schöpfung von Giralgeld durch die Geschäftsbanken genauer darzulegen ist. Dies auch deshalb, weil (siehe Abb. 1-1) der Umfang des Giralgeldes dominiert. Hierbei handelt es sich um einen Kreditschöpfungsprozeß, bei dem die Banken dadurch Geld produzieren, in dem sie einer Nichtbank einen Kredit einräumen. Da Nichtbanken im Regelfall von einem Kredit nur einen Teil in bar abheben, bleibt die Differenz aus Kreditbetrag minus Barabhebung im Bankensystem (nicht notwendigerweise bei der kreditgewährenden Bank) und kann somit für weitere Kreditgewährung verwendet werden. Dadurch entsteht ein Prozeß, der zu einer Ausweitung der Geldmenge (des Geldangebotes) führt.

Zum Verständnis notwendig sind die im Abschnitt Liquidität dargelegten freien Liquiditätsreserven einer Bank.
Den Einlagen aller Nichtbanken auf der Passivseite einer Bankbilanz stehen auf der Aktivseite alle an Nichtbanken vergebene Kredite und der Liquiditätssaldo gegenüber. Dieser einer Bank noch zur evtl. Kreditvergabe zur Verfügung stehende Liquiditätssaldo kann aber nicht gänzlich für Kredite verwendet werden, denn davon sind noch die *Mindestreserven* (= %-Satz, den die Banken von ihren Einlagen zinslos bei der DBB auf einem Konto unterhalten müssen) und die *Barreserve* (= dient zur Aufrechterhaltung der Zahlungsbereitschaft einer Bank in Form von Bargeld) zu subtrahieren. Nur die Differenz aus: Liquiditätssaldo - Mindest- und Barreserve kann maximal zur weiteren Kreditvergabe disponiert werden.

Der Giralgeldschöpfungsprozeß der Geschäftsbanken soll durch ein vereinfachtes Beispiel dargelegt werden.
Dazu folgende (vorläufige) Annahmen:

Wir unterstellen ein einstufiges Mehrbankensystem mit gemischtem Zahlungsverkehr, wobei die Geschäftsbanken aus drei Banken A, B und C bestehen sollen, für die folgende Prämissen gelten sollen:

1) Jede Bank muß von jeder Einlage 10 % Mindestreserve und 10 % Barreserve halten
2) Über einen gewährten Kredit verfügt eine Nichtbank nur bargeldlos
3) Eine zusätzliche Liquiditätsreserve wird unter Beachtung von Nr. 1) voll für eine Kreditvergabe verwendet

Daraus ergibt sich das Schema der Giralgeldschöpfung wie in Abb. 2-8a dargelegt: Der gesamte Giralgeldschöpfungsvorgang wird durch eine einmalige Bareinlage eines Kunden im Umfang von 100 GE bei der Bank A auf seinem Girokonto ausgelöst (passive Giralgeldschöpfung). Auf der Passivseite der Bank A ist in der Ausgangslage eine Zunahme der Verbindlichkeiten gegenüber dem Kunden (= Einlage) von 100 Einheiten und auf der Aktivseite eine Zunahme des Kassenbestandes von 100 GE eingetreten. Bank A nimmt entsprechend unseren Annahmen sofort eine Umschichtung auf der Aktivseite vor, indem aus dem zusätzlichen Kassenbestand (Liquiditätsreserve) von 100 GE gleich 10 % = 10 GE der Mindestreserve und gleich 10 % = 10 GE der Barreserve zugeführt werden. Der Rest von 80 GE wird als verfügbare Liquiditätsreserve als Kredit einem Kunden eingeräumt. Der Kreditkunde der Bank A verfügt über seinen Kredit bargeldlos (durch Überweisung) und bezahlt damit seinen Lieferanten, der ein Kunde der Bank B ist.

Bei Bank B entsteht nun ein analoger Vorgang wie vorher bei Bank A. D.h. in der Ausgangslage auf der Passivseite Einlage von 80 GE (als Verbindlichkeit) und auf der Aktivseite ein Kassenmehrbestand (als Giralgeld) von 80 GE. Bank B schichtet die Aktivseite analog um, d.h. 10 % Mindestreserve = 8 GE und 10 % Barreserve = 8 GE und 80 % = 64 GE als verfügbare Liquiditätsreserve werden (in der Endsituation) als Kredit vergeben.
Kreditkunde der Bank B bezahlt (bargeldlos) seinen Lieferanten, der ein Konto bei der Bank C hat, die ihrerseits dadurch 64 GE als zusätzliche Einlage erhält, ebenfalls analog umschichtet usw. Die 51,2 GE als Kredit der Bank C könnten nun auf einem Konto bei der Bank A (oder B) landen.
D.h. wenn man sich noch mehr Banken (bzw. wieder von vorne beginnend) und mehr Zeitperioden vorstellt, entsteht folgende Reihe an Beträgen unserer drei Größen (siehe Abb. 2-8b).

Jeweilige Ausgangslage | Jeweilige Endsituation

Bank A

Kasse	100	Einlage des Kunden	100
	100		100

Bank A

Mindest.-R.	10	Einlage des Kunden	100
Barreserve	10		
Kredit	80		
	100		100

Bank B

Kasse	80	Einlage von Bank A	80
	80		80

Bank B

Mindest.-R.	8	Einlage von Bank A	80
Barreserve	8		
Kredit	64		
	80		80

Bank C

Kasse	64	Einlage von Bank B	64
	64		64

Bank C

Mindest.-R.	6,4	Einlage von Bank B	64
Barreserve	6,4		
Kredit	51,2		
	64		64

Abb.: 2-8a: Einfaches Schema des privaten Giralgeldschöpfungsprozesses

	Kredit = Giralgeld	Mindestreserve	Barreserve
	80	10	10
	64	8	8
	51,2	6,4	6,4
	40,8	5,2	5,2
	⋮	⋮	⋮
Sa.	400	50	50

Abb.: 2-8b: Zahlenreihen entsprechend Abb. 2-8a

Unsere Zahlenreihe entspricht dabei der Summenformel einer unendlichen geometrischen Reihe wie folgt:

$$S_n = a \cdot \frac{1 - q^n}{1 - q} \quad ,$$

wobei *a* = das Anfangsglied unserer Reihe, d.h. die erste verfügbare Liquiditätsreserve bzw. der erste gewährte Kredit mit 80 GE ist, d.h. a = 80. *q* = der Quotient aus dem jeweils gewährten Kredit (bzw. der verfügbare Liquiditätsreserve) in Relation zur Einlage, bzw. q = die Zahl (konstant), mit der jedes Reihengeld aus dem vorhergehenden Glied berechnet werden kann, indem man es mit q multipliziert. q wäre im Beispiel demnach:

$$\frac{80}{100} = \frac{64}{80} = \frac{51{,}2}{64} = 0{,}8 = \frac{8}{10} = q$$

Da eine unendliche Reihe vorliegt und q kleiner als 1 ist, geht q^n gegen Null, wenn n gegen unendlich geht. Damit ergibt sich hier die Summenformel als:

$$S_n = a \cdot \frac{1}{1 - q}$$

Jetzt kann durch Einsetzen die maximal mögliche Giralgeldschöpfung einfach berechnet werden. Im Beispiel ergäbe sich bei a = 80 und q = 0,8

$$S_n = 80 \cdot \frac{1}{1 - 0{,}8} = 400\,;$$

d.h. (siehe Zahlenreihe) die maximal mögliche Giralgeldschöpfung beträgt 400 GE. *1 - q* ist der sog. *gesamte Reservesatz*, der sich aus der Mindest- und der Barreserve zusammensetzt.

In der ökonomischen Terminologie setzt man häufig: *1 - q = r* (r = gesamter Reservesatz); *a = dZ* (dZ = erste verfügbare Liquiditätsreserve) und S_n = *dM* (dM = maximales Geldschöpfungsvolumen), so daß die Formel jetzt lautet:

$$dM = dZ \cdot \frac{1}{r}\,,$$

wobei *1/r* = sog. Geldschöpfungsmultiplikator ist.
Wäre r = Null, so wäre die Geldschöpfung unendlich groß. Bei r = 1 ergäbe sich dagegen keine Geldschöpfung.
Die nach der Formel berechenbare Giralgeldschöpfung stellt letztlich einen (theoretischen) Grenzwert dar (d.h. den maximal möglichen Wert). Sie zeigt aber einen entscheidenden Grundzusammenhang auf, nämlich: Eine einzelne Bank kann Kredite nur im Rahmen ihrer verfügbaren Liquiditätsreserven vergeben. Das gesamte

Bankensystem ist dagegen in der Lage, bei giraler Verfügung (= bargeldlos) des Geldes über Kredite zusätzliches Giralgeld entstehen zu lassen.

Die zunächst gemachten Prämissen müssen nunmehr aufgelöst und dem Prozeß der Realität angenähert werden:

1) Zunächst war unterstellt worden, daß ein fester Mindestreservesatz gegeben sei. In der Realität ändert die Zentralbank aber den Reservesatz. Dies kann ohne Probleme berücksichtigt werden, es muß lediglich r entsprechend verändert eingesetzt werden
2) Dies gilt analog bei sich änderndem Barreservesatz der Banken (bei veränderter Liquiditätsauffassung der Banken z.B.). Wieder wird r entsprechend verändert
3) Angenommen wurde, daß ein gewährter Kredit ausschließlich bargeldlos verwendet wird. Jetzt lassen wir eine (in der Realität übliche) teilweise Barabhebung des Kredites zu. Dieses berücksichtigen wir dadurch, daß nur ein (geringerer) Teil des Kredites bargeldlos bei einer anderen Bank eingeht, die Differenz dagegen als *Barauszahlungsquote* an den Kreditnehmer bar ausbezahlt wird
4) Eine weitere Annahme war, daß jede Bank ihre gesamte verfügbare Liquidität als Kredit vergibt. Jetzt unterstellen wir (praxisrelevant), daß jede Bank nur einen Teil davon vergibt und ein Rest als sog. *verbleibende Liquiditätsquote* bei ihr erhalten bleibt (die sie z.B. zum Kauf von Wertpapieren einsetzt)

Die *Barauszahlungsquote* und die *verbleibende Liquiditätsquote* faßt man zur sog. *Versickerungsquote c* zusammen und berücksichtigt sie wie folgt in der Giralgeldschöpfungsformel:

$$dM = dZ \cdot \frac{1}{c + r\,(1 - c)}$$

Nehmen wir an, daß die Barabhebungsquote 15 % und die verbleibende Liquiditätsquote 10 %, somit c = 25 % sei, so ergibt sich für unser Beispiel: dZ = 80; r = 0,2; c = 0,25; d.h.:

$$dM = dZ \cdot \frac{1}{0{,}25 + 0{,}2\,(1 - 0{,}25)} = 80 \cdot 2{,}5 = 200$$

Durch die Versickerungsquote von 25 % entsteht jetzt (nur) ein Giralgeld von 200 GE maximal. D.h. jetzt beträgt der Geldschöpfungsmultiplikator 2,5 (während er ohne Berücksichtigung von c = 5 betrug).

Der umgekehrte Vorgang wäre eine **multiple Geldvernichtung**, die durch einen echten absoluten Liquiditätsverlust bei den Banken eintreten würde (z.B. durch Einlagenabzug, Erhöhung der Mindestreserve). Es tritt der umgekehrte Vorgang ein, der mit den nämlichen Formeln berechnet werden könnte.

Empirische Untersuchungen zum Geldschöpfungsmultiplikator zeigen, daß eine (wirtschaftspolitische) Beeinflussung des giralen Geldangebotes durch eine Änderung der Mindestreserven (bzw. durch r) nicht immer möglich ist. Der Grund liegt insbesondere in der Existenz der *Finanzintermediäre* (Finanzmakler, Versicherungen, Bausparkassen vor allem), die mit den Banken zusammen und auch untereinander ihre Portfoliopräferenzen abzustimmen versuchen und so u.U. Veränderungen der Mindestreserve unterlaufen und damit die Politik der Zentralbank zunichte machen können. Dies bedeutet, daß der Giralgeldschöpfungsmultiplikator zwar als richtig angesehen wird, seine Auswirkung aber als eingeschränkt betrachtet werden muß.
Trotzdem verwendet z.B. der Sachverständigenrat die Geldmultiplikatorformel, um das rechnerische Kreditmaximum darzustellen.

Kritik am mechanistischen Ansatz:
Aus den Beispielen ergibt sich, daß der Prozeß des Geldangebotes vom Verhalten der Zentralbank (die den Mindestreservesatz und die Zentralbankgeldmenge bestimmt), von dem der Geschäftsbanken und vom Bankpublikum abhängt. Mindestreservesatz, Barreservesatz, Versickerungsquote sind im mechanistischen Ansatz aber *fest vorgegeben* und nicht als Verhaltensgrößen definiert, die verschiedenen Einflüssen unterliegen können. Ebenfalls nimmt man die Geldbasis als exogene Größe an und klammert damit die sie bestimmenden ökonomischen Größen aus. Damit unterstellt man zwischen der Geldmenge M und der Geldbasis einen mechanistisch wirkenden Zusammenhang, d.h. wird B um einen Betrag Δ B erhöht, so steigt M um

$$\frac{1}{c + r\,(1 - c)} \cdot \Delta B.$$

Damit kann immer nur die maximal mögliche Geldmenge, nicht jedoch die tatsächliche Veränderung des Geldangebotes erklärt werden.
Wobei als (einfache) Quintessenz der lapidare Zusammenhang wohl immer eintreten wird: Eine Erweiterung der Zentralbankgeldmenge wird eine Ausdehnung der Buchgeldproduktion nach sich ziehen und damit eine Vergrößerung der Geldmenge ergeben. Dies liegt in der Tatsache begründet, daß Banken rentabilitätsorientiert arbeiten und zusätzliches Zentralbankgeld ertragsbringend anlegen. Jedoch wird dieser Zu-

sammenhang nicht so fest determiniert sein, wie ihn der Giralgeldschöpfungsansatz unterstellt.

Bei einem weiteren kritischen Aspekt zum Giralgeldschöpfungsmultiplikator wäre zu berücksichtigen, daß die Banken nicht auf eine Überschußreserve durch den Zufluß von Zentralbankgeld warten müssen (d.h. warten bis z.B. eine Bareinzahlung stattfindet), um die private Giralgeldschöpfung in Gang setzen zu können, vielmehr den Prozeß von sich aus aktiv ins Rollen bringen können. Sie bräuchten dazu lediglich Aktiva, z.B. Geldmarktpapiere, in Zentralbankgeld umwandeln und könnten somit die Giralgeldschöpfung von sich auch in Gang setzen.

2.2.3.2 Kreditmarktmodell (Portfoliotheoretische Erklärung des Geldangebotes)

In der Kreditmarkttheorie stehen die *Handlungsweisen der am Geldangebot beteiligten Gruppen*, d.h. der Zentralbank, der Geschäftsbanken und des Bankpublikums *im Mittelpunkt der Analyse.*

Die Verhaltensweisen der am Geldangebot beteiligten Gruppen sind dabei *nicht* voneinander unabhängig, beeinflussen sich vielmehr gegenseitig. So nimmt z.B. die Zentralbank mit ihren geldpolitischen Instrumenten auf die Geschäftsbanken Einfluß, wobei allerdings in der Regel dadurch nur der Rahmen für die Banken abgesteckt wird.

Im *Zentrum* des Interesses beim Kreditmarktmodell *steht das Verhalten der Geschäftsbanken.* Dieses wird von der *Gewinnoptimierung* in Verbindung mit der *Liquiditätssicherung* bestimmt und legt somit das Geldangebot mit fest. Die Haltung von Liquidität seitens der Banken verursacht bei diesen Opportunitätskosten, während die Kreditvergabe Gewinn ergäbe. Andererseits darf bei den Geschäftsbanken keine Illiquidität eintreten. Somit müssen Geschäftsbanken beide Gesichtspunkte gegenseitig abwägen.

Haben die Banken *z.B.* die Möglichkeit, sich billige und ausreichende Liquidität zu beschaffen, so werden sie verstärkt Kredite vergeben und selbst nur geringe Liquidität halten. Die Folge wäre ein Anstieg des Geldangebotes. Ein Rückgang der Kreditnachfrage seitens der Nichtbanken (z.B. infolge verschlechterter Konjunkturaussichten) führt c.p. zu sinkenden Kreditzinsen. Daraufhin werden die Banken entweder mehr Liquidität halten oder z.B. sich in Geldmarktpapieren engagieren. Die Folge wäre nunmehr ein sinkendes Geldangebot.

Die *Nachfrage der Nichtbanken* nach *Krediten* wird vom Einkommen, Vermögen, der erwarteten Inflationsrate, Ertragserwartungen der Unternehmer und vom Kreditzins bestimmt (siehe dazu auch den Abschnitt 2.1.3).
Das *Kreditangebot der Banken* ist abhängig von Kreditzins, von Diskontsatz, den Kosten sonstiger Refinanzierungsmöglichkeiten (z.B. Geldmarkttitel), den Erträgen anderer Aktiva und dem Liquiditätsnutzen von Überschußreserven. Kurz: Rentabilität und Liquidität bestimmen das Portfolio der Banken.

Vereinfachend kann man deshalb davon ausgehen, daß steigende Kreditzinsen zu einem Anstieg des Angebotes an Krediten durch die Banken führen. Sie schränken dazu vorhandene Überschußreserven ein und sind darüber hinaus bereit, sich bei der Notenbank zwecks Beschaffung von Zentralbankgeld zu verschulden. Umgekehrt werden c.p. Nichtbanken ihre Kreditnachfrage bei steigenden Zinsen reduzieren.
Kreditnachfrage und Kreditangebot bestimmen sich somit im wesentlichen durch den Kreditzins. Wie dargelegt, wird dadurch aber auch das Geldangebot mitbestimmt. D.h. auch für das Geldangebot ist der Kreditzins eine dominante Größe (daher auch der Name Kreditmarktmodell für das Geldangebot).

Diese einführenden Überlegungen zur Kreditmarkttheorie sollen nun (stark vereinfacht und gekürzt) in der üblichen Darstellung dieser Theorie dargelegt werden (für eine ausführliche Interpretation siehe die Literatur).

Das Zusammenspiel der drei Sektoren Zentralbank, Geschäftsbanken und Bankpublikum im Hinblick auf das Geldangebot kann wie in Abb. 2-9 dargestellt werden.

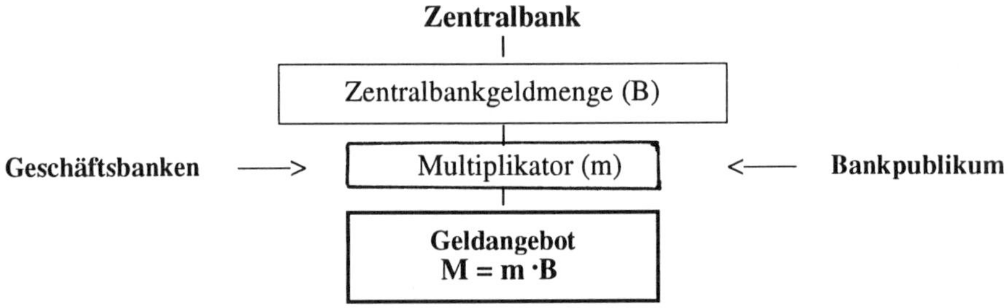

Abb.: 2-9: Bestimmungsfaktoren des Geldangebotes

Aus Abb. 2-9 folgt, daß die Zentralnotenbank im wesentlichen die Zentralbankgeldmenge, die Geldbasis B bestimmt. Das Zusammenwirken von Geschäftsbanken und Bankpublikum bestimmt den Multiplikator m. Das Produkt aus m · B schließlich ergibt das Geldangebot M.

Exakter lautet die Schreibweise:

$$M = m \cdot B^{ex} \quad ,$$

wobei B^{ex} die sog. Basisgeldmenge darstellt, die exogen von der Zentralbank gesteuert wird. Im Multiplikator m spiegelt sich das Verhalten von Geschäftsbanken und Bankpublikum wider. Dabei wird m von folgenden Variablen determiniert:

$$m = f\,(\overset{(+)}{i_K}\,;\ \overset{(-)}{i_r};\ \overset{(-)}{i_f};\ \overset{(+)}{i_t};\ \overset{(-)}{r^{MR}};\ \overset{(-)}{Y}\,;\ \overset{(-)}{\sigma}\,;\overset{(+)}{V}\,)$$

Dabei bedeuten:

+	=	der Zusammenhang der Variablen in Bezug auf m ist positiv
-	=	der Zusammenhang der Variablen in Bezug auf m ist negativ
i_K	=	Zinssatz für Bankkredite
i_r	=	erwartete Ertragsrate (Zins) auf Realkapital
i_f	=	Diskontsatz
i_t	=	Verzinsung von Termin- und Spareinlagen
r^{MR}	=	Mindestreservevolumen
Y	=	Bruttosozialprodukt (real)
σ	=	Unsicherheit der Banken bezüglich der künftigen Geldzu- und -abflüsse
V	=	Vermögen (real)

Das Verhalten der Geschäftsbanken ist abhängig von i_K ; i_f ; r^{MR} und σ. Das Verhalten des Bankpublikums ist abhängig von i_r ; i_t ; Y und V. D.h. das Geldangebot M wird sowohl von den exogenen (an gesamtwirtschaftlichen Zielsetzungen orientierten) Entscheidungen der Zentralnotenbank als auch von den endogenen portfolioorientierten Entscheidungen des Bankpublikums, wie von den gewinn- und liquiditätsorientierten Entscheidungen der Geschäftsbanken bestimmt.

Bei einer ausführlichen Analyse (siehe Literatur) müßte man all diese Variable und ihren Einfluß auf den Multiplikator m genau analysieren, um den gesamten Prozeß des Geldangebotes zu verstehen.

Der Zusammenhang der Kreditmarkttheorie läßt sich auch geometrisch darstellen: Wenn man mit K_N die Nachfragefunktion des Bankpublikums nach Krediten ausdrückt (zu den Einflußfaktoren auf K_N siehe die vorausgegangenen Darlegungen), und mit K_A die Angebotsfunktion an Krediten durch die Banken und mit M das Geldvolumen (bzw. das Geldangebot), so ergibt sich als (statische) Ausgangslage die Abb. 2-10:

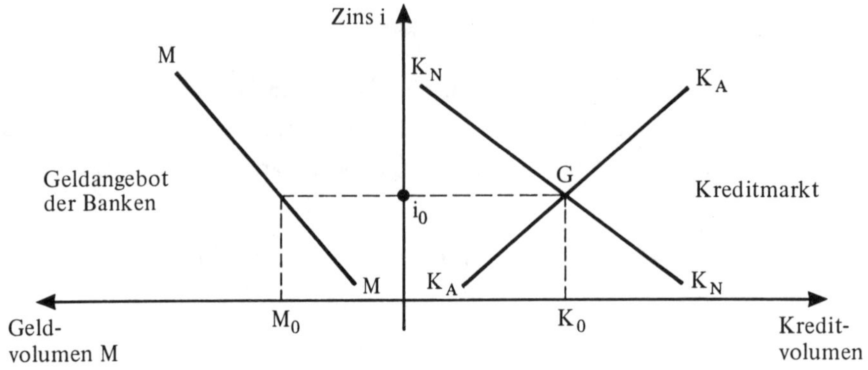

Abb.: 2-10: Ausgangslage zwischen Kreditmarkt und Geldangebot

Bei gegebener Geldbasis (B) und allen sonstigen Einflußgrößen bildet sich auf dem Kreditmarkt durch K_N und K_A das Gleichgewicht mit dem Gleichgewichtszins i_0 und dem Kreditvolumen K_0 (das sowohl angeboten wie nachgefragt wird). Dem Zins i_0 entspricht ein Geldangebot M_0, wobei die (linke) Kurve M = das Geldangebot, die Möglichkeiten (hier spielt die Zentralbank mit) und die Neigungen der Geschäftsbanken widerspiegelt, Liquidität bei entsprechenden Zinsen zugunsten verstärkter Kredite abzubauen und damit das Geldangebot auszudehnen.

Wie üblich, sollen nunmehr in die geometrische Darstellung bestimmte Veränderungen eingebaut und ihre Auswirkungen auf das Geldangebot betrachtet werden.
Zunächst soll die Auswirkung einer Zunahme der Kreditnachfrage analysiert werden (z.B. ausgelöst durch günstigere Ertragserwartungen der Unternehmer, siehe Abb. 2-11):

$K_A{}^0$ und $K_N{}^0$ ergeben (wie in Abb. 2-10) in der Ausgangslage das Gleichgewicht auf dem Kreditmarkt mit i_0 und K_0. Die Zunahme der Kreditnachfrage von $K_N{}^0$ auf $K_N{}^1$ ergibt das neue Gleichgewicht mit G_1. Dadurch ergibt sich ein steigender Kreditzins von i_0 auf i_1 und ein Anstieg des Kreditvolumens von K_0 auf K_1. Dies wiederum ergibt eine Zunahme des Geldangebotes von M_0 auf M_1.

Als weitere Veränderung soll durch die Zentralnotenbank mittels entsprechender geldpolitischer Maßnahmen (z.B. Senkung der Mindestreserve) eine Erhöhung der Geldbasis erfolgen, siehe Abb. 2-12.

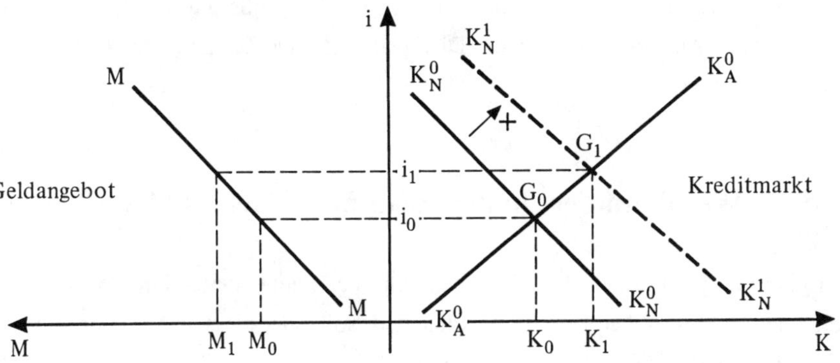

Abb.: 2-11: Kreditmarkt und Geldangebot bei einer Zunahme der Kreditnachfrage

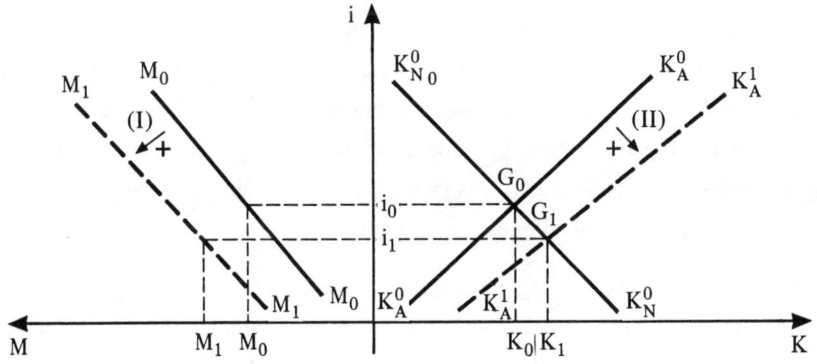

Abb.: 2-12: Kreditmarkt und Geldangebot bei einer Zunahme der Geldbasis

Der Wirkungszusammenhang setzt jetzt beim Geldangebot ein (= I). Die Zunahme der Geldbasis bewirkt eine Vergrößerung der Geldangebotsmöglichkeit. Dies ergibt eine Verschiebung der M-Kurve nach links von M_0 nach M_1 (eine Zunahme ergibt sich hier durch Linksverschiebung, da dies ja im 2. Quadranten erfolgt). Die Zunahme der Geldbasis ergibt bei den Geschäftsbanken bekanntlich eine Vergrößerung der verfügbaren Liquiditätsreserven = Verbesserung der Geldangebotsmöglichkeit. Die Banken reagieren daraufhin (= II) mit einer Erhöhung ihres Kreditvolumens von

$K_A{}^0$ auf $K_A{}^1$. Die Folge ist eine Erweiterung des Kreditvolumens von K_0 auf K_1, gekoppelt (bei unterstellter unveränderter Kreditnachfrage $K_N{}^0$) mit einem Rückgang des Zinses von i_0 auf i_1. Nunmehr wird die Vergrößerung der Geldangebotsmöglichkeit in Anspruch genommen. Dies bedeutet eine Zunahme des Geldangebotes von M_0 auf M_1.

2.2.4 Wer dominiert in der Realität als Geldanbieter?

Geht man von der Formel $M = m \cdot B$ aus, d.h. die angebotene Geldmenge M ist ein Vielfaches (= Multiplikator m) der Geldbasis B, so ist der einzige Anbieter von Zentralbankgeld über die Geldbasis die Notenbank.

Die Kernidee der Geldpolitik seitens der Notenbank besteht darin, durch geeignete geldpolitische Maßnahmen die Geldbasis zu beeinflussen und damit das gesamte Geldangebot zu steuern.

Ob dieses Bestreben der Zentralnotenbank gelingt, hängt davon ab, ob der Multiplikator im Zeitablauf konstant ist oder nicht.

Denn wenn sich der Multiplikator im Zeitablauf ständig, erheblich und kurzfristig ändert, so ist dies ein Zeichen, daß es der Notenbank *nicht* gelingt, das Geldangebot über die Geldbasis zu steuern. Man sagt, in diesem Fall ist das Geldangebot eine *endogene Größe*. Bliebe der Multiplikator im Zeitablauf dagegen konstant und würde es somit der Notenbank gelingen, das Geldangebot über die Geldbasis zu steuern, so sagt man, wäre das Geldangebot eine *exogene Größe.*

Ob das Geldangebot eine endogene oder eine exogene Größe ist, hängt vom Verhalten der Geschäftsbanken und der Nichtbanken (= Unternehmen, Staat, private Haushalte, Finanzintermediäre, Banken und Nichtbanken des Auslandes) ab.

Dabei kann man davon ausgehen: 1) Geschäftsbanken, Finanzintermediäre und das Ausland können durch ihr Kreditverhalten teils unabhängig von der Zentralbank das Geldangebot mitbestimmen, 2) Unternehmen und private Haushalte bestimmen durch die Bargeldhaltung, Höhe und Art ihrer Bankeinlagen, ihre Finanzanlagen und durch ihr Kreditnachfrageverhalten ebenfalls teils das Geldangebot mit.

Das Geldangebot ergibt sich in der Realität somit (= Grundidee der Kreditmarkttheorie) durch das Zusammenspiel dieser Sektoren einer Volkswirtschaft.

Die auf dieser Basis durchgeführten *empirischen Untersuchungen zum Geldangebot* zeigen in etwa folgendes Resultat:

Kurzfristig bestimmen neben der Zentralbank auch die übrigen dargelegten Gruppen das Geldangebot mit, d.h. der Multiplikator ist kurzfristig instabil und somit das Geldangebot eine **endogene Größe. Langfristig** gelingt es der Zentralbank jedoch, den größten Teil des Geldangebotes über die Geldbasis zu regulieren, d.h. langfristig ist das Geldangebot eine **exogene Größe.**

2.3 Transmission (Interdependenz zwischen Geld- und Gütersektor)

2.3.1 Einführung

Im Sinne einer klassischen makroökonomischen Analyse soll nunmehr untersucht werden, ob und wie der monetäre Bereich einer Volkswirtschaft und der güterwirtschaftliche Bereich zusammenhängen. D.h. ob, und wenn ja, wie ökonomische Wirkungen von einem dieser Bereiche auf den anderen Bereich übergreifen.
Ob z.B. eine von der Zentralnotenbank ausgelöste Veränderung der Geldbasis (hier gleich Vergrößerung), die sich im monetären Bereich durch eine Erhöhung der Liquidität der Banken, weiter einer Erhöhung des Geldangebotes und schließlich einer Erhöhung des Kreditvolumens darstellt, auf den Güterbereich übergreift. D.h. ob sich daraus ein Anpassungsvorgang beim Sozialprodukt, bei der Beschäftigung oder beim Preisniveau bemerkbar macht. Um im Beispiel zu bleiben, ob geldpolitische Maßnahmen letztlich das bewirken, was mit ihnen bezweckt wird (häufig einen Einfluß auf das Preisniveau auszuüben, oder auch auf die Beschäftigung).

Grundsätzlich denkbar wäre ein Wirkungszusammenhang zwischen Geld- und Güterbereich in beiden Richtungen, d.h. vom Geld- zum Güterbereich und umgekehrt vom Güter- zum Geldbereich.
Nach derzeit herrschender Auffassung sind autonome Änderungen im Güterbereich und deren Übertragung in den Geldbereich als relativ selten anzusehen (d.h. die Frage, beeinflußt ein güterwirtschaftlicher Vorgang das Geldangebot und/oder die Geldnachfrage). Bei dieser Richtung des Wirkungszusammenhanges müßte es sich schon um schwerwiegende, außergewöhnliche Vorgänge wie z.B. einen entscheidenden Regierungswechsel mit einer völligen Kehrtwendung der Wirtschaftspolitik, oder eine völlige Umgestaltung des Steuersystems, oder eine kriegerische, tiefgreifende Auseinandersetzung handeln.

Demgegenüber kann man Übertragungen monetärer Vorgänge auf den Gütersektor in der Realität häufig beobachten, so daß diese Richtung des Wirkungszusammenhangs als die wichtigere angesehen wird und im folgenden analysiert werden soll. Diese Richtung des Wirkungszusammenhanges (d.h. Ursache = Vorgang im monetären Bereich, Wirkung im Güterbereich) wird als **Transmissionsmechanismus** bezeichnet.

Falsch wäre es, sich den *Transmissionsvorgang als* einen festen, sich wiederholenden und empirisch testbaren *Mechanismus vorzustellen.* Vielmehr handelt es sich bei jedem Einzelfall um einen äußerst komplizierten Vorgang und Zusammenhang, für den folgende Grundüberlegungen jeweils zu beachten sind:

1) Ein monetärer Impuls wird unterschiedliche Wirkungen auslösen, je nachdem, ob er aus einer Geld- oder kreditpolitischen Maßnahme besteht. Eine geldpolitische Maßnahme verändert die Geldversorgung einer Volkswirtschaft und beeinflußt die Geldmenge. Eine kreditpolitische Maßnahme beeinflußt den Geld- und Kapitalmarkt und die Zinsstruktur
2) Die Transmission von monetären Wirkungen wird unterschiedlich sein, je nachdem, ob der monetäre Impuls nur kurz- oder auch langfristig wirkt; ob er als restriktive oder expansive Maßnahme eingesetzt wird und ob er schließlich eine Transmission in einer Boom- oder Depressionsphase auslösen soll
3) Auch die Intensität und die Änderungsrate eines monetären Impulses sind wichtig. So wird z.B. ein oft wiederholter Impuls in den Erwartungshorizont der Wirtschaftssubjekte eingebaut, so daß schließlich keine Transmission mehr stattfindet
4) Geldwirkungen und eine Transmission können sich dabei sowohl als Effekt im realwirtschaftlichen Bereich wie aber auch bei der Inflationsrate auswirken. Es kommt hierbei entscheidend auf den Beschäftigungsgrad der Wirtschaft an. So wird z.B. ein steigendes Geldangebot und eine zunehmende Geldnachfrage (bzw. ein wachsendes Kreditvolumen) im Zustand der Unterbeschäftigung meist ein Wachstum des realen Sozialproduktes bei konstantem Preisniveau ergeben. Würde der nämliche monetäre Vorgang bei Überbeschäftigung stattfinden, ergäbe sich kein Wachstum des realen Sozialprodukts sondern lediglich eine Preissteigerung. Aber auch dieser eben dargelegte Transmissionsvorgang muß nicht "mechanisch" so stattfinden. So könnte sich besagter monetärer Impuls lediglich in einer erhöhten Liquidität niederschlagen, damit keine Wirkung im Güterbereich auslösen, wie dies z.B. in einer ausgeprägten Depression denkbar wäre

Wie und mit welchen Auswirkungen sich ein monetärer Vorgang auf den güterwirtschaftlichen Bereich auswirkt, darüber gibt es unterschiedliche (z.T. konträre) Auffassungen und Theorien. Im Zentrum der folgenden Ausführungen sollen die Keynessche bzw. die Postkeynessche Auffassung stehen, das sog. IS-LM-Modell (von Hicks entwickelt). In einer Zusammenfassung soll dann auch die neoklassische bzw. monetaristische Position berücksichtigt werden. Für die übrigen Theorien zu diesem Bereich muß auf die Spezialliteratur verwiesen werden.

2.3.2 Transmission nach Keynes

Hierbei wird der Transmissionszusammenhang so entwickelt, daß zunächst für den monetären Bereich alle denkbaren Gleichgewichtszustände bestimmt werden. Dies erfolgt durch die Ableitung der sog. *LM-Kurve* (bekanntlich L = Nachfrage; M = Angebot auf dem Geldmarkt).
Diesen Gleichgewichtszuständen auf dem Geldmarkt werden alle Gleichgewichte auf dem Gütermarkt gegenübergestellt, was durch die Ableitung der sog. *IS-Kurve* erfolgt (I = Investition; S = Ersparnis).
Beide zusammen, d.h. LM- und IS-Kurve ergeben dann ein gesamtwirtschaftliches Gleichgewicht.

2.3.2.1 Ableitung der LM-Kurve

Zur Ableitung der LM-Kurve (nach Keynes) vergegenwärtige man sich nochmals den Abschnitt 2.1.2, insbesondere mit den Abb. 2-2, 2-3, 2-4 und 2-5.
Ausgehend von der Abb. 2-5 sollen zwei Veränderungen des Gleichgewichts am Geldmarkt (entsprechend der Keynesschen Interpretation) mit ihren Auswirkungen auf das Zinsniveau und die Aufteilung der Geldnachfrage in Transaktions- und Spekulationskasse (zur Wiederholung) dargestellt werden (siehe Abb. 2-13 und 2-14).

Die Abb. 2-13 entspricht der Abb. 2-5 (siehe dort), d.h.: Ausgehend vom Gleichgewicht am Geldmarkt zwischen L_0 und M_0 mit einem Gleichgewichtszins i_0 und einer Aufteilung des gesamten Geldangebotes (= M_0) in die Transaktionskasse L_{T0} und in die Spekulationskasse L_{S0} findet eine (autonome) Erhöhung des Geldangebotes (durch die Zentralbank) auf M_1 (= Rechtsverschiebung von M) statt. Die Wirt-

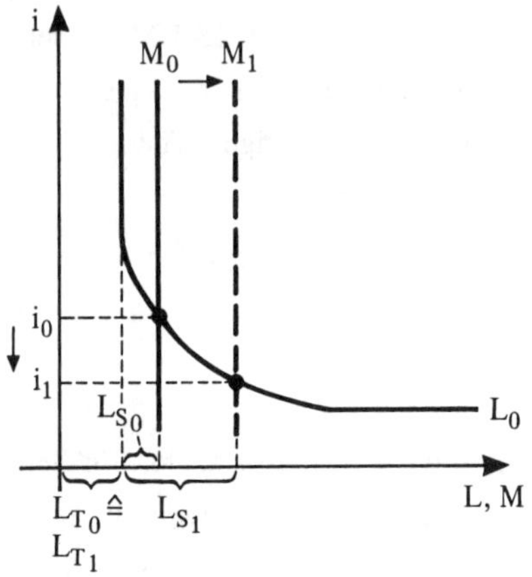

Abb.: 2-13: Zinssatzänderung bei Zunahme des Geldangebotes

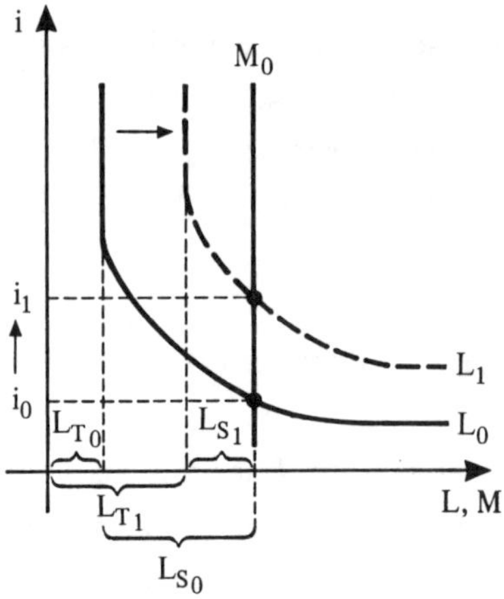

Abb.: 2-14: Zinssatzänderung bei Zunahme des Volkseinkommens

schaftssubjekte verfügen dadurch über zusätzliches Geld. Dies führt zu einer Steigerung der Nachfrage nach Wertpapieren, was zu einem Anstieg der Wertpapierkurse und damit zu einem sinkenden Zinssatz führt (siehe: i_0 sinkt auf i_1). Dies wiederum ergibt einen Anstieg der Geldnachfrage aus dem Spekulationsmotiv ($L_{S1} > L_{So}$). Die Transaktionskasse bleibt unberührt ($L_{To} = L_{T1}$), da (hier) das Volkseinkommen gleich hoch blieb. Das gesamte zusätzliche Geldangebot (M_1 - M_o) fließt ausschließlich in die Spekulationskasse.

In der Abb. 2-14 bleibt das Geldangebot mit M_o unverändert. Jetzt ändert sich die Geldnachfrage und zwar wird dies ausgelöst durch ein höheres Volkseinkommen (Y). Dies ergibt eine Rechtsverschiebung der L-Kurve von L_o nach L_1 mit einem neuen Gleichgewicht. Die Folge ist ein Anstieg des Gleichgewichtszinses von i_o auf i_1. Der Zinsanstieg ergibt sich aus einer Erhöhung des Wertpapierangebotes (und c.p. einem Kursrückgang), da jetzt die Wirtschaftssubjekte versuchen, ihren höheren Bedarf an Transaktionskasse (ausgelöst durch den Anstieg des Volkseinkommens) durch den Verkauf an Wertpapieren zu befriedigen. Das gesamte (hier konstante)

Geldangebot wird jetzt umgeschichtet, die Transaktionskasse wächst ($L_{T1} > L_{To}$), während im gleichen Ausmaß die Spekulationskasse abgebaut wird ($L_{S1} < L_{So}$).

Die Logik der Ableitung der LM-Kurve erfolgt wie folgt: Alle sich wie eben in den Abb. 2-13 oder Abb. 2-14 durch Veränderung der jeweiligen Einflußgrößen ergebenden neuen Gleichgewichte (d.h. mit i und L_T und L_S) sollen in einem einzigen Graphen (eben der LM-Kurve) zusammengefaßt werden. D.h. man unterstellt alle denkbaren Veränderungen von L und M, bestimmt die dadurch sich ergebenden Gleichgewichtszustände und faßt alle Gleichgewichte im Graphen LM zusammen.
Die Ableitung der LM-Kurve erfolgt geometrisch, wobei man das sog. Hicks-Diagramm verwendet. Ausgegangen wird dabei von Veränderungen entsprechend der Abb. 2-14, d.h. wir nehmen an (was häufig realistisch ist), daß das Volkseinkommen ständig zunimmt (siehe Abb. 2-15).

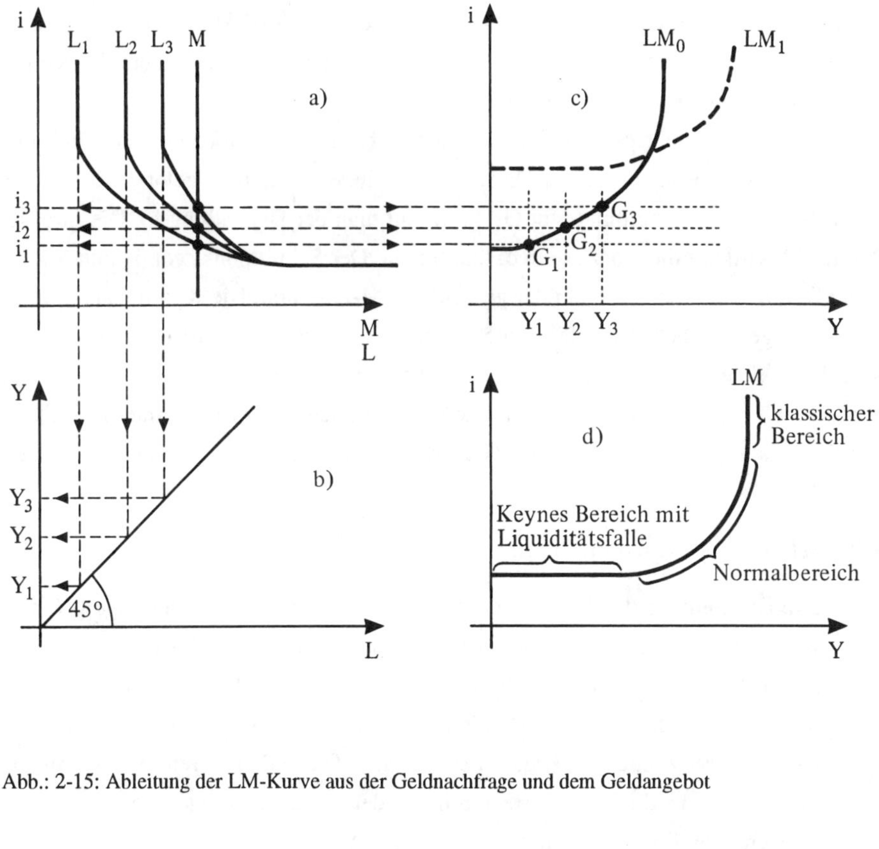

Abb.: 2-15: Ableitung der LM-Kurve aus der Geldnachfrage und dem Geldangebot

In der Darstellung a) der Abb. 2-15 sind (analog zu Abb. 2-14) verschiedene Gleichgewichtslagen am Geldmarkt dargestellt. Als unveränderlich wird das autonome Geldangebot M der Zentralbank angenommen. Die Geldnachfrage L liegt in drei alternativen Möglichkeiten L_1, L_2 und L_3 vor. L_1 nach L_2 und weiter nach L_3 beschreiben ein wachsendes Volkseinkommen mit daraus wachsender Transaktionskasse. Die Schnittpunkte von L_1, L_2, L_3 mit M ergeben die drei alternativen Gleichgewichtssituationen am Geldmarkt. Als Bestimmungsgröße ist hier (zunächst) nur der unterschiedliche Gleichgewichtszins i_1, i_2 und i_3 wichtig.
Die Darstellung b) dient lediglich zur Ermittlung des einer bestimmten Geldnachfrage zuzuordnenden Volkseinkommens Y. Hier wird die Geldnachfrage L in Abhängigkeit vom Volkseinkommen Y dargestellt (siehe dazu die Abb. 2-2). Durch Herrunterloten der Transaktionskassen von L_1, L_2 und L_3 (das Volkseinkommen bestimmt bekanntlich die Transaktionskasse) in die Darstellung b und deren Spiegelung auf der Winkelhalbierenden wird das zu L_1 gehörende Volkseinkommen Y_1 ermittelt (und Y_2 für L_2; Y_3 für L_3).
In der Darstellung c) schließlich wird die gesuchte LM-Funktion Punkt für Punkt entwickelt, wobei die LM-Funktion eine Abhängigkeit zwischen dem Volkseinkommen Y und dem Zins i beschreibt.
Der Punkt G_1 (erstes bzw. ein Gleichgewicht auf dem Geldmarkt) der LM-Funktion erhält seine i-Koordinate aus der Darstellung a), indem i_1 hinübergelotet wird (siehe Abb. 2-15). Die Y-Koordinate für G_1 entnimmt man der Darstellung b). Die Strecke Y_1 aus b) wird auf die Abszisse in c) übertragen. Der Schnittpunkt von i_1 und Y_1 ergibt G_1, d.h. einen ersten Punkt der gesuchten LM-Funktion. Die Koordinaten von i_2 und Y_2 ergeben nach dem gleichen Schema den Punkt G_2 der LM-Funktion. Entsprechend viele Punkte ergeben schließlich die LM-Funktion.
Ändert sich nicht nur die Transaktionskasse (bzw. das Volkseinkommen), sondern die Spekulationskasse und/oder das Geldangebot, so ergibt sich eine anders verlaufende LM-Funktion, z.B. LM_1.

Eigenschaften der LM-Funktion:

1.) **Die Darstellung d)** zeigt, daß der typische Verlauf der Geldnachfrage L (nach Keynes) und insbesondere der der Spekulationskasse ihren Niederschlag auch im Verlauf der LM-Funktion haben. Man unterscheidet bei der LM-Kurve hier deshalb den sog. *Keynes-Bereich* (kommt aus der Liquiditätsfalle), den *Normalbereich* und den *klassischen Bereich.* Diese drei Bereiche beschreiben die unterschiedliche Zinsreagibilität der Geldnachfrage (ein in der wirtschaftspolitischen Diskussion wichtiger Aspekt).

Je nach der Abhängigkeit der Geldnachfrage zu Spekulationszwecken vom Zinssatz hat die LM-Kurve eine unterschiedliche Steigung. Verläuft die LM-Kurve parallel zur Ordinate (klassischer Bereich), so liegt eine zinsunabhängige Geldnachfrage vor (bzw. LM ist in Bezug auf den Zins völlig unelastisch). Der gekrümmte Teil der LM-Kurve (Normalbereich) spiegelt die Auffassung von Keynes wider, daß die Geldnachfrage zinselastisch ist. Verläuft die LM-Kurve parallel zur Abszisse, so wird die Geldnachfrage völlig zinselastisch (bzw. LM ist bezüglich des Zinses völlig elastisch).

2.) *Steigung der LM-Kurve*

Die LM-Kurve besitzt eine positive Steigung. Dies ist deshalb der Fall, da sich die Geldnachfrage gleichgerichtet zum Einkommen bzw. Y (siehe Abb. 2-2), andererseits aber entgegengerichtet zum Zins verändert (siehe Abb. 2-3).

Was die Größe der Steigung der LM-Kurve anbelangt, so gilt: Je größer die Empfindlichkeit der Geldnachfrage bezüglich des Einkommens ist (bzw. je steiler die L_T-Kurve ist) und je niedriger die Empfindlichkeit der Geldnachfrage bezüglich des Zinssatzes ist (bzw. je steiler die L_S-Kurve ist), desto steiler wird die LM-Kurve verlaufen. Verändert sich die Einkommens- und Zinsreagibilität der Geldnachfrage, so ergibt sich eine Drehung der LM-Kurve.

3.) Insgesamt wird die LM-Kurve von einer Variation der Transaktionskasse, einer Änderung der Spekulationskasse, einem unterschiedlichen Volkseinkommen und einem veränderten Geldangebot beeinflußt und hat dann einen unterschiedlichen Verlauf.

4.) *Punkte außerhalb der LM-Kurve*

Punkte, die nicht auf der LM-Kurve liegen, repräsentieren keine Gleichgewichte auf dem Geldmarkt. Alle Punkte oberhalb der LM-Kurve befinden sich in dem Bereich, in dem das Geldangebot größer ist als die Geldnachfrage, d.h. M > L. Alle Punkte unterhalb der LM-Kurve sind in dem Bereich, in dem die Geldnachfrage größer ist als das Geldangebot, d.h. L > M.

Die Abb. 2-16 zeigt den Zusammenhang.

Die Punkte außerhalb der LM-Kurve sind nicht stabil, d.h. es entwickelt sich eine Tendenz hin zum Gleichgewicht (d.h. L = M), wobei hier der Zinsmechanismus in Richtung der LM-Kurve wirkt.

Wenn *z.B.* eine Überschußnachfrage nach Geld besteht (d.h. L > M), so werden die Wirtschaftssubjekte versuchen, sich das (fehlende) Geld durch den Verkauf von Wertpapieren zu beschaffen. Das erhöhte Angebot am Wertpapiermarkt ergibt c.p. einen Rückgang der Wertpapierkurse und somit einen Zinsanstieg.

Dieser Zinsanstieg hält an, bis der Gleichgewichtszins erreicht ist, bzw. bis L = M ist. Damit hat sich ein Gleichgewicht ergeben bzw. ein Punkt auf der LM-Kurve.

Ist dagegen M > L, ergeben die Zinssenkungen wieder Gleichgewichte und damit Punkte auf der LM-Kurve.

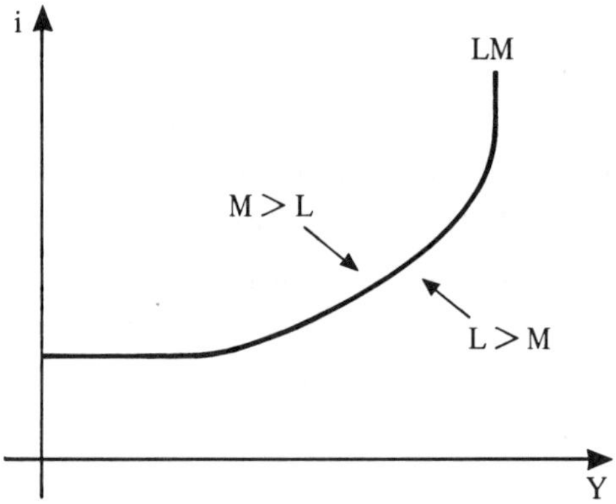

Abb.: 2-16: Ungleichgewichtslagen im LM-Bereich

5.) *Verschiebungen der LM-Kurve*

Bei der Ableitung der LM-Kurve nach dem Schema der Abb. 2-15 wurde bereits dargelegt, daß eine andere Lage von L oder M eine andere LM-Kurve ergibt. Nunmehr sollen typische Verschiebungen der LM-Kurve betrachtet werden. Eine *erste Verschiebung* ergibt sich, wenn sich das Geldangebot M verändert. Der Leser entwickle entsprechend dem Schema der Abb. 2-15, ausgehend von einer beliebig angenommenen LM-Kurve, einer angenommenen L_0-Kurve und einem zunehmenden Geldangebot ($M_0 < M_{12} < M$), d.h. einer Rechtsverschiebung von M, die neue LM-Kurve. Das Ergebnis ist eine Rechtsverschiebung der LM-Kurve. D.h. somit ergibt ein zunehmendes Geldangebot bei unveränderter Geldnachfrage eine Rechtsverschiebung von LM, eine Abnahme von M ergibt c.p. eine Linksverschiebung von LM. Die Logik dieser Verschiebung der LM-Kurve ist einfach nachvollziehbar. Wenn bei unveränderter Geldnachfrage das Geldangebot steigt, halten die Wirtschaftssubjekte die nämlich hohe Transaktionskasse. Somit fließt das zusätzliche Geldangebot voll in die Spekulationskasse. Bzw. das neue Gleichgewicht auf dem Geldmarkt wird (wieder) durch den Zinsmechanismus realisiert, d.h. die Zunahme der Geldnachfrage aus dem Spekulationsmotiv führt zu einer Zinssenkung (siehe eigene Graphik).

Eine *zweite Verschiebung* (völlig analog) ergibt sich, wenn man auf dem Geldmarkt unterschiedliche Preisniveaus annimmt (nicht die Preissteigerung). Angenommene niedrige Preisniveaus ergeben ebenfalls eine Rechtsverschiebung der LM-Kurve. Der Grund liegt darin, daß die Wirtschaftssubjekte (nach Friedman) den sog. Realkasseneffekt realisieren, d.h. den realen Kaufkraftwert ihrer Transaktionskasse zu erhalten trachten.

Wenn nun ein niedrigeres Preisniveau herrscht, so erhöht sich die Kaufkraft der L_T-Kasse. Nimmt man an, daß die Wirtschaftssubjekte (im Moment) die reale Kaufkraft der L_T-Kasse beibehalten wollen, so erfolgt ein Abbau der L_T Kasse. Dies führt über den Zinsmechanismus (genau wie bei der 1. Verschiebung) zu einer Auffüllung der L_S-Kasse und damit wieder zu einer Rechtsverschiebung der LM-Kurve (siehe Abb. 2-17).

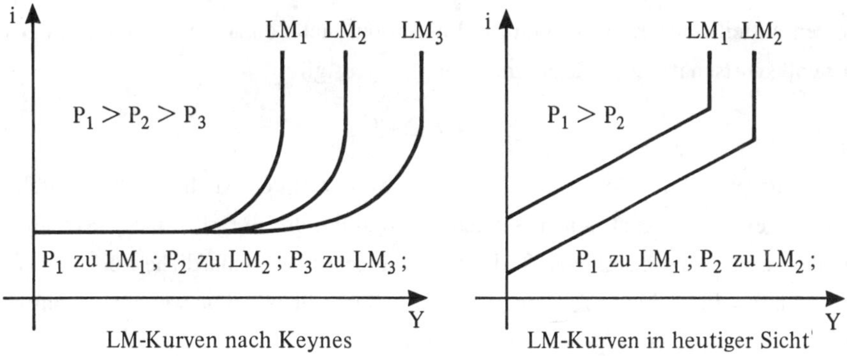

Abb.: 2-17: Verschiebung der LM-Kurven bei unterschiedlichen Preisniveaus

Diese Rechtsverschiebung der LM-Kurve bei einer Preisniveausenkung, der sog. *Keynes-Effekt* in der Interpretation von Keynes oder nach heutiger Sicht, unterscheidet sich im Einfluß auf die Spekulationskasse (und für die Liquiditätsfalle) und einer evtl. Zinssenkung. Da Keynes bei einem sehr niedrigen Zins i_0^* = Liquiditätsfalle (siehe Abb. 2-3) eine weitere Zinssenkung ausschließt, verändert sich bei ihm auch nicht der Teil der LM-Kurve, der parallel zur Abszisse verläuft bzw. die nach rechts verschobenen LM-Kurven wachsen aus dem Teil der Liquiditätsfalle praktisch heraus (siehe Abb. 2-17).

Unterstellt man dagegen LM-Kurven in heutiger Sicht (die bekanntlich keine Liquiditätsfalle besitzen), so ergibt sich eine Rechtsverschiebung der gesamten LM-Kurve, ansonsten sind die Überlegungen analog (siehe Abb. 2-17) (in der Literatur wird die LM-Kurve, teils aus prinzipiellen Überlegungen oder aus darstellerischen Gesichtspunkten, auch in neuerer Sicht als eine positiv steigende lineare Funktion angenommen, d.h. ohne unseren Knick wie in Abb. 2-17).

2.3.2.2 Ableitung der IS-Kurve

Die IS-Kurve repräsentiert alle Gleichgewichtslagen auf dem Gütermarkt. Sie wird analog wie die LM-Kurve abgeleitet.

Für die Darstellung des güterwirtschaftlichen Bereiches einer Volkswirtschaft geht man (nach Keynes) von einer einfachen Modellwirtschaft aus, die nur aus Haushalten und Unternehmungen bestehen soll. Aus der Kreislaufanalyse ergibt sich für eine derartige Wirtschaft, daß sich die Güterproduktion auf zwei Endnachfragekomponenten aufteilt, den Konsum und die Investition (siehe dazu ein einführendes Buch zur volkswirtschaftlichen Gesamtrechnung), d.h. es gilt:

$$Y = C + I$$

Y = Güterproduktion (bzw. Einkommen, bzw. Sozialprodukt. In der hier durchgeführten gesamtwirtschaftlichen Betrachtung sind die drei Begriffe für Y Synonyme, sie beschreiben den nämlichen Tatbestand, die gesamtwirtschaftliche Leistung), C = Konsum, I = Investition (Y, C und I sind hier Realgrößen). Eine weitere gesamtwirtschaftliche Funktion ist (gesehen vom Haushalt her):

$$Y = C + S$$

S = Ersparnis. Aus den beiden Gleichungen folgt

$$C + I = C + S \longrightarrow I = S \ ;$$

d.h. als Gleichgewichtsbedingung für den Gütermarkt: Investition = Ersparnis. Diese Gleichgewichtsbedingung gilt ex post immer.

Ex ante kann diese Gleichgewichtsbedingung nicht vorausgesetzt werden. Dies deshalb, da die Planungen für die Investitionen in den Unternehmen, diejenigen für die Ersparnis dagegen in den Haushalten getroffen werden. Es wäre reiner Zufall, wenn beide Planungen übereinstimmen. D.h. aber, ex ante kann man nicht von einem Gleichgewicht für den Gütermarkt ausgehen.

Im folgenden wird somit für den Gütermarkt die Frage untersucht, welche Bedingungen erfüllt sein müssen, damit es ex ante zu einem Gleichgewicht auf dem Gütermarkt kommt. Bzw. es ist die Frage zu klären, ob es einen Mechanismus gibt (sog. Bestimmungsgründe), der geplante I und geplante S zum Ausgleich bringt und somit ein Gleichgewicht sicherstellt.

Die Konsumfunktion:

Zunächst wird das Verhalten der Haushalte betrachtet, d.h. Konsum (C) und Ersparnis (S). Dabei steht das *Konsumverhalten* im Vordergrund der Analyse. Da die Haushalte (ex definitione) ihr Einkommen Y aber entweder für den Konsum (C) oder die Ersparnis (S) ausgeben können, wird, wenn die Höhe des Konsums festgelegt ist, automatisch auch die Höhe von S bestimmt.

Keynes nimmt an, daß der Konsum einer Periode vom Einkommen der Periode abhängt (sog. absolute Einkommenshypothese), d.h. steigendes Einkommen zieht eine höhere Konsumnachfrage nach sich. Somit lautet die Konsumfunktion:

$$C = f(Y) \text{ bzw. auch } C = C(Y)$$

Aus der Gleichung $Y = C + S$ folgt, daß auch die Sparfunktion vom Einkommen abhängt, d.h. es gilt:

$$S = f(Y) \text{ bzw. auch } S = S(Y)$$

Die Sparfunktion ist dabei ein Spiegelbild der Konsumfunktion. Die geometrische Darstellung der beiden Funktionen erfolgt in Abb. 2-18.

Aus den Graphen der Abb. 2-18 ergeben sich folgende Aussagen:

1) *Beide Funktionen* haben einen *positiven Verlauf*, d.h. mit steigendem Einkommen Y steigen Konsum (und Ersparnis S). Die Steigung (Winkel zur X-Achse) entspricht dabei der sog. *marginalen Konsum-* bzw. der *marginalen Sparneigung*. Dabei gibt die marginale Konsumneigung an, um wieviel der Konsum bei einer Zunahme des Einkommens um 1 % zunimmt. Der Graph C (Y) zeigt, daß man unterstellt, daß die Konsumzunahme kleiner ist als der Einkommenszuwachs, d.h. die marginale Konsumneigung Werte zwischen Null und Eins besitzt. Die marginale Sparneigung gibt an, um wieviel die Ersparnis bei einer

Zunahme des Einkommens um 1 % wächst. Der Wert der marginalen Sparneigung ist dabei die Differenz der marginalen Konsumneigung zu 1, d.h. es gilt:

marginale Konsumneigung + marginale Sparneigung = 1

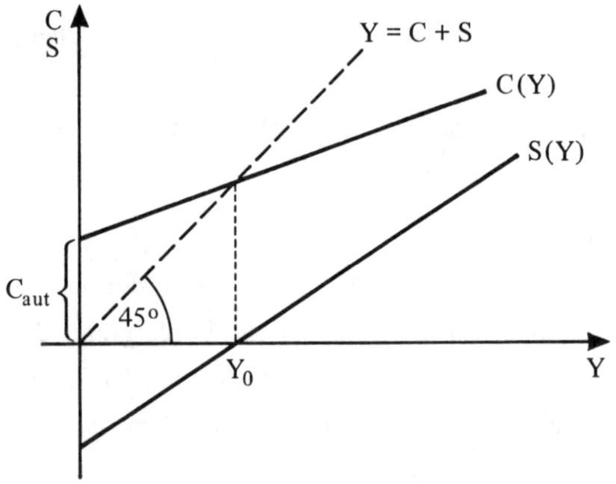

Abb.: 2-18: Konsum- und Sparfunktion

2) Addiert man die Werte der Spar- und Konsumfunktion vertikal, so ergibt sich als Resultat die Funktion Y = C + S, d.h. die Winkelhalbierende entspricht der Funktion Y = C + S mit der Steigung 1 (bzw. ein Einkommen Y kann ja nur für C oder S ausgegeben werden)

3) Die Konsumfunktion schneidet die Ordinate im Punkt C_{aut}. D.h. Keynes geht von einem *autonomen Konsum C aus,* dies drückt aus, daß die Haushalte auch konsumieren müssen (ein Existenzminimum), wenn ihr Einkommen Null ist. Dies geht jedoch nur, wenn auf Ersparnisse zurückgegriffen wird, d.h. es muß entspart werden. Daraus folgt, daß die Sparfunktion die Ordinate im negativen Bereich schneidet. Bis zu einem Einkommen Y_0 wird entspart, d.h. der Haushalt konsumiert mehr als ihm Einkommen zufließt. Somit schneidet die Sparfunktion die Abszisse bei Y_0 (hier ist C = Y). Erst ab Y_0 wird gespart bzw. die Sparfunktion verläuft im positiven Bereich

Die Darlegungen zeigen die wechselseitige Abhängigkeit von Konsum- und Sparfunktion. Zur Entwicklung der IS-Kurve geht man nur noch von der Sparfunktion aus, dabei wird aber implizit die Konsumfunktion mit berücksichtigt.

Die Investitionsfunktion

Keynes nimmt an, daß die Investitionsentscheidungen auf den zukünftigen Erträgen beruhen. Er unterstellt deshalb einen Zusammenhang zwischen den erwarteten Erträgen, der Verzinsung einer Investition (sog. *Grenzleistungsfähigkeit des Kapitals)* und dem am Markt herrschenden Zinssatz i für Finanzanlagen (z.B. Anleihen).
Nach dieser Hypothese wird ein Investor ein Investitionsprojekt nur dann durchführen, wenn dies eine vergleichbar hohe Verzinsung ergibt wie eine Finanzanlage. Dabei wird der Investor die günstigere Anlage wählen.
Aus diesem indirekten Faktor, der aber auch von psychologischen Einflüssen wie den "Erwartungen" geprägt ist, entwickelt Keynes die Investitionsfunktion

$$I = f(i) \text{ bzw. auch } I = I(i)$$

D.h. die Investitionsnachfrage hängt (indirekt) vom Marktzins i ab, wobei die Abhängigkeit negativ ist, d.h. mit sinkendem Marktzins steigt die Investition (und umgekehrt). Dabei wird nach Keynes nur so lange investiert, bis die Grenzleistungsfähigkeit des Kapitals gerade gleich dem Marktzins ist. Die Investitionsfunktion hat somit den in Abb. 2-19 dargelegten Verlauf.

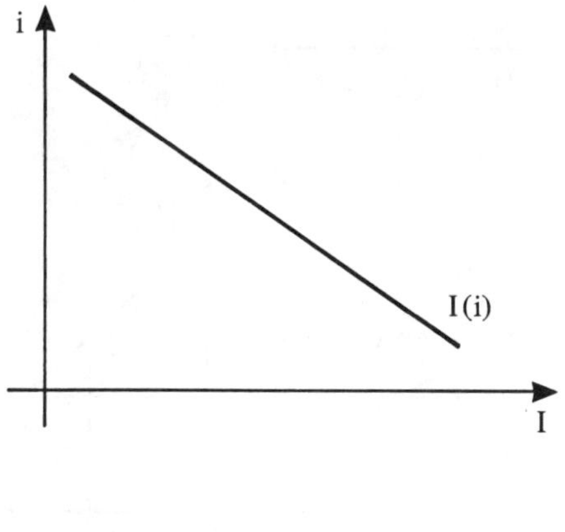

Abb.: 2-19: Investitionsfunktion (nach Keynes)

Ableitung der IS-Funktion

Gleichgewicht herrscht am Gütermarkt, wenn die für eine Periode geplante Investitionsnachfrage gleich ist mit der für diese Periode geplanten Ersparnis, d.h. wenn

$$I\,(i) = S\,(Y)$$

ist. Wenn dieses Gleichgewicht gegeben ist, dann entspricht das geplante Güterangebot der beabsichtigten Güternachfrage.

Das Gleichgewicht hängt somit von den Variablen Zinssatz i, dem realen Einkommen Y, bzw. einer Kombination von i und Y ab.

Analog zur LM-Kurve wird nun die Menge aller Kombinationen von i und Y bestimmt, bei denen Gleichgewicht am Gütermarkt herrscht, dies ist dann die IS-Kurve.

Die Entwicklung der IS-Kurve erfolgt entsprechend der Abb. 2-20.

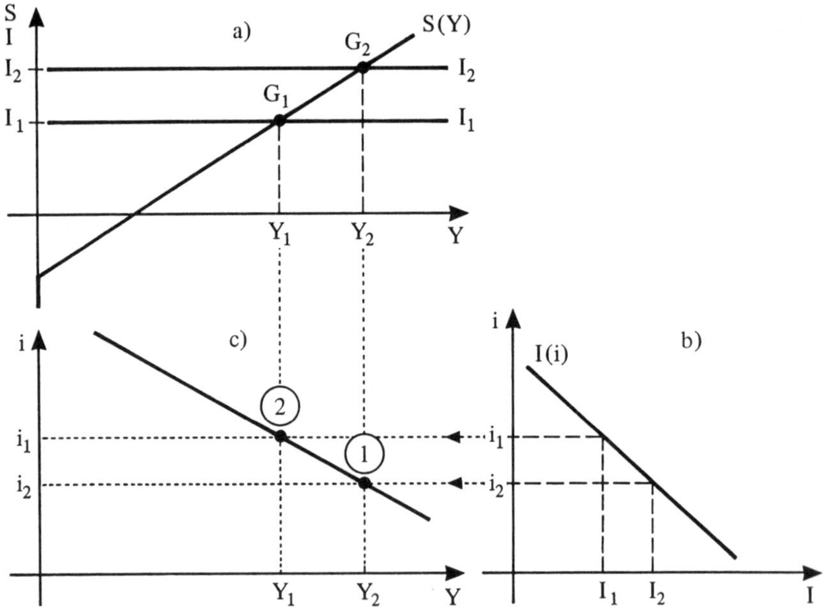

Abb.: 2-20: Entwicklung der IS-Funktion aus S (Y) und I (i)

In der Abb. 2-20 wird zunächst (wie vorher dargelegt) in der Darstellung a) eine unterstellte Sparfunktion S (Y) angenommen. In der Darstellung b) eine angenommene Investitionsfunktion I (i).
In der Darstellung b) wird von einem gegebenen Marktzins i_1 ausgegangen. Die Investitionsfunktion ergibt die zum Marktzins i_1 gehörige (geplante) Investition I_1. Diese Investition I_1 wird in die Darstellung a) übertragen und als Parallele eingezeichnet (d.h. es wird angenommen, daß nur *eine* Investition in der Höhe I_1 durchgeführt wird). Der Schnittpunkt von I_1 und S (Y) ergibt das gesuchte Gleichgewicht am Gütermarkt G_1. Die Determinanten des Gleichgewichtes G_1 sind i_1 und (aus der Darstellung a) Y_1. Y_1 und i_1 werden (siehe Abb. 2.20) in die Darstellung c) übertragen bzw. Y_1 und i_1 sind die Koordinaten des ersten Punktes 1 der gesuchten IS-Kurve.
Nach dem gleichen Schema wird Punkt 2 der IS-Kurve ermittelt (siehe Abb. 2-20), bzw. entsprechend viele Punkte.
Die Verbindung der Punkte 1 und 2 mit weiteren Punkten ergibt die IS-Kurve bzw. den geometrischen Ort aller Gleichgewichte am Gütermarkt unter der Annahme einer gegebenen S (Y) und I (i).
Eine andere Sparfunktion und/oder eine andere Investionsfunktion ergibt eine anders gelagerte IS-Funktion. D.h. alle (dargelegten) Faktoren, die S (Y) und I (i) beeinflussen, verändern die IS-Kurve.
Die IS-Kurve ist dabei keine Verhaltensfunktion. D.h. es ist weder der Zinssatz vom Volkseinkommen (d.h. i von Y), noch umgekehrt Y von i abhängig. Es wird lediglich eine Kombination (wie vorgeführt) von i und Y ermittelt, für die gilt I (i) = S (Y), bzw. bei der Gleichgewicht am Gütermarkt herrscht.

Eigenschaften der IS-Kurve:

1.) *Steigung der IS-Kurve*

Die Steigung (Richtung) der IS-Kurve ist negativ.

Die Größe der Steigung (Winkel) ist abhängig von den Steigungen der Investitions- und der Sparfunktion. D.h. von der Empfindlichkeit der Investition auf eine Zinsänderung, und von der Empfindlichkeit der Ersparnis auf eine Einkommensänderung. Prinzipiell verläuft die IS-Kurve umso flacher, je stärker die Investition auf eine Zins-, bzw. je stärker die Ersparnis auf eine Einkommensänderung reagiert.

2.) *Punkte außerhalb der IS-Kurve*

Bei Punkten außerhalb der IS-Kurve herrscht *kein* Gleichgewicht am Gütermarkt zwischen dem Güterangebot und der Güternachfrage.

Bei allen Punkten, die oberhalb (rechts) von der IS-Kurve liegen, ist die Ersparnis größer als die Investition *(S >I)*, siehe Abb. 2-21.

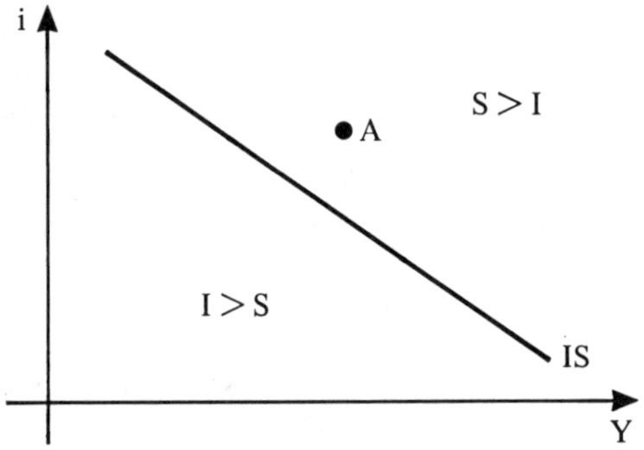

Abb.: 2-21: IS-Kurve und Punkte außerhalb vom Gleichgewicht

In einem Punkt A ist der Zinssatz, gemessen mit einem Punkt auf der IS-Kurve zu hoch. Konsequenz daraus ist, daß die Investitionsnachfrage (und damit die gesamtwirtschaftliche Nachfrage) zu gering ist. Die geplante Produktion übersteigt die geplante Nachfrage, es herrscht ein *Überschußangebot an Gütern.* Umgekehrt ist bei allen Punkten unterhalb (links) der IS-Kurve die Investition größer als die Ersparnis *(I > S).* Hier ist der Zinssatz zu niedrig, die Folge ist jetzt eine Überschußnachfrage nach Gütern.

Ungleichgewichte, d.h. Punkte außerhalb der IS-Kurve sind nicht stabil, d.h. nach Keynes wird sich die Güterproduktion (bzw. das Realeinkommen) so anpassen, daß ein Gleichgewicht angesteuert wird.

Z.B. im Punkt A ergibt die zu geringe Güternachfrage eine ungeplante Lagerhaltung. Bei den Unternehmen führt dies zu Produktionseinschränkungen. Die Folge ist ein Sinken der Realeinkommen, das so lange anhält, bis S (Y) = I (i) ist.

3.) *Verschiebungen der IS-Kurve*

Bereits dargelegt wurde, daß sich die IS-Kurve verändert (verschiebt), wenn sich die Investitions- und/oder die Sparfunktion in ihrer Lage verändern.

Wir unterstellen eine *Verschiebung der Investitionsfunktion*, und zwar eine *Zunahme der Investitionstätigkeit*, dies wird durch eine Rechtsverschiebung der I

(i)-Funktion ausgedrückt (d.h. zu jedem Zins von i würde jetzt mehr investiert werden). Zu einer Zunahme der Investition kommt es durch exogene Variable, d.h. durch Größen, die in unserem Modellansatz nicht erklärt werden (siehe vorhergehende Darlegungen). Eine derartige exogene Variable könnten die Erwartungen der Unternehmer sein. Wenn sich z.B. die Ertragserwartungen verbessern, so könnten die Unternehmer mehr investieren, d.h. die I (i)-Funktion verschiebt sich nach rechts.
Wenn sich die I (i)-Funktion nach rechts verschiebt, d.h. die Investitionen zunehmen, so verschiebt sich als Folge davon auch die IS-Funktion nach rechts (der Leser führe dies selbst als Nachweis entsprechend der Abb. 2-20 durch).
Würden demgegenüber die Erwartungen hinsichtlich der Erträge der Unternehmer pessimistischer ausfallen, so ergäbe sich ein Rückgang der Investition, damit eine Linksverschiebung der I (i)-Funktion. Die Folge wäre eine Linksverschiebung der IS-Kurve.

Wichtig für die Analyse einer *Verschiebung der IS-Kurve ist die Einbeziehung des Staates.* Wir nehmen somit als Erweiterung unseres bisherigen Kreislaufmodells an, daß der Staat neben den Haushalten und Unternehmen als zusätzlicher Nachfrager am Gütermarkt auftritt. Unterstellt wird dabei, daß der Staat seine Ausgaben (Symbol G) autonom durchführt, d.h. unabhängig von Zins und Einkommen. Die gesamtwirtschaftliche Nachfrage (Y^n) sieht somit wie folgt aus:

$$Y^n = C\,(Y) + I\,(i) + G$$

Damit lautet die neue Gleichgewichtsbedingung für den Gütermarkt:

$$S\,(Y) = I\,(i) + G$$

Diese Erweiterung der Gleichgewichtsbedingungen ändert dabei nichts an den bisherigen Überlegungen, d.h. weiterhin muß die Kombination aus Zins i und Einkommen Y ermittelt werden, die die Gleichgewichtsbedingung erfüllt- Es kommt zusätzlich nur noch die Staatsnachfrage G hinzu. Die Staatsnachfrage G wird dabei (siehe Gleichgewicht) zur Investition dazuaddiert, d.h. es gilt nunmehr für die I (i)-Funktion (I (i) + G). Die Folge dieses Dazuaddierens von G ist eine Rechtsverschiebung der Investitionsfunktion um den Betrag von G (im Vergleich zur Situation ohne Staatsnachfrage). Die Steigung der Kurve bleibt gleich, d.h. es erfolgt eine Parallelverschiebung der Investitionsfunktion (d.h. die Steigung wird weiterhin nur von der Zinsreagibilität beeinflußt).

Die Konsequenz dieser Rechtsverschiebung der Investitionsfunktion ist (wie vorher) eine Rechtsverschiebung (parallel) der IS-Kurve. D.h. erhöhte Staatsausgaben führen bei jedem Zinssatz zu einem höheren Gleichgewichtsniveau des Einkommens.
Somit verschiebt eine Zunahme der Staatsausgaben die IS-Kurve nach rechts, ein Rückgang dagegen nach links.

Unterschiedliche Preisniveaus beeinflussen ebenfalls die Lage der IS-Kurve. So würde z.B. ein *niedereres Preisniveau* (wieder) eine reale Erhöhung der Kaufkraft bedeuten (bzw. einen Anstieg des Vermögenswertes eines Haushaltes). Dies führt dazu (Realkasseneffekt), daß bei gleichem Einkommen weniger gespart wird (sog. *Pigou-Effekt*). Dies zeigt sich in der Abb. 2-20 in einer Verschiebung der Sparfunktion nach unten. Dies wiederum ergäbe eine Verschiebung der IS-Kurve nach rechts (der Leser möge anhand der Logik der Abb. 2-20 den Beweis wieder selbst erbringen). Umgekehrt würde sich eine Erhöhung des Preisniveaus in einer Verschiebung der Sparfunktion nach oben und damit in einer Linksverschiebung der IS-Kurve darstellen.

2.3.2.3 Gesamtwirtschaftliches Gleichgewicht: Das IS-LM-Modell

Beziehung zwischen Güter- und Geldmarkt

Die Zusammenführung von Geld- und Gütermarkt und das Zusammenspiel aller dabei in den vorausgehenden Ausführungen berücksichtigten Einflußfaktoren (nach Keynes) zeigt die Übersicht in Abb. 2-22.

Diese gesamten Zusammenhänge zwischen Geld- und Gütermarkt stellt man geometrisch in einer Graphik durch den Verlauf der LM- und der IS-Kurve wie in Abb. 2-23 dar und drückt damit das momentane (d.h. soweit sich LM und IS nicht ändern) *gesamtwirtschaftliche Gleichgewicht* aus.

Das gesamtwirtschaftliche Gleichgewicht ist im Schnittpunkt von LM und IS (= G_0) gegeben. Bestimmt wird dadurch der *Gleichgewichtszins* i^* und das *Gleichgewichtsvolkseinkommen* Y^*.
Zugleich mit Y^* ist für die Volkswirtschaft ein bestimmter Beschäftigungsgrad determiniert. D.h. Y^* ist über die makroökonomische Produktionsfunktion ein bestimmter Arbeitsinput zugeordnet (bzw. um Y^* produzieren und anbieten zu können, benötigt man ein bestimmtes Arbeitspotential).

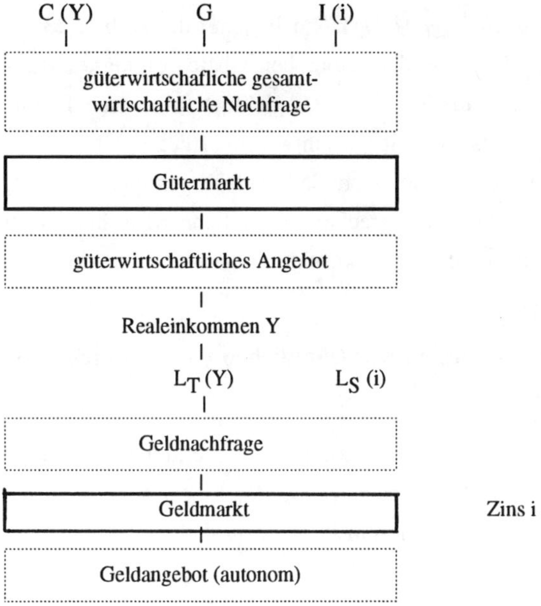

Abb.: 2-22: Beziehungen zwischen Geld- und Gütermarkt nach Keynes

Gleichgewichtsbedingungen:
M = L (Y, i)
S (Y) = I (i) + G

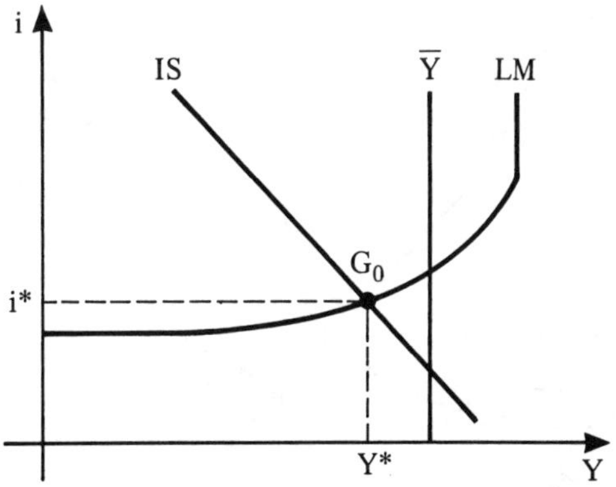

Abb.: 2-23: Gesamtwirtschaftliches Gleichgewicht mit IS und LM

Dies wiederum bedeutet aber, daß G_0 nicht identisch sein muß mit dem *Vollbeschäftigungsgleichgewicht* $\tilde{Y}$. Im Beispiel der Abb. 2-23 herrscht somit ein Gleichgewicht bei Unterbeschäftigung, bei Arbeitslosigkeit.
Diese Feststellung ist eine der wichtigsten wirtschaftspolitischen Ergebnisse von Keynes, d.h. es gibt ein gesamtwirtschaftliches Gleichgewicht, das die Wirtschaft (zunächst) von sich aus nicht ändern will, gekoppelt mit u.U. erheblicher Arbeitslosigkeit. Nur durch entsprechende staatliche wirtschaftspolitische Maßnahmen kann (nach Keynes) diese unerwünschte Situation (Arbeitslosigkeit) verbessert bzw. geändert werden.

Änderung des gesamtwirtschaftlichen Gleichgewichtes durch Verschiebung der LM-Kurve

Nunmehr sollen die Auswirkungen von Veränderungen in unserem Modell der Abb. 2-23 (das statisch ist) analysiert werden.
Wir beginnen mit Änderungen auf dem Geldmarkt, die eine Verschiebung der LM-Kurve bewirken.

Zunächst soll eine **Vergrößerung des Geldangebotes**, ausgelöst durch eine (autonome) expansive geldpolitische Maßnahme der Zentralbank untersucht werden. Dabei wird der zu Beginn des Kapitels angesprochene Transmissionsmechanismus dargelegt. Eine Vergrößerung des Geldangebotes ergibt eine Rechtsverschiebung der LM-Kurve, siehe Abb. 2-24.

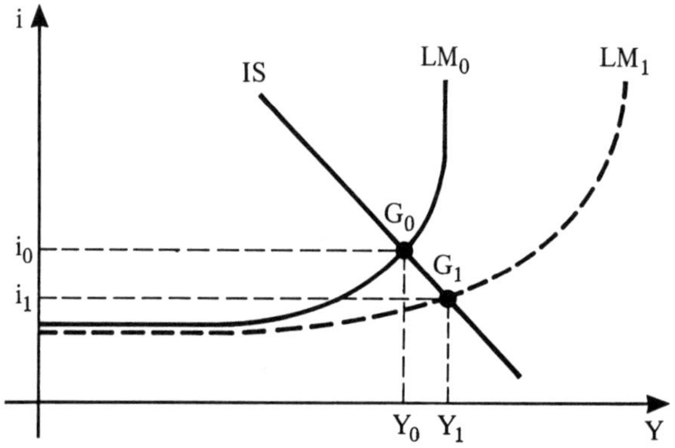

Abb.: 2-24: Wirkung einer Geldangebotsvergrößerung auf das gesamtwirtschaftliche Gleichgewicht

Das Gleichgewicht verlagert sich von G_0 nach G_1. Die Folge einer Geldangebotszunahme ist somit bei unverändertem Einkommen eine Reduzierung des Zinssatzes von i_0 auf i_1. Der gesunkene Zins beeinflußt die Investitionsnachfrage positiv.
Damit steigt die Investitionsnachfrage und somit die gesamtwirtschaftliche Nachfrage (am Gütermarkt). Daraus ergibt sich eine Einkommens- bzw. Sozialprodukterhöhung. Die Zunahme des Einkommens zieht ihrerseits eine vermehrte Geldnachfrage für Transaktionszwecke nach sich. Dies wiederum ergibt eine Tendenz zur Zinssteigerung, die aber (im normalen Bereich der LM-Kurve) durch die Zinssenkungswirkung nicht aufgehoben wird. Das neue Gleichgewicht G_1 ergibt neben dem niedrigeren Zins i_1 ebenfalls somit ein höheres Sozialprodukt Y_1.
Für den erfolgten Transmissionsmechanismus sind zwei Schritte wesentlich: Einmal kommt es durch die Erhöhung des Geldangebotes zu einer Zinssenkung. Zum anderen ergibt die Zinssenkung (jetzt erfolgt die Transmission) eine Steigerung der Investitionsnachfrage und damit eine Zunahme der gesamtwirtschaftlichen Nachfrage. Die Folge ist eine Zunahme des Sozialproduktes.

Nunmehr soll eine **Verschiebung der LM-Kurve infolge einer Preisniveauänderung** analysiert werden, siehe Abb. 2-25.

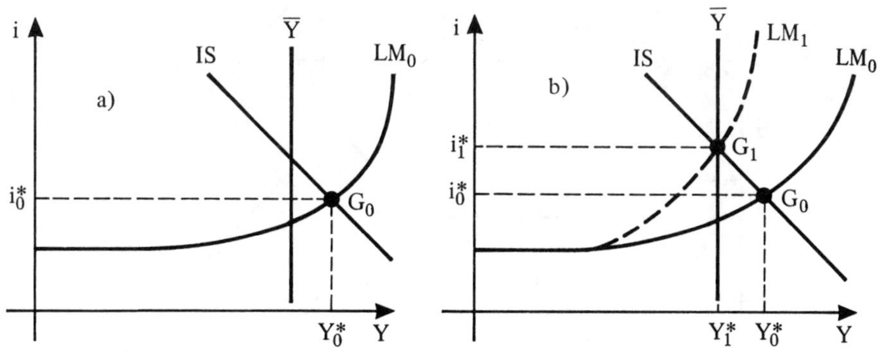

Abb.: 2-25: Anpassung von LM durch Preissteigerung (höheres Preisniveau)

In der Ausgangslage (Darstellung a) der Abb. 2-25 wird angenommen, daß sich ein gesamtwirtschaftliches Gleichgewicht im Punkt G_0 mit $i_0{}^*$ und $Y_0{}^*$ einstellen würde, das *über* dem Vollbeschäftigungseinkommen $\overline{Y}$ liegt. Dieses Gleichgewicht in G_0 *kann nicht realisiert* werden, da c.p. eine Produktion (real) über der Vollbeschäftigung nicht möglich ist, es fehlen dazu die Produktionsfaktoren (hier Arbeit). Die Konsequenz ist hier, daß ein Anpassungsvorgang über Preissteigerungen stattfindet (bzw. das gesamte Angebot- und die gesamte Nachfrage nach Geld ist größer als das machbare gesamte Angebot und die Nachfrage auf dem Gütermarkt), d.h. der Ausgleich erfolgt über ein höheres Preisniveau.

Ein höheres Preisniveau führt bekanntlich zu einer Linksverschiebung der LM-Kurve nach LM_1. Dadurch verschiebt sich auch der Gleichgewichtsschnittpunkt nach links. Das erste realisierbare gesamtwirtschaftliche Gleichgewicht ist im Punkt G_1 (bei Vollbeschäftigung) möglich. G_1 bedeutet aber einen höheren Gleichgewichtszins i^*_1 und ein geringeres Gleichgewichtseinkommen Y_1^* (als das eigentlich angestrebte Y_0^*).

Nunmehr sollen die **Anpassungsreaktionen von LM im Sinne einer aktiven wirtschaftspolitischen Maßnahme** zur Realisierung eines bestimmten wirtschaftspolitischen Zieles analysiert werden. Entscheidend ist dabei der Bereich des Schnittpunktes von LM und IS, siehe Abb. 2-26.

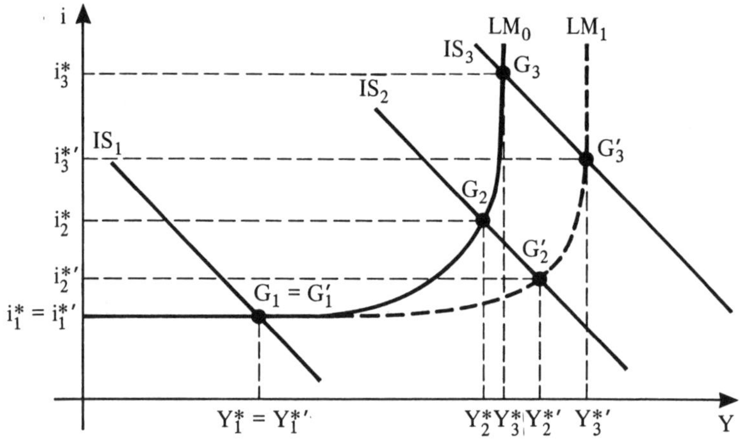

Abb.: 2-26: Verschiebung von LM beim Schnittpunkt in den verschiedenen Bereichen

Wir nehmen (analog zur Abb. 2-24) als aktive geldwirtschaftliche Maßnahme (der Zentralbank) eine Vergrößerung des Geldangebotes an. Bekanntlich ergibt dies eine Rechtsverschiebung der LM-Kurve (hier nach LM_1).

1) Erfolgt die Vergrößerung des Geldangebotes (von LM_0 nach LM_1) beim Schnittpunkt mit IS_1, d.h. im *Keynes-Bereich*, so ergeben sich *keine Auswirkungen auf den Zins und das Einkommen*. Wie Abb. 2-26 zeigt, ist der Ausgangszins $i_1{}^*$ gleich dem Zins nach erfolgter Erweiterung des Geldangebotes $i_1{}^{*'}$. Das nämliche gilt für das Einkommen, d.h. $Y_1{}^* = Y_1{}^{*'}$. Das zusätzliche Geldangebot fließt ausschließlich in die Spekulationskasse L_S. Die Geldpolitik "bleibt im monetären Bereich stecken", sie hat keine reale Wirkung, d.h. eine Transmission findet nicht statt

2) Trifft das vergrößerte Geldangebot LM_1 dagegen auf IS_2, d.h. im *mittleren Bereich,* so ergeben sich hier in Analogie zur Darlegung der Abb. 2-24 eine Zinssenkung von $i_2{}^*$ auf $i_2{}^{*'}$ und eine Einkommensvergrößerung von $Y_2{}^*$ auf $Y_2{}^{*'}$ (siehe auch Darlegungen zu Abb. 2-24)

3) Erfolgt der Schnittpunkt des zusätzlichen Geldangebotes mit IS_3, d.h. im *klassischen Bereich,* so ergibt sich der stärkste Zinssenkungseffekt von $i_3{}^*$ auf $i_3{}^{*'}$, mit der stärksten Einkommenszunahme von $Y_3{}^*$ auf $Y_3{}^{*'}$. Hier ist somit die Geldpolitik besonders wirksam.

Schließlich soll die Wirkung einer **Verschiebung der LM-Kurve bei unterschiedlichen Steigungen der IS-Kurve** dargelegt werden.
Wir gehen analog zu den Abb. 2-24 und 2-26 von einer Vergrößerung des Geldangebotes aus und stellen dies unterschiedlichen Steigungen der IS-Kurve gegenüber, siehe Abb. 2-27.

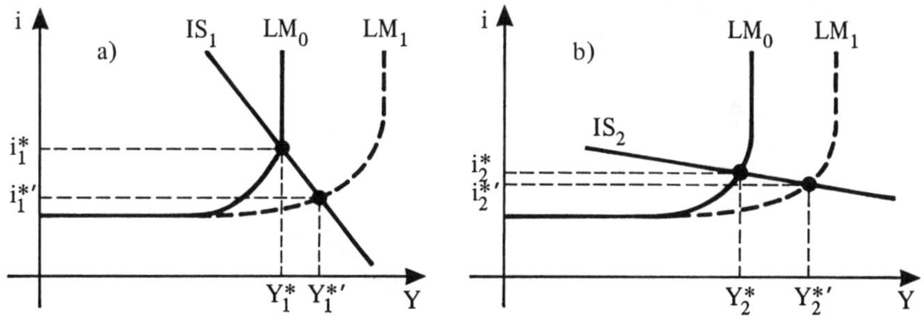

Abb.: 2-27: Verschiebung der LM-Kurve bei unterschiedlicher Steigung von IS

In der *Darstellung a)* wird das vergrößerte Geldangebot einem relativ *steilen Verlauf der IS-Kurve* gegenübergestellt. Die steile IS-Kurve *drückt* eine *geringe Zinsreagibilität* der Investitionsnachfrage der Unternehmer aus. D.h. die Zinssenkung von i_1^* nach $i_1^{*'}$ fällt relativ stärker aus als die dadurch bewirkte Einkommenszunahme von Y_1^* nach $Y_1^{*'}$ (der Zins muß kräftig sinken und bewirkt dann trotzdem keine allzugroße Sozialproduktvergrößerung). Im Extremfall einer *senkrecht* (völlig unelastisch) *verlaufenden IS-Kurve* tritt trotz Zinssenkung *keine* Wirkung beim Einkommen ein (Geldpolitik bleibt ohne Wirkung auf das Sozialprodukt).
In der *Darstellung b)* wird die völlig gleiche LM-Situation einer *flach verlaufenden* (ziemlich elastischen) *IS-Kurve* gegenübergestellt. Die Abb. 2-27 zeigt, daß jetzt die Zinsreagibilität sehr groß ist, d.h. bereits eine geringe Zinssenkung ergibt eine deutlich relativ größerer Zunahme des Sozialproduktes. Dies bedeutet, die Investitionsnachfrage reagiert sehr schnell und deutlich auf Zinsänderungen.

Änderungen des gesamtwirtschaftlichen Gleichgewichtes bei Verschiebung der IS-Kurve:

Auch jetzt soll im Sinne einer aktiven *staatlichen wirtschaftspolitischen Maßnahme* die Auswirkung einer veränderten IS-Kurve analysiert werden. Wie bereits dargelegt, wird die IS-Kurve u.a. von den Staatsausgaben (der staatlichen Nachfrage) mitbestimmt.
Als aktive Wirtschaftspolitik des Staates soll jetzt die Fiskalpolitik zum Einsatz kommen und zwar **soll der Staat** (z.B. im Rahmen eines Arbeitsbeschaffungsprogramms) **die Staatsausgaben erhöhen**. Bekanntlich ergibt dies **eine Rechtsverschiebung der IS-Kurve**, siehe Abb. 2-28.

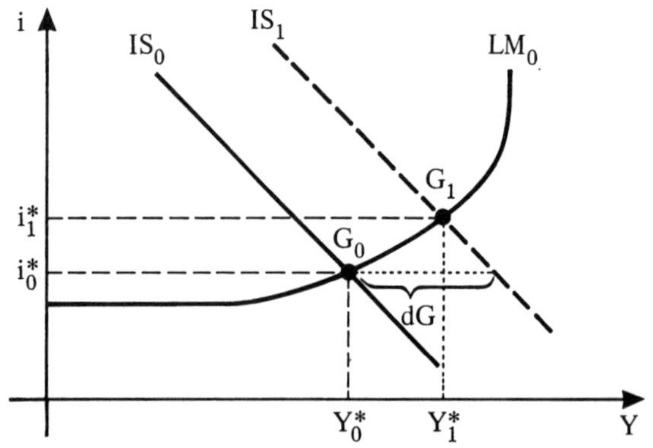

Abb. 2-28: Gesamtwirtschaftliches Gleichgewicht bei erhöhten Staatsausgaben

Aus der Abb. 2-28 ergibt sich, daß die Rechtsverschiebung der IS-Kurve nach IS_1, ausgelöst durch die erhöhten Staatsausgaben, einen Zinsanstieg von $i_0{}^*$ auf $i_1{}^*$ und eine Zunahme des Sozialproduktes von $Y_0{}^*$ auf $Y_1{}^*$ bewirkt. Die Staatsausgaben steigen im Umfang dG (siehe Abb. 2-28). Es ist ersichtlich, daß der Anstieg des Sozialproduktes (von $Y_0{}^*$ auf $Y_1{}^*$) geringer ausfällt als die Steigerung der Staatsausgaben. Der Grund liegt darin, daß die zusätzlichen Staatsausgaben einen Zinsanstieg (hier von $i_0{}^*$ auf $i_1{}^*$) auslösen. Dies deshalb, weil (am Geldmarkt) die Geldnachfrage, bewirkt durch die Erhöhung der Staatsausgaben (sie sollen z.B. durch eine Staatsanleihe finanziert werden = vermehrte Geldnachfrage), das Geldangebot übersteigt. Die Folge daraus ist ein Zinsanstieg, bis am Geldmarkt wieder ein Gleichgewicht herrscht. Dieser Zinsanstieg bewirkt nun aber seinerseits (wie dargelegt) einen Rückgang der Investitionsnachfrage. Somit wird ein Teil der zusätzlichen Staatsausgaben durch den Rückgang der Investitionen neutralisiert, und der Gesamteffekt der Sozialproduktzunahme fällt geringer aus als die Zunahme der Staatsausgaben. Man spricht hier davon, daß die Staatsnachfrage teils die Investitionen verdrängt (sog. *Crowding Out Effekt*).
Das Ausmaß des Crowding Out Effektes hängt vom Verlauf der LM-Kurve ab.

Auswirkungen des **Crowding Out Effektes** in den **verschiedene Bereichen der LM-Kurve**:
Wir nehmen, wie oben in der Abb. 2-28, eine Erhöhung der Staatsausgaben an und analysieren nun, wie sich dies in den verschiedenen Bereichen der LM-Kurve auswirkt, siehe Abb. 2-29.

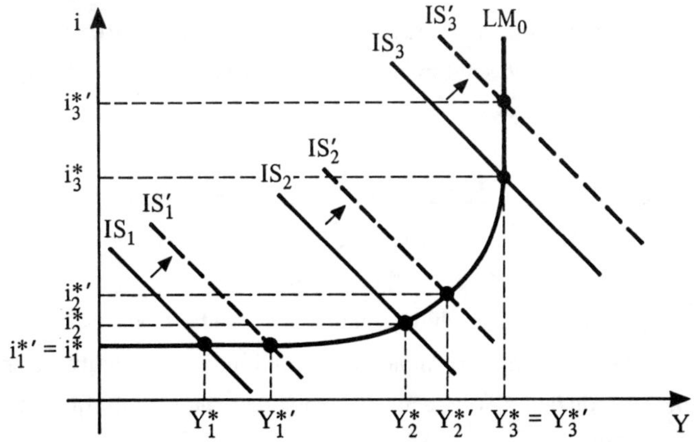

Abb.: 2-29: Verschiebung der IS-Kurve beim Schnittpunkt in den verschiedenen Bereichen

Der völlig gleiche Umfang der Erweiterung der Staatsausgaben und dadurch hervorgerufen die gleiche Verschiebung der IS-Kurve nach rechts, erfolgt nunmehr in den drei typischen Bereichen der LM-Kurve.

1.) Erfolgt die *Rechtsverschiebung von IS_1 nach IS_1' im Keynes-Bereich*, so ergibt sich durch diese Maßnahme der Fiskalpolitik: Eine deutliche Zunahme des Sozialproduktes von Y_0^* auf $Y_1^{*'}$, bei keiner Zinsänderung, $i_1^* = i_1^{*'}$. Das Auffüllen der L_T-Kasse erfolgt ausschließlich aus der L_S-Kasse. Da keine Zinsänderung (hier -erhöhung) sich ergibt, verdrängt die zusätzliche Staatsnachfrage auch keine Investition. Der Crowding Out Effekt tritt nicht auf.
Dieser *Keynes-Bereich* (mit der Liquiditätsfalle) ist häufig identisch mit der *Konjunkturphase einer Depression.*

2.) Die Rechtsverschiebung von IS_2 nach IS_2' im *Mittleren Bereich der LM-Kurve* entspricht dem dargelegten Vorgang entsprechend der Abb. 2-28 (siehe dort). Es kommt zu einer Zinssteigerung von i_2^* auf $i_2^{*'}$, damit zu einem Crowding Out Effekt und einer geringeren Zunahme des Sozialproduktes von Y_2^* auf $Y_2^{*'}$.
Den *Mittleren Bereich* der LM-Kurve setzt man mit einer *normalen* (durchschnittlichen = weder Boom noch Depression) *Konjunkturphase gleich.*

3.) Die Rechtsverschiebung im *klassischen Bereich* von IS_3 nach IS_3' ergibt die stärkste Zinserhöhung von i_3^* auf $i_3^{*'}$. Der Effekt auf das Sozialprodukt ist gleich Null, d.h. $Y_3^* = Y_3^{*'}$. D.h. der Verdrängungseffekt der Staatsausgabenerhöhung gegenüber den Investitionen ist hier besonders groß, d.h. die erhöhten Staatsausgaben werden infolge der starken Zinserhöhung im Hinblick auf die Sozialproduktveränderung völlig neutralisiert durch einen gleich hohen Rückgang der Investitionsnachfrage (totaler Crowding Out Effekt).
Den *klassischen Bereich* setzt man gleich *einer Boomphase* der Konjunktur.

2.3.3 Geldpolitische Konsequenzen entsprechend dem unterschiedlichen Modell der Transmission

Aus den vorherigen Darlegungen, durch geeignete wirtschaftspolitische Maßnahmen (ausgehend vom Staat) erwünschte Anpassungsreaktionen im gesamtwirtschaftlichen IS-LM Modell zu induzieren, ergeben sich entsprechende Konsequenzen für den Erfolg der Geldpolitik.

Dies soll zunächst aus der Sicht von Keynes und dann als Gegenpart (obwohl diese Transmission nicht dargelegt wurde - bei Interesse siehe Literatur) die Auffassung der Neoklassiker dazu (bzw. der Monetaristen, insbesondere von Friedman) dargelegt werden.

2.3.3.1 Geldpolitische Konsequenzen nach fiskalischer Sicht (Keynes)

Die Folgerungen aus dem Transmissionsmechanismus nach Keynes, die sich für die Wirtschaftspolitik ergeben (sollte deren Ziel Vollbeschäftigung heißen), sind:
Keynes geht davon aus, daß das Volkseinkommen, die Beschäftigung und das Preisniveau durch die gesamtwirtschaftliche Nachfrage im wesentlichen bestimmt werden. Weiterhin nimmt er an, daß die gesamte private Nachfrage sehr instabil ist, vor allem, weil die Investitionsnachfrage der Unternehmen großen konjunkturellen Schwankungen unterliegt.
Sowohl eine Unterbeschäftigungslage mit entsprechender Arbeitslosigkeit wie eine zu starke Inflation sind nach Keynes wirtschaftliche Situationen, die die staatliche Wirtschaftspolitik mit geeigneten Maßnahmen bekämpfen muß.
Der *Geldpolitik* wird *dabei* nach Keynes nur eine *untergeordnete Rolle* zugedacht, denn grundsätzlich kann sie (siehe die Ausführungen dazu) *nur indirekt* die *gesamtwirtschaftliche Nachfrage durch Beeinflussung des Zinses ansprechen* (in der Absicht, durch einen niedrigeren Zins die Investitionen anzuregen).
Wie dargelegt, ist eine derartige Transmission (nach Keynes) nur im mittleren und im klassischen Bereich der LM-Kurve überhaupt denkbar. Im Keynes-Bereich findet über einen niedrigeren Zins (der gar nicht mehr eintritt) keine Transmission statt. Damit hat man hier keine Chance einer Beeinflussung der gesamtwirtschaftlichen Nachfrage von der Geldpolitik her.
Der Zustand im Keynes-Bereich entspricht häufig aber der Konjunkturphase einer Depression mit geringem Y und niedrigen Zinsen i und einer ungünstigen Beschäftigungslage, die man verbessern möchte. Hier nun kann (nach Keynes) die Geldpolitik (nach heutiger Sicht zumindest nicht allein) nicht den nötigen expansiven Impuls auf die gesamtwirtschaftliche Nachfrage ausüben.

Umgekehrt kann in einer Überbeschäftigungsphase (Boom), die durch hohe Zinssätze gekennzeichnet ist (= siehe mittleren und klassischen Bereich), durch eine restriktive Geldpolitik (= Geldmengenverminderung) die erwünschte Wirkung eintreten. D.h. daß über die dann sinkenden Zinsen eine Verringerung der Investitionsnachfrage und damit ein niedrigeres Volkseinkommen sich ergeben.

Bei dieser Argumentation, die der *Geldpolitik in der Depression eine lediglich geringe*, im *Boom* dagegen eine *größere Effizienz zuspricht,* müssen *folgende Aspekte noch beachtet werden:*

1.) Einmal, *reagieren die Investitionen ausreichend auf eine Zinsvariation?*
Empirische Untersuchungen dazu haben ergeben, daß Investitionen nur sehr schwach (oder gar nicht) auf Zinsänderungen reagieren. Dies einmal deshalb, da die Zinskosten (zunächst deutlich ja nur bei Fremdfinanzierung) bei einer Investition sekundär sind. Zum anderen sind für eine Investition entscheidend die Ertrags- und die Absatzerwartungen der Unternehmen. Eine stärkere Zinsabhängigkeit läßt sich bei Bauinvestitionen (vor allem beim privaten Wohnungsbau) und bei der Lagerhaltung (= Vorratsinvestitionen) nachweisen.

2.) Weiterhin ist es *fraglich,* ob die *Zentralnotenbank die Geldmenge* (= Geldangebot) *autonom bestimmen kann.*
Die Ausführungen zum Geldangebot haben ergeben, daß es einer Zentralbank *nicht* in jeder Situation gelingt, das Geldangebot autonom zu bestimmen. Vielmehr, daß Banken, Finanzintermediäre und übrige Wirtschaftssubjekte (häufig) kurzfristig das Geldangebot mitbestimmen. Langfristig gelingt es zwar (meistens) der Zentralbank das Geldangebot zu determinieren, aber die Wirtschaftspolitik würde häufig auch eine rasche, kurzfristige Beeinflussung erfordern.

3.) Aus all diesen Überlegungen ist (nach Keynes) die *Geldpolitik kein geeignetes Mittel einer kurzfristigen Stabilitätspolitik.* Statt dessen schlägt Keynes vor, die gesamtwirtschaftliche Nachfrage direkt durch eine Beeinflussung der IS-Kurve zu tangieren. Dies kann dabei (insbesondere) durch eine Variation der Steuereinnahmen und vor allem und/oder durch eine Änderung der Staatsausgaben erreicht werden (siehe dazu die Stabilitätspolitik in der BRD lt. Stabilitätsgesetz). Man nennt die Keynesianer deshalb auch Fiskalisten, da die Fiskal-(Finanz-)politik bei ihnen eindeutig zur Konjunkturbeeinflussung vorherrscht (sog. antizyklische Finanzpolitik).
Langfristig hat nach Keynes die Geldpolitik eine gewisse Bedeutung, da durch eine reichliche Geldversorgung sich ein niedriges Zinsniveau ergibt und dadurch eine hohe Investition (Keynes sieht die Konjunkturproblematik, geprägt durch die Erfahrungen der Weltwirtschaftskrise, eher in einer zu geringen gesamtwirtschaftlichen Nachfrage denn umgekehrt).

2.3.3.2 Geldpolitische Konsequenzen nach monetaristischer Sicht (Neoklassik, Friedman)

Die Monetaristen unterscheiden sich von den Fiskalisten bereits bei der Diagnose der Ursachen konjunktureller Schwankungen. So halten sie im Gegensatz zu Keynes den privaten Sektor für relativ stabil (Stabilitätsoptimisten). D.h. nach ihrer Auffassung neigt ein marktwirtschaftliches System zur vollen und optimalen Ausnutzung sämtlicher vorhandener Ressourcen. Sollten hierbei Störungen eintreten, so werden von *alleine* (vom System) Anpassungsprozesse ausgelöst, die wieder zu einem stabilen Gleichgewicht hinführen.

Infolgedessen besteht nach monetaristischer Auffassung keine sehr große Notwendigkeit für staatliche wirtschaftspolitische Interventionen. Im Gegenteil, in der Vergangenheit hätten die ständigen und abrupten ad-hoc-Eingriffe häufig zu einer Destabilisierung des Wirtschaftsablaufes beigetragen. Somit weisen die Monetaristen die von Keynes so favorisierten fiskalischen Maßnahmen zurück und geben ihnen, wenn überhaupt, nur eine untergeordnete Bedeutung.

Nach ihrer Auffassung dominieren für den Wirtschaftsablauf monetäre Impulse. Infolgedessen wird von den *Monetaristen* der *Geldpolitik* eine *deutlich überragende Rolle zugestanden.* Dabei wird die Geldmenge (nach Friedman) autonom von der Zentralnotenbank durch die Steuerung der Geldbasis beeinflußt.

Würde man aus diesen Darlegungen der Monetaristen zum Schluß gelangen, daß sie einer antizyklischen Geldpolitik das Wort reden, so wäre dies falsch. Nach *Friedman* sprechen mindestens *zwei Argumente gegen* eine *derartige antizyklische Geldpolitik:*

1) Einmal sind monetäre wirtschaftspolitische Maßnahmen mit einem time-lag verbunden, der zudem noch variabel schwanken kann. D.h., eine antizyklische Geldpolitik läuft somit Gefahr, zu spät zu wirken und prozyklisch sich darzustellen. Es bestünde somit die Gefahr einer konjunkturellen Übersteuerung

2) Zum anderen sei der private Sektor von sich aus auf Stabilität aus (er wirke selbst dahin) und benötige somit keine ständigen korrigierenden Eingriffe. Diese würden eher vorübergehend die Instabilität fördern

Vielmehr wird nach *monetaristischer Auffassung* der *Geldpolitik* die *Aufgabe* zugewiesen, eine sog. **verstetigte Geldmengenpolitik** zu betreiben. D.h. der Geldpolitik wird die Aufgabe zugeordnet, dafür Sorge zu tragen, daß ein monetärer Rahmen ständig vorhanden ist (= eine ausreichende Geldmenge), von dem möglichst wenig Einflüsse bzw. Störungen auf das reale Wachstum ausgehen.

Dies bedeutet z.B., daß die Zentralnotenbank ein Wachstum der Geldmenge im Umfang des realen Sozialproduktwachstums praktiziert (siehe hier das sog. Geldmengenziel in der BRD). So spricht z.B. Friedman von einem jährlichen 3 - 5 %igen, später von einem 2 %igen notwendigen Wachstum der Geldmenge. Das Konzept ist dabei langfristig anzulegen und lautet kurz: *Verstetigte Geldmengenpolitik als Zentrum monetaristischer Wirtschaftspolitik.*
Nach Auffassung der Monetaristen sind für die gegenwärtigen Probleme der Arbeitslosigkeit strukturelle Faktoren primär verantwortlich. Die staatliche Wirtschaftspolitik müßte hier ansetzen und u.a. die Ausbildung, die Infrastruktur, die Arbeitsmobilität usw. verbessern.

Stark vereinfachend lautet somit der Kern monetaristischer Wirtschaftspolitik:
Die Zentralnotenbank hat die Aufgabe, durch eine verstetigte Geldmengenpolitik den nötigen Rahmen abzustecken. Ansonsten soll die Wirtschaftspolitik des Staates alle Hemmnisse beseitigen, die einer Anpassung der wirtschaftlichen Entwicklung entgegenstehen. Dann wird durch den Markt (Marktmechanismus) von selbst ein optimales Gleichgewicht bei stabilen Preisen angesteuert (eigentlich der Kerngedanke der Klassiker).

2.3.3.2 Zusammenfassende Betrachtung

Die Grundideen der Fiskalisten und der Monetaristen haben in der realisierten Wirtschaftspolitik unterschiedlich Berücksichtigung und Einlaß gefunden:

1) So ist z.B. jede Forderung nach einem Konjunktur- bzw. Beschäftigungsprogramm eine Argumentation im Sinne von Keynes
2) Das Stabilitätsgesetz der BRD mit seinem möglichen Maßnahmenkatalog zur konjunkturellen Steuerung ist ein Argument im Sinne der Fiskalisten
3) Der Umbau des Grundkonzeptes der Bundesbankpolitik in den 70er Jahren in der Formulierung eines jährlichen Geldmengenzieles ist an das Konzept der Monetaristen angelehnt
4) Die Grundrichtung der Wirtschaftspolitik in England unter Lady M. Thatcher, Reduzierung der Inflationsrate bei Inkaufnahme hoher Arbeitslosigkeit und Abstinenz von Konjunkturprogrammen, entspricht der Grunddenkweise der Monetaristen

In der realisierten Wirtschaftspolitik trifft man somit monetäre und güterwirtschaftliche (fiskalische) Maßnahmen gleichzeitig an. Es wird, wie meistens, eine optimale

Kombination, abgestellt auf eine bestimmte Situation, den besten Erfolg bringen. Damit ist im Sinne einer erfolgreichen Wirtschaftspolitik weder eine einseitige Orientierung an den Auffassungen der Fiskalisten wie an denen der Monetaristen angebracht, wenn sowohl Arbeitslosigkeit wie Inflation vermieden werden sollen.
Sehr grob vereinfachend kann z.Z. somit gelten:
Fiskalpolitik wirkt schneller (siehe time-lags der Geldpolitik) und wirkungsvoller auf die wirtschaftliche Aktivität und kann in ihren Wirkungen besser prognostiziert werden. Eine alleinige Geldpolitik erscheint somit nicht zweckmäßig zu sein. Andererseits hat die (konsequente) Geldpolitik Erfolge in der Bekämpfung der Boomphase und der dort (meist) herrschenden Inflation aufzuweisen. Sie dient weiterhin zur Ergänzung als expansive Politik bei der Überwindung einer Depression. Nicht entschieden ist die Frage, ob die Wirtschaftspolitik eher bewußt antizyklisch auszurichten, oder ob einem verstetigten Einsatz der Vorzug zu geben sei. Auch hier ist wohl für die reale Wirtschaftspolitik der Kompromiß die beste Empfehlung.

Nachdem im Abschnitt 2 mit der Geldtheorie die logische Basis für den Geldbereich gelegt wurde (wobei zumindest eine Auffassung ausführlicher vorgestellt wurde), sollen in den folgenden Abschnitten die mehr praktisch relevanten Bereiche des Themenkomplexes Geld und Währung untersucht werden. Wir beginnen mit dem Thema Inflation.

3 Inflation

3.1 Einleitung

3.1.1 Preisniveaustabilität als wirtschaftspolitisches Ziel

Neben der Aufgabe, Arbeitslosigkeit möglichst weitgehend zu vermeiden, ist in der öffentlichen Meinung das zweite wichtige stabilitätspolitische Ziel die Verhinderung von Inflation. Vor allem in Deutschland, das durch die jüngeren Erfahrungen zweier Währungsreformen hierzu besonders empfindlich ist, wird häufig das Wort "Stabilität" synonym mit Preisniveaustabilität gebraucht.

Inflation ist ein zentrales Problem der Wirtschaftstheorie und der Wirtschaftspolitik. Allgemein kennzeichnet man Inflation als Abnahme des Geldwertes bzw. als Zunahme des allgemeinen Preisniveaus. Bei Abwesenheit von Inflation spricht man von Preisniveaustabilität oder analog von Geldwertstabilität.
Ausdruck findet das Streben nach Preisniveaustabilität in der BRD im "Gesetz zur Förderung der Stabilität und des Wachstums der Wirtschaft" (sog. Stabilitätsgesetz von 1967), in dem das Ziel der Preisniveaustabilität neben denjenigen eines hohen Beschäftigungsgrades, des außenwirtschaftlichen Gleichgewichtes und des angemessenen und stetigen Wirtschaftswachstums in § 1 StWG postuliert wird (sog. magisches Viereck). In der BRD obliegt die Bekämpfung der Inflation im wesentlichen der Deutschen Bundesbank.

3.1.2 Messung der Inflation - Geldwert

Geldwert
Es gibt eine lange Liste von werttheoretischen Erklärungsversuchen zum Geldwert. So z.B. die Substanzwerttheorie u.a. eines Karl Marx, oder die Quantitätstheorie u.a. eines R.A. Fisher (mit der bekannten Verkehrsgleichung), die Neoquantitätstheorie u.a. eines M. Friedman, die Liquiditätstheorie eines J.M. Keynes, oder die Portfoliotheorie usw. Alle diese Theorien beschäftigen sich auch mit der Erklärung des Geldwertes, der sich offensichtlich nicht einfach begrifflich fassen läßt.

Packt man (was häufig geschieht) den Geldwertbegriff mehr pragmatisch an, so geht man von der Tauschmittelfunktion des Geldes aus und gelangt für die Erklärung des Geldwertes zur Frage nach der *Kaufkraft des Geldes.* Dabei kann man mit einer bestimmten Geldsumme umso mehr Güter kaufen, je niedriger die Preise der Güter sind. D.h. die *Kaufkraft des Geldes* und die *Preise der Güter* stehen zueinander in einem *reziproken Verhältnis.*

D.h. es gilt folgende Aussage:

Gleichbleibender Preisdurchschnitt = unveränderte Kaufkraft des Geldes bzw. unveränderter Geldwert. Steigender (sinkender) Preisdurchschnitt = zurückgehende (ansteigende) Kaufkraft des Geldes bzw. des Geldwertes.

Stabilität des Preisdurchschnittes heißt dabei nicht, daß einzelne Preise nicht steigen dürften bzw. alle Einzelpreise unverändert bleiben müßten. Im Gegenteil, Preisveränderungen (nach oben und unten) sind ein wichtiges Kriterium einer funktionsfähigen Marktwirtschaft. Nur *im Durchschnitt* müßten bei Preisniveaustabilität die Preise unverändert bleiben, d.h. einige steigen zwar an, dafür gehen andere zurück.

Erklärt man den Geldwert über die Kaufkraft des Geldes, so interpretiert man den sog. *Binnenwert des Geldes.*

Der *Außenwert des Geldes* (die Kaufkraft der DM im Ausland) läßt sich *über den Wechselkurs ermitteln.*

Messung des Geldwertes - Messung der Inflation

Die Veränderung des Geldwertes wird somit durch die Beobachtung des Preisniveaus (= Durchschnitt der Preise) vorgenommen. Nimmt der Geldwert (bzw. die Kaufkraft des Geldes) ab, so wird dies als Inflation bezeichnet. Somit erfolgt die Messung einer Inflation aus der Veränderung des Geldwertes bzw. der Beobachtung des Preisniveaus.

Wichtige Voraussetzung dieser allgemein praktizierten Form der Inflationsmessung ist, daß sich das Preisniveau (relativ) frei entwickeln kann. D.h. bei einem vom Staat praktizierten allgemeinen Preisstopp kann dieser Weg einer Beschreibung des Geldwertes und damit der Inflationsmessung nicht durchgeführt werden.

Geht man von dieser Definition der Messung einer Inflation als Veränderung (= Zunahme hier) des Preisniveaus aus, so folgt daraus zunächst, daß zur Beobachtung *alle Preise* und ihre Entwicklung im Zeitablauf nötig wären. D.h. man müßte einen *Preisindex des Bruttosozialproduktes* berechnen (Preisindizes als statistisches Instrument zur Feststellung von Preisveränderungen). Dieser (eigentlich richtige) Gedanke, alle Preise in einem Index zusammenzufassen und aus seiner Veränderung eine Aussage über die Geldwertentwicklung und damit den Inflationsverlauf zu ma-

chen, ist aus organisatorischen und kostenmäßigen Überlegungen nicht realisierbar. Man geht in der Praxis der Preismessung deshalb einen anderen Weg und mißt nicht alle Preise in einem Index, sondern man wählt bestimmte Preisgruppen aus und bestimmt dafür dann einen Index. Exakt mißt dieser Index dann aber nur einen bestimmten Preisausschnitt und nicht alle Preise.
Da man beim Begriff Kaufkraft üblich von der Vorstellung der Kaufkraft in der Hand des Konsumenten ausgeht, hat es sich durchgesetzt, daß man die Kaufkraft bzw. den Geldwert durch die *Konsumgüterpreise* ausdrückt. D.h. man ermittelt einen Index, der nur einen Teil aller möglichen Preise, nämlich die Konsumgüterpreise, umfaßt und beschreibt damit den Geldwert, die Kaufkraft des Geldes und letztlich die Inflation. In der BRD wird dazu der Preisindex der Lebenshaltung verwendet.
Aus dieser Notwendigkeit ergibt sich eine wichtige Feststellung:
Zur Messung des Geldwertes bzw. der Kaufkraft des Geldes und damit auch der Inflation werden nur ganz bestimmte, ausgewählte Preise beobachtet, d.h. nur ein kleiner Ausschnitt aus allen Preisen. Somit gibt es in der Praxis **den** Geldwert bzw. **die** Kaufkraft des Geldes als rechnerische Größe in einer Volkswirtschaft **nicht**.

Dieser ersten wichtigen Einschränkung in der Praxis der Geldwert- und Kaufkraftmessung (und damit der Inflationsmessung) muß noch eine zweite folgen. Denn die Technik der Preismessung über einen Index ist mit einer Reihe von Unzulänglichkeiten versehen (zur genaueren Information sei auf die Statistikliteratur, speziell zur Indexproblematik verwiesen). Die wichtigsten Aspekte der Probleme einer Indexberechnung wären:

1) Wahl des "richtigen" Basisjahres
2) Problematik der Veränderung des Warenkorbes
3) Qualitätsverbesserungen und -verschlechterungen bleiben unberücksichtigt
4) Schwierigkeit des Indexhaushaltes
5) Verschleierte Preiserhöhungen werden nicht erfaßt
6) Staatlich administrierte Preise und Subventionen verzerren den Preisindex
7) Internationale Vergleiche sind äußerst problematisch

Insgesamt ergibt sich für das allgemein praktizierte Verfahren der Preismessung und damit der Inflationsmessung, daß es mit Mängeln und nicht unerheblichen Unsicherheiten behaftet ist. D.h. wenn wie heute üblich, aus der einmaligen Veränderung des Index tiefschürfende ökonomische Schlußfolgerungen bereits gezogen werden, so hätte man dazu genausogut das Orakel befragen können.

Wenn aber über einen längeren Zeitverlauf alle Indizes ansteigen, so ist der Rückschluß gerechtfertigt, daß eine Kaufkraftverschlechterung eingetreten ist und somit eine Inflation herrscht.

3.1.3 Konkretisierung des Inflationsbegriffes

Der **Begriff Inflation** (Lateinisch von "inflare" = aufblähen) ist einer der schillernden ökonomischen Begriffe. Soweit feststellbar, wird er in der heutigen Interpretation zum ersten Mal während des amerikanischen Bürgerkrieges verwendet, wo es infolge der praktizierten Kriegsfinanzierung (durch Geldschöpfung) zu erheblichen Preissteigerungen kam.
Diese erste Begriffsverwendung entspricht einer populären Definition des Begriffes Inflation, nämlich:
Inflation ist ein Prozeß ständiger Preisniveausteigerungen bzw. er bedeutet eine permanente Verschlechterung des Geldwertes. Hierbei handelt es sich um den **engen Inflationsbegriff** (der in den weiteren Ausführungen, soweit dies nicht anders betont wird, immer unterstellt werden soll).
Der **weite Inflationsbegriff** lautet:
Inflation ist eine Veränderung der Relation zwischen der gesamten volkswirtschaftlichen monetären Nachfrage zum gesamten realen Güter (= Waren und Dienste) Angebot. Inflation herrscht dabei, wenn die gesamte monetäre Nachfragen größer ist als das gesamte reale Güterangebot.
Diesen weiten Inflationsbegriff kann man anschaulich durch die sog. *Inflatorische Lücke* wie in Abb. 3-1 darstellen.

Die Winkelhalbierende (45°-Linie) beschreibt den Zustand, daß die gesamte (binnenwirtschaftliche) Nachfrage aus Konsum (C), Investition (I) und dem Staat (G) genau dem Angebot Y (bzw. dem realen Volkseinkommen) entspricht. Übersteigt dagegen (wie angenommen) die Nachfrage (bzw. die Ausgaben) aus C + I + G die Angebotsmöglichkeiten des Punktes B (der Kapazitätsgrenze) diese bis zum Punkt A, so herrscht im Abstand AB die sog. inflatorische Lücke, d.h. die gesamte Nachfrage ist hier größer als das gesamte Angebot. Der Ausgleich kann nur durch Preissteigerungen erzielt werden.
Die *Erscheinungsformen der Inflation* zeigt die Abb. 3-2, die im nächsten Abschnitt kurz dargelegt werden.

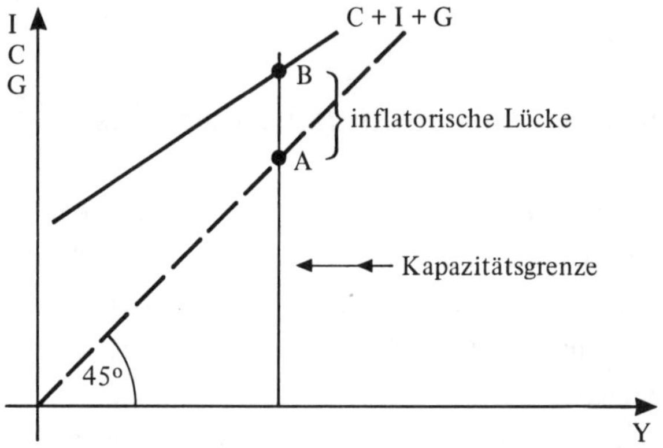

Abb.: 3-1: Inflatorische Lücke

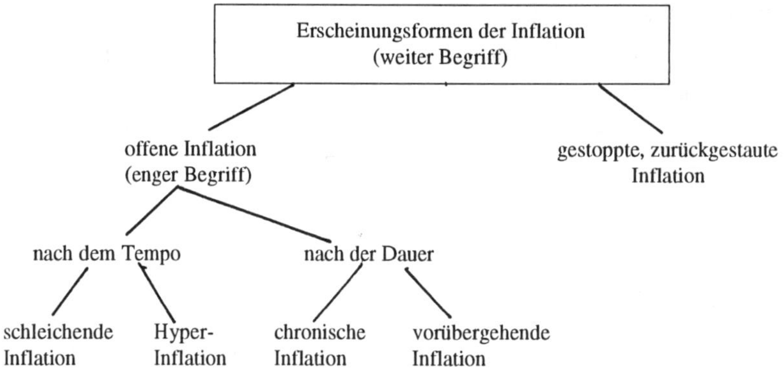

Abb.: 3-2: Erscheinungsformen der Inflation

Der **Begriff Deflation** ist das Pendant zur Inflation. Die *enge Definition* lautet: Deflation ist ein Prozeß eines ständig sinkenden Preisniveaus bzw. eines ständigen Anstieges des Geldwertes.

Die *weite Definition* des Deflationsbegriffes lautet:
Deflation ist die Veränderung der Relation zwischen der gesamten monetären Nachfrage zum gesamten realen Güterangebot. Deflation herrscht dabei, wenn das gesamte reale Güterangebot größer ist als die gesamte monetäre Nachfrage.

Den weiten Deflationsbegriff drückt die *deflatorische Lücke* der Abb. 3-3 aus.

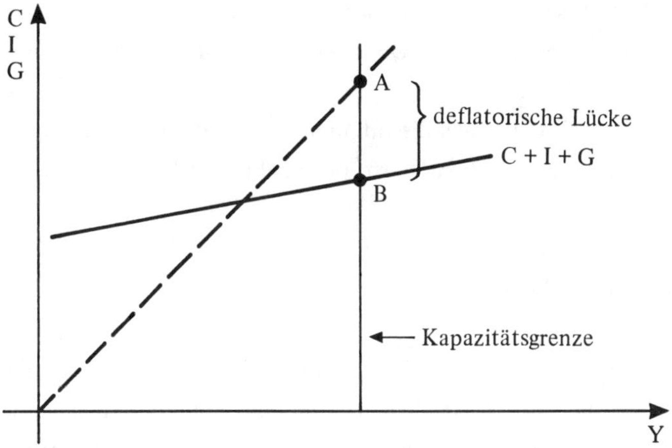

Abb.: 3-3: Deflatorische Lücke

Jetzt schneidet die gesamte Nachfrage aus C + I + G die Kapazitätsgrenze der Volkswirtschaft im Punkt B, während bei der Kapazitätsgrenze das gesamte Angebot dem Punkt A entspricht. Im Abstand AB ist somit jetzt das Angebot größer als die Nachfrage bzw. AB ist die sog. deflatorische Lücke dieser Volkswirtschaft.

Der *enge Deflationsbegriff* entspricht der sog. **offenen Deflation**, d.h. der Zustand der Deflation zeigt sich offen durch die ständig sinkenden Preise. Dieser Zustand ist zum letzten Mal während der Weltwirtschaftskrise aufgetreten. Aus einer Reihe von Gründen (siehe dazu die Literatur) kann man ziemlich sicher davon ausgehen, daß eine offene Deflation der Vergangenheit angehört.
Der **weite Deflationsbegriff**, insbesondere in der Form mit Preisstarrheit nach unten bzw. mit ansteigenden Preisen, wird heute als die Konjunkturphase einer Depression bzw. Rezession analytisch untersucht, oder auch als Stagflation beschrieben.

Insgesamt wird heute in der Literatur die Erscheinung der Deflation nicht mehr behandelt.

3.1.4 Inflationsarten

Seit dem 2. Weltkrieg ist *die wichtige monetäre Ungleichgewichtssituation* diejenige der *Inflation.* Deflationen treten in offener Form nicht mehr auf, bzw. wird das Phänomen der deflatorischen Lücke als Depression, Rezession oder auch als Stagflation dargestellt.
Somit soll im folgenden nur noch die Inflation analysiert werden, wobei, wenn nicht anders erwähnt, der enge Inflationsbegriff unterstellt wird.

3.1.4.1 Hyperinflation

Die Hyperinflation, auch als rasende oder galoppierende Inflation bezeichnet, ist der Typ, bei der jedermann den Zustand einer Inflation erkennt und seine gesamten wirtschaftlichen Handlungen darauf abstellt. Sie ist, wie die Beispiele zeigen, im Extremfall geeignet, das Geldwesen einer Volkswirtschaft, die übrigen Wirtschaftsbereiche und damit u.U. die staatliche und politische Ordnung so zu erschüttern, daß es zum wirtschaftlichen und politischen Kollaps kommt (siehe dazu den Ausspruch Lenins, man müßte in den kapitalistischen Staaten nur deren Geldwesen zerstören, und sie würden von alleine sozialistische Systeme werden).
Es ist umstritten, wann man von einer Hyperinflation sprechen kann. Es hängt dabei von regionalen und zeitlichen Aspekten ab. Nach einem häufig zitierten Vorschlag von P. Cagan könnte man ab 600 % jährlicher Preissteigerung von einer Hyperinflation sprechen.
Derartige *Prozentangaben* des *Preisniveauanstieges* sollten aber besser *nur als Hilfswert* verwendet werden (so ist es z.B. umstritten, ob die teils bis zu 1.000 Prozent Preissteigerung in Rußland Anfang der 90er Jahre bereits eindeutig eine Hyperinflation ist). *Besser scheint es, zur Kennzeichnung einer Hyperinflation das Verhalten der Wirtschaftssubjekte als Kriterium zu verwenden.*

Das äußere Zeichen einer Hyperinflation sind rapide, allgemeine Preissteigerungen auf allen Gebieten, wobei sich die Preissteigerungsraten ständig beschleunigen und schließlich astronomische Ausmaße annehmen. Wenn man z.B. aus der Sicht der

Preise in den 90er Jahren in der BRD innerhalb einer kürzeren, nachvollziehbaren Zeitspanne für eine Trambahnfahrt oder eine Schachtel Zigaretten etliche Millionen DM bezahlen müßte, dann ist die Erkenntnis des Zustandes einer Hyperinflation Allgemeingut.

Derartige Hyperinflationen herrschten z.B. in Deutschland 1920 - 1923, nach dem 2. Weltkrieg in Griechenland, Ungarn, Rumänien und China. Zur Demonstration des rapiden Preisverfalles einige (willkürliche) Daten für Deutschland 1920 - 1923:

Banknotenumlauf (ohne Notgeld) jeweils zum 31.03. in Deutschland (in Mrd. RM)		
1914	=	3,6
1918	=	22,7
1920	=	67,7
1922	=	351,7
1923	=	5.542,9
15.11.1923	=	92.900.000.000,-

	Es kostete im	
	Nov. 1922	Nov. 1923
1 Liter Bier	140,- RM	2,6 Mrd. RM
1 Briefporto	12,- RM	1,0 Mrd. RM

Entwicklung des Dollarkurses in Deutschland		
1 US $ in RM jeweils am ...		
03.07.1922	=	420 RM
31.01.1923	=	49.000 RM
08.08.1923	=	4.860.000 RM
03.10.1923	=	440.000.000 RM
22.10.1923	=	40.000.000.000 RM
20.11.1923	=	4.200.000.000.000 RM

Abb.: 3-4: Daten der Hyperinflation in Deutschland 1920 - 1923

Das Verhalten der Wirtschaftssubjekte in einer Hyperinflation ist (im Regelfall) durch folgendes Muster gekennzeichnet:

Dem Konsumenten wird die ständige Kaufkraftverschlechterung durch drastische Preissteigerungen bewußt. Ab einem kritischen Punkt (Frage, wo dieser jeweils liegt) verlieren die Verbraucher die Geldillusion, was zu einer starken Zunahme der Geld-

umlaufgeschwindigkeit führt. Dies deshalb, weil man erkennt, je früher man kauft, umso "billiger" kauft man. D.h. sobald man zu Geld kommt, wird dieses sofort zum Kauf von Gütern verwendet, die Kassenhaltung reduziert sich auf Null (in der Endphase war in Deutschland 1923 tägliche Lohn- und Gehaltszahlung üblich).
Diese deutliche Änderung der Zahlungsmodalitäten (= erhöhte Umlaufgeschwindigkeit) erhöht den eigentlichen Preissteigerungsprozeß quasi aus sich heraus noch einmal, so daß sich eine kumulative Zunahme des Preisniveaus ergibt.
Die Unternehmer produzieren in der Anfangsphase einer Hyperinflation noch voll, da sog. Scheingewinne eine wirtschaftliche Prosperität vortäuschen (Faktorkäufe zu den Preisen von gestern, Produktverkäufe zu den Preisen von heute, dazwischen findet Preissteigerung statt, somit ergeben sich scheinbare Gewinne immer). Die permanente, sich im Zeitablauf beschleunigende Preissteigerung holt aber durch ihr Tempo die Produktion ein (d.h. der Erlös aus dem Produktverkauf heute ermöglicht nicht mehr den Faktorkauf dazu von morgen).
Um sich diesen Nachteilen zu entziehen, gehen die Unternehmen zu Kompensationsgeschäften über (= Naturaltausch). Dies bringt aber für eine moderne Volkswirtschaft erhebliche Erschwernisse mit sich, so daß die Produktion zurückgeht. D.h. der Inflationsprozeß wird von einer zweiten Seite, vom realen Angebot zusätzlich negativ beeinflußt bzw. gesteigert.
Kredite werden praktisch nicht mehr gewährt, es sei denn, man baut Preissicherungsklauseln mit ein. Die **Ersparnis** geht auf Null zurück. **Vorrats-** und **Angstkäufe** sind an der Tagesordnung. Es setzt eine Flucht in alle nur möglichen Sachwerte ein. Viele Güter dienen nicht mehr nur zum Konsum, sondern werden Geldersatz (Zigarettenwährung). Man kehrt zum **Naturaltausch** zurück, verbunden mit einer weitgehenden Weigerung, Geld anzunehmen. Das **Geld kann seine Funktionen nicht mehr erfüllen.** Dadurch wird die wirtschaftliche Tätigkeit insgesamt sehr erschwert. Man greift zu allen möglichen **Geldwertsicherungsklauseln**. Der schnelle Preisanstieg verzerrt die Preisrelation mit der Folge der Fehlleitung von Produktionsfaktoren, die Beschäftigung geht zurück, Spekulation ist oft lukrativer als Arbeit und Produktion.

Die klassischen Beispiele von Hyperinflation traten im Gefolge von Kriegen auf. Die enormen Budgetdefizite, die meist mit Kriegen verbunden sind, lassen sich durch übliche wirtschaftspolitische Maßnahmen meistens nicht beseitigen. Diese haben zudem häufig die Tendenz, sich fortzusetzen und zu beschleunigen. Die Staatseinnahmen hinken im Zeitablauf immer hoffnungsloser hinter den Ausgaben her (so wurde

z.B. im Herbst 1923 nur noch 1 % der Staatsausgaben durch Steuereinnahmen abgedeckt, der Rest war Kredit = letztlich Geldschöpfung).
Die Zeit nach dem 2. Weltkrieg zeigt, daß auch ohne kriegerische Auseinandersetzungen Hyperinflation entstehen können (teils in Südamerika und in den ehemaligen Ostblockstaaten). Aber auch hier sind die Auslöser Haushaltsdefizite, die durch Geldschöpfung (Kredite) abgedeckt werden.

Nach heutiger Erkenntnis kann eine (wirkliche) **Hyperinflation** nur durch einen **Währungsschnitt** (Währungsreform) **überwunden** werden. Der *Grundgedanke* dabei ist:
Zunächst wird das alte, als wertlos bekannte Geld aus dem Verkehr gezogen und durch ein neues, knappes und damit als wertvoll angesehenes Geld ersetzt (1923 die sog. Rentenmark).
Entscheidend ist dabei, daß mit dieser Reform auch das Vertrauen in das neue Geld wieder zurückkehrt. Dies wird ganz entscheidend dadurch unterstützt und ermöglicht, daß der Staat zu einer soliden (konservativen) Finanzpolitik wieder zurückkehrt, d.h. (zunächst) Ausgaben nur im Umfang von Steuereinnahmen tätigt, ergänzt durch eine Reihe weiterer Maßnahmen.

3.1.4.2 Schleichende Inflation

Mit dem Begriff der *schleichenden bzw. säkularen Inflation* umschreibt man den Tatbestand, daß das *Preisniveau ständig, aber in langsamen Raten ansteigt.* Ein Faktum, daß deutlich seit dem 2. Weltkrieg in allen Ländern, insbesondere in den westlichen Industriestaaten feststellbar ist. Die Grenze, was man unter geringem Preisanstieg zu verstehen hat, läßt sich nur willkürlich ziehen. Der angegebene Prozentsatz ist von Land zu Land und je nach analysierter Zeitperiode verschieden. Während man in den 90er Jahren für die BRD 4 %, wohl auch 7-10 % noch als schleichend bezeichnen würde, sind es sicher 20 % nicht. In südlichen europäischen Ländern betrachtet man 20 % noch als schleichende Inflation. D.h. operiert man mit derartigen Zahlenangaben, um den Zustand einer säkularen Inflation zu charakterisieren, so muß man die jeweilige Zeit, das entsprechende Land und die herrschende Einstellung zur Preisentwicklung mit berücksichtigen.
Besser umschreibt man eine schleichende Inflation wie folgt:
Eine säkulare Inflation kennzeichnet ständige Preissteigerungen in sog. Friedenszeiten (inklusive "begrenzter militärischer Konflikte") in praktisch allen Ländern in ei-

nem prozentualen Ausmaß, daß dabei keine chaotischen Zustände auftreten. Der Prozentsatz schwankt je nach der Zeitspanne und von Land zu Land nicht unbeträchtlich.

Die *Einstellung der Wissenschaft und der Politik zur schleichenden Inflation ist nicht einheitlich*:
So sieht in ihr ein Teil entweder das kleinere Übel, das man eben hinnehmen müsse oder man erblickt in ihr den "Preis", den eine Demokratie für die Zufriedenheit ihrer Bürger (meist günstige Beschäftigung gemeint) eben zahlen müsse.
Diese Auffassung, die die Problematik negiert, gründet sich auf zwei nicht unproblematische Voraussetzungen:

1) Einmal auf die These des unausweichlichen Zielkonfliktes zwischen Preisniveaustabilität und Vollbeschäftigung, die weitgehend in ihrer einfachen Form heute nicht mehr anerkannt wird
2) Alle Argumente für die positiven Effekte einer schleichenden Inflation gelten nur für mäßige, geringe Preissteigerungsraten

Mit zunehmenden Preissteigerungsraten werden nämlich die Nachteile auch einer schleichenden Inflation immer deutlicher.
Die Frage lautet somit:
Besteht nicht die Gefahr, daß die zunächst tolerierten geringen Preissteigerungsraten sich im Zeitverlauf doch erhöhen? Oder aber, muß man dann, um den Anstieg der Inflationsrate in Grenzen zu halten, nicht zu erheblich stärkeren wirtschaftspolitischen Maßnahmen greifen, die bei einer rechtzeitigen Bekämpfung der säkularen Inflation vermeidbar gewesen wären?

3.1.4.3 Stagflation

Bis zum 2. Weltkrieg galt es in der Wirtschaftswissenschaft als ausgemachte Tatsache, daß das Auftreten von Preissteigerungen, d.h. einer Inflation, in der Konjunkturphase einer Depression nicht möglich ist. Ab den 60er, 70er Jahren mußte aufgrund der gemachten Erfahrungen diese Auffassung revidiert werden.
Für dieses Phänomen des gleichzeitigen Auftretens von In**flation** (Preissteigerungen) und Depression bzw. **Stag**nation, hat man den Begriff einer **Stagflation** geprägt.
Die Wirtschaftslage einer Stagflation ist deshalb so problematisch, weil einerseits die ständigen Preissteigerungen (die nicht unbedingt "stark" sein müssen) die Depressionsphase verschlechtern, andererseits die klassischen wirtschaftspolitischen Maß-

nahmen sich im Dilemma des richtigen Einsatzes befinden. Geht nämlich die Wirtschaftspolitik zur Überwindung der Depression bzw. Stagnation zu den typischen Ankurbelungsmaßnahmen über, so wird meist die Inflation ansteigen und den Erfolg in Frage stellen. Bekämpft man umgekehrt eindeutig die Inflation, so besteht die Gefahr einer Verschärfung der Depression und damit einer Verschlechterung der Beschäftigungslage (typischer Zielkonflikt).
Zunächst hat man hier den Vorschlag ("Worthülse") einer sog. **Doppelstrategie** gemacht. D.h. gleichzeitig Gas geben (in der BRD meint man damit die Fiskalpolitik, die die Depression überwinden helfen soll) und bremsen (gemeint ist die Bundesbank, die mit der Geldpolitik die Inflation bekämpfen soll). Diese Doppelstrategie erfordert nicht nur sehr viel Geschick der jeweiligen Wirtschaftspolitik, sondern birgt in sich eine Reihe von Zielkonflikten (siehe die Anfang bis Mitte der 90er Jahre in der BRD geführte Diskussion über die Zinshöhe).

Das Aufkommen einer Stagflation läßt sich wie folgt skizzieren:
Bewegt sich die Wirtschaftslage von einer guten Konjunkturphase in diejenige einer Beruhigung, evtl. in den beginnenden Abschwung, so zeigt sich dies bei den Unternehmen in einem Nachlassen der Auftragseingänge üblicherweise an. Dies führt in der Folge zu nicht mehr ausgelasteten Kapazitäten bzw. zu einem Rückgang des Mengenumsatzes.
Die Unternehmen reagieren auf diese Entwicklung nun aber nicht entsprechend der üblichen (Polypol-) Markt- und Preistheorie mit Preissenkungen, um den zurückgehenden Mengenumsatz teilweise aufzufangen, vielmehr versucht man, die Kosten (den Aufwand) zu senken. Beim Versuch die Kosten zu senken, ergibt sich ein deutliches Überwiegen der Fixkosten. Der immer weiter fortschreitende Einsatz von Technik und EDV brachte einen deutlichen Fixkostenschub. Auch die Lohnkosten sind kurzfristig fix und so leicht (kostensenkend) nicht abzubauen. Dieses Überwiegen der Fixkosten führt bei schlechter Auslastung zu einem Anstieg der Stückkosten. Somit entsteht bei sich langsam abschwächender Konjunktur seitens der Unternehmen deutlich das Bestreben, die Preise nicht etwa zu senken, sie vielmehr anzuheben, um somit dem Anstieg der Stückkosten zu begegnen. D.h. die Preise steigen an, trotz der schlechteren Kapazitätsauslastung.
Den Ausgleich der gesunkenen Nachfrage versucht man nicht über den Preis (hier Reduzierung), sondern über die Menge zu erreichen. Zunächst wird kurzfristig auf Lager produziert, aber bald folgen Produktionskürzungen, zuerst mit Kurzarbeit, dann mit Entlassungen, es entsteht Arbeitslosigkeit. Damit treten aber gleichzeitig Inflation und Stagnation mit Beschäftigungseinbrüchen auf.

Das Verhalten der Unternehmer, trotz gesunkener Nachfrage (plus einsetzender Arbeitslosigkeit) die Preise anzuheben, wird stark durch die vorherrschende Oligopolmarktform ermöglicht.
Der Kostendruck in den Unternehmen, ausgelöst durch die sich verschlechternde Wirtschaftslage, wird häufig durch einen weiteren Umstand noch verschärft. Die Gewerkschaften nehmen bei den Tarifverhandlungen zunächst den gesamtwirtschaftlichen Nachfragerückgang nicht zur Kenntnis. Die Lohnforderungen werden hier oft an der vorangegangenen guten Situation orientiert. Evtl. Arbeitslosigkeit wird im Hinblick auf die vermeintliche Vollbeschäftigungsgarantie des Staates nicht ernst genommen. Zusätzlich kommt das Argument des Nachholbedarfs. Ergo: die Kosten des Faktors Arbeit steigen zusätzlich.
Das Bestreben der Unternehmen, in dieser Situation die Preise anzuheben, muß je nach Branche und Marktform differenziert betrachtet werden. Je stärker der Wettbewerb ausgeprägt ist und keine deutlich monopolistische oder oligopolartige Marktform vorliegt, umso geringer sind die Chancen, die Preise anzuheben (und umgekehrt).
Hält eine Stagflation länger an (dann meist als Depression bezeichnet), in der Regel 1 - 2 Jahre oder länger, so kann man (zumindest in der BRD) feststellen, daß die Preise doch abzubröckeln beginnen (nicht unbedingt in offenen Preisrückgängen, mehr versteckt in höheren Rabatten oder günstigen Finanzierungsangeboten). In einer längeren, deutlichen Depression lassen dann auch die gewerkschaftlichen Lohnforderungen nach.

3.1.4.4 Zurückgestaute bzw. verdrängte Inflation

Alle bisher vorgestellten Inflationsarten waren offene Inflationen (der Inflationszustand ist offen an den Preissteigerungen erkennbar) bzw. unterstellten den engen Inflationsbegriff.
Als Ausnahme soll jetzt der weite Inflationsbegriff verwendet werden, obwohl dies in der Literatur umstritten ist.
Eine zurückgestaute bzw. verdrängte (manchmal auch gestoppte genannte) Inflation liegt vor, wenn das erkennbare Merkmal einer (offenen) Inflation fehlt, nämlich das steigende Preisniveau, trotzdem aber eine inflatorische Lücke vorhanden ist bzw. die gesamte monetäre Nachfrage größer ist als das gesamte reale Angebot. Der *Ausgleich der inflatorischen Lücke durch Preissteigerungen wird hier durch den Preis-*

stopp des Staates verhindert. Eine derartige Inflation setzt letztlich ein anderes Wirtschaftssystem, nämlich eine irgendwie modifizierte Planwirtschaft voraus.
Eine deutlich zurückgestaute Inflation wurde zum ersten Mal in Deutschland von 1936 bis 1948 (bis zur Währungsreform) praktiziert.

Die Überlegung bzw. der Weg in eine zurückgestaute Inflation sind:
Das Merkmal einer Inflation sind bekanntlich die Preissteigerungen. Diese beunruhigen die Bevölkerung und erzeugen u.U. eine inflationsbestimmte Mentalität. Man beseitigt infolgedessen das Inflationsmerkmal, die ständig steigenden Preise, durch einen rigorosen allgemeinen Preisstopp und schon herrscht (scheinbar) keine Inflation. Das ökonomische Problem (der Grundzusammenhang) wurde dadurch aber nicht beseitigt, es wurde durch den Preisstopp lediglich verdeckt.
Es steigen jetzt zwar die Preise nicht (was die Bevölkerung lobend zur Kenntnis nimmt), aber die zu große monetäre Nachfrage versucht nun, zu den gestoppten Preisen zu kaufen. Das Ergebnis wäre, daß nur die schnellsten etwas erhielten, der Rest ginge leer aus. Will man die nun drohende, u.U. noch größere Unzufriedenheit der Bevölkerung verhindern, bleibt nur (wenn, wie meistens, das Angebot nicht ausreichend gesteigert werden kann) eine Güterzuteilung bzw. Warenrationierung übrig. Die Warenrationierung bewirkt aber, daß das Geld seiner Funktionen beraubt wird, es wird beim Kauf zu einer Nebensache (die man reichlich besitzt), entscheidend ist der Warenbezugsschein.
Der entstehende Geldüberhang zeigt sich in einer erhöhten Kassenhaltung und höheren Sparquoten.
Die Preisstopp- und Warenrationierungsvorschriften werden sehr bald auf den schwarzen Märkten umgangen, wo sich das Ausmaß der Inflation (inklusive einem Risikozuschlag) deutlich zeigt. Man geht teilweise wieder zum Naturaltausch und zu Kompensationsgeschäften über.

Herrscht längere Zeit eine *zurückgestaute Inflation*, so läßt sie sich meist *nur durch eine Währungsreform* (wie 1948 in der BRD) *überwinden* (siehe Abschnitt Hyperinflation). Denn, würde man lediglich den Preisstopp aufheben, so wäre infolge des Nachfrageschubs ziemlich sicher mit einer Hyperinflation zu rechnen.

Die Analyse einer verdeckten Inflation eignet sich gut, um die *Maßnahme eines* **Preisstopps**, manchmal auch eines **Lohn-Preisstopps** *zur Überwindung einer stärker schleichenden Inflation zu beurteilen:*

1) Ein längerfristiger allgemeiner Preisstopp, ohne Angebotssteigerung, bewirkt entweder ein fast völliges Verschwinden der Waren zu den gestoppten Preisen

und ihr Auftauchen auf den schwarzen Märkten. Oder aber man muß zur Warenzuteilung übergehen

2) Ein Lohn- und Preisstopp übersieht (siehe Abschnitt "Ursachen der Inflation"), daß es außer Lohnsteigerungen auch noch andere wichtige Ursachen einer Inflation gibt. Darüber hinaus läßt sich in demokratischen Marktwirtschaften ein längerfristiger Lohnstopp nicht durchsetzen
3) Preis- und/oder Lohnstopp sind somit nur kurzfristig (nicht zu häufig) als ein psychologisch einsetzbares Mittel anzusehen, das dem Staat eine Verschnaufpause gibt und den Tarifpartnern über die Denkpause den Ernst der Situation klar machen soll
4) Ganz abgesehen wurde dabei von der Problematik des erforderlichen Verwaltungs- und Überwachungsapparates zur Durchsetzung eines Preisstopps

3.2 Ursachen der Inflation

3.2.1 Monetäre Alimentierung der Inflation

Der Zusammenhang der sog. monetären Alimentierung der Inflation frägt nach den *grundsätzlichen Bedingungen*, die in einer Volkswirtschaft gegeben sein müssen, damit eine Inflation überhaupt eintreten kann. D.h. es wird bei diesem Komplex noch nicht nach einer evtl. Ursache für den Preissteigerungsprozeß geforscht, vielmehr dreht es sich um die *prinzipiellen Voraussetzungen*, die gegeben sein müssen, damit es zu einem Inflationsprozeß kommen kann. Man spricht hier davon, daß der Inflationsprozeß *monetär alimentiert werden muß.*

Einen einfachen Einstieg in diese Problematik bietet die Verkehrsgleichung:

$$M \cdot V = O \cdot P$$

M = Geldmenge (z.B. M_1); V= Umlaufgeschwindigkeit des Geldes; O = Output (Sozialprodukt); P = Preisniveau.

Inflation setzt voraus, daß genug Geld vorhanden ist, um die Preissteigerung zu finanzieren. Woher das Geld nun kommt, darauf gibt die Quantitäts-(Verkehrs-)gleichung eine Antwort.

Nach P aufgelöst lautet die Quantitätsgleichung:

$$P = \frac{M \cdot V}{O}$$

Wenn man unterstellt, daß O = Sozialprodukt (exakt = Y = das reale Sozialprodukt) unverändert bleibt (obwohl es in einer Stagflation bzw. Depression doch auch zurückgehen kann), so zeigt die nach P aufgelöste Verkehrsgleichung, daß das Produkt M · V als Voraussetzung einer Preissteigerung P größer werden muß. D.h. somit, als Bedingung einer Preissteigerung muß dann die Geldmenge M wachsen, oder die Umlaufgeschwindigkeit V zunehmen, oder beide zusammen werden größer.
Empirische Untersuchungen haben ergeben (siehe u.a. Geldnachfrage der Monetaristen, Abschnitt 2.1.3), daß ein Anstieg der Umlaufgeschwindigkeit des Geldes nur in sehr engen Grenzen möglich ist (abgesehen von einer wirklichen Hyperinflation).
Somit bleibt als allgemeine Voraussetzung einer Inflation nur noch ein Anstieg der Geldmenge M. Diesen Zusammenhang bezeichnet man als monetäre Alimentierung der Inflation, d.h. als Umschreibung des Tatbestandes, daß für eine Inflation das nötige Geld vorhanden sein, bzw. daß (wie es heißt) eine Inflation finanziert werden muß.

Die monetäre Alimentierung einer Inflation durch einen Anstieg der Geldmenge M verdeutlicht die Bedeutung der Instanzen einer Volkswirtschaft, die das Geldangebot regeln, denn langfristig kann es nur dann zu einer Inflation kommen, wenn dies durch eine Zunahme der Geldmenge ermöglicht wird. Die Ausführungen zum Geldangebot (siehe Abschnitt 2.2) hatten ergeben, daß es kurzfristig der Wirtschaft im Zusammenspiel mit den Kreditinstituten möglich ist, das Geldangebot autonom zu bestimmen. Aber mittel- bis langfristig gelingt es der (konsequenten) Zentralnotenbank das Geldangebot in den Griff zu bekommen. Damit wird die Bedeutung der Zentralnotenbank (aber auch der Kreditwirtschaft) für die Vermeidung einer Inflation deutlich. Zu zeigen ist noch, daß die Kontrolle der Geldmenge nicht so exakt möglich ist, wie dies zur Vermeidung von Inflation wünschenswert wäre.

3.2.2 Monetäre und nichtmonetäre Inflationsursachen

In der Literatur herrscht keine eindeutige Auffassung über die Einteilung der Inflationsursachen. Im folgenden soll eine neuere Unterscheidung verwendet werden, die sich mit der üblichen älteren teils deckt (siehe Abb. 3-5).

Zunächst unterscheidet man monetäre und nichtmonetäre Ursachen einer Inflation. Liegt eine *monetäre Ursache* einer Inflation vor, so kann der Grund einmal in der Relation einer zu großen Geldmenge liegen, oder in einer Erhöhung der Umlaufgeschwindigkeit des Geldes, oder in beiden Ursachen zugleich, d.h. im Produkt M · V.

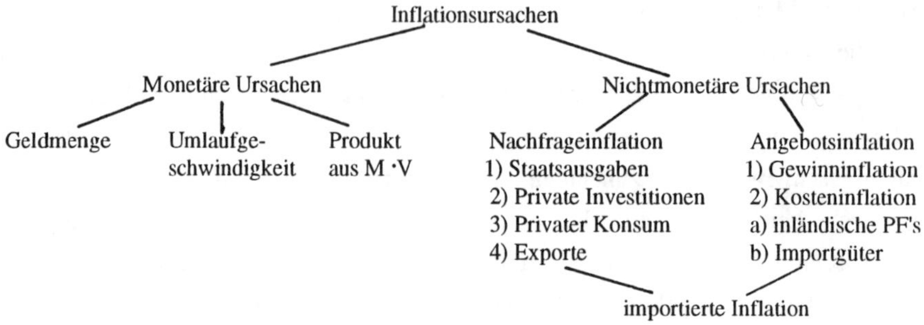

Abb.: 3-5: Ursachen einer Inflation

Handelt es sich dagegen um eine *nichtmonetäre Ursache*, so kann dies einmal eine Nachfrageinflation sein. Der konkretere Grund der (relativ) zu großen Nachfrage kann einmal beim Staat (staatliche Nachfrage), bei den Investitionen (Nachfrage der Unternehmen) oder beim privaten Konsum (Nachfrage der privaten Haushalte) bzw. schließlich beim Export (Nachfrage des Auslandes) liegen.
Liegt dagegen die (moderne Variante) Angebotsinflation als Ursache vor, so kann der Grund in zu hohen geplanten Gewinnen oder in den vielfältigen Kostensteigerungen (Löhne, Zinsen, Rohstoffe) liegen. Ein Sonderfall wäre die importierte Inflation, deren Grund auf der Export- oder Importseite liegt.
Die heute wichtigsten Inflationsursachen sollen nunmehr genauer betrachtet werden.

3.2.3 Monetäre Ursachen einer Inflation

Die monetäre Inflationstheorie erblickt den Auslöser in einer Ausweitung der Geldmenge. Diese Geldmengenausweitung führt schließlich zu einer Änderung des Verhaltens der Wirtschaftssubjekte und damit (bei konstantem Sozialprodukt) zu einem Anstieg des Preisniveaus.

Dieser Vorgang könnte sich wie folgt abspielen:
Der Prozeß setzt ein, indem die Geldbasis in einem bestimmten Ausmaß ansteigt. Dabei ist es (zunächst) unerheblich, aus welcher Quelle der Anstieg der Geldbasis gespeist wurde. Der Anlaß könnte eine geldpolitische Maßnahme der Zentralnotenbank sein (z.B. Ankauf von Wertpapieren) oder der Zufluß spekulativer Auslandsgelder.

Dieser Anstieg der Geldbasis bewirkt zunächst eine größere reale Kassenhaltung, wobei zunächst sowohl das Preisniveau wie auch das reale Volkseinkommen unverändert bleiben. Die angestiegene Geldmenge macht sich in zunehmender Bankenliquidität bemerkbar. Die Banken versuchen durch Zinssenkung und bessere Konditionen ihr Kreditvolumen zu erweitern (siehe Abschnitt 2.2.3.2). Steigt das Kreditvolumen infolge dieser Aktivitäten an, so macht sich dies nach einem time-lag in höheren Ausgaben und in einer höheren Gesamtnachfrage bemerkbar, die Transmission hat stattgefunden.

Dieser Anstieg der gesamtwirtschaftlichen Nachfrage (nach N_1N_1) ergibt eine Zunahme des Preisniveaus (auf P_1) und ein höheres reales Volkseinkommen (auf Y_1) mit höherer Produktion und höherer Beschäftigung. Im Ausmaß der Preissteigerung ist die Inflation eingetreten.

Häufig kommt der Prozeß jetzt nicht zum Stillstand, denn der Preisanstieg zieht höhere Lohnforderungen nach sich. Werden diese gewährt, so bedeutet dies einen Anstieg der Produktionskosten. Dies wiederum kann zum Ausscheiden (oder Rückgang) einer nicht mehr rentablen Produktion führen, d.h. zu einer Reduzierung des Angebots. Der Angebotsrückgang (nach A_1A_1) bedeutet einen weiteren Preisschub (auf P_2), denn die Relation der gesamtwirtschaftlichen Nachfrage zum gesamten Angebot verschlechtert sich.

D.h. häufig entwickelt der durch den monetären Impuls in Gang gesetzte Preissteigerungsprozeß eine Eigendynamik, der eine weitere Aufstockung der Geldbasis erforderlich macht, bzw. die (weitere) Inflation muß finanziert werden.

Würde nämlich die Zentralnotenbank durch eine streng restriktive Politik die Geldbasis nicht ansteigen lassen, so würde der weitere Preisanstieg unterbunden werden (monetäre Alimentierung der Inflation).

Die Folge dieser Politik der Zentralnotenbank wäre allerdings eine monetäre Nachfragedämpfung mit der Konsequenz eines Produktionsrückganges und einer daraus folgenden Verschlechterung der Beschäftigung bei wohl noch nicht sinkenden Preisen. Fraglich ist, ob eine Zentralnotenbank diese Politik politisch durchhalten kann.

Der eben geschilderte (mögliche) Verlauf einer monetären Inflation kann einfach geometrisch dargestellt werde, siehe Abb. 3-6.

Abb. 3-6 zeigt, daß der Auslöser einer monetären Inflation nicht nur in einer Geldmengenvergrößerung (wie dargelegt) bestehen muß, sondern seinen Grund auch in einer Erhöhung der Umlaufgeschwindigkeit oder im Produkt $M \cdot V$ haben könnte. Am realistischsten ist aber als Auslöser eine Zunahme der Geldmenge.

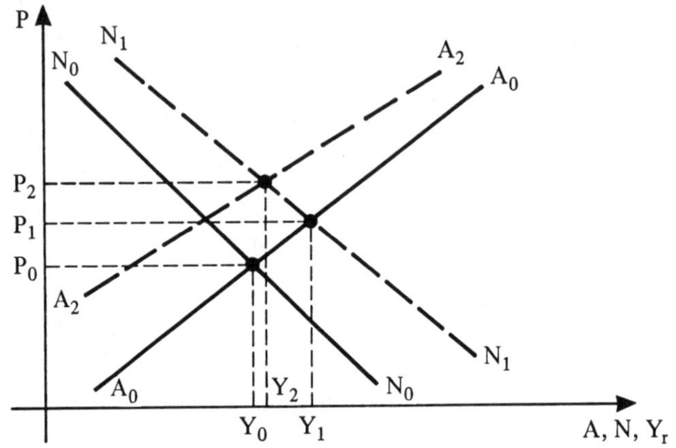

(P = Preisniveau; A = reales Gesamtangebot; N = monetäre Gesamtnachfrage; Y_r = reales Volkseinkommen)

Abb.: 3-6: Monetär induzierte Inflation und die Auswirkung auf dem Gütermarkt

Wie beim Abschnitt zur Transmission bereits gezeigt (siehe dort), *muß* der vorgestellte Inflationsprozeß, hervorgerufen durch eine monetäre Transaktion, *nicht immer eintreten.* Es fehlt bei der Analyse eine entscheidende Annahme, nämlich, daß die Transmission in der Konjunkturphase einer guten Beschäftigung (Boom) stattfinden muß.

D.h. die dargelegte Inflation ist typisch für eine wirtschaftlich deutliche Aufschwungsphase bzw. Boomsituation.

Die Frage, wie eine wachsende Geldmenge zu verstärkter wirtschaftlicher Aktivität der Wirtschaftssubjekte und damit bei konstantem Sozialprodukt zu Inflation führt, war in der Vergangenheit Inhalt kontroverser Diskussionen.
Im Ergebnis führen die Erklärungsansätze, wie die vorangehende Darlegung zeigt, einmal die inflatorische Wirkung (z.B. die Neoquantitätstheorie) auf einen Anstieg der gesamtwirtschaftlichen Nachfrage zurück, dem sog. monetären Nachfragesog der Inflation.

Andererseits betont man die Wirkung der durch die Geldmengenzunahme ausgelösten Zinssenkung, die das Anlage- und Investitionsverhalten derart beeinflußt, daß die Nachfrage dadurch zunimmt.
Schließlich betont man den Realvermögenseffekt. Die Geldmengenausweitung führt dazu, daß die Wirtschaftssubjekte plötzlich mehr Kasse halten als sie wollen. Sie nehmen eine Umstrukturierung ihres Portfolios vor, fragen dazu mehr Realvermögen nach, d.h. die Nachfrage nimmt zu.

3.2.4 Nachfrageinduzierte Inflation

Die Nachfrageinflation geht davon aus, daß der Anstoß für den Preissteigerungsprozeß durch eine autonome Erhöhung der gesamtwirtschaftlichen Nachfrage ausgelöst wird, die das momentane reale gesamte Angebot übersteigt.
Bekanntlich besteht die gesamte Nachfrage (Y_d) aus vier Hauptnachfrageblöcken, der privaten Nachfrage (C), der staatlichen Nachfrage (G), der Investitionsnachfrage (I) und dem Außenbeitrag (X - M), d.h.:

$$Y_d = C + G + I + (X - M)$$

Die Nachfrageinflation kann somit realiter durch einen oder mehrere dieser Nachfrageblöcke bedingt sein. Man hat dafür eigene Begriffe geprägt, wie Fiskalinflation, Konsuminflation, Investitionsinflation usw.

Als besonders schwerwiegend betrachtet man die Nachfrageinflation, wenn sie durch eine übermäßige Staatsnachfrage G ausgelöst wird (siehe Abschnitt 3.1.4.1 zur Hyperinflation). Durch die Realisierung zusätzlicher politischer oder ökonomisch bedingter Vorhaben erhöht der Staat die gesamtwirtschaftliche Nachfrage. Diese erhöhte Staatsnachfrage kann dabei durch Steuererhöhungen finanziert werden (wäre der günstigere Fall, denn die gesamte Nachfrage dürfte hier nur bei Änderung des Sparverhaltens und/oder einer privaten Geld-Kreditschöpfung wachsen, ansonsten bedeuten Steuererhöhungen Reduzierungen der übrigen Nachfrageblöcke), oder aber durch Aufnahme von Krediten geschehen (der als eindeutig ungünstiger angesehene Zustand, siehe Ausweitung des staatlichen Finanzierungsdefizites als Grund einer Inflation, unter der Bedingung einer damit einhergehenden Geldausweitung).

Die Überschußnachfrage kann auch vom Unternehmenssektor, d.h. von den Investitionen I ausgehen. Der Grund für die erhöhte Investitionstätigkeit können gute Absatz- und Gewinnerwartungen, Zwang zur Rationalisierung, Notwendigkeit neuer

Produktentwicklung usw. sein. Diese Investitionen führen zwar (meist) zu einer Ausweitung des Produktionsapparates, d.h. einer Angebotserhöhung, aber erst zu einem späteren Zeitpunkt (können somit inflationsdämpfend wirken). Zunächst aber sind sie eine Nachfrageerhöhung und können somit inflationssteigernd wirken.

Die von den privaten Haushalten = C ausgehende zusätzliche Nachfrage wird im folgenden noch genauer analysiert.

Schließlich kann die gestiegene Nachfrage durch das Ausland, d.h. durch den Außenbeitrag X - M bedingt sein. Am anschaulichsten ist dies, wenn man annimmt, daß der Export X gestiegen ist. Die Ursachen für die Exportzunahme können im deutlich höheren ausländischen Preis- und Kostenniveau liegen, im kräftigeren ausländischen Konjunkturaufschwung, in falschen Wechselkursrelationen (Unterbewertung der eigenen Währung) oder in sonstigen Gründen, wie z.B. einem technologischen Vorsprung in der Produktproduktion.

Per Saldo geht die Theorie der Nachfrageinflation (die in ihren Anfängen stark auf Keynes fußt) davon aus, daß der Grund der Preissteigerung im Anstieg der gesamten Nachfrage bei gleichzeitig unverändertem Angebot zu suchen sei. Dabei kann es aber so sein, daß die steigende Nachfrage eines Blockes durch einen Rückgang eines anderen kompensiert wird, damit keine Inflation eintritt.

Zu klären ist aber: *Warum kann das Angebot die steigende Nachfrage nicht bedienen*, so daß es nicht zum gesamtwirtschaftlichen Ungleichgewicht kommt?
Hierzu sind zwei Gründe wichtig:

1) Das Angebot hat die Nachfrageentwicklung falsch beurteilt und somit versäumt, rechtzeitig ausreichende Kapazitäten bereitzustellen. Bis die zusätzlichen Kapazitäten bereitstehen, vergeht Zeit; inzwischen ist das Angebot zu klein. Konsequenz Ungleichgewicht, Ausgleich nur durch Preisanstieg möglich
2) Es besteht ein Mangel an Produktionsfaktoren, um das nötige zusätzliche Angebot auf die Beine zu stellen, bzw. die Volkswirtschaft befindet sich in einer guten Beschäftigungsphase (Boom?), d.h. es fehlen insbesondere die entsprechenden Arbeitskräfte

Für das Auftreten einer *nachfrageinduzierten Inflation müssen insbesondere drei Voraussetzungen erfüllt sein* (abgesehen von der prinzipiellen Bedingung eines gesamtwirtschaftlichen Ungleichgewichtes):

1) Eine ausreichende Flexibilität der Güterpreise, d.h. daß die Preise steigen können. Dies wird üblicherweise unterstellt

2) Ein elastisches Geldangebot, d.h. die Inflation muß finanziert werden. Wie im Abschnitt 2.2 dargelegt, kann beim Geldangebot zumindest kurzfristig von einem elastischen Geldangebot ausgegangen werden, das die Wirtschaft in dieser Situation benötigt selbst wenn die Geldbasis von der Zentralnotenbank nicht verändert wird

3) Eine entsprechende Konjunkturphase der Wirtschaft, d.h. die Volkswirtschaft muß sich in einer deutlichen Aufschwungs- bzw. Boomphase befinden (d.h. ein zusätzliches Angebot muß nicht oder nur erschwert möglich sein)

Diese drei Voraussetzungen stellt man gerne wie in Abb. 3-7 geometrisch dar.

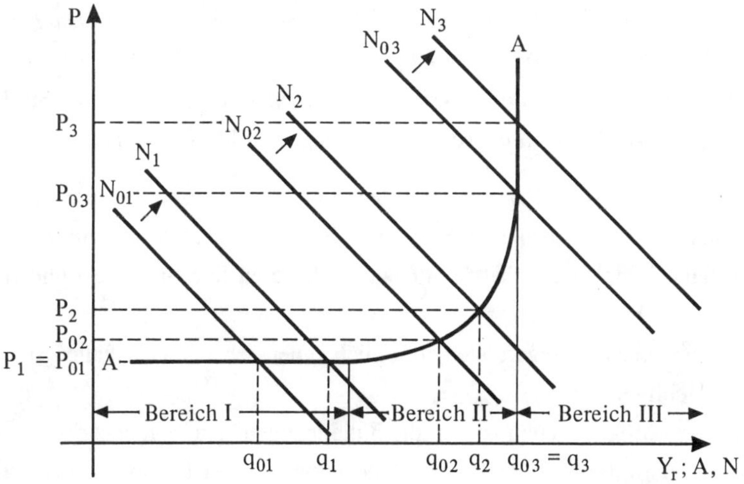

(P = Preisniveau; Y_r = reales Volkseinkommen; A = Angebot; N = Nachfrage)

Abb.: 3-7: Nachfrageinflation und Konjunkturphasen

Das gesamtwirtschaftliche Angebot AA in Abb. 3-7 wird hier so dargestellt, daß es die Konjunkturphasen der Depression im Bereich I, des Aufschwungs im Bereich II und des Booms im Bereich III ausdrückt (nicht zu verwechseln mit der formal analog verlaufenden gesamten Geldnachfrage nach Keynes). Bzw. AA hat hier im Kurvenverlauf verschiedene Elastizitäten, d.h. im Bereich I ist das Angebot völlig elastisch, im Bereich II elastisch, und im Bereich III völlig unelastisch.

Wenn nun, wie in Abb. 3-7, die Nachfrage in einem Bereich bzw. in einer bestimmten Konjunkturphase jeweils um das nämliche Ausmaß ansteigen soll (immer von z.B. N_{01} auf N_1, usw.), dann zeigt sich:

1) Im Bereich I = der Depression ergibt die (wohl erwünschte) Nachfragesteigerung eine deutliche Zunahme des realen Volkseinkommens Y_r von Y_{01} auf Y_1 bei unverändertem Preisniveau P, bzw. $P_{01} = P_1$
2) Im Bereich II = Aufschwung ergibt sich eine geringere Zunahme von Y_r (in Relation zur Depression), ausgelöst durch die Nachfragezunahme von Y_{02} auf Y_2, jetzt aber begleitet von einem Preisanstieg von P_{02} auf P_2
3) Im Boom = Bereich III ergibt die Nachfragesteigerung von N_{03} auf N_3 keine Vergrößerung von Y_r, dagegen einen deutlichen Preisanstieg von P_{03} auf P_3

Eine in der Öffentlichkeit, d.h. in der Wirtschaftspolitik und zwischen den Tarifvertragsparteien immer diskutierte Ursache (und ihre Probleme) der Nachfrageinflation soll nunmehr etwas genauer analysiert werden, nämlich, inwieweit autonome Erhöhungen der privaten Konsumnachfrage zu einer Inflation führen können.

Eine Zunahme des privaten Konsums könnte auf drei Arten zustande kommen:

1) Haushalte beanspruchen mehr Kredite und fragen deshalb insgesamt mehr nach
2) Haushalte lösen Sparguthaben auf oder reduzieren ihre Sparquote und fragen so mehr nach
3) Lohn- und Gehaltssteigerungen ermöglichen den privaten Haushalten eine größere Nachfrage

Von diesen drei Möglichkeiten ist vor allem die letztgenannte von besonderem wirtschaftspolitischen Interesse, denn diese Ursache wird in der ökonomischen Auseinandersetzung mit dem Schlagwort der Lohn-Preis-Spirale (bzw. je nach politischem Standort als Preis-Lohn-Spirale) abgehandelt.

Dabei gilt zunächst folgender ökonomischer Grundzusammenhang:
Lohnerhöhungen stellen für ein Unternehmen Kostensteigerungen dar, die bei sonst unveränderten Daten eine Gewinnschmälerung bedeuten. Somit wird das Unternehmen grundsätzlich versuchen, diese Gewinnreduzierung durch Preiserhöhungen auszugleichen.
Kann das Unternehmen Preissteigerungen durchsetzen, ergibt sich Inflation. Würden nun infolge der Preissteigerung von den Gewerkschaften wieder Lohnforderungen mit dem Argument des Inflationsausgleiches gefordert und durchgesetzt, ergeben sich für das Unternehmen wiederum Kostensteigerungen. Ist das Verlangen, diese

über Preissteigerungen zu überwälzen erfolgreich, so wäre die Lohn-Preis-Spirale in Gang gesetzt.
Diese übliche Argumentation zur Lohn-Preis-Spirale ist im folgenden genauer zu analysieren:

1.) Ob es zu diesem Prozeß der sich gegenseitig aufschaukelnden Lohn- und Preiserhöhungen kommt, hängt *einmal* von der **herrschenden Konjunkturphase** ab. Herrscht deutlicher Aufschwung oder gar Boom, so wird dies in aller Regel immer gelingen (von evtl. notleidenden Branchen abgesehen). Wie die Ausführungen zur Stagflation zeigen (siehe Abschnitt 3.1.4.3), kann dies prinzipiell auch in einer Abschwungsphase im wesentlichen angenommen werden. Lediglich in einer längerfristig ausgeprägten Depressionsphase dürfte es zumindest sehr schwierig sein.

2.) Weiterhin ist zu prüfen, ob Lohnsteigerungen (die ja Kostensteigerungen darstellen) nicht durch Kostensenkungen an anderer Stelle ausgeglichen werden können, somit Preiserhöhungen seitens der Unternehmer nicht nötig wären. D.h. es ist zu prüfen, ob nicht **Rationalisierungsmaßnahmen die Preiserhöhung eliminieren**. Dabei ergibt sich:

a.) Rationalisierungsmöglichkeiten (wohl überwiegend durch den verstärkten Einsatz des PF Kapital und Technischer Fortschritt) sind in den jeweiligen Branchen unterschiedlich stark möglich. Somit können Lohnerhöhungen dadurch auch nur unterschiedlich aufgefangen werden

b.) Zu fragen wäre, ob Lohnerhöhung und Rationalisierungsmöglichkeit immer zeitlich synchron möglich sind

c.) Weiterhin ist zu berücksichtigen, daß Rationalisierung auch Kosten verursacht. D.h. dann z.B., wenn durch eine Rationalisierung die Lohnkosten pro Stück um 8,- DM sinken, die Rationalisierung selbst pro Stück 3,- DM ausmacht, so stehen höchstens 5,- DM/Stück für eine kostenneutrale Lohnerhöhung zur Debatte

d.) Schließlich ist hierbei mit zu berücksichtigen, daß Rationalisierung meistens auch Arbeitsplätze kostet (was sehr deutlich Anfang der 90er Jahre sich zeigte). D.h. die Forderung, Lohnerhöhungen durch Rationalisierung aufzufangen, bedeutet häufig auch Arbeitsplatzabbau. Durch die Hintertür kommt hier wieder der Zielkonflikt zwischen Beschäftigung und Inflation zum Tragen

3.) Es ist zu prüfen, ob Lohnerhöhungen deshalb nicht zu Preissteigerungen führen, weil dies die Unternehmen **durch entsprechende Gewinnreduzierungen ausgleichen.** Hierbei ergibt sich:

a.) Das Argument setzt voraus, daß Gewinne in dem Ausmaß vorhanden sind, daß dadurch Lohnsteigerungen auch ausgleichbar sind. Dies kann nicht für alle Unternehmen und Branchen immer unterstellt werden

b.) Gewinne werden zum wesentlichen Teil wieder investiert. Würden sie verringert, leidet dann darunter nicht die Investitionstätigkeit, und damit künftiger Fortschritt und Wachstum?

c.) Nehmen Gewinnreduzierungen ein zu starkes Ausmaß an, werden dann nicht typische Unternehmereigenschaften negativ beeinflußt?

d.) Da es schließlich *unrealistisch ist* zu erwarten, daß die Unternehmen freiwillig auf Gewinne verzichten um Lohnsteigerungen auszugleichen und damit die Preise stabil zu halten, wird dies wohl nur durch die Konkurrenz erzwungen werden können. D.h. für evtl. Gewinnkürzungen ist auch hier wieder die Konjunkturphase und der Grad des Wettbewerbes wichtig (der z.B. durch Auslandskonkurrenz verbessert werden könnte). Branchen mit deutlichem Oligopolcharakter und ohne Wettbewerb werden keine Veranlassung haben, ihre Gewinne zu reduzieren

4.) **Zusammenfassend** ergibt sich somit zur Problematik der **Lohn-Preis-Spirale**:

a.) Die durch Lohnerhöhungen angestiegene private Konsumnachfrage und die dadurch mögliche nachfrageinduzierte Inflation muß nicht zwingend eintreten

b.) Gegen die Preissteigerungen wirken bzw. können wirken einmal die Konjunkturphase der Depression bzw. die dort größeren Elastizitäten des Güterangebotes. Weiterhin können Kostensenkungen durch Rationalisierung und Gewinnkürzungen in den Unternehmen gegen die Preissteigerung wirken. Durch diese Gegenkräfte könnte zumindest teilweise das Ausmaß der Preissteigerung vermindert werden

c.) Steigen die Löhne aber überproportional an, d.h. in einem von den Unternehmen als übermäßig betrachteten Maß bzw. deutlich über dem Produktivitätsfortschritt, so werden sie seitens der Unternehmer über Preiserhöhungen überwälzt. Diese lassen sich häufig realisieren, da die ökonomischen Kräfte gegen Preiserhöhungen meist nur schwach ausgebildet sind

Inflation bzw. Preissteigerung liegt entsprechend der Begriffsdefinition dann vor, wenn es zu einer andauernden Preiserhöhung kommt. Dies würde beim Typ der nachfrageinduzierten Inflation aber eine andauernde Zunahme der Nachfrage bedingen. D.h. ein einmaliger Nachfrageschub (= eine einmalige Verschiebung der Nachfragekurve infolge einer Zunahme) kann zwar zu einer einmaligen Preisniveauerhöhung führen, nicht aber zu einer dauerhaften Inflation.

An diesem Punkt setzt die Kritik an der Nachfrageinflationshypothese ein, die in Frage stellt, ob dauerhafte Nachfragesteigerungen realistisch sind. So haben empirische Untersuchungen ergeben, daß sich die private Konsumnachfrage langfristig parallel zur Einkommensentwicklung darstellt, während die Investitionsnachfrage der Unternehmen starken zyklischen Schwankungen unterliegt. Wenn somit in der Realität permanente Nachfrageerhöhungen nicht so häufig vorkommen, wie die Theorie dies wohl idealtypisch annimmt, so ist es doch möglich, daß Nachfrageschübe die durch andere Ursachen bedingte Inflation verstärken und dann einen inflatorischen Prozeß in Gang setzen. So geht man u.a. davon aus, daß vom Ende der 60er bis Anfang der 90er Jahre vor allem der Staatsverbrauch und die Exportsteigerungen als Grund der nachfrageinduzierten Inflation gelten können. Beide Nachfrageblöcke haben allerdings in den Depressionsphasen dieser Zeitspanne verhindert, daß der Beschäftigungseinbruch stärker ausgefallen ist.

3.2.5 Angebotsinduzierte Inflation

Seit den 50er Jahren wächst die Erkenntnis, daß Inflation nicht nur (wie bis dato angenommen) von einer übersteigenden Nachfrage ausgehen kann, sondern auch von der Seite des Angebotes, ja daß dies heute sogar die entscheidende Quelle sei, d.h. die Inflation heute in weiten Teilen durch eine autonome Angebotsverteuerung zu erklären ist.

Der *Anlaß* zur Erhöhung des Preisniveaus seitens des Angebotes (= der Unternehmen) kann einmal in einer *Erhöhung der Kosten jeder Art* zu finden sein. Man spricht dann von einer *Kostendruckinflation* (cost-push-inflation).

Die Preissteigerung des Angebotes kann auch dadurch veranlaßt sein, daß es deshalb autonom die Preise erhöht, um einen als *angemessen betrachteten Gewinn zu erzielen.* Hier spricht man von einer *marktmachtinduzierten Inflation* (market-power-inflation) bzw. von *gewinninduzierter Inflation* (profit-push-inflation).

Grundlage der "anbieterorientierten Inflation" ist dabei *ein Abrücken der Anbieter* bzw. Unternehmen von einer *kurzfristigen Gewinnmaximierung nach Angebots- und*

Nachfragesituation und *dafür eine langfristige Gewinnorientierung unabhängig vom Markt.* Dieses Argument stellt letztlich eine Abkehr von der theoretischen Vorstellung der vollständigen Konkurrenz dar, bei dem es keinem Anbieter möglich ist, durch sein Verhalten den Gleichgewichtspreis zu beeinflussen. Bekanntlich ist die Marktform der vollständigen Konkurrenz heute nicht die typische, vielmehr sind dies oligopolartige Strukturen. Beim Oligopol dagegen ist es ja möglich, daß dieses (zumindest teilweise) seine Preiserhöhungen durchsetzen kann.

Basis der "anbieterorientierten Inflation" ist *weiterhin*, daß die *Preise ausschließlich unter Kostenaspekten festgesetzt werden*, wiederum unabhängig von der jeweiligen Wirtschaftslage.

Die Preissteigerung setzt hier ein, wenn entweder bei gegebenem Gewinnaufschlag die Produktionskosten steigen, wenn bei gegebenen Kosten der Gewinnaufschlag erhöht wird, oder wenn eine Kombination der beiden Anlässe vorliegt.

Unabhängig vom konkreten Anlaß führt diese Reaktion der Unternehmer dazu, daß die gesamtwirtschaftliche Angebotskurve nach links verschoben wird. Bei (zunächst) unveränderter Nachfrage führt dies sowohl zu einem Rückgang des realen Volkseinkommens (Y_r) von Y_0 nach Y_1 wie auch zu einem Preisanstieg von P_0 auf P_1.

Steigt nach einiger Zeit die gesamtwirtschaftliche Nachfrage von N_0 auf N_2 an (Rechtsverschiebung der Nachfragekurve), so wächst zwar einmal das reale Volkseinkommen von Y_1 auf Y_2 an (hier angenommen, daß Y_2 bis Y^* wächst, d.h. bis zum maximal realisierbaren Volkseinkommen Y^*, das durch die Kapazitätsgrenze der Volkswirtschaft festgelegte Y_r), andererseits hier aber eine abermalige Preissteigerung von P_1 auf P_2 eintritt.

Die Nachfragezunahme von N_0 auf N_2 könnte ausgelöst werden durch Lohnsteigerungen, die infolge des vorangegangenen Preisanstieges (ausgelöst durch die Verschiebung des Angebotes von A_0 auf A_1) = sog. Inflationsausgleich von den Gewerkschaften durchgesetzt wurden. Da aber die Verschiebung von A_0 auf A_1 im neuen Gleichgewicht G_1 einer Unterbeschäftigung mit Arbeitslosigkeit entspricht (Y^* = wäre Vollbeschäftigung) dürfte die Nachfragezunahme realistischerweise durch eine Zunahme der Staatsnachfrage G bedingt sein (d.h. hier durch ein staatliches Konjunkturprogramm zur Wiederherstellung der Vollbeschäftigung). Dieser ganze Zusammenhang kann wieder anschaulich durch die Abb. 3-8 dargestellt werden.

3.2.5.1 Kostendruckinflation

Die Kostendruckinflation als Variante der angebotsinduzierten Inflation kann ihren unmittelbaren Auslöser in jeder bedeutungsvollen Kostensteigerung haben. *Wichtig* sind auch hier wieder die *Lohnkosten*. Übersteigen Lohnforderungen den Produktivitätsfortschritt, wirkt sich der Lohndruck auf die Kosten aus (*wage-push-inflation)*. Im Gegensatz zur bereits vorgestellten Lohn-Preis-Spirale (als einer Variante der Nachfrageinflation) gilt hier, daß die Preissteigerung von der Angebotsseite autonom durchgeführt wird, allein infolge der Lohnerhöhung. Nicht nötig ist jetzt (wie vorher angenommen) eine vorausgegangene Nachfragesteigerung (ermöglicht durch die höheren Löhne). Selbst wenn im Extremfall die ganze Lohnerhöhung in die Ersparnis fließen sollte (damit eine Nachfragesteigerung vom privaten Konsum her nicht möglich ist), würden alleine infolge der Lohnkostenerhöhungen autonom vom Angebot die Preise hinaufgesetzt werden.

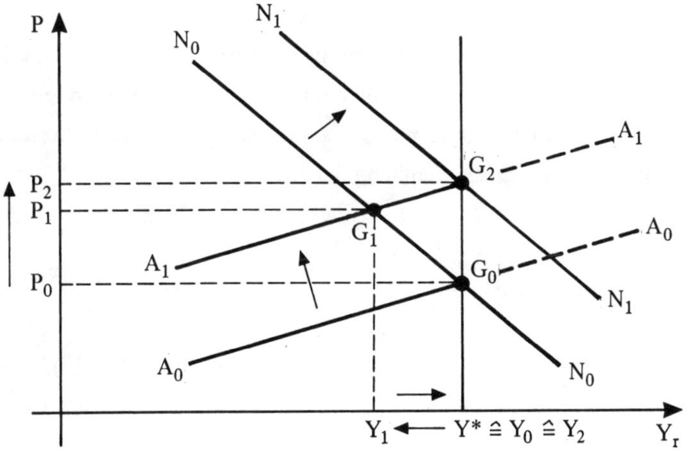

(P = Preisniveau; Y_r = reales Volkseinkommen, N = Nachfrage, A = Angebot)

Abb.: 3-8: Angebotsinduzierte Inflation

Die Argumentation zeigt aber, daß bei der Problematik der Lohn-Preis- (bzw. Preis-Lohn-)Spirale genau nach Ursache und Wirkung zu unterscheiden wäre, um den wirklichen Auslöser des Preissteigerungsprozesses festzustellen. Ein Unterfangen, das in der Realität meist nicht machbar ist (deshalb läßt es sich in der realen Wirtschaftspolitik auch so trefflich je nach Standpunkt "interpretieren"). Somit gilt, daß bei der Preis-Lohn-Spirale Elemente der nachfrage- und der angebotsinduzierten Inflation zusammen wirken können.

Kostensteigerungen können ihre Ursache auch in anderen Bereichen haben, so bei importierten Produkten (= *importierte Kosten-Inflation*). Besonders deutlich zeigte sich dies bei den Rohölverteuerungen (sog. Energiekrisen) in den 70er und 80er Jahren.
Starke Steuererhöhungen (z.B. Mehrwertsteuer) als Kostensteigerungen ergäben eine sog. *tax-push-inflation*, während z.B. deutliche Zinserhöhungen eine *interest-rate-push-inflation* ergäben.
Auch *Wechselkursänderungen* können eine importierte Inflation auslösen (siehe Abschnitt 6), denn eine Abwertung des Wechselkurses führt zu einer (möglichen) Erhöhung der Importpreise und wirkt somit inflationsfördernd.

Eine wichtige Bedingung der cost-push-inflation ist die Dauerhaftigkeit des Kostendrucks. D.h. eine einmalige Kostensteigerung kann zwar einen einmaligen Preisschub nach sich ziehen, aber nicht einen ständigen Preisanstieg. Somit muß der Kostendruck permanent wirksam sein, z.B. dadurch, daß von den Kostenverursachern immer neue weitere Kostenerhöhungen ausgehen. Dieser Vorgang beschreibt für die Lohnkosten anschaulich der Zusammenhang der Abb. 3-8 (siehe dort).

3.2.5.2 Marktmachtinflation

Die Marktmacht- bzw. gewinninduzierte Inflation zeigt, daß die Unternehmen durch ihre Preispolitik direkt Preiserhöhungen auslösen können, ohne daß sonst irgendein Anlaß gegeben wäre, d.h. z.B. gar keine Kostensteigerungen vorhanden sind.
Die durch die Marktmacht bedingte Inflation kann durch monopolartige Strukturen, durch Kartelle oder durch abgestimmtes bzw. gleichartiges Verhalten (sog. Parallelverhalten) auf Oligopolmärkten bzw. durch eine direkte oder indirekte Preisbeeinflussung des Staates bedingt sein.
Man nennt solchermaßen vom Angebot autonom festgesetzte Preise (wie eine Gebührenfestsetzung des Staates) *administrierte Preise* und differenziert zwischen staatlich und privat administrierten Preisen.

Der Sachverständigenrat hat für die BRD die **staatlich administrierten Preise** nach der Intensität ihrer Beeinflussung durch den Staat ermittelt und folgende vier Gruppen gebildet:

1) Die direkt administrierten Preise (wie z.B. Verkehrstarife, Nachrichtenübermittlung, Gebühren sonstiger Art) werden vom Staat unmittelbar festgelegt. Sie machen im Warenkorb der Haushalte ca. 4,6 % aus (sollte die Deregulierung von Post und Bahn Realität werden, würde die Lage sich hier bessern)
2) Sog. teiladministrierte Preise werden vom Staat nur kontrolliert und sind durch ihn genehmigungspflichtig, wie z.B. Versorgungstarife, Versicherungstarife, Gesundheitspflege, Flugtarife. Ihr Anteil am Warenkorb liegt bei ca. 10,9 %
3) Quasi-administrierte Preise sind solche, die infolge eines hohen Steueranteils über die Steuerlast vom Staat beeinflußt werden, wie z.B. bei Benzin, Heizöl, Tabak und Alkohol. Ihr Anteil am Warenkorb liegt ebenfalls bei ca. 10,9 %
4) Indirekt administrierte Preise sind solche, die über die EG-Marktordnungen durch Mindest-, Fest- oder Richtpreise vom Staat mit beeinflußt werden (fast der gesamte Lebensmittelbereich). Dieser Anteil liegt bei ca. 14,9 %

Somit sind im Warenkorb für den privaten Haushalt in der BRD immerhin ca. 41,3 % der aufgeführten Güter so staatlich administrierte Preise. Empirische Untersuchungen bestätigen die These, daß von diesen Preisen eher und deutlich eine inflationäre Wirkung ausgeht. D.h. es liegt hier das Paradoxon vor, daß der Staat einerseits die Preisstabilität als eine seiner wichtigsten Ziele ansieht, andererseits ist er derjenige, der erheblich mit die Inflation bewirkt.

Die **privat administrierten Preise** setzen eine der vorgestellten Formen von Marktmacht voraus und des weiteren eine Preisfestsetzung auf der Basis des Vollkostenprinzips plus einer bestimmten Gewinnmarge. Man nennt sie (die private) deshalb auch Gewinninflation, da der Gewinn nicht entsprechend der klassischen Preistheorie als "Preis = Grenzkosten" sich ergibt, sondern unabhängig von den Marktdaten geplant und über die *Preissetzung* realisiert wird (werden soll!).
Die Ursache der Preissteigerung besteht darin, daß die Unternehmen ihre Preise unabhängig von der Marktentwicklung allein an bestimmten Kostengrößen orientieren plus einem bestimmten Gewinnaufschlag. D.h. es gibt eine Reihe von Meinungen, die feststellt, daß die privat administrierten Preise eine Marktmacht gar nicht voraussetzen, sondern daß alleine diese allgemein praktizierte Art der Kalkulation ausreichend sei, wenn sie nur von allen praktiziert würde. Es zeigt sich aber, daß wenn noch Wettbewerb herrscht, eine Durchsetzung so autonom erhöhter Preise (nur in-

folge des Kalkulationsverfahrens) doch recht unsicher ist. D.h. daß somit vor allem in nicht so guten Konjunkturphasen doch zusätzlich Marktmacht erforderlich ist.
Die privat administrierten Preise geben ein zusätzliches Argument für das Faktum des Preisanstieges in einer Stagflation.

Geht man von der Annahme aus, daß heute die angebotsinduzierte Ursache einer Inflation im Normalfall dominiert, so wäre eine interessante These die Korrelation zwischen Wettbewerb in einer Volkswirtschaft und deren Inflationsrate.

3.2.6 Weitere Inflationsursachen

3.2.6.1 Importierte Inflation

Für eine Volkswirtschaft, wie z.B. diejenige der BRD, die sehr stark in den Welthandel und in die Außenwirtschaft verflochten ist, betrachtet man die Möglichkeit einer importierten Inflation als relativ wichtig.
Wie aus der Abb. 3-5 ersichtlich, kann eine importierte Inflation ihre Ursache im Import (= angebotsinduziert) oder im Export (= nachfrageinduziert) oder beides gleichzeitig aufweisen.

Liegt die Ursache beim **Import**, d.h. liegt letztlich eine **angebotsinduzierte Ursache** vor, so ist der Grund für den Preissteigerungsprozeß in den Preiserhöhungen beim Import gegeben, d.h. letztlich eine Kostensteigerung für importierte Güter. Eine Ursache, die seit Anfang der 70er Jahre, ausgelöst durch die sog. Energiekrisen (= Preiserhöhung für Energie), in der öffentlichen Diskussion häufig dominiert. Dazu können die Ausführungen im Abschnitt 3.2.5.1 über die Kostendruckinflation völlig analog verwendet werden.

Liegt der Grund für den Preissteigerungsprozeß dagegen beim **Export**, d.h. handelt es sich um eine **nachfrageinduzierte Inflation**, so wirken meist *zwei Einflüsse* zusammen, die den *Preisanstieg ausmachen.* Geht der Inflationsprozeß vom Export aus, so ist zunächst *Bedingung,* daß der *Export den Import übersteigt* (wie z.B. für die BRD relativ typisch).
Trifft dieser *Exportüberschuß* mit einer gut bis *vollbeschäftigten Wirtschaft* zusammen, *so fehlen* durch den stärkeren Export im Inland *Güter auf der Angebotsseite.* Die Folge ist ein Ungleichgewicht zwischen der gesamtwirtschaftlichen Nachfrage und dem Angebot mit der Konsequenz einer Preissteigerungstendenz.

Der zweite Einfluß eines Exportüberschusses ergibt (meistens) einen Nettodevisenzufluß (pro Periode fließen mehr Devisen zu als ab). Infolge der Konvertibilität ergibt sich daraus eine Geldschöpfung in DM. Das Ungleichgewicht zwischen monetärer Nachfrage und realem Angebot wird somit von der Geldseite zusätzlich vergrößert mit der Folge von Preiserhöhungen.

Liegt der Grund für die Exportüberschüsse neben anderen (z.B. Qualität, Lieferzuverlässigkeit, Service, technologischer Vorsprung) insbesondere auch in der Preiswürdigkeit, weil die Preissteigerungsraten geringer sind als im Ausland, so kann neben den *beiden* geschilderten *Einflüssen* sich noch ein *dritter* (evtl.) bemerkbar machen.
Geringere Preissteigerungsraten (als im Ausland) sind häufig durch eine restriktive Geld- und Kreditpolitik seitens der Zentralnotenbank gekennzeichnet. Diese wiederum zeichnen sich durch ein relativ hohes Zinsniveau aus.
Die Folge dieses höheren Zinsniveaus sind (können sein) verstärkte Kapitalimporte, so daß sich auch ein Überschuß in der Kapitalbilanz ergibt (es strömt mehr Kapital ein als aus). Die Folge wäre nun aber eine abermalige binnenwirtschaftliche Geldmengenvergrößerung, so daß die Geldmenge von einer zweiten Seite her vergrößert würde mit der Möglichkeit von Preissteigerungen.
Selbstverständlich gilt auch hier, daß Geldmengenvergrößerung alleine nicht zur Inflation führen muß. Würde die vergrößerte Geldmenge zu einer stärkeren Kassenhaltung führen (höhere Liquidität), so ergäbe sich zunächst keine Inflation (siehe dazu auch Abschnitt 3.2.3).
Zur Abrundung der Thematik sei noch auf neuere Forschungen hingewiesen. Diese ergaben, daß eine stark weltwirtschaftlich verflochtene liberale Wirtschaft (wie die der BRD) auch dann vom Außenhandel her Preissteigerungen empfangen kann, wenn kein Export- und auch Zahlungsbilanzüberschuß vorliegt. D.h. auch ein Ausgleich zwischen Ex- und Import (bzw. der Zahlungsbilanz) bewahrt nicht davor, daß Preissteigerungen im Ausland aufs Inland übertragen werden.
Die Erklärung dieses Vorganges wird mit dem Begriff der Interdependenz geführt:
D.h. wenn im Ausland für solche Produkte eine Preissteigerung eintritt, die international gehandelt werden, dann erhöhen sich in aller Regel auch die Inlandspreise für diese Produkte, ohne daß es bereits zum Export gekommen wäre. Der Grund liegt darin, daß die Unternehmen im Inland einen möglichen Export und damit die höheren Preiserlöse einfach auf die binnenwirtschaftliche Preissteigerung übertragen. Mit dieser Argumentation befindet man sich wieder auf der Angebotsseite als Verursa-

cher von Preissteigerungen und hier speziell bei der markt-power-inflation (siehe Abschnitt 3.2.5.2).

3.2.6.2 Verteilungskampfinflation

Wenn, wie im Abschnitt 3.2.5.2 (Marktmachtinflation) dargelegt, die Unternehmen nach höheren Gewinnmargen streben, so bedeutet dies letztlich auch, daß der Unternehmenssektor eine Erhöhung seiner Gewinnquote durchsetzen will. Die dadurch bedingte Reduzierung der Lohnquote (= Anteil der Lohnbezieher am Volkseinkommen) werden die abhängig Beschäftigten nicht einfach hinnehmen. Vielmehr versuchen sie über die gewerkschaftliche Macht die Lohnquote eher zu erhöhen.
Diesen gegenseitigen Wettbewerb der verschiedenen Gruppen um das Sozialprodukt nennt man den Verteilungskampf. Auch dieser Kampf um den "Kuchen" des Sozialproduktes birgt inflatorische Tendenzen und wird als Verteilungskampf- bzw. *Anspruchsinflation* bezeichnet.
Die Inflation tritt dann ein, wenn die Ansprüche der Gruppen insgesamt schneller zunehmen als das zu verteilende reale Sozialprodukt. Um ihren Anteil am "Kuchen" auszuweiten, versuchen die verschiedenen Gruppen ihre Ansprüche durch den Einsatz von Macht wechselseitig durchzusetzen. Dadurch wird ständig ein Anspruchsdruck erzeugt, der den Inflationsprozeß in Gang hält.

Dieser Inflationstyp ist in einer Volkswirtschaft umso stärker ausgeprägt:

1) Je stärker einzelne Gruppen (Gewerkschaften, Unternehmer, Staat) die Verteilung zu ihren Gunsten verändern wollen
2) Umso straffer die betreffende Gruppe organisiert ist, und je stärker sie dabei von einer politischen Partei unterstützt wird
3) Je mehr diese Ansprüche von der öffentlichen Meinung als gerecht angesehen werden

Dieser Inflationstyp ist somit nicht mehr nur ökonomisch, sondern auch soziologisch und politisch erklärbar.

Die durchgesetzten Einkommensansprüche (z.B. von den Gewerkschaften) sollen zwar eine reale Einkommenssteigerung der Gruppe ergeben, werden aber zunächst nur als Nominallohnsteigerung gewährt. Ist schließlich die Summe aller nominalen Ansprüche an das Sozialprodukt größer als die reale Erfüllungsmöglichkeit (was meist unterstellt werden kann), dann erfolgt der Ausgleich über Preissteigerungen.

Welche der Gruppen dabei am besten abschneidet, hängt von den wirtschaftlichen und gesellschaftlichen Machtrelationen ab. Hierin liegt zugleich auch politischer und gesellschaftlicher Sprengstoff, wenn sich herausstellt, daß die Erwartungen der Gruppe infolge der Preissteigerung sich nicht erfüllen.

Die Bekämpfung einer derartigen Inflation kann nicht nur ökonomisch erfolgen, vielmehr wäre ein neuer politischer und/oder gesellschaftlicher Ansatz erforderlich, der das Ziel hätte, eine Umstrukturierung der gesellschaftlichen Prozesse zu bewirken, die letztlich Ursache der Inflation sind.

Eine Aufgabe, die in Demokratien, wo es entscheidend auf Wählerstimmen ankommt, zumindest äußerst schwierig, wenn nicht gar unmöglich ist.

3.2.7 Zusammenfassung

Die in der Realität zu beobachtenden Inflationen monokausal erklären zu wollen, ist nicht möglich. Inflation ist ein komplexes Phänomen, d.h. es herrschen gleichzeitig unterschiedliche Inflationsursachen, die einen Anstieg des Preisniveaus bewirken. Häufig dominiert eine Ursache, so daß man sich darauf konzentriert. Als wichtige Ursachen gelten zunächst die Gesamtnachfrage (insbesondere diejenige des Staates, teils diejenige der privaten Haushalte und aus dem Ausland); weiterhin Kostensteigerungen und Einschränkung des Wettbewerbes (= mehr Marktmacht) seitens des Angebotes und internationale Einflüsse (= Varianten der importierten Inflation). Zu einer dieser wichtigen Ursachen gesellt sich in der Realität häufig eine oder mehrere der anderen hinzu. Somit steht die Bekämpfung einer bestimmten Inflation in der Realität vor großen Schwierigkeiten, da deren Ursache eben nicht eindeutig ist.

Inflation muß monetär alimentiert werden, damit bekommt die "Geldseite" ihre große Bedeutung für das Inflationsphänomen. Da die ständige Zunahme der Umlaufgeschwindigkeit an ihre Grenzen stößt, muß eine längerfristige Inflation durch eine Ausweitung der Geldmenge finanziert werden. Hier nun setzt die Bedeutung der Kontrolle der Geldmenge durch die Zentralnotenbank ein als eine wichtige Handhabe zur Vermeidung von Inflation. Allerdings hat der Abschnitt 2.2 (Geldangebot) ergeben, daß es den Zentralbanken nicht immer gelingt, die Geldmenge wie erwünscht zu steuern, um so eine Inflation zu verhindern.

3.3 Wirkungen der Inflation

3.3.1 Überblick

§ 1 des Stabilitätsgesetzes der BRD nennt als eines der vier Hauptziele der Wirtschaftspolitik die Stabilität des Preisniveaus. Damit wird im Umkehrschluß festgestellt, daß Preisniveausteigerungen bzw. eine Inflation eine zu bekämpfende wirtschaftliche Situation darstellt. Dies wiederum schließt ein, daß von einer Inflation schädliche Wirkungen ausgehen.
Die wissenschaftliche Diskussion um die Inflationswirkungen wird heute von einer gewissen Skepsis gegenüber den häufig aufgeführten negativen Wirkungen einer Inflation geprägt. Der Grund liegt darin, daß man aus den vorhandenen Daten sowohl Beispiele für negative Wirkungen, aber auch für deren Gegenteil findet.
Man verbindet heute deshalb einen Inflationsprozeß nicht zwangsläufig mit bestimmten Wirkungen, die eintreten müßten, vielmehr geht man davon aus, daß diese Wirkungen eintreten können, nicht aber müssen. D.h. von einer Inflation gehen sicher (häufig negative) Wirkungen aus, aber deren Ausmaß und Richtung sind grundsätzlich offen.
Die Wirkungen einer Inflation müssen (müßten) deshalb in einer Art Kosten-Nutzen-Analyse (cost-benefit) daraufhin untersucht werden, welche Nachteile (= Kosten) und welche Vorteile (= Nutzen) im Hinblick auf die gesamtwirtschaftlichen Ziele sich ergeben.

Dazu kommt weiterhin, daß es nicht realistisch ist, die Auswirkungen einer Inflation auf *eine* Wirkung zu reduzieren. Die Auswirkungen sind vielmehr vielschichtig und komplex.
Dabei kann man zunächst zwischen einzel- und gesamtwirtschaftlichen Wirkungen differenzieren.
Die *einzelnen Wirtschaftssubjekte* sind von einer Preisniveauänderung unterschiedlich betroffen. Dies ist dadurch bedingt, ob die Veränderung des allgemeinen Preisniveaus auch eine Veränderung des Preisniveaus des betreffenden Haushaltes mit sich bringt. Eine deutliche Erhöhung der Benzin- (Mineralöl-)steuer z.B. ergibt einen gewissen Erhöhungseffekt beim allgemeinen Preisniveau. Für einen leidenschaftlichen Radfahrer ändert sich am individuellen Preisniveau nichts (siehe dazu auch Abschnitt 3.1.2).
Im folgenden sind *die gesamtwirtschaftlichen Wirkungen* genauer zu analysieren. Dabei gilt grundsätzlich, daß die Kosten (= Nachteile) einer Inflation umso deutli-

cher sichtbar werden, umso höher die Preissteigerungsraten sind und umso längerfristiger sie anhalten. Aber auch hier kann man zwischen der Höhe und der Dauer der Preissteigerung und den Nachteilen der Inflation *keine* proportionale Beziehung aufstellen. Je länger z.B. eine in Gang gekommene Inflation anhält, desto eher werden die Wirtschaftssubjekte die Wirkungen wahrnehmen und sich auf die Tatsache der Geldentwertung einstellen. D.h. die Nachteile hängen auch davon ab, ob und wieweit inflationäre Prozesse von den Wirtschaftssubjekten antizipiert (= vorweggenommen) und dann bei ihren ökonomischen Aktivitäten berücksichtigt werden.

Deshalb kann man davon ausgehen, daß die negativen Wirkungen sich ziemlich deutlich zeigen, wenn die Wirtschaftssubjekte einer Geldillusion anhängen bzw. wenn sie die Inflationsrate falsch eingeschätzt haben.

Schließlich bringt ein inflatorischer Prozeß nicht unbedingt nur Nachteile. Unter Umständen können sich daraus auch gesamtwirtschaftliche Vorteile ergeben, wie dies insbesondere bei dem Beschäftigungseffekt deutlich wird.

3.3.2 Beschäftigungseffekte

Eine sehr populäre wirtschaftspolitische Feststellung lautet, daß zwischen dem Ziel einer *Vollbeschäftigung* und der *Preisstabilität* eine *Konfliktsituation bestehe*. D.h. möchte man eine gute Beschäftigungslage erreichen, so müßte man quasi als Preis dafür eine entsprechende Inflationsrate hinnehmen und umgekehrt.

Diese Behauptung geht auf das sog. **Phillips-Theorem** zurück.

A.W. Phillips, ein englischer Statistiker und Ökometriker hat 1958 für England einen empirischen Zusammenhang zwischen den Geldlohnsteigerungen und der Inflationsrate für einen Zeitraum von 100 Jahren untersucht. Von Samuelson und Solow wurde dies 1960 modifiziert. Nach dieser sog. "modifizierten Phillips-Kurve" ist die Arbeitslosigkeit umso geringer, je höher die Inflationsrate liegt und umgekehrt. D.h. Inflation führt zu einer Abnahme der Arbeitslosigkeit bzw. zu einer Zunahme der Beschäftigung. Es kommt somit zu einem positiven Effekt der Inflation. Abbildung 3-9 zeigt die modifizierte Phillips-Kurve.

Die Abb. 3-9 zeigt deutlich den sog. **Trade-off** (= Wechselwirkung) zwischen Inflation und Beschäftigung. Zur Inflationsrate von 5 % gehört eine Arbeitslosenquote von 3 %. Drückt man die Inflationsrate dagegen auf 2 % runter, so muß dies mit einem Anstieg der Arbeitslosigkeit auf 6 % erkauft werden. Für die Wirkung des Trade-off ist dabei entscheidend die unterschiedliche Erwartung über die künftige Inflation zwischen Arbeitnehmern und Arbeitgebern.

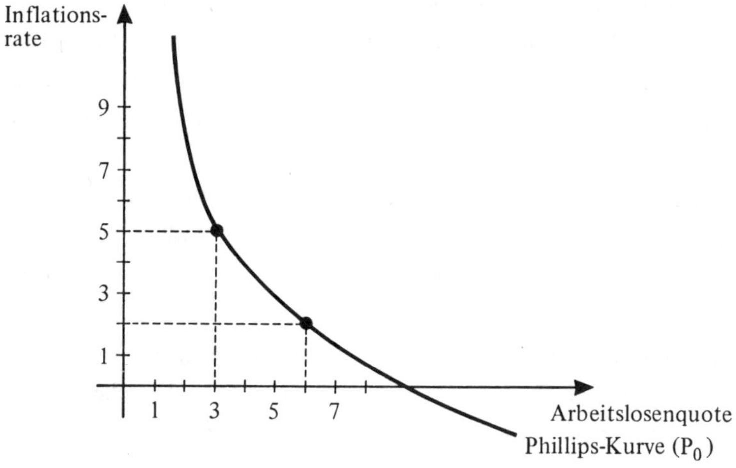

Abb.: 3-9: Modifizierte Phillips-Kurve

Die Arbeitnehmer schätzen die künftige Inflationsrate falsch ein (bzw. sie unterliegen noch weitgehend der Geldillusion). Ihre Entscheidung, Arbeit am Arbeitsmarkt anzubieten, wird aufgrund des Nominallohnes getroffen. Sie berücksichtigen nicht die Inflation, d.h. sie orientieren sich nicht am Reallohn. Die Arbeitgeber als Nachfrager nach Arbeit richten ihre Nachfrage dagegen am Reallohn aus. Bei angenommener Inflation sinkt der Reallohn, was eine "Verbilligung" der Arbeitskräfte zur Folge hat. Somit fragen die Arbeitgeber mehr Arbeit nach, die Beschäftigung steigt infolge der Inflation.

Der prinzipiell gleiche Vorgang tritt ein, wenn die Arbeitnehmer zwar eine bestimmte Erwartung hinsichtlich der künftigen Inflationsrate haben, diese aber zu niedrig annehmen, d.h. die wirkliche Rate stets höher liegt.

Der Trade-off beruht somit auf den falschen Erwartungen der Arbeitnehmer hinsichtlich der Inflationsrate.

Denn, wenn die Erwartungen der Arbeitnehmer hinsichtlich der Inflationsrate richtig sind, wirkt der Trade-off nicht mehr bzw. die Phillips-Kurve wird instabil.

Haben die Arbeitnehmer keine Geldillusion und orientieren sie sich (richtig) am Reallohn, so werden sie in ihren Lohnforderungen die Inflationsrate mit fordern. Die Folge wäre zwar für die Arbeitnehmer eine Reallohnsteigerung, aber auch ein Anstieg der realen Kosten für die Arbeitgeber. Die Konsequenz wäre sicher, daß der PF Arbeit nicht mehr vermehrt, sicher eher weniger eingesetzt wird, d.h. die Arbeitslosigkeit nimmt zu.

Die Abb. 3-10 zeigt diesen Tatbestand:

Die geänderten Erwartungen der Arbeitnehmer ergeben geometrisch eine verschobene Phillips-Kurve von P_0 (falsche Erwartungen) nach P_1 (richtige Erwartungen). Ginge man bei P_0 z.B. von einem Zustand (Punkt) A aus, so wird daraus auf P_1 der Zustand B, der eine höhere Inflationsrate und eine höhere Arbeitslosigkeit darstellt. Denkbar wäre auch Zustand C auf P_1, d.h. trotz steigender Inflationsrate bewegt sich bei der Arbeitslosigkeit überhaupt nichts.

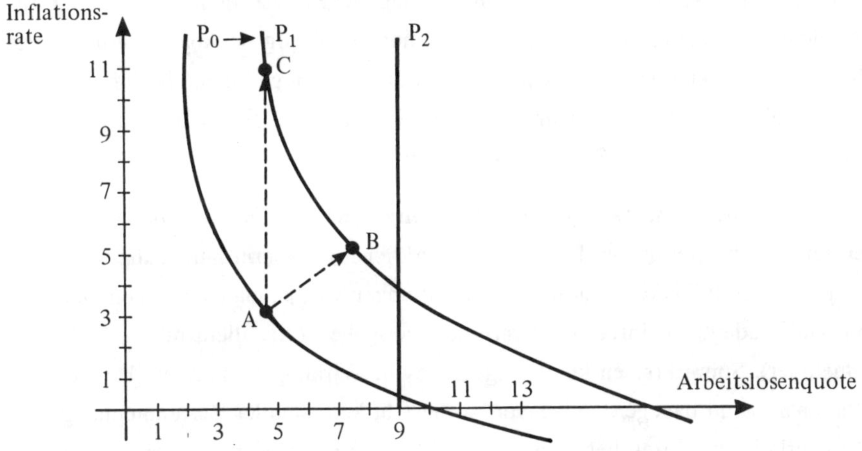

Abb.: 3-10: Instabilität der Phillips-Kurve

Schließlich wäre, wie in Abb. 3-10, langfristig noch eine weitere Verschiebung der Phillips-Kurve nach P_2 denkbar (Parallele zur Ordinate). P_2 entspricht der langfristig durch die Geldpolitik nicht veränderbaren Arbeitslosigkeit (nach M. Friedman), die als die sog. *natürliche Arbeitslosigkeit* bezeichnet wird. P_2 charakterisiert den Zustand einer immer schnelleren bzw. völligen Anpassung der Geldlöhne an die Inflationsraten (z. B. eine Indexierung der Löhne an die Preissteigerung wie (gewesen) in Italien). Die Folge ist keinerlei Reduzierung der Arbeitslosigkeit, d.h. selbst durch eine sehr expansive Geldpolitik ändert sich an der Beschäftigungslage nichts.

Diese sog. natürliche Rate der Arbeitslosigkeit wird durch strukturelle und friktionelle Komponenten bestimmt, die sich durch die Geldpolitik bekanntlich nicht beseitigen lassen.

Der *Dreh- und Angelpunkt* zwischen *Beschäftigung* und *Inflation* sind somit die *Erwartungen* (insbesondere der Arbeitnehmer). In der Literatur entwickelte sich dazu eine lebhafte Diskussion:
So gingen z.B. Samuelson und Solow von sog. *statischen Erwartungen* aus, bei denen es zum Trade-off kommt. Die Monetaristen Friedman und Phelps gehen dagegen von *adaptiven Inflationserwartungen* aus. D.h. bei adaptiven Erwartungen wird die künftige Inflationsrate aufgrund der Erfahrungen in der Vergangenheit abgeschätzt, was langfristig eine Anpassung an die tatsächliche Rate ergibt. Damit kommt bei adaptiven Erwartungen nach einem time-lag der Beschäftigungseffekt der Inflation nicht zustande, bzw. der Trade-off ist nur kurzfristig denkbar. Würde es den Wirtschaftssubjekten infolge vollständiger Informationen gelingen, die Inflationsrate immer exakt vorherzusehen, käme es auch kurzfristig zu keinem Beschäftigungseffekt, es würden *rationelle Erwartungen* vorliegen.

Zusammenfassend ergibt sich für den Beschäftigungseffekt einer Inflation:
Bei der Argumentation wird von einer (wirklichen) Hyperinflation abgesehen. Es liegen in der Realität keine rationellen Erwartungen vor, ja, man kann auch nicht von vollständig adaptiven Inflationserwartungen ausgehen (vor allem nicht für die Arbeitnehmer). Somit können kurzfristig Trade-Off-Wirkungen eintreten. Herrscht der Inflationszustand dagegen länger vor, so besteht kein stabiler Zusammenhang zwischen Inflation und Beschäftigung, d.h. mittel- bis langfristig verändert die Inflationserfahrung der Wirtschaftssubjekte deren Erwartungen. Die Folge ist, mittel- bis langfristig tritt infolge einer Inflation kein (positiver) Beschäftigungseffekt entsprechend der Phillips-Kurve ein.
Diese Argumentation wird noch dadurch verstärkt, daß es ja auch noch andere Ursachen einer Inflation gibt und nicht nur die hier letztlich unterstellte nachfrageinduzierte vom Keynes-Typ.

3.3.3 Allokationseffekte

Inflation hat auch einen Einfluß auf den Einsatz volkswirtschaftlicher Ressourcen, wie z.B. Arbeit und Kapital. Die Wirkungen einer Inflation auf den Allokationsprozeß zeigen sich in einer *inflationsbedingten Fehlleitung von Ressourcen.*

Dies heißt, es werden volkswirtschaftliche Ressourcen in Aktivitäten eingesetzt, die einer nichtoptimalen Verwendung entsprechen, wie sie sich beim Nichtvorhandensein von Inflation einstellen würden.
Diese treten insbesondere bei hohen und/oder stark schwankenden Inflationsraten auf.
Inflation bedeutet Unsicherheit über die künftige Preisentwicklung und damit das Risiko von Fehlentscheidungen (z.B beim Abschluß langfristiger Verträge). Die Wirtschaftssubjekte versuchen nun, diese Unsicherheiten möglichst gering zu halten. Dies geschieht dadurch, daß sie Zeit , Geld und Arbeitskraft (= Ressourcen) in die Gewinnung von Information über die Entwicklung des Preisniveaus einsetzen. Dies ist u.a. auch deshalb ständig nötig, weil die Informationen über den Preismechanismus nur kurzfristig gültig sind und ständig aktualisiert werden müssen.
Die neuen Preise müssen laufend richtig bewertet und dann umgesetzt, notfalls in reale Austauschpreise umgerechnet werden. Dazu sind Ressourcen nötig, die nicht mehr für die Güterproduktion bereitstehen. Dadurch entstehen volkswirtschaftliche Kosten, sog. *Wohlfahrtskosten der Inflation.*
Diese Kosten treten auch dann auf, wenn man den (eher theoretischen) Fall rationaler Erwartungen annimmt, auch hierbei entstehen Informationskosten.

Eine *andere inflationsbedingte Allokationswirkung ist der Anreiz zur Flucht in Sachwerte oder langlebige Gebrauchsgüter* (Immobilien, Gold, Antiquitäten usw.), von denen man annimmt, daß die besser vor einer Inflation schützen als z.B. Finanzaktiva (Geld und alle nominalen Werte). Auch dies bewirkt, daß Ressourcen einer Volkswirtschaft in andere Verwendungen fließen als dies bei Preisstabilität der Fall wäre. Man setzt mehr Ressourcen zur Produktion inflationssicherer Güter ein (bei Inflation boomt üblicherweise der Bausektor, wobei häufig Fehlinvestitionen vorkommen).

3.3.4 Verteilungseffekte

3.3.4.1 Redistributionseffekte der Inflation

Die Wirkungen der Inflation auf die Einkommensverteilung, die sog. Redistributionseffekte haben eine Reihe verschiedener Aspekte:

Der **erste** Gesichtspunkt lautet, **Rentner und Pensionäre sind die Hauptgeschädigten einer Inflation**, d.h. daß sich die Verteilung zu ihren Ungunsten verändert.

Zunächst ist sicher, daß Rentner und Pensionäre als "passive" Marktteilnehmer ihre Nominaleinkommen nicht in dem Maße anpassen können wie aktive (z.B. Arbeitnehmer). Ihr Einkommen hängt bis zu einem gewissen Maß vom Wohlwollen des Staates ab, der meist vor Wahlen das Potential der Rentnerstimmen entdeckt.
Werden dagegen, wie in der BRD, durch die Einführung der dynamischen Rente diese quasi automatisch an die Entwicklung der Einkommen angepaßt, so nehmen die Renten an der allgemeinen Entwicklung der Nominaleinkommen teil.
Aber auch bei einer dynamischen Rente sind dabei zwei Gesichtspunkte zu berücksichtigen. *Einmal* erfolgt auch hier die Rentenanpassung im nachhinein, so daß ein nicht unwesentlicher time-lag entsteht, der sich umso stärker als reale "Rentenkürzung" bemerkbar macht, je stärker die Preissteigerungsrate ist. *Zum anderen* kommt es entscheidend auf die Rentenanpassungsformel an. Geht man (wie in der BRD geschehen) vom Durchschnitt der Bruttoverdienste auf Nettoverdienste über, erleiden Rentner zumindest zeitweise einen realen Einkommensverlust (insgesamt kommt es auf das Besteuerungsverfahren an).
Die vom Staat gezahlten Beamtenpensionen sind (in der BRD) an die Entwicklung der Beamtenbezüge gekoppelt, so daß dazu die analogen Überlegungen wie zur dynamischen Rente gelten. Pensionsbezieher nehmen dagegen nicht teil an einer Verbesserung der Besoldungsstruktur (sollte sie denn stattfinden).
Nicht zu übersehen ist schließlich, daß Rentner- und Pensionärshaushalte relativ stärker die Produkte kaufen, die von der Preissteigerung am stärksten betroffen sind, sich somit auch dadurch eine reale Verschlechterung ergibt.
Eventuell positiv zu beachten wäre, daß die Renten (nicht die Pensionen) effektiv nicht (bzw. nur sehr gering) einkommenssteuerpflichtig sind. Bei unterstellten gleichen nominalen Einkommenszunahmen unterliegen somit die Einkommen der Erwerbstätigen infolge der Progression einem erhöhten Abzug, so daß sich daraus eine leichte Verbesserung für die Rentner ergibt.

Der **zweite** Aspekt stellt fest, daß die **Löhne der Arbeitnehmer** in einer Inflation dem **Unternehmergewinn nur mit einer Verzögerung folgen,** d.h. sich für die Arbeitnehmer eine reale Verschlechterung ergibt, sog. **wage-lag-Hypothese**.
Grundsätzlich ergibt sich zur Frage der funktionellen Einkommensverteilung zwischen Arbeitnehmern und Arbeitgebern: Berücksichtigt man die Verschiebungen zwischen Unselbständigen (die zunehmen) und Selbständigen (die zurückgehen), so ist die Verteilung zwischen diesen beiden Gruppen im wesentlichen unverändert geblieben. Zeitweise sind die Löhne vorangegangen, dann wurde dies (seit Anfang der 80er Jahre) von einem relativen Anstieg der Gewinne abgelöst.

Wichtiger als die Veränderung der Lohn- und Profitquote waren dagegen im konjunkturellen Verlauf die Verschiebungen innerhalb einer dieser beiden Gruppen. Es sind die Einkommen und auch die Gewinne derjenigen stärker gestiegen, die von der jeweiligen konjunkturellen Entwicklung begünstigt wurden. D.h. die Trennung zwischen Gewinnern und Verlierern liegt nicht so sehr zwischen Arbeitnehmern und Unternehmern, sondern innerhalb der Arbeitnehmer und der Unternehmer, zwischen konjunkturell begünstigten und benachteiligten Branchen.

Dies bedeutet aber, bestimmte Gruppen von Arbeitnehmern haben ihre Vorteile in der Einkommensentwicklung nicht Schwächen der Marktgegenseite = den Unternehmen zu verdanken, sondern Schwächen in den eigenen Reihen. D.h. erfolgreiche Gewerkschaften beschränken nicht den Spielraum der Unternehmerseite, sondern den Spielraum der schwächeren Gewerkschaften und damit deren Arbeitnehmern.

Diese Analyse der wage-lag-Hypothese gilt primär für die Verhältnisse in der BRD mit ihrer schleichenden Inflation. Bei deutlich stärkeren Inflationsraten wird allein durch das Tempo der Preissteigerung die Situation der Arbeitnehmer durch den wage-lag deutlich ungünstiger.

Der **dritte** Aspekt beschreibt die **Gläubiger-Schuldner-Hypothese**. D.h. durch eine Inflation erleidet der Geldgläubiger Verluste, weil der Realzins, wenn überhaupt, den Preissteigerungen nur verzögert folgt.

In einer Inflation ist der Realzins grundsätzlich niedriger als der Nominalzins, bei stärkerer Preissteigerung (auch in der BRD der Fall) sogar negativ.

Da der Zins auf den Sparkonten noch unter demjenigen für Rentenpapiere liegt, sind die Sparkonteninhaber sicher die Hauptgeschädigten einer Inflation. Dazu kommt noch, daß die Sparzinsen ausgesprochen zögernd der Entwicklung der Inflation folgen.

Inwieweit der einzelne Sparer dieser Entwicklung ausweichen kann, hängt meist nicht von seinem persönlichen Geschick in der Vermögensanlage ab, sondern entscheidend von der Höhe seines Anlagekapitals. D.h. wirtschaftlich Starke (= hohes Anlagekapital) können einer Inflationswirkung besser ausweichen als Schwache.

Die Hauptschuldner dieser Geldgläubiger sind die Unternehmen, die somit unter diesem Aspekt zu den Hauptgewinnern einer Inflation zählen, dies umso mehr, je mehr Schulden sie haben.

Denkbar wäre im Verlauf einer Inflation aber ein Lernprozeß der Gläubiger, d.h. daß es zwischen Gläubiger und Schuldner unter staatlicher Billigung zu einer Indexierung kommt, d.h. daß die Nominalzinsen an die Inflationsrate angepaßt werden. In der BRD sind nach § 3 des Währungsgesetzes derartige Verträge von der Genehmigung der Bundesbank abhängig, die sie bisher nur ausnahmsweise erteilt hat. Andere Länder haben dagegen dieses Verfahren stärker praktiziert (z.B. Italien). Die bisherigen Erfahrungen zeigen, daß die Resultate unbefriedigend sind. Insbesondere wird den ökonomisch Schwachen damit relativ am wenigsten geholfen. Im wesentlichen gilt immer noch die Erkenntnis der Klassiker: Inflation ist eine Steuer, die vom Staat und den einkommensstarken Schichten den wirtschaftlich Schwachen aufgebürdet wird.

Der **vierte** Gesichtspunkt befaßt sich mit den **Wirkungen einer Inflation auf den Staat.**
Einerseits gewinnt der Staat durch die Inflation, denn ein Anstieg des Preisniveaus führt üblicherweise zu höheren Steuereinnahmen. Dies gilt deutlich bei der Mehrwertsteuer, die ja vom Preis abhängig ist (der ja ansteigt), aber auch über die Progression bei der Einkommenssteuer, wenn wie meist Lohnerhöhungen den sog. Inflationsausgleich beinhalten (sog. kalte Progression). Es kommt somit zu einer Einkommensverteilung zugunsten des Staates und zu Lasten der steuerzahlenden Personen. Auf der *Einnahmeseite* des *Haushaltes* ist der *Staat Inflationsgewinner.*
Andererseits verteuert ein Anstieg des allgemeinen Preisniveaus auch die vom Staat nachgefragten Waren und Dienstleistungen. Dadurch kommt es auf der Ausgabenseite des Haushaltes zu Mehraufwendungen. Ob somit insgesamt der Staat von einer Inflation profitiert oder nicht, kommt auf die Rechnung zwischen den Gewinnen auf der Einnahmeseite gegenüber den Verlusten auf der Ausgabenseite an, ist somit nicht eindeutig und in jedem Fall sicher feststellbar (eine, allerdings umstrittene Auffassung des Sachverständigenrates spricht insgesamt davon, daß der Staat Gewinner einer Inflation sei). Diese Meinung des Sachverständigenrates wird u.a. noch dadurch unterstützt, daß der Staat der BRD ja auch ein beträchtlicher Schuldner ist und wie vorher dargelegt, Schuldner in einer Inflation Gewinner sind.

3.3.4.2 Vermögensumverteilungswirkung

Wie im vorangegangenen Abschnitt zur Redistribution dargelegt, ergeben sich die Verschiebungen in der Einkommensverteilung infolge der Inflation primär dadurch, daß die verschiedenen Einkommen in unterschiedlichem Ausmaß und Tempo an die Inflation angepaßt werden.

Derartige Unterschiede in der Anpassung an die Geldentwertung sind auch im Vermögensbereich möglich, so daß es zu Verschiebungen in der Vermögensverteilung kommt.

Die Inflation *begünstigt die Besitzer von Vermögenswerten*, die inflationsbedingt schneller im Wert steigen. Dazu zählen in den meisten Fällen Vermögen an Grund und Boden und teils Aktien (bei Aktien sind differenzierte Entwicklungen meist feststellbar, insbesondere bei einer schleichenden Inflation). Von der Inflation ebenfalls begünstigt werden die Schuldner von Nominalwerten (Emittenten von Anleihen, Obligationen und Pfandbriefen, Darlehen aller Art), da sie ihre Schulden (je nach Stärke und Tempo der Inflation) ja in entwertetem Geld zurückzahlen.
Benachteiligt sind **die** Besitzer von Vermögenswerten, deren Wert langsamer steigt, wie dies insbesondere bei Vermögen in Nominalwerten der Fall ist (Rentenpapiere, Sparkonten und dgl.). Benachteiligt sind auch die Gläubiger von Vermögenstiteln, denn sie erhalten ihr Vermögen in entwertetem Geld zurück.

Diese prinzipiellen Vermögensumverteilungswirkungen sind dann *besonders gravierend, wenn sie sich kumulieren.* Dies ist dann der Fall, wenn die Besitzer von Realwerten gleichzeitig die Schuldner von (nominalen) Geldvermögenswerten sind. In der Regel sind beim Unternehmer (Unternehmen) beide Seiten hier vereint, so daß sie unter dem Aspekt der Vermögensumverteilung einer Inflation zu den deutlichen Gewinnern zählen, während die kleinen Sparer eindeutig die Verlierer sind.
Ein einfaches *Rechenbeispiel* verdeutlicht den Wirkungsmechanismus:
Angenommen, der Wert des Sachvermögens und des Geldvermögens sei jeweils 100 Einheiten. Beide Vermögensblöcke wüchsen jährlich (= Zins, plus Zinseszins) um 5 %, dann haben sie sich nach ca. 14 Jahren bei Preisstabilität jeweils verdoppelt. Es ergab sich keine Verschiebung in der Vermögensverteilung. Nehmen wir nun eine jährliche Preissteigerung von 5 % an und unterstellen wir, daß (nur) das Sachvermögen um die Inflationsrate im Wert zusätzlich steigt, so hat sich die Vermögensverteilung nach 14 Jahren deutlich verschoben. Der Anteil des Geldvermögens am Gesamtvermögen ist nicht mehr (wie bei Preisstabilität) die Hälfte, sondern jetzt nur noch ein Drittel. Entsprechend hat das Sachvermögen seinen Anteil vergrößert.
D.h. somit, selbst diese relativ geringe Inflationsrate von 5 % ist eine wirkungsvolle Mechanik der Vermögensumverteilung.

3.3.4.3 Zusammenfassung der Verteilungswirkungen

Wie dargelegt, gibt es auf den verschiedenen Ebenen Gewinner und Verlierer im Rahmen der Verteilung von Einkommen und Vermögen. Die einzelnen Wirtschaftssubjekte agieren nun ebenfalls auf den unterschiedlichsten Ebenen einer Volkswirtschaft, somit werden sie von den Verteilungswirkungen auch verschieden betroffen. Damit ist es dann schwierig zu sagen, ob eine gewisse Gruppe unter dem Verteilungsaspekt durch eine Inflation eher gewinnt oder verliert.
So kann z.B. ein privater Haushalt als Lohneinkommensbezieher einerseits durch eine Inflation verlieren, andererseits als Schuldner (Häuslebauer) von ihr profitieren. *Gesamtwirtschaftlich* gleichen sich die Verteilungseffekte aus, d.h. Verluste der einen Seite werden durch Gewinne der anderen kompensiert.
Wenn man aber fordert, daß die einzelwirtschaftlichen Verteilungseffekte ausbleiben sollten, wäre es nötig, daß alle Wirtschaftssubjekte bei ihren Aktivitäten die Inflationsrate exakt einrechnen würden (z.B. Lohnsteigerungsrate berücksichtigt genau den Inflationsausgleich). Diese Fälle der vollständig antizipierten Inflation sind aber praktisch nicht möglich, so daß es unter dem Verteilungsaspekt immer zu Umverteilungen durch eine Inflation kommt.

3.3.5 Wachstumswirkungen einer Inflation

Die Frage eines Zusammenhanges zwischen Wirtschaftswachstum und Inflation gehört zu den umstrittensten Themen in der VWL. Dies u.a. deshalb, weil vorliegende empirische Analysen alle denkbaren Ergebnisse aufweisen. D.h. es gab Länder, wo eine steigende Inflationsrate mit ansteigendem Wachstum verbunden war. Gleichzeitig gab es Länder mit niedriger Inflationsrate und noch höherem Wirtschaftswachstum und schließlich solche mit hoher Inflationsrate und niederem Wachstum.

Trotzdem ist die **These** weitverbreitet, daß eine (zwar) **niedrige Inflationsrate positiv stimulierend auf das Wirtschaftswachstum wirke.** Die Argumente für diese These sind:

1) Eine starke Nachfrage sichert Vollbeschäftigung und lastet die Kapazitäten aus. Bei den Unternehmen besteht deshalb ein ständiger Anreiz für Investitionen
2) Wenn die Lohnsteigerungen hinter den Preissteigerungen zurückbleiben, nehmen die Gewinne zu, was wieder einen Anreiz für Investitionen darstellt

3) Bleibt der Zinsanstieg hinter den Preissteigerungen zurück, entsteht ein Anreiz für Investitionen über Kreditfinanzierung
4) Die Gläubiger-Schuldner-Hypothese besagt bekanntlich, daß die Geldforderungen der Gläubiger real abnehmen, während sich diejenigen der Schuldner verbessern. Daraus ergibt sich ein weiterer Investitionsanreiz

Alle diese Argumente gehen letztlich von der Annahme aus, daß sich die Preise im Verlauf einer Inflation unterschiedlich in ihrem Tempo entwickeln, wobei sich dies immer zum Vorteil der Unternehmer darstellt. D.h. somit, als **Nachteil** eines Wirtschaftswachstums über eine Inflation muß eine Umverteilung von Einkommen und Vermögen zugunsten der Unternehmer hingenommen werden. Dies geht eindeutig zu Lasten der kleinen Geldvermögensbesitzer und der kleineren Einkommensbezieher *("unsoziale Komponente" dieses Typs von Wachstum).*

Neben dem negativen Argument der Verteilungswirkungen ist aber die weitergehende **Frage** zu diskutieren, **ob mit einer Inflation zwangsläufig positive Wachstumswirkungen verbunden sind.**

Als sicher kann gelten, umso länger der Inflationsprozeß andauert, umso mehr verschwinden die Wachstumseffekte. Einmal ergeben sich in einem langfristigen Preissteigerungsprozeß Fehlleitungen der Ressourcen (siehe Abschnitt 3.3.3), z.B. Bevorzugung von Bauinvestitionen. Die Folge ist eine Verzerrung des Preisgefüges, verbunden mit einem Absinken der Produktivität und einem Rückgang des Wachstums.

Dazu kommt der Lernprozeß einer länger andauernden Inflation. Die Folge ist, daß sich die Preise, auch die Löhne, alle diesem Trend anpassen, somit sich zumindest tendenziell die anfangs als erforderlich angesehenen Unterschiede in der Preisentwicklung angleichen. Damit entfällt aber der Anreiz für Investitionen.

Als ebenfalls sicher kann gelten, daß bei stark (stärker) ansteigenden Inflationsraten die positiven Wachstumsprozesse schneller beendet werden. Bei einer Hyperinflation bestehen sie überhaupt nicht. Somit ergibt sich wieder das Problem, was sind entsprechend niedrige Inflationsraten und, vor allem, wie lange bleiben sie entsprechend niedrig. Beschleunigen sie sich nicht doch, wobei, wie vorgeführt, dann ja die positiven Wachstumseffekte zum Stillstand kommen.

Die dargelegten positiven Effekte einer Inflation auf das Wirtschaftswachstum treten dabei nur bei einer nachfrageinduzierten Inflation auf. Wenn aber (siehe Abschnitt 3.2.5) eine angebotsinduzierte Inflation vorliegt (die heute eher dominiert), so ergeben sich keine Wachstumseffekte.

Will somit ein Staat Wachstum über Preissteigerungen realisieren, so hat die Analyse ergeben, daß dies bei einer gleichen und niedrigen Inflationsrate nur kurzfristig möglich ist. Soll ein weiterer Wachstumsimpuls folgen, geht dies nur mit einer höheren Inflationsrate. D.h. es besteht die Gefahr, daß man dadurch in immer höhere Preissteigerungsraten hineingerät, die, wie dargelegt, dann nur noch negative Seiten aufzeigen.

3.3.6 Außenwirtschaftseffekte einer Inflation

Zum Verständnis der folgenden Fachbegriffe aus dem Gebiet der Wechselkurse siehe Abschnitt 6.

Wenn die Inflationsrate einer Volkswirtschaft höher oder niederer ist als diejenige der wichtigen Handelspartnerländer, so werden sich mittelfristig Auswirkungen auf die beiderseitigen Außenwirtschaftsbeziehungen ergeben.
Wenn man unterstellt (wie dies im Fall der BRD möglich ist), daß ein Land intensive Außenwirtschaftsbeziehungen besitzt, d.h. ein erhebliches Volumen an exportierten und importieren Gütern umfaßt, daß weiterhin diese ausländischen Güter nur in Grenzen durch inländische substituiert werden können, so kann man von normal verlaufenden Angebots- und Nachfragekurven für den Export- und Importmarkt ausgehen.
Wenn man von spekulativen Devisenbewegungen absieht, so lassen sich aus den Angebots- und Nachfragekurven des Export- und Importmarktes normal verlaufende Angebots- und Nachfragekurven für den Devisenmarkt herleiten.

Am Beispiel der BRD und Frankreichs soll für den Franc-Wechselkurs in der BRD die Problematik analysiert werden (siehe Abb. 3-11).
Abb. 3-11 beschreibt die Situation auf dem Teildevisenmarkt für FF in der BRD. Infolge des Güteraustausches zwischen der BRD und Frankreich herrschte im Moment (Ausgangslage) auf diesem Devisenmarkt ein Angebot an FF im Umfang A_0A_0 und eine Nachfrage nach FF im Umfang N_0N_0. Somit ergibt sich ein Wechselkurs (Preis) in Höhe WK_0 und ein Mengenumsatz von q_0.
Unterstellt man in Frankreich eine höhere Preissteigerungsrate als in der BRD, so ergibt sich auf den Export- und Importmärkten eine Verschiebung. Infolge der veränderten Preisrelationen nimmt c.p. der Export aus der BRD nach Frankreich zu, wäh-

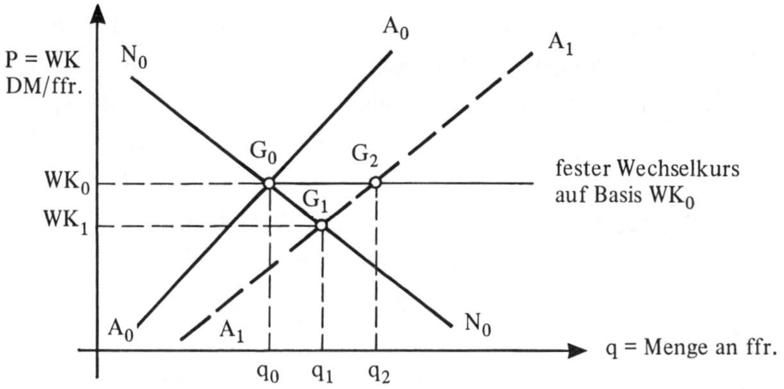

Abb.: 3-11: Inflationswirkungen bei alternativen Wechselkurssystemen

rend umgekehrt der Import aus Frankreich in die BRD zurückgeht (bzw. stagniert). Dies wiederum bewirkt auf dem Devisenmarkt eine Zunahme des Angebotes an FF, d.h. in Abb. 3-11 verschiebt sich das Angebot an FF nach A_1A_1.
Aus Abb. 3-11 ist ersichtlich, daß dadurch der Franc-Wechselkurs auf WK_1 zurückgeht, die umgesetzte FF-Menge auf q_1 ansteigt. Diese Entwicklung auf den Devisenmärkten kann aber nur eintreten bei völlig frei variablen = *floatenden WK zwischen DM und FF.*
Der Kursrückgang des FF entspricht einer Aufwertung der DM. Dies wiederum bewirkt, daß dadurch die deutschen Exporte nach Frankreich teurer werden, somit die Zunahmetendenz des deutschen Exportes nach Frankreich (ja ausgelöst durch die geänderten Inlandspreisrelationen) zum Stillstand kommt. Umgekehrt bewirkt obige Aufwertung der DM, daß sich die Importe aus Frankreich in der BRD verbilligen, damit der Stillstand der französischen Importe sich ebenfalls aufhebt. D.h. es pendelt sich insgesamt ein neues Gleichgewicht ein.

Herrscht zwischen der DM und dem FF dagegen ein *fester (stabiler) Wechselkurs*, so wird trotz der Angebotszunahme an FF auf A_1A_1 der WK in Höhe von WK_0

beibehalten bzw. verteidigt. Dies wirkt bei der sich geänderten Angebotssituation (d.h. A_1A_1) wie ein Festpreis.
Aus der Abb. 3-11 ist ersichtlich, daß infolge der Angebotsverschiebung nach A_1A_1 sich das Gleichgewicht nicht in G_1 einstellen kann, sondern nur in G_2. Auf den Devisenmarkt übertragen bedeutet dies: Um WK_0 als Wechselkurs halten zu können, muß die Zentralnotenbank (hier die Bundesbank) die zuviel angebotene Menge q_2 - q_0 (bzw. mindestens q_2 - q_1) an FF aufkaufen (sog. Intervention der DBB beim Niedrigstkurs).
Durch diese Aufkäufe an FF gelangt der entsprechende DM-Betrag zusätzlich zur inländischen Geldmenge auf den Markt. Die Folge ist eine Vergrößerung der Geldmenge mit der Gefahr (siehe Abschnitt 3.2.6.1) eines inflationären Impulses in der BRD (= importierte Inflation).
Da bei diesem stabilen Wechselkurssystem der Ausgleichsmechanismus wie beim floatenden WK auf den Export- und Importmärkten, wie vorher dargelegt, nicht eintreten kann, geht folgender Prozeß weiter:
Weiter ansteigende Exporte nach Frankreich -> weiter steigendes Angebot an FF -> weitere Intervention der DBB -> weitere Geldmengenzunahme in der BRD. Die Folge ist ein anhaltender Inflationsdruck in der BRD.
Erwartet man infolge dieses ständigen Inflationsdruckes eine Aufwertung der DM, so setzt darüber hinaus eine Devisenspekulation in die DM ein, mit der Folge eines noch größeren Devisenangebotes in der BRD.

Die *Auswirkungen* der außenwirtschaftlichen Beziehungen in *Ländern* mit *höheren Preissteigerungsraten* sind genau *umgekehrt* dem dargelegten Beispiel.

Insgesamt ergibt sich:

1) Die außenwirtschaftlichen Wirkungen einer Inflation hängen sehr stark vom jeweils praktizierten Wechselkurssystem ab. Frei floatende WK sind mit der beste Schutz gegen Inflationsübertragungen aus dem Ausland
2) Stabile feste WKs führen dagegen tendenziell dazu, daß sich die Inflationsraten der Länder angleichen und zwar prinzipiell nach der höchsten Preissteigerungsrate hin

3.4 Ergebnis

Inflation ist nicht, entsprechend einer häufig vertretenen Meinung, ein einfaches ökonomisches Phänomen.

Die Inflationsarten zeigten, daß allein die reale Erscheinung einer Inflation ganz unterschiedlich sein kann.

Forscht man nach den Ursachen einer Inflation, so ergibt sich, daß dafür eine ganze Reihe von Gründen verantwortlich sein können. In der Realität kommt erschwerend hinzu, daß meist mehrere Ursachen gleichzeitig wirken und somit eine Bekämpfung alleine daraus schwierig ist.

Die Auswirkungen einer Inflation sind ebenfalls vielschichtig. Auch hier gilt, daß gleichzeitig ein ganzes Bündel an Auswirkungen berücksichtigt werden muß, was sowohl die Analyse wie auch den Mitteleinsatz gegen einen Preissteigerungsprozeß erschweren. Per Saldo ergibt sich, daß eine Inflation volkswirtschaftliche Kosten verursacht, somit eine Stabilität des Preisniveaus folglich die gesamtwirtschaftliche Wohlfahrt einer Volkswirtschaft fördert.

Wenn man dieser Argumentation folgt, dann ergibt sich, daß eine Inflation ein abzulehnender Zustand ist, der mit entsprechendem ökonomischen Mitteleinsatz zu bekämpfen ist. Die *Aufgabe der Inflationsbekämpfung* wird dabei in erster Linie (insbesondere in der BRD) der Deutschen Bundesbank übertragen, hier im sog. restriktiven Einsatz der geldpolitischen Mittel (siehe den folgenden Abschnitt 4). Aber auch im Rahmen der sog. antizyklischen Fiskalpolitik könnte eine Inflationsbekämpfung erfolgen, die aber meist nicht in der erwünschten Art eingesetzt wird (siehe dazu Abschnitt 10 ff), so daß im Endeffekt nur die Geldpolitik der Bundesbank übrigbleibt.

4 Binnenwirtschaftliche Geld- und Kreditpolitik

Die im vorangegangenen Kapitel 3 dargelegten monetären Ungleichgewichtslagen, heute vor allem als Inflation bedeutungsvoll, führen unmittelbar zur Frage, wie sich derartige Ungleichgewichtssituationen (sollten sie auftreten) beseitigen lassen. Der Geldpolitik kommt dabei eine wichtige, wenn nicht die entscheidende Aufgabe zu (obwohl z.B. dafür auch die Fiskalpolitik eingesetzt werden könnte). Somit ist im folgenden Kapitel die Rolle der (binnenwirtschaftlichen) Geldpolitik grundsätzlich darzulegen (wobei, wenn nicht ausdrücklich anders erwähnt, die Verhältnisse in der BRD zugrunde gelegt werden).

Unter der Geldpolitik versteht man wirtschaftspolitische Eingriffe, die mit Hilfe von monetären, d.h. den Geldsektor betreffenden Maßnahmen (sog. Instrumenten) auf die Verwirklichung von wirtschaftspolitischen Zielen ausgerichtet sind. Der Zielkatalog deckt sich im wesentlichen mit dem sog. magischen Viereck, wobei aber besonders das Ziel der Preisstabilität hervorgehoben wird.
Der Träger der Geldpolitik, meist die Zentralnotenbank, kann dabei *nicht unmittelbar* auf die Zielgrößen wie Beschäftigung oder Preisstabilität einwirken. Vielmehr nimmt er Einfluß auf die monetären Größen, von denen er annimmt, daß er mit ihrer Hilfe die eigentlichen Zielgrößen erreichen kann. Man spricht hierbei von monetären *Zwischenzielen*, auf die die Geldpolitik zunächst einwirkt, d.h. die Geldpolitik *wirkt nur mittelbar* auf die entsprechende Zielgröße ein.
Derartige Zwischenziele sind die Geldmenge in den verschiedenen Abgrenzungen (siehe Absch. 1.1.5), die verschiedenen Marktzinssätze und die Liquidität des Bankensektors.
Wichtig ist in diesem Zusammenhang die Kreditversorgung einer Volkswirtschaft. Die dazu ergriffenen Maßnahmen ergeben die *Kreditpolitik*. Da aber im Rahmen der Kreditpolitik die nämlichen Zwischenziele wie bei der Geldpolitik angesprochen werden, ist eine exakte Trennung zwischen Geld- und Kreditpolitik nicht möglich. Somit schließen wir uns dem täglichen Sprachgebrauch an und verwenden die Begriffe Geldpolitik und Kreditpolitik in der Regel synonym.
Insgesamt ist man heute überwiegend der Auffassung, daß die Geld- und Kreditpolitik die Geld- und Kreditversorgung einer Wirtschaft so steuern soll, daß dadurch ein Beitrag zur Realisierung der wichtigen wirtschaftspolitischen Ziele gewährleistet

wird. Vor allem sollen dabei vom monetären Sektor keine Störungen ausgehen, durch die der allgemeine Wirtschaftsprozeß beeinträchtigt wird (wobei inflationäre Prozesse insbesondere gemeint sind).
Immer mehr wird (so in der BRD) dabei das Konzept einer anitzyklischen Geldpolitik (siehe Keynes, Abschnitt 2) in Frage gestellt und eher ein neoklassisch-monetaristisches Konzept (siehe Friedman, Abschnitt 2) vertreten. Der daraus heutige Kerngedanke lautet: Eine an der Geldwertstabilität orientierte Geldpolitik schafft auf Dauer die besten Voraussetzungen zur Realisierung der wichtigen wirtschaftspolitischen Ziele.

4.1 Ziele, Träger, Instrumente der Geldpolitik

Als Einstieg in die Gesamtthematik sind zunächst die Ziele einer Geldpolitik, ihre Träger, d.h. die ausführenden Institutionen und Einrichtungen, und deren mögliche Maßnahmen, die Instrumente, darzulegen.

4.1.1 Ziele der Geldpolitik

Die Ziele der Geldpolitik lassen sich für die BRD aus den rechtlichen Grundlagen, hier aus dem "Gesetz über die Deutsche Bundesbank" (= Bundesbankgesetz, BBKG), ableiten.
In **§ 3 BBKG** wird für die Bundesbank (DBB) zunächst eine technische, heute überall selbstverständliche Aufgabe formuliert: Sie soll den Geldumlauf und die Kreditversorgung der Wirtschaft regeln, mit dem Ziel, die Währung zu sichern und für die bankmäßige Abwicklung des Zahlungsverkehrs im Inland und im Ausland zu sorgen. Wichtiger an § 3 BBKG ist dabei die Formulierung des wirtschaftspolitischen Zieles, daß sie für die "*Sicherung der Währung*" verantwortlich ist.
Diese etwas unscharfe Formulierung "Sicherung der Währung", umfaßt nach herrschender Interpretation primär die *Stabilität der Kaufkraft der DM im Inneren*, d.h. die *Sicherung der Preisstabilität.*
Dazu zählt *aber auch* die *Währungsstabilität nach außen.* Nach neuerer Auslegung durch die Bundesbank wird die äußere Währungsstabilität als Kaufkraftstabilität definiert (und nicht mehr nur als Gleichgewicht der Zahlungsbilanz, siehe dazu Abschnitt 5). Danach soll die Entwicklung des Wechselkurses dem Maßstab der sog. Kaufkraftparität der D-Mark zum Ausland entsprechen. Bei dieser Definition ent-

sprechen sich innere und äußere Stabilität, denn Kaufkraftparität nach außen bedeutet ja Kaufkraft angepaßt an die unterschiedlichen Preissteigerungsraten der Länder (so müßte z.B. bei stärkerer Inflation im Ausland die DM aufgewertet werden).
Somit heißt (in der BRD) das **Ziel der Geldpolitik Sicherung der Währungsstabilität nach innen und außen** (wobei der innere Bezug, konkret die Preisniveaustabilität, dominiert).
Einen Widerspruch zum Ziel der Geldpolitik entsprechend § 3 BBKG ergibt zunächst **§ 12 BBKG**, indem die DBB verpflichtet ist, "unter Wahrung ihrer Aufgabe die allgemeine Wirtschaftspolitik der Bundesregierung zu unterstützen". Würde man § 12 BBKG vorschnell interpretieren, dann hätte die Bundesbank mit der Geldpolitik die Aufgabe, die jeweilige Wirtschaftspolitik der Bundesregierung zu stützen (die ja, je nach politischer Richtung, unterschiedlich sein wird).
Aber nach ca. 40-jähriger, im wesentlichen erfolgreicher Politik der DBB wird von dieser und auch im Prinzip von den Bundesregierungen dies wie folgt ausgelegt: § 12 BBKG bedeutet für die Bundesbank die (eigentlich selbstverständliche) Verpflichtung gegenüber der gesamtwirtschaftlichen Stabilität entsprechend § 1 des Stabilitätsgesetzes (= magisches Viereck). D.h. daß die Politik der Bundesbank versuchen muß, auch die übrigen Stabilitätsziele (Wachstum, Beschäftigung, außenwirtschaftliches Gleichgewicht) neben der Preisstabilität möglichst optimal mit zu realisieren. Diese Verpflichtung findet aber dort ihre Grenze, wo entsprechend "unter Wahrung ihrer Aufgabe nach § 12 BBKG" dies mit der Wahrung der Preisstabilität kollidieren würde. Bedingt durch die Unabhängigkeit der DBB kann sie eine derartige Auslegung nicht nur so postulieren, sondern auch realisieren.

Faßt man die Ziele der Geldpolitik (in der BRD) zusammen, so gilt: Die Ziele der Geldpolitik bestehen primär in der Sicherung der Währung nach innen und außen (wobei die innere Preisniveaustabilität vorherrscht). Dies ist aber eingebunden in eine Unterstützung der allgemeinen Wirtschaftspolitik der Bundesregierung. Damit letzteres funktioniert, ist trotz der Unabhängigkeit der DBB eine enge Kooperation zwischen Bundesregierung und DBB dringend geboten (siehe dazu Abschnitt 4.1.2).

4.1.2 Träger der Geldpolitik

4.1.2.1 Grundsätzliches

Das Recht, das Geldwesen einer Volkswirtschaft rechtlich, organisatorisch und institutionell zu gestalten, gehört heute zu den grundlegenden Souveränitätsansprüchen jedes Staates.
Sehr häufig wird dies in der Verfassung verankert, so in der BRD in Art. 73 des Grundgesetzes (GG), wonach dem Bund die ausschließliche Gesetzgebung über das Währungs-, Geld- und Münzwesen zusteht. In Art. 88 GG wird der Bund verpflichtet, eine Bundesbank als Zentralnotenbank einzurichten.
Daraus folgt, daß als Träger der Geldpolitik der Staat schlechthin fungiert. Etwas konkreter sind dies einmal das Parlament (Bundestag), das die monetär wichtigen Gesetze beschließt bzw. modifiziert, des weiteren die Regierung (Bundesregierung), die durch Verordnungen und dgl. die monetären Belange regelt und letztlich die Zentralnotenbank (Bundesbank), die im Rahmen ihrer gesetzlichen Möglichkeiten das Geldwesen lenkt.
Zukünftig wird im Rahmen der Europäischen Union (EU) entsprechend dem Maastricht-Vertrag (wenn er denn realisiert wird) ein sehr wichtiger Träger der Geldpolitik die Europäische Zentralbank (EZB) sein.

In der *BRD* wird z.Z. zwischen den *Trägern der Geldpolitik* eine Art *Arbeitsteilung praktiziert.*
So ist die Bundesbank primär für die binnenwirtschaftliche Geldpolitik zuständig, während die Bundesregierung (plus Bundestag) mehr für die außenwirtschaftliche Geldpolitik verantwortlich ist (so z.B. für das Wechselkurssystem, Kontrolle des Kapitalverkehrs mit dem Ausland, soweit nicht in der Kompetenz der EU, Beziehungen zu internationalen Währungsorganisationen).

Die *wichtigsten gesetzlichen Grundlagen*, die den *Geld-Währungsbereich* in der BRD tangieren, sind:

1) Gesetz über die Deutsche Bundesbank (1957)
2) Gesetz zur Förderung der Stabilität und des Wachstums der Wirtschaft (1967)
3) Gesetz über das Kreditwesen (1961 und 1976)
4) Außenwirtschaftsgesetz (1961)

4.1.2.2 Die Deutsche Bundesbank (DBB)

Die erste Zentralnotenbank für ganz Deutschland war die am 1.1.1876 ihre Arbeit aufnehmende Reichsbank, die ihre wechselvolle Aufgabe bis 1945 ausübte.
Nach dem 2. Weltkrieg wurde das Geldwesen zunächst von der alliierten Militärregierung verwaltet. 1947 gründete diese in den einzelnen Ländern und Westberlin sog. *Landeszentralbanken* und 1948 die *Bank deutscher Länder* als eine übergeordnete Einrichtung (diese war die Zentralbank der Landeszentralbanken). Man hatte damit streng nach amerikanischem Vorbild ein zweistufiges Zentralbanksystem für die westlichen Besatzungszonen bzw. für die BRD geschaffen, das den föderativen Aufbau betonen sollte.
Als Reaktion darauf wurde in der sowjetischen Besatzungszone bzw. der DDR 1948 die Deutsche Notenbank errichtet, die 1968 in die *Staatsbank der DDR* umgewandelt wurde. Im Rahmen des "gleichgeschalteten Banksystems" war die Staatsbank der DDR mustergültig in das Planwirtschaftssystem eingebaut.
Durch das "Gesetz über die Deutsche Bundesbank" vom 26.07.1957 wurde in der BRD ein einstufiges Zentralbanksystem errichtet. Dazu verschmolzen die (11) Landeszentralbanken und die Bank deutscher Länder zur Deutschen Bundesbank (= eine bundesunmittelbare juristische Person des öffentlichen Rechts). Die Landeszentralbanken (LZBs) verloren ihren Charakter als eigenständige Zentralbanken und sind seitdem Hauptverwaltungen der Bundesbank für ihre Region.
Durch den *Staatsvertrag zwischen der BRD und der DDR* (1.7.1990) wurde die DM alleiniges gesetzliches Zahlungsmittel in beiden deutschen Staaten. Die Zuständigkeit für die Geldpolitik der Bundesbank umfaßt seitdem auch das Gebiet der ehemaligen DDR.

Der **organisatorische Aufbau** des Zentralbanksystems der BRD hat an der Spitze die Bundesbank mit Sitz in Frankfurt/M. Die zweite Ebene als Hauptverwaltungsstellen der DBB sind die 9 Landeszentralbanken, die jeweils für eine bestimmte Region zuständig sind. D.h. bedingt durch den Beitritt der neuen Bundesländer wurde (nach teils heftigen Querelen) die LZB-Struktur geändert. Nunmehr hat nicht mehr (wie bis zur Wiedervereinigung) jedes Bundesland eine eigene LZB, sondern kleinere Bundesländer haben eine gemeinsame LZB.
Jede LZB hat in ihrem Gebiet als 3. Ebene der Organisationsstruktur sog. Zweigstellen bzw. Niederlassungen, die wieder für ein bestimmtes Gebiet zuständig sind und dort die eigentlichen Bank- bzw. LZB-Geschäfte vornehmen. Die 190 Zweigan-

stalten (1992) haben ihren Sitz in den größeren Orten, die man als sog. *Bankplätze* bezeichnet (während Orte ohne Zweiganstalt Banknebenplätze sind).

Die Organe der Bundesbank sind der Zentralbankrat, das Direktorium und die Vorstände der Landeszentralbanken.
Das wichtigste Organ ist der **Zentralbankrat.** Er bestimmt einmal die Geschäftsführung und die Verwaltung und grenzt in Zweifelsfällen die Zuständigkeit der Organe untereinander ab. Wichtig ist der Zentralbankrat insbesondere aber als Entscheidungszentrum für die Geld- und Kreditpolitik, wobei er turnusmäßig alle zwei Wochen immer am Donnerstag tagt.
Der Zentralbankrat besteht aus dem Präsidenten und dem Vizepräsidenten der DBB, den weiteren Mitgliedern des Direktoriums und den Präsidenten der LZBs (z.Z. maximal 17 Personen). Vorsitz führt der Präsident, abgestimmt wird mit einfacher Mehrheit.
Präsident, Vizepräsident und die weiteren Mitglieder des Direktoriums werden auf Vorschlag der jeweiligen Bundesregierung vom Bundespräsidenten ernannt. Die Präsidenten der LZBs werden vom Bundespräsidenten auf Vorschlag des Bundesrates, d.h. letztlich auf Vorschlag des jeweiligen Bundeslandes/der jeweiligen Bundesländer, bestellt.
Da die Bestellung für acht Jahre erfolgt (zweimalige Ernennung ist möglich) und zudem die Länder die Präsidenten der LZBs festlegen, ist einmal ein deutlich föderativer Einschlag im Zentralbankrat gewährleistet, zum anderen wird dadurch im wesentlichen verhindert, daß über die Personalpolitik die Mitglieder des Zentralbankrates zu sehr parteilich gefärbt sind und damit die Unabhängigkeit (zu stark) bedroht wird.
Das zentrale Exekutivorgan der DBB ist **das Direktorium**. Es besteht aus dem Präsidenten, dem Vizepräsidenten und bis zu sechs weiteren Mitgliedern.
Verantwortlich ist es für die Durchführung der Beschlüsse des Zentralbankrates, es führt die Geschäfte der DBB aus und leitet die gesamte Verwaltung, soweit dies nicht in die Kompetenz der LZBs fällt.
Nach § 7 BBKG ist es vor allem zuständig für:

1) Geschäfte mit dem Bund und seinen Sondervermögen
2) Geschäfte mit Kreditinstituten, soweit diese zentrale Aufgaben im ganzen Bundesgebiet sind
3) Devisengeschäfte und solche mit dem Ausland
4) Geschäfte am offenen Markt

Die Vorstände der Landeszentralbanken sind das 3. Organ der DBB. Der Vorstand einer LZB besteht aus dem Präsidenten der LZB, seinem Vizepräsidenten und evtl. einem weiteren Vorstandsmitglied.

Die LZBs führen alle in ihrem Bereich anfallenden Geschäfte und Verwaltungsangelegenheiten durch.

Nach § 8 BBKG sind dies vor allem:

1) Geschäfte mit dem Land/den Ländern und den öffentlichen Verwaltungen des jeweiligen Gebietes
2) Geschäfte mit Kreditinstituten in ihrem Bereich, soweit sie nicht nach § 7 BBKG dem Direktorium vorbehalten sind

Bei den LZBs bestehen sog. **Beiräte** aus Vertretern des Kreditgewerbes, der Wirtschaft und den Arbeitnehmern. Ihre Aufgabe besteht in einer Beratungsfunktion mit dem Präsidenten der LZB über die Geld- und Wirtschaftspolitik. Dadurch soll über die LZBs für die DBB der Kontakt mit der Wirtschaft gepflegt werden.

Befugnisse und Geschäfte der Bundesbank:

Eine Reihe von Befugnissen und Geschäften wurden bereits in den vorangegangenen Darlegungen erörtert, diese waren:

1) Nach § 3 BBKG
   a) Technisches Ziel: Zahlungsverkehr soll ermöglicht werden
   b) Sicherung der Währung
2) Nach § 12 BBKG
   Unterstützung der allgemeinen Wirtschaftspolitik der Bundesregierung (aber in Verbindung mit § 3 BBKG)
3) Geschäfte nach § 7 BBKG über das Direktorium
4) Geschäfte nach § 8 BBKG über die LZBs

Wichtige binnenwirtschaftliche Geschäfte der DBB sind:

Das entscheidende **Passivgeschäft** ergibt sich aus dem Notenprivileg der DBB, d.h. aus dem ihr zustehenden Recht, *Banknoten in Umlauf zu bringen* (wobei eine mengenmäßige Begrenzung *nicht* gegeben ist). Ein weiteres Passivgeschäft ergibt sich aus der *Mindestreservepflicht* der Banken und durch die Einlagen der öffentlichen Haushalte bei der DBB (siehe Instrumente der DBB).

Als **Aktivgeschäft** kommen die Rediskontierung von Wechseln, die Lombardierung von Wertpapieren und die Offen-Markt-Geschäfte vor allem in Betracht (siehe Instrumente).

Die DBB ist weiterhin die sog. **Hausbank des Staates**, d.h. sie tätigt mit und für die öffentliche Hand Kreditgeschäfte. Eingedenk der schlechten Erfahrungen ist die

Kreditgewährung der DBB an den Staat vom Gesetzgeber eng umrissen worden, um den Zugriff des Staates zum Notenbankkredit (z.B. zum Ausgleich eines Haushaltsdefizites) auszuschließen. So darf die DBB an den Staat nur in eng begrenztem Rahmen Kredite gewähren und zwar höchstens dem Bund 6 Mrd. DM, den Ländern insgesamt 3,3 Mrd. DM und ebenfalls begrenzt den Sondervermögen.
Wichtig ist, daß diese Kreditplafonds keinen Anspruch dieser staatlichen Stelle auf den Kredit darstellen, vielmehr ist dies die maximale Höhe. Die Kredite werden darüber hinaus nur als Kassenkredite, d.h. zur Überbrückung kurzfristiger Fehlbeträge im Haushalt gewährt (nicht für Haushaltsdefizite). Zusätzlich wird auf den Kreditplafond auch ein etwaiger Umlauf an Schatzwechseln angerechnet.
Wichtig als Hausbank des Staates ist die *Mitwirkung der DBB* bei der *Kreditaufnahme von Bund und Ländern.* D.h. Anleihen, Schatzanweisungen und Schatzwechsel sollen primär nur durch die DBB gegeben werden, sie fungiert hier als fiscal agent.
Schließlich bringt die DBB als Hausbank des Staates auch dessen Münzen in Umlauf und wickelt praktisch den gesamten bargeldlosen Zahlungsverkehr von Bund und Ländern ab.
Ein wichtiges **außenwirtschaftliches Geschäft** der DBB ist das als **Verwalterin der Währungsreserven.**
Das Devisengeschäft der DBB muß dabei jeweils im Zusammenhang mit dem herrschenden Wechselkurssystem gesehen werden (siehe Kapitel 6). In einem stabilen Wechselkurssystem ist die DBB zu Interventionen verpflichtet. So flossen in den 60er und 70er Jahren auf diese Weise erhebliche Mengen an Devisen, insbesondere US $, zur DBB.
Die Mitgliedschaft im EWS ergibt eine beträchtliche Devisenforderung an den Europäischen Fonds für währungspolitische Zusammenarbeit (EFWZ).
Auch bei floatenden Wechselkursen, insbesondere beim unsauberen Floaten, können erhebliche Devisenbeträge zufließen.
Insgesamt ergibt sich daraus ein erheblicher Devisenbestand der DBB (1992 gut 150 Mrd. DM).

Autonomie der Bundesbank und Zusammenarbeit mit anderen Institutionen

Im Gegensatz zu vielen anderen Staaten, auch westlicher Marktwirtschaften, handelt die DBB im Rahmen der binnenwirtschaftlichen Geld- und Kreditpolitik weitgehend autonom von der Regierung.

Die Autonomie der DBB ist in § 12 BBKG verankert: "Die DBB ist in ihren Entscheidungen über geldpolitische Maßnahmen nicht an Weisungen der Bundesregierung gebunden".

Dadurch soll einmal eine schnelle und sachgerechte Entscheidung geldpolitischer Maßnahmen ermöglicht, andererseits soll verhindert werden, daß die Zentralbankgeldschöpfung von der Regierung mißbraucht wird.

Eine **enge Kooperation zwischen der DBB und der Regierung** ist nötig, weil sich sonst die Autonomie der DBB und demgegenüber die Verpflichtung der DBB, die Wirtschaftspolitik der Regierung zu unterstützen, widersprechen würden. Dem trägt vor allem der § 13 BBKG Rechnung, denn es heißt dort:

1) Die DBB hat die Regierung bei währungspolitischen Fragen zu beraten, wobei die DBB nicht warten muß, bis sie von der Regierung um Rat gefragt wird (dadurch wird verhindert, daß die DBB von der Regierung erst gar nicht gefragt wird)
2) Mitglieder der Bundesregierung können an den Sitzungen des Zentralbankrates, allerdings ohne Stimmrecht, teilnehmen. Sie können Anträge dabei stellen und eine Beschlußfassung des Zentralbankrates auf zwei Wochen hin aussetzen
3) Die Bundesregierung soll den Präsidenten der DBB bei Beratungen über währungspolitische Fragen hinzuziehen

   Dadurch wird im wesentlichen eine Kooperation zwischen Regierung und DBB erreicht, ohne daß die Regierung der DBB ihren Willen aufzwingen kann

Darüber hinaus ist die DBB u.a. noch in folgenden Institutionen vertreten:

1) Sie nimmt an den Beratungen der konzertierten Aktion teil (finden z.Z. allerdings in dieser Form nicht statt)
2) Sie kann an den Beratungen des Konjunkturrates teilnehmen
3) Ebenso an den Sitzungen des Finanzplanungsrates
4) Eng arbeitet die DBB mit dem Bundesaufsichtsamt für das Kreditwesen zusammen
5) Schließlich ist die DBB in einer Reihe internationaler Organisationen wie der EG bzw. EU, dem IWF und der Weltbank, der BIZ, der OECD usw. vertreten

Das Geldmengenziel der Bundesbank

Eingangs zum 4. Kapitel wurde dargelegt, daß die Geldpolitik zunächst Zwischenziele anspricht, von denen dann Wirkungen auf die eigentlichen Ziele, wie z.B. die Preisniveaustabilität, ausgehen sollen.

Zunächst standen als die bevorzugten Zwischenziele das Zinsniveau und die Bankenliquidität zur Verfügung.
Aus der Diskussion zwischen den Fiskalisten und den Monetaristen (siehe Kapitel 2) zieht die Bundesbank Anfang der 70er Jahre die Konsequenz und geht von den bis dato bevorzugten beiden Zwischenzielen ab und wählt als neues Zwischenziel die Geldbasis in der Interpretation als Zentralbankgeldmenge.
Auf der Grundlage dieses neuen Zwischenziels hat die Bundesbank ab 1974 ein jährliches Geldmengenziel aufgestellt und der Öffentlichkeit bekanntgemacht.
Geldmengenziel heißt, die Bundesbank hat die Absicht, die Zentralbankgeldmenge im kommenden Jahr um soundso viel Prozent wachsen (sich verändern) zu lassen. D.h. das Geldmengenziel wird (wurde) in Relation zur Zentralbankgeldmenge ausgedrückt und beschreibt damit die Größe, das Volumen, um die nach Meinung der DBB die Geldmenge wachsen sollte (ähnelt stark der verstetigten Geldmenge von M. Friedman).
Anfangs hatte die DBB das Geldmengenziel als festen Prozentsatz angegeben, z.B. für 1975 und 1976 mit je 8 %. Ab 1979 ging sie dazu über, eine Bandbreite dafür anzugeben, z.B. für 1985 = 3-5 % Zunahme.
In die *Berechnung des Geldmengenzieles* gehen vereinfachend zwei Komponenten ein: Einmal die voraussichtliche Entwicklung des realen Bruttosozialproduktes (exakt des realen Produktionspotentials), zum anderen die als unvermeidlich anzusehende, voraussichtliche Preissteigerungsrate.
Mit der Bekanntgabe des Geldmengenzieles dokumentiert die DBB, in welchem Ausmaß sie den Finanzierungsrahmen der Wirtschaft wachsen lassen will.
Ab 1988 dient als *Meßgröße* des Geldmengenzieles nicht mehr die Zentralbankgeldmenge, *sondern* M_3.

4.1.3 Instrumente der Geldpolitik

Im Gegensatz zur Anwendung in manchen anderen Ländern sind die Instrumente der DBB so ausgerichtet, daß das Marktgeschehen und der Marktmechanismus im Währungsbereich weitgehend unangetastet bleiben. D.h. die Wirkung ist überwiegend *nicht* als direkter Eingriff ausgestaltet. So hat die DBB nicht die Möglichkeit, die Kreditaufnahme von Nichtbanken unmittelbar zu beschränken (Kreditkontrolle, Kreditplafonds) oder die Zinssätze administrativ festzulegen (Zinsbindung).

Vielmehr zielen die Instrumente der DBB darauf ab, das *Kreditangebotsverhalten* der Banken und die *Geld- und Kreditnachfrage* der Wirtschaft *mittelbar* durch Beeinflussung der Bankenliquidität, des Zinsniveaus und der Geldmenge zu steuern.
Darüber hinaus werden von der Geldpolitik der DBB zunächst diese drei möglichen Zwischenziele (Bankenliquidität, Zinsniveau, Geldmenge) angesprochen. Diese Zwischenziele sollen dann Wirkungen ausüben, die die eigentlichen Ziele, z. B. die Preisniveaustabilität, in der gewünschten Weise anregen (siehe Abschnitt 2.3).
Durch *diese Art des Einsatzes* der geldpolitischen Instrumente *ergeben sich* im wesentlichen *drei Konsequenzen:*

1) Es wird eine geraume Zeit vergehen (time-lag), bis das eigentlich anvisierte Ziel eine Reaktion zeigt, denn der Einsatzmechanismus geht ja über mehrere Stufen (Zwischenziel -> eigentliches Ziel), dabei vergeht Zeit
2) Es ist nie sicher vorhersehbar, ob in einem konkreten Fall genau die erwünschte Wirkung letztlich eintritt, weil mehrere Zwischenstufen durchlaufen werden müssen und der Instrumenteneinsatz nur mittelbar erfolgt
3) Daraus folgt schließlich, daß in jeder konkreten Situation u.U. ein unterschiedlich kombinierter Einsatz Erfolg verspricht. D.h. es gibt kein Patentrezept, nach dem die Instrumente einzusetzen wären

Als klassische Instrumente, die das Zinsniveau tangieren, gelten die Diskont- und Lombardpolitik, neuerdings auch die Wertpapierpensionsgeschäfte (= "dritter Leitzins").
Die Bankenliquidität und teils damit auch die Geldmenge werden insbesondere durch die Mindestreservenpolitik und die Kontingente der Diskont- und Lombardpolitik tangiert. Ebenso wirkt die Einlagenpolitik.
Andere Instrumente, wie z.B. die Offen-Markt-Politik, können alle drei Zwischenziele ansprechen.

Man unterteilt den Einsatz der Instrumente in eine *Grob- und in eine Feinsteuerung.* Eine *Grobsteuerung* der Instrumente zielt darauf ab, längerfristig und nachhaltig zu wirken. Dazu rechnet man die Festlegung des Diskont- und Lombardsatzes, die Mindestreservenregelung und teils die Offen-Markt-Operationen. Beabsichtigt ist dabei meist auch eine möglichst breite Wirkung auf die Öffentlichkeit. Die *Feinsteuerung* der Maßnahmen verfolgt demgegenüber den Zweck, zeitweises Schwanken der Liquidität, der Geldmenge und des Zinses möglichst geräuschlos in die gewünschte Richtung zu lenken. Dazu zählen teils die Offen-Markt-Geschäfte, teils die Wertpapierpensionsgeschäfte, Einlagenpolitik und teils Devisengeschäfte. Vor allem dieser Einsatzbereich wurde und wird von der DBB ständig ausgebaut und verfeinert.

4.2 Refinanzierungspolitik

4.2.1 Grundsätzliche Regelungen

Unter der Refinanzierung versteht man die Kreditaufnahme der Geschäftsbanken bei der Bundesbank. Üblich sind dabei *zwei Formen*: Einmal die *Rediskontierung von Wechseln* durch die DBB, d.h. hier kauft die DBB von den Kreditinstituten Wechsel an, die bestimmten Anforderungen genügen müssen. Bis zur Fälligkeit des Wechsels gewährt die DBB hier einen Kredit. Zum anderen der *Lombardkredit*, wobei die Kreditgewährung der DBB gegen Hinterlegung (Pfand) von Wertpapieren erfolgt.
Neuerdings rechnen zur Refinanzierung auch die *Wertpapierpensionsgeschäfte* (siehe Abschnitt 4.4).
Die Banken gelangen durch die Refinanzierung, sollten sie sie in Anspruch nehmen, zu Zentralbankgeld.

Der Grundgedanke der Refinanzierungs*politik* der DBB besteht darin, die Bedingungen für einen derartigen Kredit zu variieren.
Ist die DBB im Rahmen ihrer Geldpolitik der Meinung, daß diese Kredite von den Banken möglichst reichhaltig in Anspruch genommen werden sollen, d.h. betreibt sie eine **expansive Geldpolitik**, so wird sie die *Bedingungen der Kredite attraktiv gestalten.*
Ist sie der gegenteiligen Auffassung, d.h. betreibt sie eine **restriktive Geldpolitik**, so wird sie die *Kreditkonditionen* entsprechend *unattraktiv gestalten.*
Durch die stärkere oder schwächere Inanspruchnahme der Refinanzierung durch die Banken wird a priori ihre Liquidität beeinflußt und dadurch wird tendenziell auch das Zinsniveau tangiert.
Der Aktionsparameter der Refinanzierungspolitik ist zunächst der Zinssatz für derartige Kredite. Darüber hinaus hat die DBB aber auch die Möglichkeit, die Refinanzierung quantitativ und qualitativ zu steuern.
Ein Anspruch der Kreditinstitute auf Refinanzierung bei der DBB besteht nicht, dies wird vielmehr von der allgemeinen geldpolitischen Lage abhängig gemacht, wobei allerdings individuelle Aspekte der kreditsuchenden Institute berücksichtigt werden können.

4.2.2 Diskontpolitik

Die Diskontpolitik ist ein klassisches Instrument der Zentralbanken, da es lange Zeit im wesentlichen ihr einziges Instrument war (so in Deutschland bis 1933).
Unter der *Diskontpolitik versteht man* die Festlegung der Bedingungen, unter denen die Zentralnotenbank Wechsel rediskontiert, d.h. nach Abzug des Diskonts kauft bzw. verkauft (wobei in der BRD dieses Geschäft nur noch zwischen der DBB und den Banken, nicht mehr mit der übrigen Wirtschaft vorgenommen wird).
Die Rechtsvorschriften dazu finden sich in den §§ 15 und 19 BBKG. Die bereits erwähnten Bedingungen für die Diskontierung (da dieser Wechsel bereits von einer Bank diskontiert wurde, müßte es richtig Rediskontierung heißen. Die ökonomische Alltagssprache spricht aber meist von der Diskontierung) seitens der DBB lassen sich in drei Gruppen einteilen:

1) Festlegung des Diskontsatzes
2) die weiteren qualitativen Anforderungen an die Wechsel und
3) die quantitative Beschränkung des Rediskontgeschäfts

Zu beachten wäre, daß man in der wirtschaftlichen Alltagssprache unter Diskontpolitik meist nur den 1. Punkt der Bedingungen, nämlich die Festlegung des Diskontsatzes versteht (somit u.U. zu einer etwas differenzierten Beurteilung gelangt).

4.2.2.1 Festlegung des Diskontsatzes und der weiteren qualitativen Bedingungen

Die **Festlegung des Diskontsatzes** (Rediskontsatz) erfolgt seitens der DBB entsprechend § 19 BBKG, wonach autonom durch den Zentralbankrat die Höhe des Diskontsatzes festgelegt wird, zu dem die DBB z.Z. von den Kreditinstituten Wechsel an- bzw. verkauft, einschließlich folgender allgemeiner Bedingungen:

1) Aus dem Wechsel sollen drei als zahlungsfähig bekannte Verpflichtete haften
2) Die Wechsel müssen beim Ankauf in längstens drei Monaten fällig sein
3) Es sollen gute Handelswechsel sein

Das Prinzip der Variation des Diskontsatzes als geldpolitisches Instrument ist relativ einfach:
Betreibt die Zentralnotenbank eine *expansive Geldpolitik*, d.h. will sie eine *Ausweitung des Geld- und Kreditvolumens* bei *gleichzeitiger Zinssenkung* erreichen, wird sie den *Diskontsatz* entsprechend niedrig festlegen, *ihn senken*. Dadurch verbilligt

sich für die Banken diese Form der Refinanzierung und bei ökonomischer Einstellung der Banken (die man unterstellen kann) werden sie grundsätzlich von diesem günstigen Angebot Gebrauch machen. Machen die Banken davon Gebrauch, so findet (die von der DBB beachsichtigte) Ausweitung des Geld- und Kreditvolumens statt, mit der Tendenz (Angebot und Nachfrage!) einer Zinssenkung.
Ist das Ziel der DBB dagegen eine *restriktive Politik*, d.h. eine *Verringerung* (bzw. kein weiteres Wachstum) *des Geld- und Kreditvolumens* einschließlich einer *Zinserhöhung*, wird der *Diskontsatz* hoch festgelegt, d.h. sie wird *ihn erhöhen* (und dabei von den umgekehrten Wirkungen ausgehen).
In der BRD bewegte sich der Diskontsatz bis heute (1994) in einer Spanne von 2 1/2 % (1987/88) bis zu 8 3/4 % (1992), d.h. die maximale Spanne macht 6 1/4 % bis jetzt aus.

Die **weiteren qualitativen Anforderungen** an das Wechselmaterial, soweit sie die DBB hereinnimmt, knüpfen an die Bedingung des § 19 BBKG an, daß nur *"gute Handelswechsel"* zum Rediskont akzeptiert werden.
Diese Möglichkeit kann die DBB qualitativ selektiv einsetzen, indem man den *Terminus "Handelswechsel" verwendet* und dabei auf das Kausalgeschäft abstellt, das dem Wechsel zugrunde liegt. Z.B. kann man Finanzwechsel (Bauzwischenfinanzierungswechsel; Wechsel eines Teilzahlungsgeschäftes; Exportfinanzierungswechsel) damit vom Rediskont ausschließen, da ihnen kein Umsatzvorgang zugrunde liegt, sie keine Handelswechsel sind. Mit einer derartigen Selektion könnte man, wie die Beispiele zeigen, bestimmte Branchen (z.B. Bauwirtschaft) oder wirtschaftliche Vorgänge (z.B. den Export) von der Refinanzierung ausschließen und dadurch einen restriktiven Einfluß ausüben.
Eine noch *nicht* praktizierte Möglichkeit einer qualitativen Selektion bestünde darin, am Terminus *gute* (Handelswechsel) anzuknüpfen, d.h. auf die Bonität des Wechselschuldners abzustellen. So müßte die Bank, ehe sie einen Wechsel zum Rediskont bei der DBB einreichen kann, prüfen, ob beim Wechselschuldner eine bestimmte Relation zwischen seiner gesamten Kreditsumme und seinem Vermögen besteht oder etwas ähnliches. Nur wenn die Relation erfüllt wäre, könnte der Wechsel zum Rediskont eingereicht werden. *Parallel zur qualitativen Selektion* wirkt auch ein *quantitativer* Effekt, denn durch einen qualitativen Ausschluß kann ein bestimmtes (übliches) Wechselvolumen nicht rediskontiert werden.

Seit 1977 arbeitet die DBB bei der qualitativen Selektion (früher war dies anders) mit der sog. *Globalregelung*, wonach sie zum Diskont nur solche Wechsel akzeptiert, "die aufgrund von Warenlieferungen oder Dienstleistungen zwischen Unternehmen und/oder Selbständigen stattfinden". Dadurch kommt der Terminus Handelswechsel in einer globalen Interpretation zum Tragen.

4.2.2.2 Quantitative Beschränkung - Rediskontkontingente

Die Anwendung der Rediskontkontingente, d.h. die mengenmäßige Beeinflussung der Diskontgeschäfte, ist im Rahmen der Diskontpolitik der DBB ein sehr wichtiger Ansatzpunkt.

Unter einem Rediskontkontingent versteht man die *mengenmäßige Begrenzung* der vom *einzelnen Kreditinstitut bei der DBB maximal einreichbaren Menge an rediskontierbarem Wechselmaterial* (z.B. Bank A kann höchstens 1,5 Mrd. DM an Wechselmaterial zum Rediskont bei der DBB einreichen).

Das *Gesamtvolumen aller Rediskontkontingente* (z.B. für 1992 - 62 Mrd. DM) wird vom Zentralbankrat festgesetzt. Zur Aufteilung dieses Gesamtbetrages auf die einzelnen Kreditinstitute wird von der DBB ein einheitliches *Bemessungsverfahren* angewandt, d.h. es wird pro Bank das sog. *Normkontingent* ermittelt.

Die **Normkontingente** werden nach folgenden Kriterien bestimmt:

1) Grundlage der Bemessung stellen einmal die haftenden Mittel einer Bank dar
2) Sind die haftenden Mittel über 200 Mio. DM, so gehen diese Beträge mit einem abnehmenden Anteil im Normkontingent ein (d.h. größere Banken werden etwas geringer berücksichtigt)
3) Die Eigenmittel werden weiterhin durch die sog. Strukturkomponente korrigiert (häufig gekürzt). Dadurch wird die Aktivstruktur einer Bank berücksichtigt. So fällt z.B. die Korrektur umso geringer aus, je höher der Anteil der Kredite dieser Bank an Nichtbanken ist bzw. die Korrektur fällt umso höher aus, je mehr Kredite diese Bank an eine andere Bank gewährt hat
4) Schließlich wird der Umfang des bei einem Kreditinstituts insgesamt vorhandenen rediskontierfähigen Wechselmaterials berücksichtigt. Dabei führt ein hoher Bestand an Wechseln zu einer Verbesserung der Normkontingente

Auf die so bestimmten Normkontingente wendet die DBB einen einheitlichen *Multiplikator* an, dessen Höhe sich entsprechend dem Gesamtvolumen aller Rediskontkontingente verändert.

D.h. geht die DBB *restriktiv* vor, d.h. will sie den Rediskontspielraum der Banken mengenmäßig einschränken, wird der *Multiplikator reduziert.* Geht sie dagegen *ex-*

pansiv vor, was bedeutet, daß der Rediskontspielraum quantitativ ausgeweitet werden soll, so wird der *Multiplikator* vom Zentralbankrat *erhöht.*
Auf der Basis der ermittelten Normkontingente bestimmt die DBB schließlich das Rediskontkontingent. Dabei werden individuelle Gegebenheiten einer Bank berücksichtigt. So z.B., ob diese Bank die Grundsätze über das Eigenkapital und die Liquidität entsprechend den Bestimmungen des Bundesaufsichtsamtes für das Kreditwesen beachtet und ob auch sonst das Geschäftsgebaren völlig ohne Bedenken ist. Beanstandungen, wie auch allgemeine Bonitätsmängel können dazu führen, daß das Rediskontkontingent unter dem Normkontingent festgesetzt wird. Weder Norm- noch Rediskontkontingent werden veröffentlicht; auf Anfrage erfährt die Bank aber ihr individuelles Rediskontkontingent, das in der Regel für ein Jahr gilt.
Eine Variante der Anwendung der Rediskontkontingente (hier restriktiver Einsatz) besteht/bestand darin, daß in Zeiten starker Kapitalimporte die Rediskontkontingente bei hohen Zuflüssen aus dem Ausland gekürzt wurden. Weiterhin hat die DBB Mitte der 70er Jahre den Spielraum der Ausnutzung der Kontingente eingeengt (sog. *Ausnutzungsquote*), z.B. durften 1973 die Kontingente nur zu 60 % in Anspruch genommen werden.

Wirkungen der Rediskontkontingente:
Die Wirkungen des Konzeptes der Rediskontkontingente läßt sich mit den *Liquiditätsreserven einer Bank* erläutern (siehe Abschnitt 1.1.6).
Die Liquiditätsreserven einer Bank bestehen aus den vorhandenen Überschußreserven, den Geldmarktpapieren mit Geldmarktfähigkeit und dem unausgenutzten Rediskont- und Lombardspielraum. Die Liquiditätsreserven einer Bank sind entscheidend für deren Kreditgewährungsspielraum, denn bei vermehrter Kreditvergabe muß eine Bank mit erhöhten Barabhebungen rechnen, d.h. die Banken benötigen Zentralbankgeld. Wollen somit die Banken ihr Kreditgeschäft ausdehnen, sind dazu freie Liquiditätsreserven, u.a. die Rediskontkontingente, nötig. Erst wenn eine Bank sämtliche Liquiditätsreserven ausgeschöpft hätte, ist die äußerste Grenze ihrer Kreditexpansion erreicht.
Banken gehen aus dem Vorsichtsmotiv heraus, d.h. zur Aufrechterhaltung ihrer Liquidität, nicht bis zu dieser obigen Grenze. Vielmehr halten sie einen bestimmten Bestand ihrer Liquiditätsreserven in Relation zu ihrem Gesamtengagement quasi als "eiserne Reserve" zurück. Wo nun diese Relation liegt, hängt von der einzelnen Bank ab. Sie wird vom Verhältnis des erzielbaren Ertrages in Relation zum Risiko einer verringerten Liquidität abhängen (siehe dazu Abschnitt 2.2.3.2).

Erhöht die DBB die Rediskontkontingente, so nimmt der unausgenutzte Rediskontspielraum zu und damit der Bestand der freien Liquiditätsreserven. Für die Bank bedeutet dies, daß die Relation zwischen Liquiditätsreserve und Gesamtengagement nicht mehr gegeben ist. Sie reagiert (im Normalfall) somit mit einer Erhöhung ihres Kreditangebotes. Sollte dieses akzeptiert werden, tritt ein Abbau der Liquiditätsreserven ein, um den erwarteten Abfluß an Zentralbankgeld erfüllen zu können.
Dieses Bestreben der Bank bedeutet eine Steigerung des Geldangebotes, mit der Tendenz einer Sollzinssenkung (entspräche der geldpolitischen Absicht der DBB).
Ob dieser dargelegte Wirkungsmechanismus eintritt, hängt zunächst von der jeweiligen Konjunktursituation ab, in der die obige Maßnahme der DBB erfolgt.
In einer *guten Wirtschaftslage* werden die zusätzlichen Kontingente sicherlich rasch ausgenutzt, d.h. die Erhöhung des Geldvolumens tritt ein. Die erwartete Zinssenkung hängt von der Kreditnachfrage ab, d.h. ist diese relativ hoch, tritt sie nicht oder nur teilweise ein. Ebenfalls zu berücksichtigen wäre, ob die Banken den erweiterten Rediskontspielraum nicht zur Kreditumschichtung nutzen, d.h. z.B. den teueren Lombardkredit zugunsten des billigen Diskontkredits abbauen. Dann treten obige Wirkungen nicht oder nur abgeschwächt ein.
In einer *schlechten Wirtschaftssituation* muß sich infolge der prinzipiell geringen Kreditnachfrage, nicht oder auch wieder nur eingeschränkt, eine Ausweitung des Kreditvolumens einstellen; infolge der hier wohl stärkeren Kreditaktivität der Banken ist jetzt sicher mit einer Sollzinssenkung zu rechnen.

Senkt die DBB umgekehrt die Rediskontkontingente, so vermindern sich die Liquiditätsreserven der Banken. Jetzt ist mit den entgegengesetzten Ergebnissen zu rechnen, wobei dies je nach Konjunkturlage entsprechend einzuschränken wäre. Relativ sicher ist jetzt aber mit einem kontraktiven Einfluß auf das Kreditangebot und wohl auch mit einer Zinssteigerungstendenz zu rechnen.

4.2.2.3 Beurteilung der Diskontpolitik

Eine Beurteilung der Wirkung der Rediskontkontingente erfolgte im vorangegangenen Abschnitt, so daß es sich nunmehr lediglich um die Bewertung der "üblichen" Diskontpolitik, d.h. der *Diskontsatzpolitik* dreht. Bei der Analyse der Wirkungen einer Variation des Diskontsatzes sind zwei Themenbereiche von Interesse:

1) Ist der Diskontsatz der sog. Leitzins der Wirtschaft?

2) Kann der Diskontsatz das Geld- und Kreditvolumen einer Wirtschaft beeinflussen?

Der Diskontsatz als Leitzins in einer Wirtschaft

Seit der Aufhebung der Zinsbindung in der BRD 1967 ist der Diskontsatz nicht mehr von Gesetzes wegen der Leitzins, an den sich alle übrigen Zinsen anzupassen haben. Die Zinsen bilden sich heute in der BRD durch Angebot und Nachfrage (grundsätzlich) am Markt.

Dies könnte im **ungünstigsten Fall** bedeuten, daß vom Diskontsatz bzw. seiner Änderung **gar keine Wirkung** auf die übrigen Zinssätze ausgeht. *Einmal* deshalb, weil die Kreditinstitute auf die Refinanzierung über einen Diskontkredit bei der DBB nicht angewiesen sind, z.B. stehen ihnen billigere Geldbeschaffungsmöglichkeiten im Ausland zur Verfügung. Das Angebot der DBB für einen Diskontkredit wird nicht genutzt, somit kann das Instrument auch keine Wirkung zeigen.
Andererseits zeigt sich deshalb keine Zinsreaktion auf die Diskontsatzänderung, weil die Banken zwar die Refinanzierung in Anspruch nehmen, aber die übrigen Marktdaten den Banken keine Veranlassung abnötigen, das Zinssignal der DBB weiterzugeben. Dies dürfte in der Realität insbesondere bei einer Diskontsatzsenkung der Fall sein, wenn reichlich Nachfrage nach Krediten herrscht und die Banken ihre preiswertere Refinanzierung nicht an ihre Kunden weitergeben (bei einer Diskontsatzerhöhung erfolgt die Zinsanpassung der Banken in der Regel wesentlich schneller!).
Die Praxis zeigt, daß, von möglichen Ausnahmesituationen abgesehen, das Eintreten dieses ungünstigen Falles von der DBB durch den kombinierten Einsatz mit anderen Instrumenten nach Möglichkeit verhindert wird. Allerdings kann der time-lag, bis sich vor allem eine Diskontsatzsenkung auf die Zinsen auswirkt, nicht unbeträchtlich sein.

Die **Änderung des Diskontsatzes** wirkt sich **zunächst am Geldmarkt aus**, d.h. sie tangiert die **Geldmarktsätze.**
Will die DBB die Refinanzierung der Banken verteuern (**restriktive Politik**), dann erhöht sie den Diskontsatz. Dies ist *dann ohne Echo auf die Geldmarktzinssätze,* wenn der Diskontsatz vor der Erhöhung bereits über den Geldmarktsätzen lag und somit eine Inanspruchnahme des Diskontkredites für die Kreditinstitute sowieso uninteressant ist. Hier tritt eine Realisierung der angestrebten Diskontpolitik nur ein, wenn die DBB gleichzeitig durch die Offen-Markt-Politik eine Erhöhung der Geldmarktsätze über das Niveau des Diskontsatzes erreicht.

Günstiger ist die Situation im Hinblick auf den angestrebten Effekt, wenn der Diskontsatz unter den sonstigen Geldmarktsätzen liegt (vom Tagesgeld abgesehen) und somit für die Banken die billigste Refinanzierung darstellt. Hier bewirkt eine Diskontsatzerhöhung, daß die Refinanzierung für die Banken sich auf jeden Fall verteuert. Somit tritt hier auch ein kontraktiver Einfluß auf das Kreditangebot der Banken ein.
Dieser von der DBB ja angestrebte Effekt könnte noch dadurch abgesichert bzw. verstärkt werden, daß durch flankierende Maßnahmen der Offen-Markt-Politik auch die übrigen Geldmarktsätze ansteigen. Die Folge wäre eine allgemeine Verteuerung der Refinanzierung über den Geldmarkt. Die Konsequenz daraus ist eine allgemeine Zinserhöhungstendenz bei den (kurzfristigen) Sollzinsen. Weiterhin ist, sollte dies längerfristig anhalten, mit einem Anstieg der Habenzinssätze und der Rendite für Kapitalmarktpapiere zu rechnen (d.h. eine Übertragung auf den Kapitalmarkt).
Umgekehrt ist der Einsatz der Diskontsatzpolitik im **expansiven Sinne**. Hier müßte die Bundesbank den Diskontsatz senken. Auch hier kommt es darauf an, ob der Diskontsatz dann unter oder über den Geldmarktsätzen liegt. Nur wenn er unter den Geldmarktsätzen liegt, d.h. die billigste Refinanzierung darstellt, tritt eine Wirkung ein. Unterstützt man dies wieder durch eine entsprechende Offen-Markt-Politik, die eine Senkung der übrigen Geldmarktsätze bewirkt (die aber noch über dem Diskontsatz liegen müßten), so ergibt sich insgesamt eine (ja angestrebte) Sollzinssenkungstendenz. Auch hier ist dann (meist schneller) mit Senkung der Habenzinssätze und (etwas längerfristig) der Rendite von Kapitalmarktpapieren zu rechnen.

Insgesamt kann man somit heute von der Regel ausgehen, daß sich nach einer gewissen Zeit die Leitzinsfunktion des Diskontsatzes zeigt.
Aber zu fragen ist: Nach der jeweiligen Zeitspanne der Zinsanpassung, nach der Stärke der Reagibilität und daß eine Zwangsläufigkeit nicht unterstellt werden kann.

Diskutiert man somit (wie eben geschehen) ausgiebig das Wenn und Aber einer durch Diskontsatzänderung ausgelösten Zinsanpassung, so ist die eigentlich entscheidende Frage, ob mit dieser (angenommenen) Zinsänderung das eigentliche Ziel, nämlich die Kauf- und Investitionsentscheidungen der Wirtschaftssubjekte letztlich zu beeinflussen erreicht wird. D.h. es ist die Frage nach der **Zinsreagibilität** zu analysieren.

Es ist somit zu klären, ob die *Käufe, und vor allem die Investitionen von der Zinshöhe abhängen.*

Ohne dabei in die Investitionenstheorie einzusteigen, kann man dazu heute feststellen:

1. Auf einen Teil der Investitionen wirken die Zinsen (ihre Höhe) schon mit ein. Dies trifft bei den Lagerinvestitionen zu und teils bei den Investitionen, die kurz- bis mittelfristig finanziert werden. Weiterhin trifft dies für Bauinvestitionen zu, vor allem beim privaten Wohnungsbau. Schließlich spielt der Zins beim Konsumentenkredit eine Rolle (beim Kauf längerfristiger Gebrauchsgüter). Insgesamt ist dies aber der kleinere Teil der Wirtschaftsaktivität
2. Für den größten Teil der Investitionen ist die Zinshöhe, und damit der Zins (zumindest nicht primär), kein entscheidendes Kriterium. Zudem bewegt sich der Diskontsatz (in der BRD) ja nur im Rahmen weniger Prozentpunkte

Die Kauf- und vor allem die Investitionsentscheidungen hängen insbesondere von der Wirtschaftslage und den Ertrags- und Gewinnaussichten ab. D.h. sind die Gewinne und die Wirtschaftslage einschließlich der weiteren Aussichten (Erwartungen) gut, so wird investiert und ein (etwas) höherer Zins verhindert dies nicht. Ist die Situation und die Erwartung dagegen schlecht, so regt ein niederer Zins weder die Investition noch die Wirtschaftstätigkeit an (im wesentlichen).

Beeinflussung des Geldvolumens durch den Diskontsatz

Neben den eben dargelegten grundsätzlichen Überlegungen zur Diskontsatzpolitik gilt im Zusammenhang mit der Beeinflussung des Geldvolumens durch den Diskontsatz: Die Diskontsatzpolitik stellt keinen *direkten, unmittelbaren* Eingriff in die Liquidität der Banken dar, vielmehr nur einen mittelbaren. Infolgedessen konzentriert sich die Analyse auf die Frage, ob sich die Banken bei einer notwendigen Refinanzierung auf den Diskontkredit stützen müssen, bzw. *welche anderen Refinanzierungsquellen ihnen noch offen stehen:*

1.) In der Binnenwirtschaft wären dies:

a.) Sie könnten bei einer anderen Bank oder bei einem Finanzintermediär einen Kredit aufnehmen. Dies ist in der Regel zwar kurzfristig (über den Geldmarkt) möglich, scheidet aber dann aus, wenn alle Kreditinstitute dies zur gleichen Zeit tun wollen

b.) Sie könnten über den Geld-(evtl. auch Kapital-)Markt durch Verkauf von Wertpapieren sich Liquidität besorgen. Dies wäre aber einmal nicht "ganz banküblich", zum anderen muß dabei mit Kursverlusten gerechnet werden, und schließlich scheidet es aus, wenn dies alle Banken wieder gleichzeitig machen würden (starke Kursverluste!)

c.) Somit bleibt in der Binnenwirtschaft häufig nur die Refinanzierung über die Zentralnotenbank. D.h. in der eigenen Volkswirtschaft ist eine relativ enge Kopplung zwischen dem Diskontsatz und dem Geldvolumen denkbar

2.) Über die Außenwirtschaft:

a.) Insbesondere bei einem stabilen Wechselkurssystem, aber auch beim unsauberen Floaten (siehe Kapitel 6), ergeben sich für die Banken (u.U. automatisch) eine deutliche Vergrößerung der Refinanzierungsmöglichkeiten:

Einmal kommt bei Überschüssen der Leistungsbilanz automatisch Liquidität zu den Banken

Dies ist weiterhin bei starken Kapitalimporten der Fall. Wenn schließlich die Zentralnotenbank am Niedrigkurs intervenieren muß, gelangt ebenfalls ohne deren Zutun Liquidität zu den Banken

b.) Beim Vorhandensein eines freien Kapitalverkehrs (der z.Z. unterstellt werden kann) haben die Banken schließlich die Möglichkeit, sich am Euro-Dollar-Markt zu refinanzieren

Somit sind es vor allem die außenwirtschaftlichen Einflüsse, die die Wirksamkeit der Diskontsatzpolitik im Hinblick auf eine Beeinflussung der Geld- und Kreditmenge deutlich einschränken.

U. U. wird durch eine Maßnahme der Diskontpolitik das von ihr angestrebte Ziel durch die Außenwirtschaft unterlaufen:

Wenn z.B. zur Dämpfung des Preisauftriebes (u.a.) der Diskontsatz erhöht wird (= restriktiv eingesetzt wird), sich dadurch (angenommen) das Zinsniveau erhöht, so kann der höhere Zins der Anlaß für zunehmende Kapitalimporte sein. Die Folge wäre zusätzliche Liquidität für die Banken, wobei damit das Ziel der Diskontpolitik = Verringerung des Geldvolumens unterlaufen werden würde. Dieser Wirkungszusammenhang ist dabei deutlich bei stabilen Wechselkursen zu erwarten.

Insgesamt ergibt sich für die **Beurteilung der Effektivität der Diskontsatzpolitik**:

1.) Die Leitzinsfunktion wird mit zeitlicher Verzögerung in etwa (meistens) eintreten

2.) Bezieht man die außenwirtschaftlichen Zusammenhänge mit ein, so wird die Geld- und Kreditmenge nur teilweise (manchmal überhaupt nicht) davon berührt

3.) Grundsätzlich erfolgversprechender ist der restriktive Einsatz, ein expansiver Einsatz verspricht keinen allzu großen Erfolg

4.) Worin besteht dann gegenwärtig überhaupt der Effekt der Diskontsatzpolitik?

 a.) Er besteht einmal in einem kombinierten Einsatz mit anderen geldpolitischen Instrumenten, um z.B. ein Ausweichen der Kreditinstitute zu verhindern

 b.) Zum anderen zeigt er sich in der sogenannten *Signalwirkung* einer Diskontsatzänderung

 Infolge der Wertschätzung, die die Bundesbank genießt, wird immer stärker national und international in einer immer breiteren Öffentlichkeit eine Diskontsatzänderung beachtet und meist richtig als Warnung bzw. Entwarnung verstanden. D.h. eine Diskontsatzänderung beeinflußt die psychologische Einstellung der Wirtschaft

4.2.3 Lombardpolitik

Ein Lombardkredit seitens der DBB liegt vor, wenn sie (nur an Kreditinstitute) ein verzinsliches Darlehen gegen Pfand gewährt.
Als Pfänder kommen nur noch bestimmte Wertpapiere in Betracht, nach § 19 BBKG können dies sein:

1.) Wechsel, die den Konditionen eines Rediskontgeschäftes entsprechen
2.) Schatzwechsel
3.) Unverzinsliche Schatzanweisungen (sog. U-Schätze), sonstige Schuldverschreibungen und Schuldbuchforderungen, deren Schuldner der Staat ist
4.) Andere Schuldverschreibungen (sog. Rentenpapiere)
5.) Ausgleichsforderungen

Welche Wertpapiere konkret z.Z. beliehen werden und welche Beleihungsgrenzen gelten (bei Wechseln meist 9/10, den übrigen Papieren 3/4), kann aus dem bei der DBB geführten sog. *Lombardverzeichnis* entnommen werden.

Durch *eine Variation* der jeweils im Lombardverzeichnis aufgeführten und damit beleihbaren Papiere kann eine *qualitative Steuerung der Lombardpolitik* erfolgen.

Dadurch, daß bestimmte Papiere im Verzeichnis aufgeführt werden oder nicht, erfolgt auch in gewissem Maße eine mengenmäßige Steuerung der Lombardkredite. Ein Lombardkredit wird seitens der Bundesbank für maximal 3 Monate gewährt.

Als *Aktionsparameter* der Lombardpolitik kommt neben der eben dargelegten qualitativen Beeinflussung insbesondere der *Lombardsatz* in Betracht, d.h. der Zinssatz, zu dem die DBB einen Lombardkredit gewährt.
Der Lombardsatz liegt in der BRD grundsätzlich über dem Diskontsatz, meistens 1 Prozent (maximale Spanne 0,5 bis 3 %), d.h. er stellt somit grundsätzlich eine teurere Refinanzierung dar.
Da ein Lombardkredit eine teurere Refinanzierung als ein Diskontkredit darstellt, ist zu klären, warum Banken dennoch darauf zurückgreifen:

1.) Dies kann dann der Fall sein, wenn das Rediskontkontingent schon ausgeschöpft ist und trotzdem ein dringender Refinanzierungsbedarf besteht
2.) Dies kann dann opportun sein, wenn sich lohnende Geldanlagen für die Banken ergeben, die über dem Lombardsatz liegen
3.) Der Lombardkredit kann dann sinnvoll sein, wenn es sich um eine sehr kurzfristige Finanzierung handelt, denn dafür werden Zinsen nur nach der tatsächlichen Zeitdauer der Beanspruchung berechnet. Für einen Diskontkredit wird von der DBB der Zins dagegen für mindestens 5 Tage berechnet. Weiterhin kann ein Lombardkredit von der Bank jederzeit abgelöst werden

Zeitweise hat die DBB aus kreditpolitischen Erwägungen heraus (hier restriktive Politik) den normalen Lombardkredit außer Kraft gesetzt, und statt dessen nur den **Sonderlombardkredit** gewährt.
Ein Sonderlombardkredit ist eine deutlich restriktive Politik, denn:

1.) Er wird nur zum Ausgleich einer besonderen Anspannung am Geldmarkt gewährt und dient nicht mehr (wie der normale Lombardkredit) der üblichen Refinanzierung
2.) Er kann seitens der DBB täglich gekündigt werden
3.) Der Sonderlombardsatz liegt deutlich über dem normalen Lombardsatz und kann zudem von der DBB täglich geändert werden

Zeitweise wurde der Lombardkredit (wieder beim restriktiven Einsatz) im Sinne einer *quantitativen Begrenzung* nur gewährt.
Diese quantitative Begrenzung, die sog. **Lombard-Warnmarke** bzw. die (neuere Bezeichnung) **Lombard-Linie**, wurde als ein Prozentsatz des Normkontingentes ausgedrückt. D.h. das Kreditinstitut konnte nur 15 - 20 % seines Normkontingentes

als Lombardkredit maximal beanspruchen. Der Grund dafür lag in der Ansicht der DBB, daß der Lombardkredit über Gebühr beansprucht war, obwohl er nur als Überbrückung eines momentanen Liquiditätsengpasses gedacht sei.

Das **Prinzip der Lombardpolitik** ist relativ einfach:
Bei einem *expansiven Einsatz* könnte die DBB:

1.) Den Sonderlombardkredit wieder in den normalen Lombard überführen
2.) Evtl. Beschränkungen im Lombardverzeichnis wieder außer Kraft setzen
3.) Die Warnmark bzw. Lombardlinie vergrößern, oder ganz außer Kraft setzen
4.) und insbesondere den Lombardsatz senken

Bei einem *restriktiven Einsatz* würde einer oder mehrere der aufgeführten vier Punkte in der umgekehrten Richtung kontraktiv eingesetzt.

Die **Beurteilung der Wirkungsweise der Lombardpolitik** kann grundsätzlich analog zu derjenigen der Diskontpolitik erfolgen.
Der Grund liegt darin, daß, wie dargelegt, das Konzept der Diskont- und Lombardpolitik genau analog aufgebaut ist.
Kleinere Unterschiede ergeben sich lediglich aus der etwas differenzierten institutionellen Ausgestaltung der beiden Refinanzierungsinstrumente.
Ergänzend käme zur Beurteilung hinzu, daß aus dem Blickwinkel der Banken (bzw. des Geldmarktes) bei einer *entspannten Liquiditätslage* der Lombardsatz am Geldmarkt als eine *Zinsobergrenze* für die Geldmarktsätze betrachtet wird (d.h. hier die Geldmarktsätze nicht über dem Lombardsatz zu liegen kommen, abgesehen vom Tagesgeld). Bei *angespannter Liquidität* der Kreditinstitute stellt der Lombardsatz dagegen eine *Zinsuntergrenze* für die Geldmarktsätze dar. Insgesamt werden die Geldmarktsätze in der vorgestellten Form durch den Lombardsatz in ihrer Höhe entsprechend begrenzt.
Abbildung 4-1 zeigt die Entwicklung von Diskont- und Lombardsatz in der BRD.

4.3 Mindestreservenpolitik

Mit der Mindestreservenpolitik wird eines der sehr wirkungsvollen Instrumente der Zentralnotenbanken analysiert. Wirkungsvoll unter dem Gesichtspunkt, ob es der Zentralnotenbank gelingt, durch den Einsatz des Instrumentes die beiden geldpolitischen Zwischenziele, Geldvolumen (-menge) und/oder Zinsniveau, effektiv zu be-

Gültig ab	Diskontsatz[1]	Lombardsatz
1948 1. Juli	5	6
1949 27. Mai	4½	5½
14. Juli	4	5
1950 27. Okt.	6	7
1952 29. Mai	5	6
21. Aug.	4½	5½
1953 8. Jan.	4	5
11. Juni	3½	4½
1954 20. Mai	3	4
1955 4. Aug.	3½	4½
1956 8. März	4½	5½
19. Mai	5½	6½
6. Sept.	5	6
1957 11. Jan.	4½	5½
19. Sept.	4	5
1958 17. Jan.	3½	4½
27. Juni	3	4
1959 10. Jan.	2¾	3¾
4. Sept.	3	4
23. Okt.	4	5
1960 3. Juni	5	6
11. Nov.	4	5
1961 20. Jan.	3½	4½
5. Mai	3	[3] 4
1965 22. Jan.	3½	4½
13. Aug.	4	5
1966 27. Mai	5	6¼
1967 6. Jan.	4½	5½
17. Febr.	4	5
14. April	3½	4½
12. Mai	3	4
11. Aug.	3	3½

Gültig ab	Diskontsatz[1]	Lombardsatz
1969 21. März	3	4
18. April	4	5
20. Juni	5	6
11. Sept.	6	7½
5. Dez.	6	9
1970 9. März	7½	9½
16. Juli	7	9
18. Nov.	6½	8
3. Dez.	6	7½
1971 1. April	5	6½
14. Okt.	4½	5½
23. Dez.	4	5
1972 25. Febr.	3	4
9. Okt.	3½	5
3. Nov.	4	6
1. Dez.	4½	6½
1973 12. Jan.	5	7
4. Mai	6	8
1. Juni	7	[4] 9
1974 25. Okt.	6½	8½
20. Dez.	6	8
1975 7. Febr.	5½	7½
7. März	5	6½
25. April	5	6
23. Mai	4½	5½
15. Aug.	4	5
12. Sept.	3½	4½
1977 15. Juli	3½	4
16. Dez.	3	3½
1979 19. Jan.	3	4
30. März	4	5
1. Juni	4	5½
13. Juli	5	6
1. Nov.	6	7

Gültig ab	Diskontsatz[1]	Lombardsatz[2]
1980 29. Febr.	7	8½
2. Mai	7½	9½
19. Sept.	7½	[4] 9
1982 27. Aug.	7	8
22. Okt.	6	7
3. Dez.	5	6
1983 18. März	4	5
9. Sept.	4	5½
1984 29. Juni	4½	5½
1985 1. Febr.	4½	6
16. Aug.	4	5½
1986 7. März	3½	5½
1987 23. Jan.	3	5
6. Nov.	3	4½
4. Dez.	2½	4½
1988 1. Juli	3	4½
29. Juli	3	5
26. Aug.	3½	5
16. Dez.	3½	5½
1989 20. Jan.	4	6
21. April	4½	6½
30. Juni	5	7
6. Okt.	6	8
1990 2. Nov.	6	8½
1991 1. Febr.	6½	9
16. Aug.	7½	9¼
20. Dez.	8	9¾
1992 17. Juli	8¾	9¾
15. Sept.	8¼	9½

Sonderzins bei Unterschreitung des Mindestreserve-Solls: 3% p.a. über Lombardsatz[5]

Abb.: 4-1: Entwicklung von Diskont- und Lombardsatz in der BRD

einflussen. Überspitzt ausgedrückt stellt die Refinanzierungspolitik nur ein Angebot an die Kreditinstitute dar. Müssen oder wollen die Banken nicht darauf eingehen, so bleibt eine Wirkung völlig aus. Umgekehrt ist es dagegen bei der Mindestreservenpolitik. Hier tritt die Wirkung ohne Beteiligung der Kreditinstitute ein, sie stellt einen effektiven Eingriff in die Liquidität der Banken dar (siehe dazu u.a. Abschnitt 2.2.3.1 zur Giralgeldschöpfung). Dies erklärt auch, warum die Mindestreserven bei den Banken nicht beliebt sind und periodisch ein Vorstoß zu ihrer Abschaffung unternommen wird.

Der Gedanke der Mindestreserven stammt aus den USA, wo erstmals 1913 im "Federal Reserve Act" festgelegt wurde, daß Banken beim FED eine Mindestreserve zu unterhalten hätten. *Dieses erfolgte damals allerdings mit einer völlig anderen Zielrichtung als heute.*

Diese ersten Mindestreserven waren als eine (mindeste) Barreserve zu verstehen, sie dienten somit der Aufrechterhaltung der Bankenliquidität.
1935 tritt in den USA ein Wandel ein, d.h. jetzt werden die Mindestreserven zu einem geldpolitischen Instrument und dienen **nicht** mehr der Liquiditätssicherung.
Mindestreserven im heutigen Sinne als geldpolitisches Instrument gibt es in der BRD, wie in den meisten Marktwirtschaften, erst nach dem 2. Weltkrieg (1948 durch die Bank deutscher Länder eingeführt).

4.3.1 Organisation des Mindestreservesystems

Die in der BRD durch die DBB praktizierte Mindestreservepflicht ist eindeutig ein geldpolitisches Instrument, denn in *§ 16 BBKG* heißt es:
"Die DBB kann von den Kreditinstituten verlangen, daß diese einen bestimmten Prozentsatz ihrer Einlagen (sog. Passivmindestreserve) unverzinslich auf einem Girokonto bei der DBB unterhalten."
Als Zweck dieser Mindestreserve wird in § 16 BBKG die Beeinflussung des Geldumlaufes und der Kreditgewährung genannt (von der früheren Liquiditätssicherung ist nicht die Rede).
Die DBB hat zu § 16 BBKG sog. Ausführungsbestimmungen in Form "*einer Anweisung über Mindestreserven (AMR)*" erlassen und veröffentlicht, aus der die genauen Vorschriften in ihrer jeweiligen Form ersichtlich sind.

Grundsätzlich sind *alle Kreditinstitute zur Unterhaltung von Mindestreserven verpflichtet* (früher waren bestimmte Gruppen davon befreit). Infolge des Strukturwandels auf den Finanzmärkten ist die deutliche Tendenz erkennbar, immer mehr Institute in die Reservepflicht einzubeziehen (damit sollen Ausweichmanöver der Kreditinstitute unterbunden werden). So sind z.B. seit 1984 auch Kreditinstitute mit überwiegend langfristigen Geschäften (= klassisch die Hypothekenbanken) und die Bausparkassen (mit einigen Ausnahmen) in die Reservepflicht einbezogen worden, da diese beiden Gruppen von Kreditinstituten auch immer mehr andere Bankgeschäfte tätigen.

Die *Reservepflicht bezieht sich* prinzipiell *auf alle Einlagen* bei den jeweiligen Kreditinstituten mit *einer Befristung von weniger als vier Jahren.* Auch hier ist seitens der DBB eher die Tendenz einer Erweiterung erkennbar, denn die Neuregelung ab Mai 1986 sieht vor, daß alle Buchverbindlichkeiten (z.B. auch Namensschuldverschreibungen und Orderschuldverschreibungen) mit einer Frist unter 4 Jahren und

Verbindlichkeiten aus Inhaberschuldverschreibungen mit einer Frist unter 2 Jahren der Reservepflicht unterliegen. So hatten z.B. vorher die Banken ihren Kunden von den Banken emittierte Bankschuldverschreibungen mit einjähriger Laufzeit angeboten anstelle eines einjährigen Termingeldes, da diese bis 1986 nicht der Reservepflicht unterlagen.

Es gibt **nicht einen Reservesatz, sondern die Reservesätze sind (waren) nach folgenden Gesichtspunkten differenziert**, d.h. es gibt eine Reihe unterschiedlicher Reservesätze:

1) Nach der Art bzw. der Fristigkeit der Einlagen
2) Nach der Höhe der Einlagen (Verbindlichkeiten)
3) Nach der Herkunft der Verbindlichkeiten
4) Nach dem Bestand und/oder dem Zuwachs der Verbindlichkeiten
5) Früher (jetzt aufgehoben) danach, ob das Kreditinstitut seinen Sitz an einem Bank- oder Banknebenplatz hat

zu 1) Bei der Differenzierung nach der Art der Einlagen unterscheidet man zwischen Sichtverbindlichkeiten, befristeten Verbindlichkeiten (Termingelder z.B.) und Spareinlagen. Die Höhe der Sätze ist nach der Liquidität der Einlagen abgestuft, wobei eine höhere Liquidität einer Einlagenart einen höheren Reservesatz ergibt. Für Inländer betragen die maximalen Sätze bei Sichteinlagen 30 %, bei befristeten Einlagen 20 % und bei Spareinlagen 10 %.

Eine Umschichtung in den Einlagen kann somit bei einer Bank zu einer Erhöhung oder Reduzierung der Reservepflicht führen.

zu 2) Die Unterscheidung nach der Höhe der Verbindlichkeiten geht vom Grundsatz aus, je höher die Einlage bei einer Bank ist, umso höher ist der dafür anzuwendende Reservesatz.
Man unterscheidet dabei drei Reservestufen:
Progressionsstufe 1 für Einlagen bis zu 10 Mio. DM
Progressionsstufe 2 für Einlagen über 10 bis 100 Mio. DM
Progressionsstufe 3 für Einlagen über 100 Mio. DM
Angewendet wird dabei das sog. *Progressionsstaffelverfahren*, um einen gleichmäßigen Anstieg der Reservebelastung zu gewährleisten bzw. um zu vermeiden, daß beim Übergang von einer zur nächsten Progressionsstufe ein sprunghafter Anstieg der Belastung eintritt. D.h. hätte eine Bank X z.B. insgesamt 137 Mio. DM an Sichteinlagen, so fällt sie nicht mit 137 Mio. DM in Progressionsstufe 3, vielmehr: Für die ersten 10 Mio. DM kommt der niedrigste Satz der Stufe 1 zur Anwendung, für die

folgenden 90 Mio. DM kommt der nächsthöhere Satz der Stufe 2 zur Anwendung, und erst für die restlichen 37 Mio. DM wird der höchste Satz der Stufe 3 angewandt. Dadurch erreicht man finanzmathematisch eine (in etwa) proportional ansteigende Reservebelastung mit zunehmender Höhe der Einlagen, die sich asymptotisch dem Satz der Stufe 3 nähert.
Seit 1986 wird die Unterscheidung nach der Höhe der Einlagen nur noch bei Sichtverbindlichkeiten von Inländern angewandt.

Zu 3) Die Differenzierung nach der Herkunft der Einlagen gibt der DBB die Möglichkeit, die Reservesätze danach zu unterscheiden, ob die Einlagen von Inländern oder Ausländern stammen. Handelt es sich um Einlagen von Ausländern, so gelten dafür *nicht* die Höchstsätze entsprechend der Art der Einlagen (siehe 1), vielmehr *könnte* hier der Reservesatz von der DBB bis auf 100 % heraufgesetzt werden, d.h. der gesamte Betrag dieser ausländischen Einlage würde der Verfügung der Bank entzogen werden (sie würden der Bank nicht mehr zur Kreditgewährung zur Verfügung stehen).
Die Zielrichtung dieser Differenzierung ist deutlich: D.h. wenn ein unerwünscht hoher Zufluß von Auslandsgeldern, sog. Kapitalimporten, das Geldvolumen unverhältnismäßig aufbläht und damit die Preisstabilität (Inflation!) gefährdet, so dienen die erhöhten Reservesätze auf Einlagen von Ausländern dazu, dies zu unterbinden.
Es ist sehr umstritten, bzw. es wird bezweifelt, ob es mit dieser Maßnahme gelingt, den Geldzustrom aus dem Ausland wirkungsvoll zu unterbinden (Banken und Unternehmen haben effektvolle Ausweichstrategien entwickelt).

zu 4) Üblicherweise werden die Reserveverbindlichkeiten eines Kreditinstitutes vom jeweiligen Bestand der Einlage ermittelt (*Bestandsreserve).*
Die DBB hat aber auch die Möglichkeit, sog. Zuwachsreserven zu erheben, d.h. als Bezugsgrundlage den Zuwachs an Einlagen ab einem bestimmten Zeitpunkt zu wählen (z.B. alle neuen Einlagen an Sichtverbindlichkeiten ab dem 1.3. unterliegen den Zuwachssätzen von soundso viel Prozent). Die Prozentsätze für Zuwachseinlagen können dabei auch bei Inländern über den sonst üblichen Höchstsätzen (siehe 1) liegen.
Der Vorteil dieser Regelung besteht darin, daß damit Zentralbankgeld gezielt bei den Banken abgeschöpft wird, die z.Z. starke (unerwünschte) Zugänge an Einlagen haben. Ungünstig ist u.U. aber, daß diese stärkeren Zuflüsse auf reinen Zufälligkeiten beruhen können. Bevorzugt hat die DBB diese Möglichkeit wieder zur Abwehr hoher Auslandszuflüsse eingesetzt.

Zu 5) Eine früher angewandte, inzwischen aufgehobene Differenzierung der Reservesätze erfolgte danach, ob der Sitz des Kreditinstitutes sich an einem Bankplatz oder einem Banknebenplatz befand. Banknebenplätze hatten dabei einen niedrigeren Reservesatz.

Die folgende Tabelle (aus den Monatsberichten der DBB) zeigt die Entwicklung und Differenzierung der Mindestreservesätze in der BRD (siehe Abb.: 4-2):

Wie ist nach den Anweisungen der DBB **der Mindestreservebetrag zu berechnen**, den das einzelne **Kreditinstitut auf dem Konto bei der DBB zu halten hat**?
Die Klärung dieser Frage ist deshalb wichtig, da die Kreditinstitute hier für ihre Gelddispositionen einen nicht unwichtigen Spielraum haben.
Das sog. **Reserve-Soll** ist der DM-Betrag, der bei Anwendung der Reservesätze auf die Verbindlichkeiten einer Bank deren Mindestreserveverpflichtung ausdrückt.

Es kann auf 2 Arten errechnet werden:
Einmal als Durchschnitt (arithmetisches Mittel) aus den Endständen (Beständen) der Verbindlichkeiten der Geschäftstage und geschäftsfreien Tage vom 16. des Vormonats bis zum 15. des laufenden Monats für den laufenden Monat.
Zum anderen als Durchschnitt aus den Endständen der Verbindlichkeiten am 23. und Ultimo des Vormonats sowie am 7. und 15. des laufenden Monats wieder für den laufenden Monat. Diese 2. Berechnungsart kann für einzelne Bankinstitute ganz oder teilweise ausgeschlossen werden.
Von diesem so ermittelten Reserve-Soll kann das Kreditinstitut seit März 1978 den von ihr im Durchschnitt des laufenden Monats gehaltenen Bestand an inländischen Zahlungsmitteln (Bargeld) absetzen, was das sog. *Netto-Reserve-Soll ergibt.*
Dem Netto-Reserve-Soll wird das **Reserve-Ist** gegenübergestellt. Das Reserve-Ist ergibt sich als Durchschnitt des im Laufe des betreffenden Monats von der einzelnen Bank bei der DBB unterhaltenen Guthabens. Das Reserve-Soll muß durch das Reserve-Ist abgedeckt sein. Ist dies nicht der Fall, so muß für den Fehlbetrag ein *Strafzins* an die DBB in Höhe von *3 % über dem Lombardsatz gezahlt werden.*
Die Banken kalkulieren ihr Reserve-Ist gegenüber dem Reserve-Soll recht genau aus, so daß sich im Durchschnitt ihre Überschußreserven (= Ist > Soll) auf weniger als 1 % im Durchschnitt des Solls belaufen.
Der *Berechnungsmodus* des Reserve-Solls und des Reserve-Ists gibt den Kreditinstituten im Hinblick auf die Belastung durch die Mindestreserven einen *deutlichen Gestaltungsspielraum.*

Gültig ab:	Reservepflichtige Verbindlichkeiten gegenüber Gebietsansässigen								
	Sichtverbindlichkeiten			Befristete Verbindlichkeiten			Spareinlagen		
	Progressionsstufe[1)]			Progressionsstufe[1)]			Progressionsstufe[1)]		
	1	2	3	1	2	3	1	2	3
	bis 10 Mio DM	über 10 bis 100 Mio DM	über 100 Mio DM	bis 10 Mio DM	über 10 bis 100 Mio DM	über 100 Mio DM	bis 10 Mio DM	über 10 bis 100 Mio DM	über 100 Mio DM
1978 1. März	8,65	11,7	13,75	6,1	8,15	9,65	5,7	5,9	6,1
1. Juni	8,05	10,9	12,8	5,7	7,55	9	5,3	5,5	5,7
1. Nov.	8,75	11,85	13,95	6,2	8,25	9,8	5,8	6	6,2
1979 1. Febr.	9,2	12,45	14,65	6,5	8,65	10,3	6,05	6,3	6,5
1980 1. Mai	8,45	11,45	13,45	6	8	9,45	5,6	5,8	6
1. Sept.	7,65	10,3	12,1	5,4	7,2	8,5	5	5,2	5,4
1981 1. Febr.	7,1	9,6	11,25	5	6,7	7,95	4,65	4,85	5
1982 1. Okt.	6,4	8,65	10,15	4.5	6	7.15	4.2	4.35	4.5
1986 1. Mai[2)]	6	9	11	4.5			3.75		
1987 1. Febr.	6,6	9,9	12,1	4.95			4.15		
1993 1. März	6,6	9,9	12,1	2					

Gültig ab:	Reservepflichtige Verbindlichkeiten gegenüber Gebietsfremden						
				Zuwachs an Verbindlichkeiten			
	Sicht-verbind-lich-keiten	Be-fristete Ver-bind-lich-keiten	Spar-ein-lagen	Sicht-verbind-lich-keiten	Be-fristete Ver-bind-lich-keiten	Spar-ein-lagen	Erläuterungen der Zuwachsreservebestimmungen
1978 1. Jan.	20	15	10	80			Zusätzlicher Reservesatz für den Zuwachs gegenüber dem Durchschnittsstand in der Periode vom 16. September bis 15. Dezember 1977
1. Juni	12,8	9	5,7	keine besonderen Sätze			
1. Nov.	13,95	9,8	6,2				
1979 1. Febr.	14,65	10,3	6,5				
1980 1. Mai	13,45	9,45	6				
1. Sept.	12,1	8,5	5,4				
1981 1. Febr.	11.25	7,95	5				
1982 1. Okt.	10,15	7,15	4,5				
1986 1. Mai	11	4,5	3,75				
1987 1. Febr.	12,1	4.95	4.15				
1993 1. März	12,1	2					

Abb.: 4-2: Mindestreservesätze in der BRD

Die Berechnung des Reserve-Solls (aber auch des Reserve-Ists) als Durchschnittswert gibt einer Bank z.B. die Möglichkeit (wird so häufiger praktiziert), am Monatsanfang, wenn sie reichlicher Liquidität hat, ihr Girokonto bei der DBB entsprechend aufzustocken, um dann gegen Monatsende, wenn die Zentralbankgeldbestände geringer sind (und häufig die kurzfristigen Geldmarktzinsen höher), entsprechend weniger bei der DBB zu halten. Oder aber die Bank versucht, bei der Berechnungsmöglichkeit nach den 4 Bankstichtagen an diesen 4 Tagen (sollte es möglich sein) die Verbindlichkeiten möglichst niedrig zu halten.

Eine zusätzliche Elastizität für die Banken ergibt sich aus dem Faktum, daß die Berechnungsperioden für das Reserve-Soll und das Reserve-Ist einen halben Monat auseinanderliegen. D.h die Bank weiß am 15. des laufenden Monats bereits das Reserve-Soll für den vollen laufenden Monat und hat somit genügend Zeit, ihr Reserve-Ist entsprechend zu disponieren.

4.3.2 Wirkungen von Mindestreserveänderungen

Das *Grundprinzip der Mindestreservenpolitik* ist wieder relativ einfach. Bei einem expansiven Kurs der DBB werden die Reservesätze gesenkt, bei einem restriktiven Kurs werden sie erhöht. Welche Wirkungen gehen davon aus?

Zunächst gilt, da die Mindestreservenpolitik einen hoheitlichen Akt darstellt, dem die Banken nicht ausweichen können, daß sie direkt und unmittelbar bei den Kreditinstituten wirkt (*effektives Instrument*). Hier ist nicht wie z.B. bei der Refinanzierungspolitik ein Mitwirken der Banken erforderlich, sondern die Mindestreservenpolitik zeigt ihre Wirkung auch ohne Zutun der Banken.
Grundsätzlich gilt ebenfalls, daß die Mindestreservenpolitik als ein Instrument der Konjunkturpolitik eher wirkungsvoll im Sinne einer restriktiven Handhabung ist als bei einem expansiven Einsatz. Ginge man konsequent genug restriktiv vor, dann ergäben sich auf jeden Fall Bremswirkungen und deren Konsequenzen. Geht man dagegen expansiv vor, d.h. bietet man Geld bzw. Kredit reichlich an, dann reicht dies in einer Depression allein eben nicht aus, die Wirtschaftstätigkeit nachhaltig zu stimulieren.

Im Einzelnen gehen von einer Variation der Mindestreservesätze folgende Wirkungen aus:
1.) Durch eine Veränderung der Reservesätze hat die DBB die Möglichkeit, das Ausmaß der Zentralbankgeldbeschaffung oder den Umfang des nicht ausgenutzten Refinanzierungsspielraumes der Banken zu beeinflussen, d.h. die erste Wirkung besteht in einer Tangierung der **Liquidität** der Banken. Eine Erhöhung der Sätze bindet unmittelbar Liquidität, während eine Senkung Liquidität freisetzt. Dadurch hat die DBB die Möglichkeit, größere Liquiditätszu- oder -abflüsse (z.B. über Kapitalbewegungen im Außenwirtschaftsbereich, insbesondere bei stabilen Wechselkursen, siehe Kapitel 6) ganz oder teilweise zu kompensieren.
In den letzten Jahren ist die DBB allerdings dazu übergegangen, kürzerfristige Liquiditätsschwankungen der Banken mit den Möglichkeiten der Offen-Markt-Politik auszugleichen. Dies deshalb, weil die Offen-Markt-Politik flexibler einsetzbar ist und geräuschloser wirkt. Von einer Mindestreservesatzänderung (zur Liquiditätssteuerung) gehen u.U. erhebliche Signalwirkungen aus, die häufig nicht angebracht und erwünscht sind.
1992/93 führte eine lineare Erhöhung (Senkung) der Reservesätze um 10 % zu einer Bindung (Freigabe) von ca. 10 Mrd. DM an Liquidität bei den Kreditinstituten (d.h. beträgt der gesamte durchschnittliche Reservesatz 5 %, so bedeutet eine 10 % Ände-

rung, daß der gesamte Reservesatz auf 5,5 % bzw. 4,5 % verändert wird). Zum gleichen Zeitpunkt war der durchschnittliche Netto-Reserve-Sollsatz = 4,9 % (Reserve-Soll = 6,3 %), was 85 Mrd. DM (bzw. 110 Mrd. DM) an reservepflichtigen Einlagen bei der DBB entsprach.

2.) Eine Änderung der Reservesätze tangiert ebenfalls den **Giralgeldschöpfungsspielraum der Banken** und damit, in Verbindung mit der Liquidität, *das Geldvolumen einer Wirtschaft.*

In der Formel der Giralgeldschöpfung (siehe Abschnitt 2.2.3.1) ist der jeweilige Mindestreservesatz enthalten. Eine Erhöhung der Reservesätze zwingt die Banken, ihr Reserve-Ist bei der DBB zu Lasten des verfügbaren Zentralbankgeldes zu erhöhen und beschränkt somit ihr Giralgeldschöpfungspotential (und umgekehrt).

Daraus folgt, daß eine Anhebung der Reservesätze zunächst nur die Ausweitung der Geldmenge beschränkt bzw. verhindert, daß diese weiter wächst.

Eine Verminderung der Geldmenge (im Gefolge einer Reservesatzanhebung) wird dagegen nur dann eintreten, wenn sich die Banken gezwungen sehen, ihre Giralgeldschöpfung abzubauen bzw. Kredite zurückzurufen, weil ein Rückgriff auf Überschußreserven oder andere liquide Mittel nicht mehr möglich ist. Unterstellt man (was in der Situation einer Reservesatzerhöhung häufig der Fall ist), daß die Kreditnachfrage lebhaft ist und deshalb auch Zinserhöhungen akzeptiert werden, dann wird eine Bank versuchen, anderweitig zu Zentralbankgeld zu gelangen. D.h. die Privatbank wird versuchen, den Abfluß an Zentralbankgeld durch die Reservesatzanhebung zu kompensieren, um die (noch) rentablen Kreditwünsche ihrer Kunden erfüllen zu können. Diese Zentralbankgeldbeschaffung könnte z.B. durch Umschichtung der Liquiditätsverwendung, d.h. durch Verkauf von Wertpapieren an die DBB, durch Inanspruchnahme der Refinanzierung oder durch einen Auslandskredit realisiert werden.

Daraus wiederum folgt, daß soll die Reservesatzänderung auch unter dem Aspekt der Geldmengenbeeinflussung erfolgreich sein, dies einen ergänzenden Einsatz der Refinanzierungs- und der Offen-Markt-Instrumente erfordert. Das Ziel des Einsatzes dieser hier ergänzenden Instrumente ist es, die zu erwartenden Ausweichmanöver der Banken zu unterbinden.

Besonders schwierig ist hierbei (beim restriktiven Einsatz der Mindestreservenpolitik) die Verhinderung bzw. Eliminierung der außenwirtschaftlichen Einflüsse (siehe folgende Abschnitte zur außenwirtschaftlichen Absicherung der Bundesbankpolitik).

3.) Die Mindestreserve hat schließlich **Zinswirkungen (Zinseffekt)** zur Folge, denn dadurch wird die Rentabilität der Banken berührt.

Banken müssen für ihre gesamten Einlagen (z.B. Termingelder) Habenzinsen bezahlen, auch für den Teil der Einlagen, den sie über die Mindestreserve zinslos auf dem Girokonto der DBB unterhalten müssen. Nur für den Differenzbetrag, Einlagebetrag minus Mindestreserve, können sie Sollzinsen (Kreditzinsen) erzielen. Die Skizze der Abb. 4-3 verdeutlicht den Zusammenhang. D.h. die jeweils erzielbaren Sollzinsen (hier Nr. 1) müssen kalkulatorisch auch immer den Teil der Habenzinsen abdecken, die als Mindestreserve an die DBB abzuführen ist (hier Nr. 1). Findet eine Reserveerhöhung statt, d.h. ist nun eine größere Mindestreserve (hier Nr. 2) bei der DBB zu unterhalten und bleiben die übrigen Daten konstant, so vermindern sich die erzielbaren Sollzinsen (hier Nr. 2). Nunmehr muß in die Sollzinsen (hier Nr. 2) ein größerer mit zu tragender Habenzinsbetrag (hier aus Mindestreserve 2) einkalkuliert werden, d.h. die Sollzinsen steigen an (und umgekehrt bei einer Reservesatzsenkung). D.h. die Banken müssen versuchen, die Belastung an ihre Kunden weiterzugeben. Eine Rückwälzung dieser Belastung im Einlagengeschäft durch niedrigere Habenzinsen dürfte entsprechend der hier herrschenden Wettbewerbslage schwer möglich sein.

Bei einer Reservesatzerhöhung tritt somit (zumindest tendenziell) ein Zinsanstieg ein. Geldpolitisch ist diese Wirkung durchaus erwünscht, ergibt sich beim restriktiven Einsatz dadurch der angestrebte Zinsanstieg.

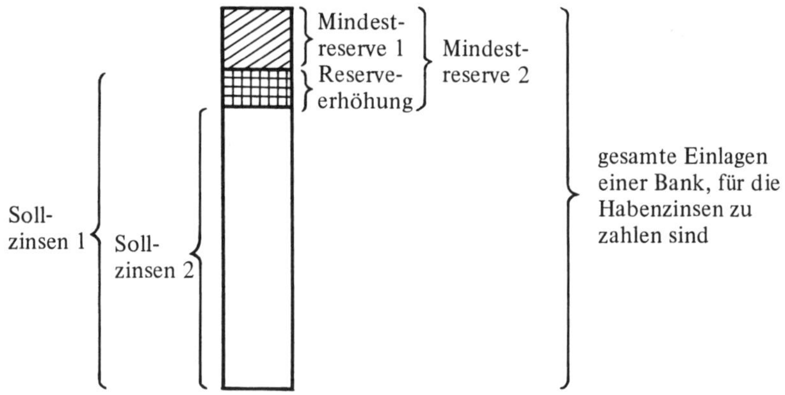

Abb.: 4-3: Zinseffekt einer Reservesatzänderung (-erhöhung)

4.4 Offen-Markt-Politik

Mit der Offen-Markt-Politik wird ein Instrument der Geldpolitik analysiert, das bereits mehrmals als ein wichtiges Ergänzungsinstrument erwähnt wurde. In der Variante der Wertpapierpensionsgeschäfte wurde es in jüngster Zeit sogar zur dominierenden Maßnahme der Liquiditätssteuerung im Bankensystem.

4.4.1 Institutionelle Ausgestaltung

Die Offen-Markt-Politik ist ein Instrument, das im wesentlichen nach dem 1. Weltkrieg in England und den USA entwickelt wurde. Wie in den meisten westlichen Marktwirtschaften wurde es in der BRD nach dem 2. Weltkrieg eingeführt.

Unter der Offen-Markt-Politik versteht man den An- und Verkauf von festverzinslichen Wertpapieren durch die Zentralnotenbank für eigene Rechnung am offenen Markt.

Der Terminus *"am offenen Markt"* bedeutet, daß es sich hierbei um Wertpapiere handeln muß, die am Wertpapiermarkt gehandelt werden. Daraus ergibt sich die wichtige Konsequenz, daß zu den Offen-Markt-Geschäften der DBB *nicht* die Übernahme von Papieren eines Emittenten zählt, die dieser am Markt nicht unterbringen (plazieren) konnte. Diese Bestimmung ist insbesondere für die staatliche Geldbeschaffung wichtig.
Wenn z.B. die Bundesregierung zur Haushaltsfinanzierung eine Anleihe auflegt, diese aber am Kredit-(Kapital-)markt nicht plazieren kann, und sie dann im Rahmen der Offen-Markt-Operationen von der DBB übernommen werden würde, so wäre dies eine Kreditgewährung der DBB an die Bundesregierung. Mit obiger Bestimmung wird somit verhindert, daß sich der Staat über die Offen-Markt-Politik bequem Geldmittel zum Haushaltsausgleich beschafft bzw. letztlich wird dadurch staatliche Geldschöpfung mit der akuten Gefahr einer Inflation verhindert.

Rechtsgrundlage für die Offen-Markt-Politik ist § 21 BBKG, wonach die DBB zur Regelung des Geldmarktes am offenen Markt zu Marktsätzen folgende Papiere kaufen bzw. verkaufen darf:

- bundesbankfähige Wechsel
- Schatzwechsel des Bundes, bestimmter
  Sondervermögen des Bundes (Ausgleichsfonds, Geldmarkt

ERP-Vermögen) oder der Länder

- Schuldverschreibungen und Schuldbuchforderungen der vorstehenden öffentlichen Stellen — Kapitalmarkt
- andere von der DBB bestimmte Schuldverschreibungen

Die Aufzählung zeigt, daß Offen-Markt-Geschäfte den Geld- und/oder den Kapitalmarkt tangieren können.
Welche Papiere überhaupt für Offen-Markt-Operationen in Betracht kommen, legt § 21 BBKG fest. Welche Papiere daraus von der DBB verwendet werden, liegt in der Entscheidung der Bundesbank. D.h. durch die Auswahl an Papieren ist wieder eine Art **qualitative Selektion** denkbar, obwohl dieser Aspekt nicht im Vordergrund steht.
Bisher (von Ausnahmeperioden abgesehen) konzentrierten sich die Offen-Markt-Geschäfte der DBB vor allem auf den Geldmarkt.
Nicht zu den Offen-Markt-Geschäften der DBB zählen die laufenden *Kurspflegeoperationen*, die die Bundesbank in ihrer Eigenschaft als "Bank des Staates" auf Rechnung der Emittenten vornimmt.

Für den Verkauf von Papieren benötigt die Bundesbank ein entsprechendes Volumen in ihrem Portefeuille, das sich wie folgt zusammensetzt:
Zunächst handelte es sich um die sog. *Finanzierungspapiere*, d.h. solche Papiere, die öffentliche Stellen in Umlauf gebracht haben (zur Deckung ihres Finanzbedarfs), soweit sie sich im Besitz der Bundesbank befinden. Da dieses Volumen zu klein war, erfolgte eine Aufstockung um die sog. *Mobilisierungspapiere*. Diese entstehen dadurch, daß auf Verlangen der Bundesbank Ausgleichsforderungen in Schatzwechsel und unverzinsliche Schatzanweisungen (vom Finanzministerium) umgewandelt werden, wozu § 42 BBKG die Möglichkeit bietet. Ausgleichsforderungen (die die DBB reichlich besitzt) sind Schuldbuchforderungen, die im Gefolge der Währungsreform 1948 entstanden sind.
Diese Manövriermasse kann entsprechend § 42a BBKG auf Wunsch der Bundesbank um die sog. *Liquiditätspapiere* erhöht werden. Diese entstehen dadurch, daß der Bund Schatzwechsel und U-Schätze ausschließlich für die Offen-Markt-Operationen bereitstellt.

Bei der prinzipiellen Technik der Offen-Markt-Geschäfte der Bundesbank ist danach zu unterscheiden, ob es sich um eine Maßnahme auf dem Kapital- oder Geldmarkt handelt.
Auf dem Kapitalmarkt (langfristige Papiere) besteht die Offen-Markt-Politik darin, daß die Bundesbank - wie auch andere Marktteilnehmer - während der Börsenzeit

Kauf- bzw. Verkaufsverträge für Anleihen (insbesondere) in bestimmter Höhe an den Makler gibt. Letztlich handelt es sich um eine Mengenfixierung. Preis (Kurs) und Zins (Rendite) ergeben sich aus der jeweiligen Angebots- und Nachfragekonstellation am Rentenmarkt.

Auf dem Geldmarkt kontaktierte die Bundesbank früher nur mit Kreditinstituten, jetzt mit allen Interessenten. Unter den Geldmarktpapieren sind im Laufe der Zeit die sog. N-Papiere immer wichtiger geworden (N-Papiere sind nicht vor Fälligkeit an die DBB zurückgebbare U-Schätze). Aus der Sicht der Bundesbank haben die N-Papiere (die *keine* Geldmarktfähigkeit besitzen, d.h. die die Banken wie potentielle Liquidität betrachten, weil sie von der DBB jederzeit zurückgenommen und damit stets in Zentralbankgeld umgetauscht werden können) einen doppelten Effekt:

Sie stellen keine potentielle Liquidität dar und es wird Zentralbankgeld für die Dauer der Laufzeit der Papiere gebunden.

Die Bundesbank verkauft bzw. kauft Geldmarktpapiere mit bestimmten Abschlägen vom Nennwert und löst sie bei Fälligkeit zum Nennwert ein.

Daraus errechnen sich die *Abgabesätze* beim Verkauf und die *Rücknahmesätze* beim Ankauf der Papiere vor deren Fälligkeit. Beide Sätze werden von der DBB in v.H. und p.a. fixiert. Die Rücknahmesätze (nicht veröffentlicht) sind dabei höher als die Abgabesätze (werden veröffentlicht), wobei die Marge idR. zwischen 1/8 bis 1/2 v.H. p.a. schwankt.

Über die Abgabe- bzw. Rücknahmesätze kann die Effektivverzinsung derartiger Papiere ermittelt werden.

Die DBB gestaltet entsprechend dem verfolgten geldpolitischen Ziel über die Abgabe- und Rücknahmesätze die Effektivverzinsung so, daß es attraktiv wird, die Papiere entweder von der Bundesbank zu erwerben oder sie zurückzugeben.

Sollen Offen-Markt-Titel von der DBB erworben (gekauft) werden, so wird von der Bundesbank der *Abgabesatz so festgelegt,* daß sich eine *Effektivverzinsung über* den derzeitigen *Geldmarktsätzen* alternativer Papiere *ergibt.*

Z.B.: Durchschnittlicher Geldmarktsatz 5 % p.a. DBB bietet U-Schätze zum Abgabesatz von 7 v.H. p.a. an. Dies bedeutet, daß ein U-Schatz mit einer Restlaufzeit von einem Jahr und einem Nennwert von 10.000,- DM von der DBB zum Preis von 9.300,- DM abgegeben wird. Da die Einlösung bei Fälligkeit (hier in einem Jahr) zum Nennwert mit 10.000,- DM erfolgt, sind die 700,- DM Zins auf 9.300,- DM umzurechnen, so daß sich eine effektive Verzinsung von ca. 7,53 % ergibt.

Der Rücknahmesatz im Beispiel beträgt zur gleichen Zeit 7,5 v.H. p.a., d.h. die DBB würde diesen U-Schatz zum Preis von 9.250,- DM zurückkaufen. Dieses Geschäft

wäre entsprechend den Marktdaten z.Z. unattraktiv, da dies eine Negativrendite von 8,11 % p.a. darstellen würde.
Sollen umgekehrt Offen-Markt-Titel an die DBB zurückgegeben (verkauft) werden, so ist der *Rücknahmesatz so festzulegen,* daß sich eine *Effektivverzinsung unter* den momentanen *Geldmarktsätzen* ergibt.

4.4.2 Auswirkungen von Offen-Markt-Operationen

Die Grundprinzipien der Offen-Markt-Politik und deren grundsätzliche Auswirkungen sehen wie folgt aus:
Geht die Bundesbank **expansiv** vor, so *kauft sie* verstärkt Offen-Markt-Papiere an. Dadurch fließt der Wirtschaft (bzw. den Banken) verstärkt Zentralbankgeld zu (sog. *Geldmengen- bzw. Liquiditätseffekt),* während gleichzeitig die Zinssätze zu sinken beginnen (sog. *Zinseffekt).* Geht die Bundesbank umgekehrt, d.h. **restriktiv** vor, so *verkauft sie* verstärkt Offen-Markt-Titel. Dadurch wird jetzt der Wirtschaft Zentralbankgeld entzogen *(Liquiditätseffekt),* während gleichzeitig die Zinssätze zu steigen beginnen *(Zinseffekt).*

Die von den Offen-Markt-Operationen erwarteten Liquiditäts- und Zinseffekte müssen nun differenzierter analysiert werden.
Der Unterschied in den Auswirkungen beider Effekte resultiert aus folgendem: Einmal, mit wem die Bundesbank derartige Geschäfte tätigt, d.h. nur mit Banken oder auch mit Nichtbanken. Zum anderen, mit welchen Papieren diese Operationen vorgenommen werden, d.h. ob mit solchen, die in die Geldmarktregulierung einbezogen sind oder nur mit N-Papieren.
1. Fallgruppe: DBB tätigt die Geschäfte nur mit Kreditinstituten und mit solchen Papieren, die in die Geldmarktregelung einbezogen sind.
Bei dieser Konstellation ist *nur* mit einem Zins- *nicht* dagegen mit einem Liquiditätseffekt zu rechnen. Da die Banken derartige Papiere in ihre potentielle Liquidität einrechnen können (sie werden von der DBB definitionsgemäß ja jederzeit zurückgenommen und ergeben dann Zentralbankgeld = Liquidität), findet bei der Verwendung dieser Papiere bei den Banken lediglich eine Umschichtung in der Zusammensetzung der Liquidität statt. Ein Einfluß auf die Geldbasis, die Giralgeldschöpfungsmöglichkeiten und auf die Kreditgewährung ist deshalb nicht gegeben.
2. Fallgruppe: Hier sind zwei Konstellationsvarianten denkbar. DBB tätigt Offen-Markt-Geschäfte zwar nur mit Banken, jetzt aber ausschließlich mit N-Papieren (sind

nicht in die Geldmarktregulierung einbezogen). Oder DBB tätigt die Geschäfte nur mit Nichtbanken, wobei es jetzt bedeutungslos ist, um welche Papiere es sich dabei handelt.
Jetzt tritt *ein* Zins- *und* Liquiditätseffekt ein, denn eine Umschichtung der Liquidität ist bei den Banken nicht mehr möglich. Die Analyse der beiden Fallgruppen interpretiert deutlich, warum die Bundesbank seit geraumer Zeit Offen-Markt-Operationen nur noch mit N-Papieren vornimmt. Denn sie will damit sowohl einen Zins- wie einen Liquiditätseffekt erzeugen.

Tätigt die Bundesbank Offen-Markt-Geschäfte mit Kapitalmarktpapieren (was sie sporadisch getan hat), so wird dadurch primär der Kapitalmarktzins tangiert (weil dies häufig aber nicht erwünscht ist und eigentlich auch nicht "Geldmarktpolitik" ist, kam dies nicht häufig vor).
Verwendet die Bundesbank für ihre Operationen dagegen Geldmarktpapiere, so wirkt der Zinseffekt primär auf die Geldmarktsätze (-zinsen) ein. Würde zu diesen Offen-Markt-Operationen unterstützend die Diskont- und Lombardpolitik eingesetzt werden, so sind weitergehende Wirkungen auf die übrigen Zinssätze (d.h. über die klassischen Geldmarktsätze hinaus) bis hin zu den Zinsen am Kapitalmarkt zu erwarten.

Exkurs:

Die Ausführungen zur Offen-Markt-Politik lassen sich auch mit dem Instrumentarium der Preistheorie darlegen.
Wenn man mit *K* = den Kurs eines festverzinslichen Wertpapieres, mit *R* = die effektive Rendite in % und mit Z = den Nominalzins in % bezeichnet, so ergibt sich R als:

$$R = \frac{Z}{K} \cdot 100$$

Da Z festliegt und bekannt ist, kann aus K und seiner Veränderung R berechnet werden.
K wiederum ist der Preis des Papiers, der sich aus dem Angebot (AA) und der Nachfrage (NN) am (Wertpapier-)Markt ergibt.
K als Preis (Kurs) kann entsprechend der Abb. 4-4 ermittelt werden.
AA und NN sind die momentane Angebots- und Nachfragesituation (z.B.) am Rentenmarkt. Durch das Gleichgewicht G (Schnittpunkt von AA und NN) wird der Kurs K_G (Gleichgewichtskurs) bestimmt, wobei die Menge q_G an Papieren umgesetzt wird.

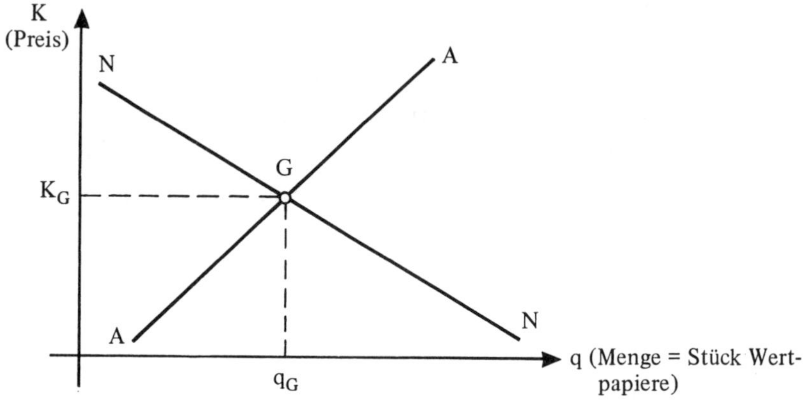

Abb.: 4-4: Gleichgewichtssituation am Rentenmarkt

Würde man den Kurs K_G in die vorherige Formel einsetzen (bei bekanntem Z), so ergäbe sich R (die momentane Rendite).

Wenn nun die Bundesbank im Rahmen ihrer Offen-Markt-Politik auf dem Markt für festverzinsliche Wertpapiere expansiv auftritt, d.h. kauft sie derartige Papiere verstärkt auf, dann ergibt dies eine zusätzliche Nachfrage auf diesem Markt.
Bekanntlich drückt man eine Zunahme der Nachfrage durch eine Rechtsverschiebung der NN-Kurve aus, siehe Abb. 4-5.

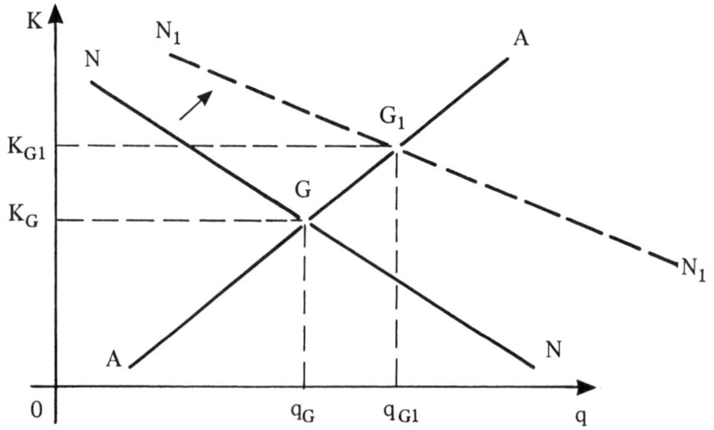

Abb.: 4-5: Bundesbank agiert am Rentenmarkt expansiv

Ausgehend von der (momentanen) Gleichgewichtslage (wie in Abb. 4-4) durch AA und NN tritt die DBB in Abb. 4-5 expansiv auf, was eine Zunahme der Nachfrage nach N_1N_1 zur Folge hat. Dadurch ergibt sich eine Zunahme der umgesetzten Stück-Papiere von q_G auf q_{G1} und eine Kurssteigerung von K_G auf K_{G1}.
Setzt man den gestiegene Kurs K_{G1} in die vorherige Formel ein, so ergibt sich, daß die Rendite R sinkt bzw. eine Zinssenkung eintritt. Beim expansiven Vorgehen der Bundesbank hat sich der beabsichtigte *Zinseffekt* eingestellt.
Aus Abb. 4-5 ist auch der *Liquiditätseffekt* ablesbar, d.h. die Vergrößerung (weil expansiv) an Zentralbankgeld im Wirtschaftskreislauf, ausgelöst durch die Wertpapierkäufe der DBB.
Das Mehr an Liquidität ergibt sich als:
Rechteck OK_{G1} G_1 q_{G1} minus Rechteck OK_G G q_G.

Eine restriktive Maßnahme der Bundesbank wäre ein Vergrößerung des Angebotes (= Rechtsverschiebung von AA). Auch aus dieser Graphik ergibt sich das vorher analysierte Resultat im Hinblick auf den Zins- und Liquiditätseffekt.
Eine auf dem Markt festverzinslicher Wertpapiere denkbare Variante wäre, daß das Angebot an Papieren (zumindest kurzfristig) eine gegebene Größe ist. Auch dies läßt sich geometrisch darstellen, AA wäre in diesem Fall völlig unelastisch (= Parallele zur Ordinate).

4.4.3 Wertpapierpensionsgeschäfte

Seit 1973 wendet die Bundesbank eine Variante der Offen-Markt-Politik immer stärker an, die sog. Wertpapierpensionsgeschäfte.
Anfangs (1973) zunächst als sog. **Wechselpensionsgeschäft** konzipiert, werden seit 1979 hier auch festverzinsliche Wertpapiere einbezogen.
Ein Wechselpensionsgeschäft sieht wie folgt aus: Die DBB erklärt sich bereit, bundesbankfähige Wechsel über das Rediskontkontingent hinaus zu einem bestimmten (Re-)Diskontsatz von den Banken anzukaufen, unter der Bedingung, daß die Wechsel von den Banken nach X-Tagen wieder zurückgekauft werden.

Daraus folgt: *Wertpapier-(Wechsel-)pensionsgeschäfte sind Offen-Markt-Geschäfte auf Zeit, gekoppelt mit einer Rückkaufsverpflichtung.*
Durch diese Art von Geschäften wird den Banken Zentralbankgeld für eine ganz bestimmte Frist zur Verfügung gestellt. Für die Inanspruchnahme eines derartigen Geschäftes zahlt die Bank einen Zins, den sog. **Pensionssatz.**

Vorteilhaft bei den Pensionsgeschäften (aus der Sicht der DBB) ist, daß sie hierbei aktiv die Initiative ergreifen kann und daß je nach Lage am Geldmarkt bzw. je nach dem Ziel der Geldpolitik von der Bundesbank flexibel die Konditionen festgelegt werden können.
"*Pensionsfähig*" sind neben den lombardfähigen festverzinslichen Papieren auch bestimmte Obligationen und U-Schätze des Bundes, der Länder, von Post und Bahn (werden bei Privatisierung von Post und Bahn wegfallen). Der Zins für Pensionsgeschäfte liegt regelmäßig etwas unter dem Lombardsatz, wodurch die übermäßige Inanspruchnahme des Lombardkredites verhindert werden soll. Dadurch ergibt sich auch, daß der Lombardsatz *nicht mehr* als Zinsobergrenze für Tagesgeld fungiert, vielmehr diese Funktion jetzt der Pensionssatz wahrnimmt.
Seit 1989 bot die DBB den Kreditinstituten monatlich *vier kurze Pensionsgeschäfte* (= 4 Wochen Laufzeit) und *zwei lange Pensionsgeschäfte* (= 8 Wochen Laufzeit) an. Seit Ende 1992 bietet sie generell Pensionsgeschäfte mit 2 *Wochen Laufzeit an.* Auch bei den Fristen der Pensionsgeschäfte zeigt sich die Flexibilität dieses Instrumentes, kann die DBB doch relativ schnell die Fristen variieren.
Mitte der 80er Jahre betrug das monatliche Volumen der Pensionsgeschäfte zwischen 30 und 40 Mrd. DM und machte bereits 1/3 der gesamten Refinanzierung des Bankensystems aus. Die Tendenz ist weiterhin ansteigend, d.h. die Pensionsgeschäfte werden immer stärker das wichtigste Refinanzierungsinstrument. So beliefen sich z.B. Ende 1990 die Forderungen der Bundesbank aus Wertpapierpensionsgeschäften auf 117,4 Mrd. DM, während es aus Diskont- und Lombardgeschäften nur 60 Mrd. DM waren. Beim Pensionssatz spricht man deshalb vom **dritten Leitzins** (neben Diskont- und Lombardsatz), der immer bedeutungsvoller werde.

Der *prinzipielle Einsatz der Pensionsgeschäfte als geldpolitisches Instrument* sieht wie folgt aus:
Agiert die Bundesbank *expansiv*, so kann sie mehr Pensionsgeschäfte (nicht nur 4 pro Monat z.B.) mit längeren Rückkauffristen und mit einem höheren Volumen anbieten, evtl. mit einem noch günstigeren Pensionssatz. Ginge sie umgekehrt *restriktiver* vor, könnte sie die monatliche Anzahl der Geschäfte verringern, insbesondere die Rückkauffristen verkürzen plus das Volumen verkleinern. Zusätzlich könnte sie dies durch einen höheren Pensionssatz koppeln, unter der Prämisse, daß gleichzeitig der Lombardsatz (und wohl auch der Diskontsatz) erhöht werde.

Die *technische Abwicklung der Wertpapierpensionsgeschäfte erfolgt nach dem sog.* **Tenderverfahren** *(= Ausschreibungsverfahren).*

Die Bundesbank legt dabei die Menge der Papiere fest, die sie anzukaufen bereit ist. Damit bestimmt sie auch gleichzeitig die Zentralbankgeldmenge (Liquiditätseffekt), die sie den Kreditinstituten für die Laufzeit des Geschäfts zur Verfügung stellen will. Die Geschäftsbanken geben dann ihre Gebote (Wünsche) ab, wieviel Liquidität sie haben möchten.

Dabei sind zwei Verfahren möglich:

Beim sog. **Mengentender** legt die Bundesbank neben der Menge auch den Zins für das Pensionsgeschäft fest (sog. holländisches Verfahren). Die Banken nennen ihre Gebote. Unter der Annahme (die meist realistisch ist), daß die Gebote der Banken die von der DBB vorgegebene Menge übersteigen, erfolgt dann eine anteilsmäßige Zuteilung (Repartierungsverfahren).

Z.B. Bundesbank bietet einen Mengentender zu 5,75 % in Volumen von 4 Mrd. DM an. Insgesamt geben die Banken Gebote von 6 Mrd. DM ab, wobei eine Bank X ein Gebot von 300 Mio. DM abgegeben hatte. Bank X erhält dann anteilsmäßig 200 Mio. DM zugeteilt (4 Mrd. zu 6 Mrd. DM = 67 % bzw. 2/3).

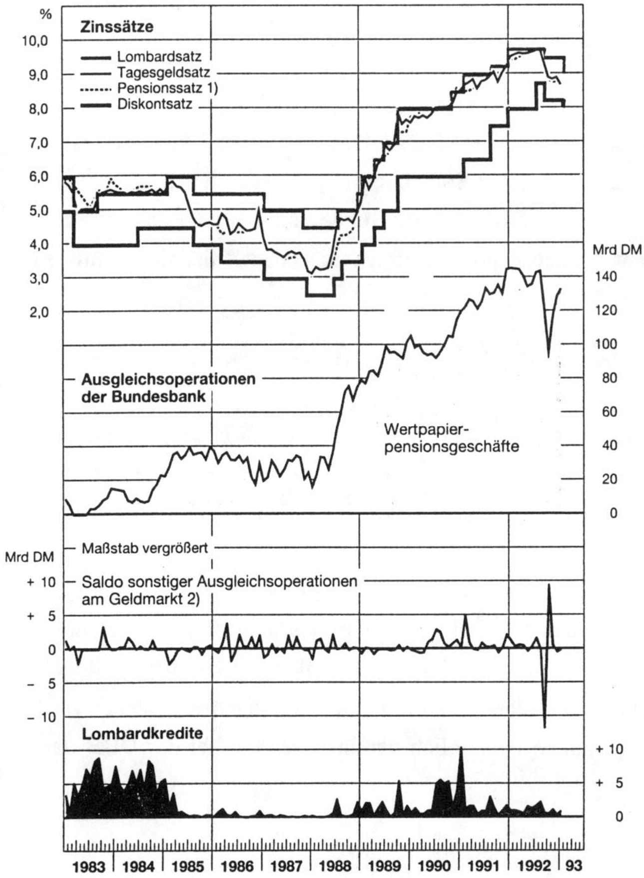

Abb.: 4-6: Geldpolitische Steuergrößen

Beim **Zinstender** (amerikanisches Verfahren) legt die DBB wieder die Menge an Liquidität fest plus einen Mindestzins, den die DBB dafür haben möchte. Die Gebote der Banken umfassen die gewünschte Menge plus einem höheren Zins als den Mindestzins, den sie bereit wären zu zahlen (= jetzt eine eigentliche Ausschreibung), wobei immer um 0,25 % gesteigert wird.
Z.B. Bundesbank bietet 4 Mrd. DM Pensionsgeschäfte mit dem Mindestsatz von 5 % an. Bank A will 250 Mio. DM bei 5,25 %, Bank B 400 Mio. DM bei 6 %, Bank C will 300 Mio. bei 5,75 % usw.
Bedient wird die Bank mit ihrem vollem Gebot, die den höchsten Zins geboten hat und dann so lange runter, bis das Volumen der DBB aufgebraucht ist. Im Beispiel würde somit Bank B und C usw. voll erfüllt werden, Bank A bekäme dagegen nichts.
Abb. 4-6 (entnommen aus Sonderdrucke der DBB Nr. 7) zeigt die Entwicklung der Diskont-, Lombard- und Pensionssätze und deren Volumina als geldpolitische Steuergrößen.

4.5 Einlagenpolitik

Die sog. Einlagenpolitik bezieht sich auf § 17 BBKG, wonach der Bund, das Sondervermögen Ausgleichsfonds, das ERP-Sondervermögen und die Länder verpflichtet sind, ihre flüssigen Mittel auf Konten der Bundesbank zu unterhalten. Eine anderweitige Anlage (d.h. auf Konten von Geschäftsbanken) bedarf der Zustimmung der DBB.

Das Instrument der Einlagenpolitik der DBB arbeitet (wieder) nach dem einfachen Alternativprinzip:
Operiert die Bundesbank *restriktiv*, so wird die *Bestimmung des § 17 in Kraft gesetzt* mit der Folge, daß die flüssigen Mittel der betreffenden staatlichen Stellen bei der Bundesbank liegen, somit wird dem Wirtschaftskreislauf und (insbesondere) den Banken Liquidität entzogen.
Agiert die Bundesbank dagegen *expansiv, so wird § 17 außer Kraft gesetzt*, die flüssigen Mittel der staatlichen Stellen können bei Kreditinstituten angelegt werden. Damit fließt den Banken Liquidität zu. Die staatlichen Stellen werden in aller Regel von dieser Möglichkeit Gebrauch machen (sich also im Sinne der Bundesbank verhalten), da Einlagen bei den Banken banküblich verzinst werden, bei der DBB dagegen nicht.

Mit der Bestimmung des § 17 läßt sich somit relativ schnell und effektiv Liquidität in den Bankenapparat einschleusen bzw. daraus abziehen (= Feinsteuerung der Geldpolitik). Ein gutes Beispiel der Wirksamkeit des § 17 BBKG war die Akkumulierung von Kassenbeständen durch den Bund von 1952-57 bei der DBB als sog. *Juliusturm*, der sich damals günstig als Dämpfer der Inflationstendenzen erwies.
Ein *negativer Aspekt* beeinträchtigt allerdings die Wirksamkeit dieses Instrumentes, denn die Bundesbank hat keinen Einfluß auf den Umfang der öffentlichen Kassenhaltung, d.h. wenn in den besagten Kassen sich keine nennenswerten Beträge befinden, so ist das Instrument ohne Auswirkung. Z.Z. liegt der Umfang bei ca. 2 Mrd. DM. Diese relativ geringe Summe ergibt sich daraus, daß die Bundesbank aus praktischen Überlegungen heraus das Instrument des § 17 nur mit Geldern der Bundesregierung durchführt. Die Länder haben (seit 1991) eine kräftige Erhöhung sog. Globalkontingente erhalten; d.h. sie können beträchtliche Beträge grundsätzlich bei den Banken unterhalten (soweit sie nicht gleichzeitig Kassenkredite beansprucht haben). Damit sind die Länder praktisch von der Verpflichtung des § 17 entbunden.

4.6 Ergänzende Instrumente

Ohne eine Vollständigkeit anzustreben, sollen einige Maßnahmen einer Zentralnotenbank dargelegt werden, die die klassischen Instrumente ergänzen können. Es handelt sich dabei um solche, die z.Z. praktiziert werden und um solche, die praktiziert wurden (und evtl. wieder einmal zur Debatte stehen könnten).

4.6.1 Gentlemen agreements und Politik der Moral Suasion

Beide Möglichkeiten, die Gentlemen agreements und die Moral Suasion, lassen sich nicht eindeutig voneinander abgrenzen. Beiden ist gemeinsam, daß es sich seitens der Zentralnotenbank um eine "*Politik des gütlichen Zuredens und der freiwilligen Vereinbarung plus im Hintergrund stehende mögliche Sanktionen*" handelt.

Je nach der Struktur des Bankensystems, der gewachsenen historischen Entwicklung und den Usancen im Geld- und Kreditbereich werden beide Möglichkeiten in den einzelnen Ländern unterschiedlich eingesetzt:

So kommt z.B. in *England* den Gentlemen agreements zwischen der Bank von England und den wichtigen Citybanken allein schon wegen der engen örtlichen Nachbarschaft eine entsprechende Bedeutung zu.
In den *USA*, wo man es insgesamt nicht nur mit den (bekannten) Großbanken zu tun hat, sondern mit vielen tausend nur regional wichtigen Kreditinstituten, hat man ein eigenes System entwickelt. Eine Reihe der leitenden Beamten der FED bereisen ständig die Geschäftsbanken und versuchen, bei diesen entsprechende Maßnahmen durchzusetzen. Dabei werden Ratschläge und Mahnungen erteilt, hin bis zu Drohungen.
In der *BRD* sieht diese Verfahrensweise wieder unterschiedlich aus. Man könnte es zunächst als ein erfolgreiches Public-Relation-System kennzeichnen. Infolge der (im wesentlichen) hohen Wertschätzung, die man der Bundesbank entgegenbringt (wichtig ist dabei ihre Unabhängigkeit), betreibt sie eine erfolgreiche Öffentlichkeitsarbeit im wesentlichen durch ihre Publikationen (vor allem die Monatsberichte und der jährliche Geschäftsbericht). Im Wirtschaftsteil der meisten Zeitungen und sonstiger Medien werden diese immer ausführlich dargelegt und kommentiert und damit die erwünschte Breitenwirkung erreicht. Weiterhin sind in der BRD das Gespräch "unter vier Augen" mit den leitenden Bankiers und die Interviews mit den leitenden Personen der Bundesbank wichtig.
Diese Appelle der Bundesbank sollen dabei das Verhalten der angesprochenen Wirtschaftssubjekte beeinflussen. So z.B. wenn sie die Kreditinstitute auffordert, sich bei der Kreditvergabe zurückzuhalten oder verbesserte Konditionen an die Kunden weiterzugeben. So läßt sich ja häufig beobachten, daß die Banken gestiegene Zinsen sehr schnell bei den Soll-(= Kredit-)Zinsen an ihre Kunden weitergeben, andererseits bei den Haben-(Einlage-)Zinsen, insbesondere bei denjenigen der Sparguthaben, eine über Gebühr "lange Bedenkzeit beachten müssen".
Häufig zum Mißfallen der Gewerkschaften richtet die Bundesbank auch Appelle an die Tarifpartner, bei ihren Abschlüssen das Wachstum, die Produktivität und die Inflation zu beachten und zu gemäßigten Vereinbarungen zu gelangen.

Die Wirkungen von Gentlemen agreements und Moral Suasion und ähnlicher Appelle sind ungewiß (wie jede Art sog. psychologischer Politik). Denn die Grenzen sind dort gegeben, wo elementare Eigeninteressen des Angesprochenen berührt werden, d.h. der Wirkungsgrad hängt stark von der jeweiligen psychologischen Situation ab.

4.6.2 Bankenaufsicht

Die Bankenaufsicht ist in der BRD ein Aufgabengebiet des Bundesaufsichtsamtes für das Kreditwesen und keines des Bundesbank.
Doch die Bundesbank wirkt hier indirekt nicht unbedeutend bei der Aufstellung der Konditionen mit.
Denn in den entsprechenden §§ des Gesetzes über das Kreditwesen kommt häufig die Formulierung vor: Das Aufsichtsamt legt im Einvernehmen mit der Bundesbank folgende Grundsätze fest. D.h. die Bundesbank hat hier die Möglichkeit, indirekt ergänzende Maßnahmen der Geldpolitik mit einzubringen.
Diese Grundsätze sind dabei keine exakt festgelegten Bestimmungen, sondern können in einem beträchtlichen Ermessensspielraum variiert werden.

Wichtig im Rahmen der Geldpolitik sind hier die Bestimmungen, die die Liquidität der Banken tangieren, wie u.a.:

1) Festlegung sog. Kreditrichtsätze auf der Basis des haftenden Eigenkapitals, womit eine Relation zwischen Kreditgewährung und haftendem Eigenkapital aufgestellt wird
2) Festlegung von Mindestsätzen an liquiden Mitteln in Relation zu fremden Geldern. Ziel = ausreichende Zahlungsbereitschaft
3) Anzeigenpflicht für Groß-, Millionen- und Organkredite. Ziel = Mißbräuchen soll vorgebeugt werden

4.6.3 Staatliche Kapitalmarktlenkung

Die Lenkung des Kapitalmarktes durch den Staat (in Zentralverwaltungswirtschaften üblich) ist ein deutliches planwirtschaftliches Element. Es wird trotzdem in Marktwirtschaften in unterschiedlicher Intensität eingesetzt. Hier von Bedeutung ist die binnenwirtschaftliche staatliche Lenkung. Die außenwirtschaftliche Kapitalmarktbeeinflussung (siehe Abschnitte zu Maastricht, Devisenkurse und Außenwirtschaft) ist durch die Liberalisierung des Kapitalmarktes im Rahmen der Europäischen Union (EU) der Verfügung der Nationalstaaten entzogen worden.

Der schärfste Eingriff ist ein Kreditplafond oder eine Kreditkontrolle. Ein *Kreditplafond* bedeutet, daß jede Bank ein maximales Kreditvolumen zugeteilt bekommt, das sie nur vergeben kann, während eine *Kreditkontrolle* bedeutet, daß jeder Kredit vom Staat genehmigt werden muß. Dadurch ist eine Lenkung der Kredite in be-

stimmte Branchen möglich. Es gibt hierbei eine große Variantenvielfalt in der konkreten Ausgestaltung, so z.B. wenn eine nur zeitweise Begrenzung in der Vergabe bestimmter Kreditarten festgelegt wurde.
In der BRD sind beide Varianten nicht angewandt worden, während z.B. Frankreich dies in der Vergangenheit häufig angewendet hat (u.a. im Sinne der Planification). Der Erfolg eines Kreditplafond in einem marktwirtschaftlichen System ist (zumindest) sehr zweifelhaft, da infolge der ökonomischen Interdependenz Problemkomplexe vorprogrammiert sind.

Eine zweite Möglichkeit staatlicher Kapitalmarktlenkung ist eine *Emissionskontrolle* bzw. ein *Emissionsplafond*, d.h. eine Beschränkung, Kontrolle oder Lenkung in der Kreditaufnahme am Kapitalmarkt durch Emissionen.
Hier existieren (existierten) in der BRD in der leichteren, angedeuteten Form einige Bestimmungen.
So z.B. in der (freiwilligen) Genehmigungspflicht bei Neuemissionen für eine Schuldverschreibung. Oder darin, daß eine Neuemission warten muß, bis ein Überhang bereits gegebener untergebracht ist. Und schließlich darin, daß Emissionen der öffentlichen Hand beiden Einschränkungen nicht unterliegen.

In der Vergangenheit gab es in der BRD zwei Beispiele einer doch recht deutlichen Kapitalmarktlenkung. Einmal das Kapitalmarktförderungsgesetz von 1952 (bestimmte öffentliche Anleihen sind bei den Zinseinnahmen daraus von der Einkommenssteuer befreit = Bevorzugung der staatlichen Kreditaufnahme), und zum anderen das Investitionshilfegesetz von 1952 (Zwangsanleihe der gewerblichen Wirtschaft über 1 Mrd. DM für Investitionen im Kohle- und Energiebereich).

Zur Abrundung der Thematik (siehe Abschnitt 4.1.2.2) sei an die Begrenzung der staatlichen Kreditaufnahme bei der DBB erinnert, wo in Form des Kreditplafonds der maximale Umfang an Krediten festgelegt ist, den die DBB an den Staat geben kann.

4.6.4 Weiterentwicklung des Bundesbankinstrumentariums

Das Instrumentarium der Bundesbank (einer Zentralnotenbank) ist keine einmal vorgegebene konstante Größe. So wie die Wirtschaft sich in einer ständigen Evolution und Veränderung mit neuen Gegebenheiten befindet, so muß auch das staatliche Maßnahmenpaket einer ständigen Überprüfung und Veränderung unterzogen werden (so auch dasjenige der Bundesbank).

So wird z.B. von den privaten Kreditinstituten in einem konstanten, sich wiederholenden (mehrjährigen) Rhythmus die Abschaffung des *Mindestreservesytems* gefordert (oder mindestens der weitere Ausbau soll verhindert werden). Bei Berücksichtigung der Wirkungen der Mindestreservenpolitik kann dieser Vorstoß der Banken (betriebswirtschaftlich) nachvollzogen werden.
Die Intention der Bundesbank geht bei den Mindestreserven dagegen in eine ganz andere Richtung. Sie möchte das Instrument eher ausbauen, so z.B. indem höhere Höchstsätze bei Einlagen von Inländern gefordert werden, oder wenn eine Ausweitung der Reservepflicht auch auf Finanzintermediäre gefordert wird.

Ein weiteres Reformgebiet betrifft die *Offen-Markt-Politik*, wo die Banken eine Ausweitung dieses Instrumentes fordern mit dem Hinweis auf die Bedeutung dieser Maßnahme in den USA (z.B. indem Nichtbanken stärker einbezogen werden, oder indem die Bundesbank auf dem Geld- und Kapitalmarkt stärker eingreift usw.). Bekanntlich hat die DBB dies allerdings in der Variante der Wertpapierpensionsgeschäfte deutlich ausgeweitet, so daß heute der Pensionssatz ja als 3. Leitzins gilt (siehe Abschnitt 4.4.3).

4.7 Außenwirtschaftlich orientierte Maßnahmen

Bei mehreren Ausführungen wurde bereits darauf hingewiesen, daß in der BRD die Entwicklung der Geldbasis und die Veränderung des Geld- und Kreditvolumens deutlich von außenwirtschaftlichen Einflüssen geprägt war.
Die der Politik der Bundesbank (häufig) zuwiderlaufende Schaffung von Zentralbankgeld infolge außenwirtschaftlicher Komponenten kann folgende Ursachen haben:

1) Interventionspflicht bei festen (stabilen) Wechselkursen
2) Wachsende Exporterlöse in der Handelsbilanz
3) Kapitalimporte in die BRD
4) Zufluß von spekulativen Geldern

Alle Ursachen zusammen führten (insbesondere) in den 60er und 70er Jahren (aber auch in der Gegenwart) zu einer massiven Anhäufung von Devisenreserven und (was hier wichtig ist) zu einer starken Ausweitung des Geldvolumens, mit der Konsequenz von Preissteigerungen.
Dadurch wird der Handlungsspielraum der Geldpolitik der Bundesbank u.U. von der Außenwirtschaft so stark eingeschränkt, daß sie letztlich (fast) wirkungslos wird.

Deshalb soll zunächst der grundsätzliche Wirkungszusammenhang zwischen der Außenwirtschaft und der nationalen Geldpolitik dargelegt werden und, daran anschließend, die hierbei möglichen Maßnahmen.
In den folgenden Darlegungen müssen Begriffe und Zusammenhänge der Außenwirtschaft verwendet werden. Zum genaueren Verständnis siehe dazu die Kapitel 5, 6, 7, 8 und 9.

4.7.1 Geldpolitik und Devisenkurspolitik

Zunächst ist dem prinzipiellen Wirkungszusammenhang einer bestimmten Devisenpolitik und den davon ausgehenden Einflüssen auf die nationale Geldpolitik nachzugehen.

4.7.1.1 Feste (stabile) Wechselkurse und Geldpolitik

Herrschen feste (stabile) Wechselkurse (WK), dann muß die Zentralnotenbank (die Bundesbank) am Devisenmarkt intervenieren. Wenn z.B. infolge zu starken Devisenangebots der Kurs unter den unteren Interventionspunkt sinkt, dann muß von der Bundesbank der Kurs durch Devisenkäufe gestützt werden.
Würde der WK umgekehrt durch zu starke Devisennachfrage über den oberen Interventionspunkt ansteigen, dann müßte die Zentralnotenbank den Kurs jetzt durch Devisenverkäufe stützen.
Im ersten Fall der Intervention gibt die DBB Zentralbankgeld ab, vergrößert somit die Geldbasis; im zweiten Fall zieht sie Zentralbankgeld an sich und verringert dadurch die Geldbasis.
Damit zeigt sich der grundsätzliche Wirkungszusammenhang zwischen der Devisenkurspolitik (der Außenwirtschaft) und der Geldpolitik. Häufig harmonisieren dabei die Zielsetzung der Geldpolitik und diejenige der Außenwirtschaft nicht miteinander.

Um dieses Nichtharmonisieren zu verdeutlichen, sei als Beispiel eine (nicht unübliche) Situation unterstellt. Die DBB betreibt eine *restriktive Geldpolitik* bei gleichzeitiger Interventionsverpflichtung im Rahmen stabiler WK.
Um den Preisauftrieb zu bremsen, erhöht die DBB den Diskont- und Lombardsatz und setzt die Mindestreserven herauf. Unterstellen wir daraufhin einen Zinsanstieg, der ein höheres inländisches Zinsniveau in Relation zum Ausland ergibt, so werden

(zunächst) die Banken wie folgt reagieren. Sie werden Zentralbankgeld verstärkt auf inländischen Märkten anlegen und sich umgekehrt auf ausländischen Märkten refinanzieren. Die Folge ist ein Rückgang der Kapitalexporte und eine Zunahme der Kapitalimporte, ausgelöst durch obige Renditeunterschiede. Im nächsten Schritt kann auch bei Nichtbanken das nämliche Verhalten wie bei den Banken infolge der Zinsdifferenz ausgelöst werden.
Die Folge ist eine unmittelbare Erhöhung der Geldmenge mit der Konsequenz, daß über die Außenwirtschaft den Banken Liquidität zufließt. Dies wiederum kann zu einer Ausweitung des Kreditangebotes führen. Letztlich wirken diese Einflüsse der Außenwirtschaft dem Ziel der Geldpolitik der DBB genau entgegen. Damit wird die beabsichtigte Wirkung der Geldpolitik geschwächt bzw. im Extremfall völlig aufgehoben.

Dieser negativ entgegengerichtete Einfluß der Außenwirtschaft auf die Geldpolitik wird u.U. durch die Entwicklung der Handels- und Dienstleistungsbilanz (Außenbeitrag) noch verstärkt.
Unterstellt man einen dämpfenden Einfluß der Geldpolitik auf das inländische Preisniveau, dann kann als Folge davon der Import zurückgehen und der Export ansteigen, mit der Konsequenz einer Erhöhung des Außenbeitrages. Dies würde der Antiinflationspolitik der DBB in doppelter Weise zuwiderlaufen.
Der erhöhte Außenbeitrag bedeutet eine Steigerung der gesamtwirtschaftlichen Nachfrage, wodurch Preiserhöhungen weitergegeben werden können, und er führt über den eintretenden Devisenzufluß wieder zu einer (wie vorher dargelegten) Erhöhung der Geldmenge.

Kommt durch diese Zusammenhänge schließlich noch die Spekulation auf den Plan, die mit einer Aufwertung dieser Währung (hier der DM) rechnet, so führt dies zu derartig massiven Devisenzuflüssen, daß die Antiinflationspolitik der DBB letztlich zum Scheitern verurteilt ist.

Bei einem *expansiven Einsatz der Geldpolitik* (z.B um die Beschäftigung zu verbessern) ist über die Außenwirtschaft mit den umgekehrten negativen Einflüssen zu rechnen.
Hier ist mit deutlichen Devisenabflüssen zu rechnen, u.a. weil durch eine expansive Politik die Zinsen sinken, somit wird eine Geldanlage im Ausland rentabler. Meistens verschlechtert sich der Außenbeitrag. Erwartet die Spekulation schließlich eine Abwertung, so setzt eine massive Kapitalflucht ein. Insgesamt würde auch hierbei das Ziel der Geldpolitik unterlaufen werden.

Insgesamt ergibt sich, daß die Effektivität geldpolitischer Maßnahmen bei stabilen WK zumindest als deutlich eingeschränkt anzusehen ist.

4.7.1.2 Variable Wechselkurse (Floating) und Geldpolitik

Betreibt eine Volkswirtschaft variable WK, dann bildet sich der WK am Devisenmarkt durch Angebot und Nachfrage, wobei keine Intervention der Zentralnotenbank stattfindet.

Wie sieht jetzt der Wirkungszusammenhang zwischen der Außenwirtschaft und einer *restriktiven Geldpolitik* aus?
Da die Zentralnotenbank hier nicht interveniert, führen u.U. ausgelöste Kapitalimporte infolge der restriktiven Geldpolitik nicht zu einer Erhöhung des Bestandes an Zentralbankgeld. Damit ist eine Giralgeldschöpfung der Banken über diesen Weg nicht möglich. Die Folge der erhöhten Kapitalimporte wäre lediglich ein Sinken des WK (Aufwertungseffekt). Somit können Nettokapitalimporte bei variablen WK eine restriktive Geldpolitik nicht zum Scheitern bringen.

Der Außenbeitrag wird sich im Gefolge einer restriktiven Geldpolitik zunächst verbessern, da, durch die angenommene Preisstabilisierung, die Exporte zunehmen und die Importe zurückgehen. Die damit verbundene Zunahme der Devisenzuflüsse führt aber beim Floaten zu einer WK-Senkung, d.h. zu einer Aufwertung. Dies wiederum bedeutet für den Export einen Preisanstieg und für den Import eine Preissenkung, so daß sich nach einem time-lag ein Rückgang des Außenbeitrages ergibt.

Bei einem *expansiven Einsatz der Geldpolitik* und variablen WK führen die gegenteiligen Überlegungen zum Ergebnis, daß auch hier die Geldpolitik im wesentlichen durch die Außenwirtschaft nicht negativ tangiert wird.
Insgesamt ergibt sich, daß die Wirkung geldpolitischer Maßnahmen bei variablen WK durch die Außenwirtschaft *nicht* negativ unterlaufen wird. Häufig ist es sogar so, daß eine restriktive Geldpolitik durch die Aufwertung bzw. eine expansive durch die Abwertung positiv unterstützt wird.

Damit erfordert eine effektive Geldpolitik in Verbindung mit einem stabilen Wechselkurssystem, bei einem Blockfloating oder beim schmutzigen Floaten eine außenwirtschaftliche Absicherung. Dazu bestünden folgende Möglichkeiten (wobei einige erst im Abschnitt 6 dargelegt werden):

1) Auf- bzw. Abwertung einer Währung
2) Förderung bzw. Hemmung von Kapitalbewegungen
3) Stillegung spekulativer Devisenzuflüsse (Bardepot, Mindestreserve)
4) Beschränkungen des Geld- und/oder des Kapitalverkehrs
5) Änderung des Wechselkurssystems

4.7.2 Geldpolitik über den Devisenmarkt

Wie im vorherigen Abschnitt ausgeführt, können Devisenzuflüsse, ausgelöst durch Kapitalimporte (Kreditaufnahme im Ausland z.B.), einen positiven Außenbeitrag, oder durch die Spekulation bei stabilen WK eine restriktive Geldpolitik u.U. erheblich in ihrer Wirkung mindern. Umgekehrt beeinträchtigen Devisenabflüsse eine expansive Geldpolitik. Die sog. Geldpolitik über den Devisenmarkt verfolgt den Zweck, diese störenden Devisenzu- bzw. -abflüsse entsprechend zu steuern.
Dieses heute deutlich dominierende Interesse kann noch mit einem zweiten verbunden sein (das in den 60er und 70er Jahren wichtig war). Durch Kapitalexporte und -importe werden auch die Währungsreserven berührt. Hat eine Volkswirtschaft z.B. zu hohe Währungs-(hier Devisen)Reserven und steht sie deshalb unter einem Aufwertungsdruck, so würde eine Stimulierung der Kapitalexporte die Devisenvorräte abbauen und somit der Aufwertungsdruck verringert werden. Umgekehrt würden Kapitalimporte die Devisenvorräte vergrößern.
Beeinflußt die Zentralnotenbank Kapitalexporte bzw. -importe, so ähnelt der geldpolitische Effekt demjenigen der Offen-Markt-Politik.

Zum Verständnis der geldpolitischen Maßnahmen über den Devisenmarkt sind zunächst einige Geschäftsusancen auf diesen Märkten zu erörtern:
Da die Kursentwicklung für Devisen (vor allem bei variablem WK) nicht sicher vorhersehbar ist, bergen Außenhandelsgeschäfte die Gefahr von Kursverlusten in sich. Wird z.B. heute ein Exportgeschäft auf Dollarbasis über einen Betrag von 100.000 $ abgeschlossen, zahlbar in 3 Monaten, und liegt diesem Geschäft ein kalkulierter Wechselkurs von 1 $ = 2 DM zugrunde, so rechnet man mit einem Erlös von 200.000 DM. Wäre aber z.B. der $-Kurs nach diesen 3 Monaten auf 1,90 DM gesunken, so ergäbe sich lediglich ein Erlös von 190.000 DM, d.h. man hätte allein durch die Kursentwicklung 5 % Verlust erlitten.

Gegen dieses Wechselkursrisiko kann man sich über den Devisenterminmarkt absichern, indem bereits heute zu einem vereinbarten Kurs zukünftig verfügbare Devisen (sog. Termindevisen) gekauft oder auch verkauft werden.

Der sog. **Devisenkassakurs (= We_K)** ist der Preis für zu kaufende oder zu verkaufende Devisen, wenn das Geschäft innerhalb von zwei Tagen abgewickelt wird.
Der **Devisenterminkurs (= We_T)** ist der Preis für zu verkaufende bzw. zu kaufende Devisen nach einer bestimmten Frist (z.B. 30 oder 90 Tage).
In der Regel stimmen Devisenkassakurs und -terminkurs nicht überein, je nachdem, ob man aus gegenwärtiger Sicht mit einem Ansteigen oder Fallen des betreffenden WK rechnet. Liegt der Terminkurs über dem Kassakurs, besteht ein *Aufschlag, ein Report*; liegt er darunter, besteht ein *Abschlag, ein Deport.*
Die Relation

$$\frac{We_T - We_K}{We_K} \cdot 100$$

bezeichnet man als **Swapsatz.**
Ergibt sich ein positiver Swapsatz, so entspricht dies einem Kursgewinn, d.h. einem Report; umgekehrt entspricht ein negativer Satz einem Kursverlust, d.h. einem Deport.
Ein Beispiel mit den vorangegangenen Daten:
$ Kurs/DM:

$We_K = 2{,}00$; $We_T = 1{,}90$ bei 3 Monaten

$$\frac{(1{,}90 - 2{,}00)}{2{,}00} \cdot 100 = -5\ \%\ \text{per 3 Monate}$$

oder -20 % p.a., d.h. ein Deport von 20 % p.a.

Ob eine Bank einen Kapitalexport tätigt, d.h. ihre liquiden Mittel z.B. für 3 Monate in amerikanischen Schatzanweisungen anlegt, wird von zwei Überlegungen abhängen.
Erstens vom Zinsunterschied einer vergleichbaren Anlage in der BRD, und zweitens vom Swapsatz. Nur wenn beide Kalkulationskomponenten insgesamt positiv ausfallen, wird für eine Bank ein derartiges Engagement in Frage kommen.
Wenn z.B. eine Anlage in amerikanischen Schatzwechseln einen Bruttozins von 14 % p.a., eine Anlage in deutschen Schatzwechseln eine Bruttozins von 7 % p.a. ergibt,

so besteht zunächst eine positive 7 % Zinsdifferenz zugunsten der amerikanischen Anlage. Ergäbe der Swapsatz einen Deport von - 5 % p.a., so wäre noch eine positive Differenz von + 2 % gegeben, somit würde sich eine Anlage in Amerika rentieren (von steuerlichen und sonstigen Kosten abgesehen) und damit letztlich der Kapitalexport stattfinden.

An dieser Kalkulationsüberlegung setzt die **Devisenterminmarktpolitik** bzw. die **Swappolitik** der DBB ein, und zwar ändert sie autonom den Swapsatz.
Wenn die DBB z.B. den Kapitalexport fördern will, so bietet sie den Kreditinstituten ein Swapgeschäft an (d.h. sie verkauft den Banken Kassadevisen und nimmt sie als Termindevisen zu einem bestimmten Swapsatz zurück), wobei sie einen Swapsatz in Rechnung stellt, der günstiger ist als der z.Z. marktübliche. Damit geht obige Kalkulation für die Banken positiv (oder noch positiver) auf. D.h. der Swapsatz der Bundesbank ist entweder ein höherer Report oder ein niederer Deport als der momentan übliche.
Wenn die Banken auf dieses Angebot der DBB eingehen, so werden für die Dauer des Swapgeschäftes dem Inland liquide Mittel entzogen (= restriktive Politik der DBB) und gleichzeitig der Devisenbestand verringert.
Betreibt die DBB somit eine restriktive Politik und soll diese entweder außenwirtschaftlich zusätzlich unterstützt werden (heute sog. Feinsteuerung) oder soll diese Politik von außenwirtschaftlichen Störfaktoren befreit werden, dann kann die DBB wie dargelegt dazu die Swappolitik einsetzen. Die geldpolitischen Wirkungen der Swappolitik entsprechen denjenigen der Offen-Markt-Politik, siehe dazu deshalb Abschnitt 4.4.2.

In *jüngster Zeit* wird von der DBB die Swappolitik *verstärkt als ausschließliches liquiditätssteuerndes Instrument* eingesetzt (sog. Feinsteuerung am Geldmarkt).
D.h. kauft die DBB im Rahmen eines Swapgeschäftes Devisen (z.B. Dollar) von den Geschäftsbanken an (und verkauft sie gleichzeitig per Termin), so stellt sie den Banken während der Laufzeit des Geschäftes Zentralbankgeld zur Verfügung, was eine *expansive* Wirkung ergibt. Verkauft sie dagegen Devisen (die später von der DBB wieder gekauft werden), so entzieht sie für diese Zeit Zentralbankgeld, was somit eine *restriktive* Wirkung ergibt. Die Volumina derartiger Geschäfte sind z.T. nicht unbeeinträchtlich, so schloß die DBB z.B. im Dezember 1990 DM / $-Swapgeschäfte von 5,68 Mrd. DM ab.

Die Geldpolitik über den Devisenmarkt wird von der Bundesbank noch in zwei weiteren Varianten betrieben.

Einmal als sog. **Outright-Termingeschäfte.**

Ein Outright-Termingeschäft besteht, im Gegensatz zu einem Swapgeschäft, *nur* aus einem Termingeschäft. D.h. man kauft bzw. verkauft Devisen zu einem künftigen Termin. Die DBB tritt dabei als normaler Marktpartner am Devisenterminmarkt als künftiger Anbieter bzw. Nachfrager auf.

Die ökonomische Logik derartiger Operationen ist einfach erkennbar: Einmal versucht die DBB durch Outright-Termingeschäfte die Wechselkursentwicklung in einer bestimmten Richtung zu beeinflussen (einfach nach der Gesetzmäßigkeit von Angebot und Nachfrage).

Zum anderen ergibt sich ein Liquiditätseffekt, d.h. eine geldpolitische Zielrichtung, wenn das Termingeschäft fällig wird. Denn bei einem Devisenankauf durch die DBB fließt Zentralbankgeld in die Wirtschaft (*expansive* Wirkung), umgekehrt wird bei einem Devisenverkauf durch die DBB Liquidität aus der Wirtschaft abgezogen (*restriktive* Wirkung).

Dazu kommt als ergänzender Effekt, daß ein Qutright-Termingeschäft auch unmittelbare Wirkungen am Kassa-Markt auslöst. Banken versuchen das Währungs-(Wechselkurs-)Risiko eines Outright-Termingeschäftes durch ein entgegengesetztes Kassageschäft auszugleichen.

Die weitere Variante sind **Devisenpensionsgeschäfte:**

Bei einem Devisenpensionsgeschäft erwerben die Banken für eine befristete Zeit einen Herausgabeanspruch für bestimmte Devisen zu einem vereinbarten Kurs (Optionsgeschäft).

D.h. die Banken haben gegenüber der DBB während der Laufzeit des Geschäftes eine Rückgriffsmöglichkeit auf bestimmte Devisen zu einem festen Kurs. Die Devisen selbst bleiben dabei Eigentum der DBB.

Der Liquiditätseffekt ist der nämliche wie bei einem Swapgeschäft. Unterschiedlich ist dagegen die Wirkung auf die Devisenvorräte (der DBB), denn diese bleiben jetzt unverändert.

Insgesamt ergibt sich für die Geldpolitik am Devisenmarkt:

In jüngster Zeit setzt die DBB Outright-Termingeschäfte primär zur Wechselkursbeeinflussung ein, während Swapgeschäfte in erster Linie nur noch liquidisierend eingesetzt werden. Bei kurzfristigen Liquiditätsabsorptionen bevorzugt die DBB dagegen die Devisenpensionsgeschäfte.

Weiterhin gilt für alle drei Geschäftsvarianten, daß sie seitens der Bundesbank (im Vergleich zu den Offen-Markt-Operationen) erheblich flexibler eingesetzt werden können und somit ein Instrumentarium zur Feinsteuerung am Geldmarkt geworden sind.

4.7.3 Maßnahmen im Rahmen des Außenwirtschaftsgesetzes

Bereits mit der Einlagenpolitik und den ergänzenden Maßnahmen wurden geldpolitische Instrumente vorgestellt, die nicht oder nicht ausschließlich in der Einsatzbefugnis der Bundesbank stehen (hierbei hatten sich Bezüge u.a. zum Stabilitätsgesetz ergeben).
Ein analoger Zusammenhang ist nunmehr für den Bereich der Außenwirtschaft gegeben, wo im Rahmen des Außenwirtschaftsgesetzes **(AWG)** eine gemeinsame Entscheidungs- und Einsatzfindung der Bundesbank und der Bundesregierung notwendig ist.

4.7.3.1 Beschränkungen des Kapitalverkehrs

Der grenzüberschreitende Geld- und Kapitalverkehr der BRD ist vollständig liberalisiert.
Trotzdem erschien es insbesondere in der Vergangenheit der BRD erforderlich, hier gelegentlich mit administrativen Beschränkungen insbesondere starke spekulative Devisenzuflüsse abzuwehren, um ein Unterlaufen geldpolitischer Maßnahmen zu verhindern.
Die Möglichkeiten, derartige Beschränkungen temporär einzuführen, bietet das *Außenwirtschaftsgesetz (AWG).*
Die Beschränkung von Kapitalimporten regelt *§ 23 AWG.* Danach können Kapitalimporte einer Beschränkung unterworfen werden, wenn dadurch entweder inflationären Entwicklungen entgegengewirkt oder das außenwirtschaftliche Gleichgewicht beeinträchtigt werden kann. § 23 AWG legt genau fest, wann im Sinne des § ein Kapitalimport vorliegt.

Die Beschränkungen können darin bestehen, daß derartige Kapitalimporte verboten werden oder einer Genehmigung unterliegen. Für derartige Genehmigungen ist dann die DBB zuständig.
Die nötigen Rechtsverordnungen zum § 23 AWG werden von der Bundesregierung im Benehmen mit der Bundesbank erlassen. Weiterhin kann nach § 23 AWG die

Verzinsung von Ausländerguthaben bei inländischen Banken entweder verboten oder genehmigungspflichtig gemacht werden.

Von der Möglichkeit des § 23 AWG hat die Bundesregierung insbesondere Ende der 60er bzw. Anfang der 70er Jahre häufig Gebrauch gemacht. Die dabei gemachten Erfahrungen zeigen, daß es damit nur gelingt, solche Kapitalimporte abzuwehren, die auch oder mit Zins-(Rendite-)Aspekten erfolgen. Handelt es sich dagegen um spekulative Devisenzuflüsse, so sind einmal in § 23 AWG genügend Ausweichmöglichkeiten gegeben, zum anderen spielen dabei übliche Renditeüberlegungen keine Rolle. Derartige spekulative Devisenzuflüsse könnten nur durch eine totale Devisenbewirtschaftung wirksam unterbunden werden (oder auch durch frei floatende WK).

Der grundsätzliche Einsatz des § 23 AWG im Sinne eines geldpolitischen Instrumentes wäre wieder einfach. Restriktive Anwendung = § 23 AWG in Kraft setzen, expansive Anwendung = außer Kraft setzen. Die Wirkungen entsprechen dabei der allgemeinen Liquiditätsbeeinflussung.

4.7.3.2 Bardepotpflicht

Wie bereits bekannt, können Einlagen von Ausländern bei inländischen Banken, sollten sie als Kapitalimporte nicht erwünscht sein, mittels der Mindestreservepflicht bis zu 100 % neutralisiert werden.
Um dieser hohen Mindestreservebelastung zu entgehen, haben die Banken die Strategie entwickelt, für derartige Auslandsgelder nur kurzfristig als Vermittler aufzutreten und sie sofort an inländische Unternehmen weiterzuleiten. Die dann von inländischen Unternehmen angelegten Gelder unterliegen bekanntlich nunmehr nicht mehr der hohen Reservebelastung.
Diese Lücke schließt das sog. Bardepot, wozu ins AWG der § 6a eingefügt wurde, der besagt:
Zur Abwehr von Kapitalimporten wird bestimmt, daß Inländer einen bestimmten Prozentsatz ihrer im Ausland aufgenommenen Kredite bzw. Darlehen während eines bestimmten Zeitraumes zinslos auf einem Konto bei der Bundesbank zu halten haben (sog. Depotpflicht).
Es handelt sich beim Bardepot um die völlig analoge Bestimmung der Mindestreserven, die jetzt aber auf Nichtbanken angewandt wird.
In der Rechtsverordnung wird bestimmt (wird von der Bundesregierung im Benehmen mit der Bundesbank erlassen), welche Verbindlichkeiten der Inländer von der

Depotpflicht ausgenommen sind und wie hoch der Prozentsatz der Depotpflicht ist (könnte bis auf 100 % festgelegt werden).

Das Bardepot verbietet nicht wie § 23 AWG Kapitalimporte, sondern neutralisiert einen Prozentsatz davon durch Stillegung bei der DBB. Für den *inländischen Kreditnehmer bedeutet das Bardepot eine entsprechende Kreditverteuerung.*
Wenn z.B. ein Auslandskredit zu 100.000,- DM mit 6 % Zins p.a. aufgenommen wurde, gleichzeitig ein Freibetrag nach § 6a AWG von 50.000,- DM bei einem Depotsatz von 50 % gilt, so sind 25.000,- DM zinslos bei der DBB zu unterhalten. Hierbei ergäbe sich dann auf den Kreditbetrag gerechnet eine Zinsbelastung von 8 % p.a.

Der Einsatz des Bardepot als geldpolitisches Instrument erfolgt nach dem bekannten Schema: Restriktiv = Bardepot einführen, expansiv = Bardepot aufheben.

Die prinzipielle Wirksamkeit der Bardepotpflicht ist umstritten und eher skeptisch zu analysieren.
Probleme bestehen zunächst im Hinblick einer effektiven Kontrolle. Bei Bardepotpflicht mußten Nichtbanken bis zum 20. eines Monats ihre im Ausland aufgenommenen Kredite oder Verbindlichkeiten der LZB melden. Ob dieser Pflicht lückenlos nachgekommen wurde, darf bezweifelt werden.
Darüber hinaus haben Großunternehmen (Multis) die Möglichkeit, über Auslandstochterunternehmen, Kredite nicht als Kredite, sondern als Warenlieferungen erscheinen zu lassen (die dann nicht der Depotpflicht unterliegen). Oder sie versuchen über Verrechnungspreise, Gutschriften und Zahlungen alles so zu verschleiern, daß damit die Bardepotpflicht umgangen werden kann.
Die erklärt wohl auch, warum die Bardepotpflicht bald aufgehoben und nicht mehr eingeführt wurde.

4.8 Die Europäische Zentralnotenbank - der Vertrag von Maastricht -

Mit dem Vertrag von Maastricht (1991; 1994 von allen 12 EG-Staaten ratifiziert) soll die EWWU, d.h. die Europäische Wirtschafts- und Währungs-Union, verwirklicht werden. Deshalb wird nunmehr offiziell auch die EG (Europäische Gemeinschaft) als EU (= Europäische Union) bezeichnet, um damit die neue Qualität der Integration Europas auszudrücken.

Durch den Vertrag von Maastricht soll somit für die EU-Staaten eine Währungs-Union geschaffen werden. Der Kerninhalt dieser Währungs-Union ist die Europäische Zentralbank (Euro-Fed).

4.8.1 Entwicklung zur Europäischen Zentralbank

Zum Verständnis der EU, der EWWU und des Vertrages von Maastricht soll kurz die historische Entwicklung hin bis Maastricht dargelegt werden (für die im Abschnitt 4.8 nötigen Fachbegriffe zu den Wechselkursen siehe Kapitel 6).
Die Integration Europas (zunächst Westeuropas) beginnt im wesentlichen nach dem 2. Weltkrieg. Der erste Anstoß ging dabei von den USA aus (das Motiv war u.a., daß ein starkes, vereintes Westeuropa das beste Bollwerk gegen die Sowjetunion darstellt). Die erste Maßnahme der USA war mit dem Marshall-Plan (sog. ERP-Programm) der Wiederaufbau Europas. In seinem Gefolge setzten die USA nicht nur ihre Vorstellungen vom richtigen Wirtschaftssystem (einer Marktwirtschaft) durch, sondern es entstanden auch die ersten übernationalen Wirtschafts-Organisationen mit der OEEC (Organization of European Economic Cooperation) und der EZU (Europäische Zahlungs-Union).
Die USA setzten ebenfalls ihre Vorstellungen im Währungs- und Finanzbereich mit der Errichtung des Bretton-Woods-Wechselkurs-Systems durch *(Dominanz der USA)*.
Die weiteren Integrationsanstöße gingen primär von Frankreich aus (Motive u.a.: Zurückdrängen des übermächtigen Einflusses der USA und die Verhinderung einer Sonderrolle Deutschlands durch dessen feste Einbindung). Zunächst war dies die Gründung (1952) der Montan-Union durch die 6 Kernstaaten (Belgien, Deutschland = BRD; Frankreich, Italien, Luxemburg, Niederlande). Ein wichtiger Schritt war 1957 die Gründung der EWG (Europäische Wirtschaftsgemeinschaft) gleichzeitig mit Euratom (Europäische Atomgemeinschaft) durch die sog. Römischen Verträge. Später faßte man die Montan-Union, EWG und Euratom zur sog. *EG* (Europäische Gemeinschaft) zusammen.

1960 entstand zur (späteren) *EG* eine Konkurrenzorganisation durch die *EFTA* (European Free Trade Association) aus England, Dänemark, Schweden, Norwegen, Finnland, Island, Schweiz, Österreich und Portugal.

Beide Integrationseinrichtungen, EG und EFTA, befaßten sich primär mit der Frage, wie der gegenseitige Handelsverkehr (Ex- und Import) erleichtert werden könnte.

Währungs-, Finanz-, Wechselkursfragen standen nicht zur Debatte, dafür hatte man ja das (noch) funktionierende Bretton-Woods-System.

Die Schwächen (und der spätere Zusammenbruch) des Bretton-Woods-Systems Ende der 60er Jahre führten dazu, daß man sich in der EG jetzt auch mit Währungs- und Wechselkursfragen auseinandersetzte. Anfang der 70er Jahre wurde von der EG der sog. *Werner-Plan* beschlossen, der bis 1980 die Realisierung einer Wirtschafts- und Währungs-Union zum Ziel hatte. Viele der Ziele und Ideen des Werner-Planes finden sich im Maastricht-Vertrag wieder. Gescheitert ist dieser erste Versuch einer europäischen Wirtschafts- und Währungs-Union an den folgenden Energiekrisen, am Zusammenbruch des Bretton-Woods-Systems und dem noch nicht vorhandenen Integrationswillen der Staaten.

Nachdem man im Währungs-Wechselkursbereich zunächst zum Floaten überging, später mit wechselndem Erfolg die europäische Währungsschlange schuf, wurde 1979 unter Federführung Frankreichs und der BRD für die EG das EWS (Europäische Währungs-System) gegründet, in dessen Mittelpunkt die ECU (European-Currency-Unit) steht. Das EWS (und der ECU) hat bis jetzt eine wechselvolle Entwicklung hinter sich (deutlich negative Aspekte sind 1992 das "vorübergehende" Ausscheiden Englands und Italiens und 1993 die deutliche Erweiterung der Bandbreiten) und es steht als wichtiger Eckpfeiler auch im Maastricht-Vertrag.

Anfang der 70er und im Laufe der 80er Jahre treten einige EFTA-Länder (England, Dänemark, Portugal) und weitere Staaten (Irland, Griechenland, Spanien) in die EG ein, so daß sie 1994 bereits 12 Länder umfaßt und man seitdem von einer *Rest-EFTA* spricht. Die Auflösung bzw. Überführung der EFTA in die EG wird 1995 (mit Ausnahme der Schweiz, Islands und Norwegens) vollzogen werden, wenn Finnland, Schweden und Österreich in die EG eintreten.
Gegen Ende diese Jahrhunderts gibt es in Europa nur die EG bzw. die EU als Integrationseinrichtung, in die auch die östlichen europäischen Länder beitreten möchten.
Wichtige Schritte waren das *Weißbuch der Kommission* (1985), ein "Sündenregister" darüber, was in der EG alles noch nicht wie erhofft läuft und, daraus resultierend, die *einheitliche Europäische Akte* (1987), die den gemeinsamen Binnenmarkt ab 01.01.1993 festschreibt.

1991 schließlich wird von der EG der Maastricht-Vertrag verabschiedet, der den Weg in die Europäische Wirtschafts- und Währungs-Union = EU bis 1999 (spätestens?) festschreibt.

4.8.2 Vereinbarungen von Maastricht

Der Vertrag von Maastricht umfaßt drei Bereiche:

1) die politische Union
2) die Wirtschafts-Union
3) die Währungs-Union

Zu 1) die politische Union, d.h. die politische Integration Europas hin zu einem (letztlich) einheitlichen Staat, wird im Vertrag nur in sehr schwachen Ansätzen beschrieben. Es handelt sich um Ideen, um Empfehlungen, um unverbindliche Absichtserklärungen und Stellungnahmen. Im Kern steht eine politische Union letztlich nicht zur Debatte. In den Nationalstaaten ist dafür der politische Wille bis jetzt nur äußerst gering ausgeprägt.

Zu 2) Zur Wirtschafts-Union steht in den Maastrichtvereinbarungen selbst nicht sehr viel, denn dafür ist ein anderes Vertragswerk, die *einheitliche Europäische Akte* (1987) im wesentlichen zuständig. Die einheitliche Akte beschreibt den *gemeinsamen Markt,* der *ab 01.10.1993* in Kraft getreten ist. Damit steht der Realisierung der sog. vier Freiheiten (Freiheit im Personen-, Waren-, Dienstleistungs- und Kapitalverkehr) in der Wirtschafts-Union nichts mehr im Wege (was für einen größeren Teil der Vorhaben bereits geschehen ist, bei "einigen" hakt es noch).

Zu 3) Der Großteil der Vereinbarungen von Maastricht beschäftigt sich somit mit dem Fragenkreis der Währungs-Union. Dieses Thema steht in den folgenden Ausführungen ausschließlich zur Diskussion.

3-Stufen-Plan zur Währungs-Union

Die Währungs-Union soll in einer zeitlichen Abfolge, in drei Stufen realisiert werden.

Die **1. Stufe** hat bereits mit der Liberalisierung des Kapitalverkehrs und der Finanzmärkte 1990/91 begonnen bzw. die Verwirklichung des Binnenmarktes ab 01.01.1993 ist dazu der Abschluß.

Stufe 2 begann am 01.01.1994 mit der Errichtung einer EG-Institution, des sog. *Europäischen Währungsinstituts (EWI)*, das nach langem Tauziehen in Frankfurt/M. seinen Sitz fand. Das EWI ist eine Übergangseinrichtung, dessen Aufgabe darin be-

steht, die Überleitung, insbesondere der nationalen Zentralnotenbanken in die Stufe 3 zu unterstützen. D.h. es soll insbesondere die nationalen Einrichtungen bei der notwendigen Koordinierung beraten und ihnen zur Seite stehen.
Stufe 3 kann frühestens am 01.01.1997, sie soll spätestens (?) am 01.01.1999 beginnen. Mit der Stufe 3 nimmt die *Europäische Zentralnotenbank (EZB)* bzw. das *Europäische System der Zentralnotenbanken (ESZB)* seine Arbeit auf. Das EWI wird dabei in die EZB übergeleitet. Ob schon mit der Stufe 3 ein gemeinsames europäisches Geld, der ECU, eingeführt wird, steht im Vertrag selbst nicht. Soll aber das ESZB funktionsfähig sein, so muß wohl eine gemeinsame europäische Währung geschaffen werden.

Die Konvergenzkriterien des Maastrichtvertrages

Ein heiß und kontrovers diskutierter Aspekt im Maastrichtvertrag sind die Konvergenzkriterien, d.h. die Eintrittsbedingungen, die ein Land (lt. Maastrichtvertrag) erfüllen müßte, möchte es in die Stufe 3 eintreten, d.h. bei der Währungs-Union mitmachen.
Die Konvergenzkriterien sind:

1) Das beitrittswillige Land muß eine relativ hohe Preisstabilität aufweisen, wobei seine Inflationsrate nur 1,5 % über dem Durchschnitt der drei stabilsten Länder der EU liegen darf
2) Der beitrittswillige Staat muß eine tragbare Finanzlage des Staates aufweisen, d.h. seine jährliche Neuverschuldung darf nur 3 % seines Bruttoinlandsproduktes, und die staatliche Gesamtverschuldung darf nur 60 % des Bruttoinlandsproduktes ausmachen
3) Die normalen Bandbreiten (= $\pm$ 2,25 %) im EWS müssen eingehalten werden und zwei Jahre vor dem Beitritt darf das Land seine Währung nicht abgewertet haben
4) Die Dauerhaftigkeit der Konvergenz muß dadurch nachgewiesen werden, daß die langfristigen Zinsen nur 2 % über dem Durchschnitt der drei stabilsten Länder liegen

Bei konsequenter Interpretation der 4 Konvergenzkriterien würde 1994 nur ein Land alle Bedingungen erfüllen, nämlich Luxemburg. Die meisten Probleme bereiten den Ländern die Staatsverschuldung und dann die Inflationsrate.

4.8.3 Konstruktion des Europäischen Zentralbanksystems

Die Abb. 4-7 zeigt die vorgesehene Konstruktion des Europäischen Zentralbanksystems, das auf weiten Strecken sehr der deutschen Ausgestaltung entspricht.

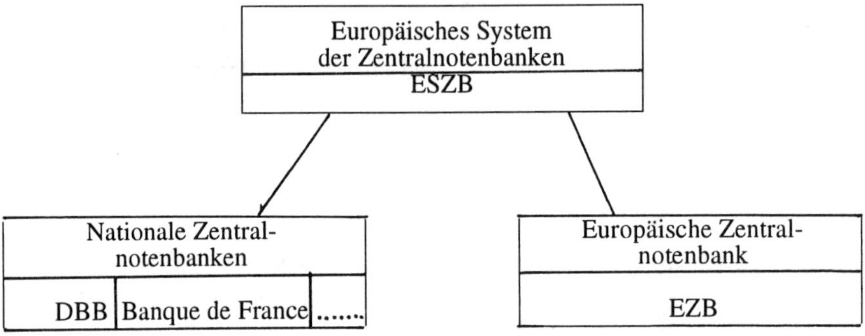

Abb.: 4-7: Aufbau des künftigen Europäischen Zentralbanksystems

Wie Abb. 4-7 zeigt, besteht das ESZB einmal aus den weiterhin bestehenden jeweiligen nationalen Zentralnotenbanken und der Europäischen Zentralnotenbank EZB.
Die Nationalen Zentralnotenbanken werden in ihrer geldpolitischen Bedeutung zurückgestuft, sie werden zu reinen Ausführungseinrichtungen der EZB (analog zu den LZBs in der BRD). Die geldpolitische Entscheidung können die nationalen Zentralnotenbanken nur im Organ der EZB, dem EZB-Rat, noch wahrnehmen.
D.h. somit, die *entscheidende Einrichtung ist die EZB*. Lt. Maastrichtvertrag hat die EZB eine vorrangige Aufgabe, nämlich die Wahrnehmung der Preisstabilität. ESZB (und damit auch die nationalen Zentralnotenbanken) und EZB können dabei unabhängig von den Organen der EU und den Nationalstaaten Geldpolitik betreiben (Unabhängigkeit des ESZB). Wären (was die Regel ist) nationale Zentralnotenbanken noch nicht unabhängig, so müßte dies bis zum Eintritt in Stufe 3 noch geschehen.

Die Organe der EZB sind:

1) Der EZB-Rat ist das wichtigste Organ. Es regelt die Zuständigkeiten der übrigen Einrichtungen der EZB und es bestimmt die Geldpolitik Europas.
Mitglieder im EZB-Rat sind die Mitglieder des Direktoriums und die Präsidenten der nationalen Zentralnotenbanken. Jedes Mitglied hat eine Stimme, beschlossen wird mit einfacher Mehrheit.

2) Das Direktorium besteht aus bis zu 6 Mitgliedern (Präsident und Vizepräsident der EZB und vier weitere Mitglieder), die nach Anhörung des Europaparlaments und des EZB-Rates von den Regierungschefs der EU bestellt werden.
Das Direktorium ist das ausführende Organ der EZB (d.h. setzt die Beschlüsse des EZB-Rates um), es führt die laufenden Geschäfte durch und verwaltet die Organisation der EZB.

Die Aufgaben der EZB sind:

1) das Notenmonopol, d.h. die Ausgabe der Banknoten (dies ist nur dann logisch, wenn eine einheitliche Währung vorliegt)
2) Wahrnehmung der Aufgaben der Geldpolitik
3) Beratung der EG-Organe und der EG-Staaten bei der Beaufsichtigung der Kreditinstitute und der Finanzsysteme
4) *Nicht erlaubt* ist die Kreditgewährung an die EU oder die Mitgliedsstaaten

Insgesamt entspricht die formale, rechtliche Konstruktion der EZB in vielen Bereichen derjenigen der Deutschen Bundesbank.

4.8.4 Beurteilung der Europäischen Zentralnotenbank

Das Prozedere der Vertragsentstehung soll ein erster zu beurteilender Gesichtspunkt sein. Die Integration Europas als EU soll nicht wie die Versuche der Vergangenheit durch militärischen Druck, sondern durch freiwilligen Entschluß der Länder zustande kommen. Dies schließt aber ein, daß der Beitrittskandidat bzw. das einzelne Mitgliedsland mit den übrigen Ländern über die einzelnen Themen verhandelt, was bedeutet, daß sich nicht ein Land oder eine Gruppe immer durchsetzt, sondern die Regel ist der Kompromiß.
Mustergültig läßt sich diese Grundrichtung beim Maastrichtvertrag feststellen. Er enthält auf vielen Gebieten Kompromisse, von der die eine oder andere Seite nicht begeistert ist.
Eine Reihe von Kompromissen betreffen England, die im Prinzip später auch Dänemark zugestanden wurden. Beide können z.B. ihren Beitritt zur Währungs-Union so lange aufschieben, bis die Gemeinschaft insgesamt in die Stufe 3 eingetreten ist.
Ein kritisch zu beurteilender "Kompromiß" ist die im Vertrag zwar artikulierte, notwendige Koordinierung der zentral geregelten Geldpolitik mit den übrigen Bereichen der Wirtschaftspolitik (Fiskalpolitik, Beschäftigungspolitik, Konjunkturpolitik, usw.), die ja nach wie vor im wesentlichen in der nationalen Kompetenz verbleiben.

Aber alle Passagen, die diesen Bereich im Vertrag ansprechen, sind lediglich unverbindliche Empfehlungen (es kann, es sollte usw. heißt es dort).

Die Geldwertstabilität des ECU, der künftigen europäischen Währung, soll nunmehr als das wohl wichtigste Kernproblem der Europäischen Währungs-Union analysiert werden.

In der Diskussion um den Vertrag von Maastricht ging (geht) es in der BRD vor allem um die zu erwartende Geldpolitik der Euro-Fed und damit letztlich um die Frage der Geldwertstabilität des ECU. Dabei werden vor allem folgende Argumente betrachtet:

1) Fehlende Interdependenz aller Bereiche der Wirtschaftspolitik

Der theoretisch wichtigste Kritikpunkt am Vertrag in seiner Funktion für das ESZB ist, daß man die gegenseitige Abhängigkeit (= Interdependenz) der einzelnen wirtschaftspolitischen Vorgänge nicht berücksichtigt hat bzw. eine bessere Abstimmung aufeinander politisch nicht durchsetzbar war. D.h. man kann nicht einen Bereich, wie hier die Geldpolitik, zentral regeln, die übrigen wirtschaftspolitischen Bereiche (wie Fiskalpolitik, Sozialpolitik, Beschäftigungspolitik) aber nach wie vor in der nationalen Kompetenz belassen, d.h. dezentral regeln. Eine entscheidende Grunderkenntnis volkswirtschaftlicher Zusammenhänge ist, daß ein Vorgang oder eine wirtschaftliche Entscheidung z.B. in der Steuerpolitik sehr wohl Auswirkungen im sozialen Bereich, bei der Beschäftigung, im Geldbereich usw. und umgekehrt hat.

Letztlich bindet man mit der EWWU Länder mit unterschiedlicher ökonomischer Entwicklung (Inflationsrate, Beschäftigung, Staatsverschuldung, usw.) über die Geldpolitik zentral zusammen. Die übrigen Bereiche können dagegen weiterhin national, dezentral und (wohl sicher) egoistisch geregelt werden. Damit driftet die wirtschaftliche Entwicklung (wie auch bisher in der EG) aber auseinander. Bezogen auf den Geldwert des ECU kann dies jedoch nur bedeuten, daß dieser nicht so gut sein wird wie der bisherige (im Durchschnitt) der DM.

Wenn man zwei typische Beispiele für diesen Fehler studieren möchte, so kann man dies beim Bretton-Woods-System und beim EWS durchführen.

2) Mehrheitsverhältnis im EZB-Rat

Im entscheidenden Organ der EZB, im EZB-Rat, hat die BRD maximal 2 Stimmen (bei 12 Ländern wären es insgesamt 18 Stimmen), d.h. die BRD hat hier keine Mehrheit, um u.U. einen wichtigen, die Preisstabilität betreffenden Beschluß durchbringen zu können. Mehrheiten kämen somit nur durch Koalitionen zustande. Entscheidend dabei ist aber die Frage, welche Einstellung die anderen Mitglieder im EZB-Rat zur Preisstabilität haben. Meist eine andere, d.h. man sieht diesen Problembereich als nicht so wichtig an, wie dies im wesentlichen bisher bei der DBB der Fall war. Andere Komplexe wie z.B. die Beschäftigung werden als entscheidender betrachtet. Per saldo kann man nach der bisherigen Erfahrung in den EU-Staaten nicht so strenge Kriterien zur Preisstabilität erwarten wie dies bisher meist in der BRD der Fall war.

3) Unabhängigkeit der Präsidenten der nationalen Zentralbanken

Im EZB-Rat liegt die Stimmenmehrheit bei den Präsidenten der nationalen Zentralbanken. Wie dargelegt, müssen beim Eintritt in die 3. Stufe der EWWU die Zentralbanken der Länder unabhängig sein (wie dies Frankreich für die Banque de France 1994 durchgeführt hat).

Die hier entscheidende Frage ist aber die Unabhängigkeit der Präsidenten der Zentralbanken der Staaten. Dabei kann über die Personalpolitik, d.h. über das Ernennungsprozedere die formale Unabhängigkeit zumindest in Frage gestellt werden (Äußerungen aus Frankreich zeigen deutlich in diese Richtung). Da man im EZB-Rat zudem nur 8 Jahre Mitglied sein kann, wird dies wohl häufig als Sprungbrett für eine Karriere angesehen, mit der Konsequenz einer deutlichen Abhängigkeit von der jeweiligen nationalen Regierung.

4) EZB besitzt nicht die Wechselkurskompetenz

Die Welchselkurskompetenz, d.h. die Regelung und Änderung der Wechselkurse bleibt, wie bisher, bei den Nationalregierungen bzw. der EU.

Damit ist ein ähnlicher Konflikt wie z.B. im Herbst 1992 und 1993 vorprogrammiert. Bei einem stabilen Außenkurs des ECU (z.B. gegenüber $ oder Yen) müßte die EZB u.U. längere Zeit am Niedrigstkurs intervenieren, dadurch Geld schöpfen und den Geldwert gefährden.

5) Problematik der Konvergenzkritierien

Im Maastricht-Vertrag müssen die Konvergenzkriterien für einen Beitritt nur einmal, stichtagsbezogen, erfüllt werden. Damit ist es sehr wahrscheinlich, daß verschiedene Länder, sind sie einmal in der EWWU, nachher die gleiche, alte nicht an der Stabilität orientierte Wirtschaftspolitik (wie bisher) wieder betreiben. Damit entwickelt sich die Struktur der EU-Länder wieder auseinander, wobei die ökonomischen Probleme bereits vorgezeichnet sind. Alle Beispiele zeigen, daß dann die Preisstabilität auf der Strecke bleibt.

Dabei bleibt völlig unberücksichtigt, ob am Tag X der Währungs-Union von genügend Staaten die Kriterien überhaupt erfüllt werden können, und ob man diese dann nicht so aufweichen muß, wenn die Währungs-Union politisch kommen **muß**, daß die EU in der Folge keine Stabilitäts- sondern eine Inflationsgemeinschaft darstellt. In diese Richtung deutet z.B. die Strategie der EU-Kommission (Juli 1994) mit den sog. "blauen Briefen" hin, in denen die EU-Länder abgemahnt werden, besser dieses oder jenes Kriterium zu erfüllen. Irland bekam keinen derartigen Brief, obwohl seine Staatsgesamtverschuldung bei 93 % lag (maximal 60 %) mit der Begründung, daß es für die Qualifikation ausreiche, wenn sich das Land "rasch genug" z.B. den 60 % näherte (ohne sie aber zu erfüllen). Da Irland sich in 7 Jahren von 117 % auf 93 % bewegt hat, wird dies von der Kommission als ausreichend angesehen und Irland hätte (!!) 1994 dieses Kriterium somit erfüllt.

6) Kompromisse in der EZB und deren Auswirkungen

Im EZB-Rat wird es, wie gesagt, bei Entscheidungen auf einen Kompromiß hinauslaufen.

Auf die Geldwertstabilität übertragen, wird und kann ein Kompromiß aber nur bedeuten, daß dies zu Lasten der Geldwertstabilität geht. Trotz der gegebenen formalen Unabhängigkeit der EZB wird diese (häufig) keine unabhängige auf Gesamteuropa ausgerichtete Geldpolitik betreiben, sondern (wie die EU dies ja täglich vorführt) eine an nationalen Interessen orientierte, und dies kann nur zum Schaden der Preisstabilität geschehen.

7) Fehlende psychologische Rücksichtnahme-Inflationsmentalität

Vor allem für die Bürger der BRD hat man nicht berücksichtigt, daß diese dem Thema Stabilität des ECU eine besondere Sensibilität entgegenbringen. Wäre das Vertrauen in das neue Geld z.B. nicht gegeben, dann könnte sich auch in der BRD durchaus eine inflationsfördernde Mentalität bei der Bevölkerung einstellen. Die Preisstabilität bliebe europaweit dann auf der Strecke.

8) Europabewußtsein in den EU-Staaten

Bei vielen EU-Ländern, deren politischer Führung und der jeweiligen Bevölkerung ist oft nur ein sehr schwach ausgeprägtes Europabewußtsein vorhanden. Sehr viele Beispiele aus der Geschichte der EG/EU zeigen, daß man wesentlich eher national denkt und handelt und nicht Europa-solidarisch. Würde sich hier eine wirkliche Krise ergeben, dann wird ganz sicher das Ziel der Preisstabilität am schnellsten aufgegeben.

Zusammenfassung:

Rein formal, d.h. auf das vorliegende Rechtswerk der EZB bezogen, könnte man gegen die EWWU nichts einwenden. Bezogen auf den Geldbereich deckt es sich in vielen Punkten mit der momentanen Lage in der BRD.

Es ist aber ein erheblicher Unterschied, wie ein internationaler Vertrag (= der von Maastricht) formal ausgestaltet ist und wie er dann in der Praxis der Wirtschaftspolitik umgesetzt wird.

Bei sorgfältiger Abwägung der dargelegten und weiterer Aspekte unter Einbeziehung der bisherigen Praxis in der EG/EU ergibt sich der Schluß, daß der Maastrichtvertrag, und daraus entwickelt die EZB, *in der vorliegenden Form* keine Gewähr für eine Stabilität des ECU vergleichbar mit derjenigen der DM bietet.

5 Zahlungsbilanz

Mit dem Kapitel über die Zahlungsbilanz wenden wir uns einem Komplex volkswirtschaftlicher Problemfelder zu, der immer wichtiger wird, nämlich der Außenwirtschaft bzw. der Außenwirtschaftspolitik.

5.1 Einführung: Zahlungsbilanz und Außenwirtschaft

Zunächst ist der Zusammenhang der Zahlungsbilanz zur Außenwirtschaft aufzuzeigen.
Für eine nach *Autarkie* strebende Wirtschaft, d.h. eine geschlossene bzw. fast geschlossene Volkswirtschaft, spielen nur binnenwirtschaftliche Vorgänge eine Rolle. Hier sind die ökonomischen Beziehungen zu anderen Staaten unwichtig, man kann somit hier die Außenwirtschaft vernachlässigen.
Wenn man von wenigen kleinen Inselstaaten im Pazifik absieht (obwohl es streng genommen auch hier nicht stimmt), sind alle Staaten der Erde (natürlich in unterschiedlichem Verhältnis) in die Außenwirtschaft integriert, d.h. Autarkie ist z.Z. out. Dies gilt in besonders starkem Maß für die westlichen Industriestaaten, und hier wiederum herausragend für die BRD.
Die immer wichtiger gewordenen außenwirtschaftlichen Zusammenhänge (so ist z.B. der Grund der leichten Belebung der Wirtschaftstätigkeit 1994 in der BRD insbesondere auf die Außenwirtschaft zurückzuführen) bewegen sich dabei zwischen der *Freihandelsidee* (d.h. daß der Staat sich nicht oder möglichst wenig in die Außenwirtschaft einmischt, sondern diese ganz der Privatinitiative überläßt) und dem immer stärker wuchernden *Protektionismus* (d.h. der Staat schützt die heimische Wirtschaft vor der ausländischen Konkurrenz und fördert infolgedessen den eigenen Export und behindert den Import).

Die *moderne Nationalökonomie vertritt heute überwiegend die Auffassung, daß durch die Außenwirtschaft keine grundlegenden neuen Probleme in die VW gelangen*, sich somit letztlich eine eigene Außenwirtschaftstheorie erübrige. Man könne mit den Resultaten der Preis-, Produktions-, Verteilungs-, Geld-, Beschäftigungs- usw. Theorien die Fragen der Außenwirtschaft lösen.

Da aber durch die Außenwirtschaftsbeziehungen zu den bereits bekannten ökonomischen Fragen und Problemen einige Besonderheiten hinzukommen, ist es nicht nur üblich eine eigene Außenwirtschaftstheorie zu pflegen, sondern, sich auch intensiv mit diesem Komplex zu beschäftigen.
Die wichtigsten Besonderheiten, die durch die Außenwirtschaft in den volkswirtschaftlichen Interessenkreis eintreten, sind:

1) Die Unterschiedlichkeit der nationalen Währungssysteme = die Wechselkursproblematik
2) Die mögliche Existenz handelspolitischer Schranken, wie Zölle, Kontingente, nichttarifäre Handelshemmnisse und dgl.
3) Unterschiede im Recht und der nationalen Wirtschaftspolitik
4) Verschiedenheit in der Mentalität der Völker
5) Die oft größere Bedeutung der räumlichen Distanz-Transportkosten und sonstige Risiken

Im Rahmen einer volkswirtschaftlichen Beschäftigung mit der Außenwirtschaft stehen insbesondere folgende Problemfelder zur Debatte:

1) Warum wird überhaupt Außenhandel betrieben? D.h. es ist zu klären, welche Vorteile ein Individuum, ein Land vom Außenhandel hat
2) Welches sind die Grundsätze internationaler Arbeitsteilung? D.h. unter welchen Bedingungen kommt zwischen zwei Ländern überhaupt ein Handel zustande, und warum ist eine Arbeitsteilung auch zwischen Ländern sinnvoll?
3) Welche Faktoren bestimmen die internationalen Tauschverhältnisse bzw. von welchen Einflüssen werden *Terms of Trade* der einzelnen Nationen bestimmt?
4) Welche Faktoren beeinflussen die Zahlungsbilanzsituation eines Landes? Da eine ausgeglichene Zahlungsbilanz eines der 4 Ziele des magischen Vierecks darstellt, läßt sich fragen, wovon der Ausgleich der Außenwirtschaft eines Landes bestimmt wird
5) Wie wird die innere Stabilität durch die Auslandsverflechtung beeinflußt? D.h. Preisniveau und Beschäftigung hängen jetzt zu einem erheblichen Maße auch von der Außenwirtschaft mit ab
6) Nach welchen Spielregeln soll die Weltwirtschaft ablaufen bzw. wie soll die Weltwirtschaftsordnung aussehen?

In der VW unterscheidet man zwischen der monetären und der reinen Außenwirtschaftstheorie.

Die monetäre Außenwirtschaftstheorie beschäftigt sich primär mit dem Zahlungsbilanzausgleich. Sie stellt deshalb zunächst die Zahlungsbilanz vor (5. Kapitel), und

untersucht dann den Zusammenhang zwischen ihr und dem Wechselkurs (6. Kapitel).
Die sog. reine oder güterwirtschaftliche Außenwirtschaftstheorie abstrahiert vom Geld und sucht die realwirtschaftlichen Zusammenhänge zu erfassen. Im Zentrum steht hier immer noch die Theorie der komparativeren Kosten und deren Weiterentwicklung (7. Kapitel).
Die in diese Zweiteilung nicht hineinpassende Zolltheorie untersucht die Hemmnisse im Außenhandel (Kapitel 8).

5.2 Begriff und Aufbau der Zahlungsbilanz

5.2.1 Begriff

Als Zahlungsbilanz einer Volkswirtschaft bezeichnet man die Aufzeichnung *aller* ökonomischen Transaktionen zwischen den Einwohnern, Regierungen und Institutionen des Inlands (Inländer) und denjenigen des Auslands (Ausländer) für eine bestimmte Periode (in der Regel 1 Jahr).
Inländer im Sinne der Zahlungsbilanz sind alle natürlichen Personen mit ständigem Wohnsitz im Inland (somit u.a. auch Gastarbeiter und Asylanten), sowie alle anderen Wirtschaftssubjekte einschließlich rechtlich unselbständiger Produktionsstätten und Zweigniederlassungen, soweit der Schwerpunkt ihrer wirtschaftlichen Tätigkeit im Inland liegt (u.a. ausländische Tochterunternehmen und Zweigniederlassungen in der BRD).
Zur Definition der *Ausländer* muß obige Begriffsbestimmung nur umgekehrt interpretiert werden. Damit sind Touristen Ausländer (d.h. wenn sie in der BRD etwas kaufen, wäre dies eigentlich ein Warenexport), ebenso Angehörige von diplomatischen Vertretungen und die Mitglieder ausländischer Streitkräfte.

Die Zahlungsbilanz ist wie die volkswirtschaftliche Gesamtrechnung eine statistische *ex-post-Rechnung*.
Sie dient einmal wichtigen praktischen Informationswünschen über das Ausmaß, den Grad und die Entwicklung der Verflechtung der eigenen Volkswirtschaft mit dem Ausland. Sie zeigt andererseits den wirtschaftspolitisch Verantwortlichen den Strukturwandel der internationalen Einbindung des eigenen Landes.

Der Begriff Zahlungsbilanz ist aus zwei Gründen eigentlich mißverständlich:

1) Die aufgezeichneten Transaktionen der Zahlungsbilanz beziehen sich auf einen Zeitraum (sind Stromgrößen) und nicht, wie bei der Bilanz des Rechnungswesens, auf einen Zeitpunkt (= Bestandsgrößen)
2) In der Zahlungsbilanz werden im Gegensatz zur Bilanz des ReWe mehr Transaktionen als lediglich Zahlungsvorgänge erfaßt. Dies sind z.B. unentgeltliche Vorgänge (Schenkungen) und Kreditvorgänge

5.2.2 Aufbau der Zahlungsbilanz

Lt. Definition werden in der Zahlungsbilanz *sämtliche Transaktionen* erfaßt. In diese Vielzahl unterschiedlicher Vorgänge bringt man eine systematische Ordnung hinein und unterteilt die Zahlungsbilanz in sog. Teilbilanzen. Eine *Teilbilanz* umfaßt (in etwa) gleichartige Transaktionen zwischen Inländern und Ausländern.
Wie man die Zahlungsbilanz in Teilbilanzen aufgliedert, ist eine Zweckmäßigkeitsfrage und wird vom jeweiligen Informationsbedürfnis bestimmt. D.h. daß die Zahlungsbilanzen der einzelnen Volkswirtschaften insbesondere in der Untergliederung differenzieren und auch in der Definition der Teilbilanzen unterschiedlich sein können. Der (vorgestellte) Grundaufbau hat sich aber immer mehr angeglichen. Konkret soll der Aufbau der Zahlungsbilanz in der BRD nach dem Schema der Bundesbank hier zugrunde gelegt werden (siehe Abb. 5-1).

Die **Handels- bzw. Warenbilanz** ist vom Volumen her für die BRD sehr entscheidend. Sie umfaßt die wertmäßige (immer in DM) Gegenüberstellung der Warenexporte und der Warenimporte. Die BRD hatte (abgesehen vom Anfang der 50er Jahre) stets eine sog. *aktive (positive) Handelsbilanz*, d.h. die Exporte waren größer als die Importe.

Die Dienstleistungsbilanz hat seit dem 2. Weltkrieg ständig an Bedeutung zugenommen (Wachstum des tertiären Sektors!).
Sie umfaßt eine Vielzahl sog. Dienste (auch unsichtbare Ex- und Importe genannt). Wichtig sind (u.a.) für die BRD der Tourismus, Transportleistungen, Kapitalerträge, Versicherungen, Lizenzen und Patente, Ausgaben der alliierten Streitkräfte in der BRD.
Die Dienstleistungsbilanz weist seit etwa 1960 in der BRD einen *Passivsaldo (negativer Saldo)* auf, d.h. die Importe sind größer als die Exporte, wobei dies zu einem beträchtlichen Teil auf dem Tourismus beruht.

Zahlungsbilanz der BRD für ein Jahr X		
	Debet Ausgaben[1)]	Credit Einnahmen[1)]
A. Leistungsbilanz		
1. Handelsbilanz	Warenimporte	Warenexporte
2. Dienstleistungsbilanz	Dienstimporte	Dienstexporte
3. Übertragungsbilanz	geleistete Übertragung	empfangene Übertragung
B. Kapitalbilanz		
4. Langfristiger Kapitalverkehr	langfr. Kapitalexporte	langfr. Kapitalimporte
5. Kurzfristiger Kapitalverkehr	kurzfr. Kapitalexporte	kurzfr. Kapitalimporte
6. Restpostenbilanz (ungeklärte Vorgänge)	Restposten (nicht erfaßt, nicht aufgegliedert)	
C. Devisenbilanz		
7. Ausgleichspostenbilanz	Bewertungsänderung durch Aufwertung	Bewertungsänderung durch Abwertung Zuteilung von SZR
8. Devisenbilanz (im engeren Sinne)	Erhöhung des Devisenbestandes	Verminderung des Devisenbestandes

Abb.: 5-1: Schema der Zahlungsbilanz der BRD (nach der DBB)

1) In der Art der Verbuchung der Zahlungsbilanz herrscht keine Einigkeit, man kann in der Literatur genau die umgekehrte Verbuchung feststellen

Die Übertragungsbilanz (auch Schenkungsbilanz oder Bilanz der unentgeltlichen Leistungen genannt) erfaßt die Bewegungen von Gütern und finanziellen Aktiva, die ohne ökonomische Gegenleistung vorgenommen werden.
Die Transaktionen sind insbesondere: Wiedergutmachungszahlungen, Kriegsentschädigungen und Reparationsverpflichtungen, Pensions- und Rentenzahlungen ins Ausland bzw. vom Ausland, Zahlungen des Staates an internationale Einrichtungen (Nato-Beitrag, UN-Beitrag, Zahlungen an EG/EU), Entwicklungshilfe (soweit Geschenk), Überweisungen der Gastarbeiter in die Heimatländer.
Die Übertragungsbilanz der BRD weist seit vielen Jahren einen deutlichen *Passivsaldo* auf, wobei insbesondere die Zahlungen an internationale Organisationen und die Überweisungen der Gastarbeiter zu Buche schlagen.

Die Leistungsbilanz (auch *Bilanz der laufenden Posten*) ist der Saldo aus der Handels-, Dienstleistungs- und der Übertragungsbilanz. Liegt für die BRD ein Aktivsaldo in der Leistungsbilanz vor, so muß der Aktiv-Saldo in der Handelsbilanz so groß gewesen sein, daß er von den Passivsalden der Dienstleistungs- und Übertragungsbilanz nicht ausgeglichen wurde.

Die Kapitalbilanz müßte eigentlich Kapitalbilanz im engeren Sinne heißen, da in ihr die entsprechenden Transaktionen der Bundesbank *nicht* enthalten sind. Der Kapitalverkehr umfaßt Vorgänge, durch die Ansprüche und Verbindlichkeiten zwischen In- und Ausländern begründet werden.
Als *Ansprüche* bezeichnet man dabei wirtschaftliche Rechte auf ausländisches Vermögen. Als *Verbindlichkeiten* bezeichnet man Anrechte von Ausländern auf inländische Vermögen.
Die Kapitalverkehrstransaktionen lassen sich nach unterschiedlichen Gesichtspunkten differenzieren. In der BRD unterscheidet man zwischen kurz- und langfristigen Vorgängen.

Zur **langfristigen Kapitalbilanz** rechnen Direktinvestitionen (Erwerb von Unternehmen oder Zweigniederlassungen), Kauf und Verkauf von Kapitalmarktpapieren und von Grundbesitz, und Kredite mit einer Laufzeit über einem Jahr.
Obwohl es sich definitionsgemäß um langfristige Vorgänge handelt, können vor allem die Kapitalmarktpapiere kurzfristig disponiert werden. Somit kann sich in dieser Teilbilanz die Situation kurzfristig ändern, und ein Entwicklungstrend läßt sich nicht vorhersagen.

Zur **kurzfristigen Kapitalbilanz** zählt der Zu- und Abgang von Devisen, Sorten und Gold (soweit sie nicht über die DBB laufen). Ebenso rechnen dazu alle Kredite mit einer Laufzeit unter einem Jahr und der Kauf bzw. Verkauf von Geldmarktpapieren (nicht ganz konsequent, weil die Laufzeiten länger sein können), ferner die Gewährung von Anzahlungen und Zahlungszielen.
In dieser Teilbilanz kann sich die Situation schlagartig ändern (sie bringt die größte Unruhe in die Zahlungsbilanz), so daß eine Vorhersage über die Entwicklung nicht möglich ist.

Die Restpostenbilanz (bzw. Fehlerbilanz oder Bilanz der ungeklärten Beträge) ist erforderlich, weil es nicht möglich ist, alle Transaktionen lückenlos zu erfassen bzw. periodengerecht zuzuordnen.
Nicht lückenlos erfaßbar sind Teile des Kapitalverkehrs (Fluchtkapital nach Luxemburg z.B.), der Geldtransfer der Gastarbeiter und Teile der Kapitalerträge.
Nicht exakt periodisch zuordenbar sind oft die mit dem Warenverkehr gekoppelten Handelskredite, weil diese *terms of payment* (Zahlungsziele) sich häufig ändern.

Die Konsequenz ist, daß sich Ermittlungsfehler ergeben, die durch das doppelte Verbinden erkennbar werden. Zum Ausgleich der Gesamtbilanz wird die Differenz in der Restpostenbilanz festgehalten.

Die Ausgleichspostenbilanz (zur Auslandsposition der DBB) ist erforderlich, weil es Devisenbewegungen (über die DBB) gibt, die ihre Ursache weder im Leistungs- noch im Kapitalverkehr haben. Dies betrifft insbesondere die Zuteilung von Sonderziehungsrechten (vergrößern den Devisenbestand), die Abwertung der DM (vergrößert den Devisenbestand) und die Aufwertung der DM (verkleinert den Devisenbestand).
Indem diese Devisenbewegungen hier festgehalten werden, lassen sich diejenigen, die ihren Grund im Leistungs- bzw. Kapitalverkehr haben, eindeutig ermitteln.

Die **Devisenbilanz im engeren Sinne** (bzw. Bilanz der Auslandsposition der Währungsbehörde = der DBB) erfüllt drei Funktionen:

1) sie ist zunächst eine (Art) Kapitalbilanz der Bundesbank, denn soweit Kapitalbewegungen (kurz- und evtl. langfristig) über die DBB laufen, werden sie hier festgehalten

2) weithin fungiert diese Teilbilanz "buchhalterisch" als Ausgleichsbilanz (-Konto) für die gesamte Zahlungsbilanz, um diese im Sinne der doppelten Buchführung auszugleichen. Deshalb wird in ihr auch alles umgekehrt (zwischen Debet und Credit) verbucht

3) Schließlich wird hier "die *Veränderung* der Nettoauslandsaktiva der Bundesbank" ermittelt

Die *Nettoauslandsaktiva der DBB* bestehen aus den Währungsreserven der DBB und den Krediten an ausländische Währungsbehörden oder ähnliche Institutionen (wie z.B. dem IWF).
Die *Währungsreserven der DBB* setzen sich aus ihrem Goldbestand, dem Devisenbestand, der Reserveposition im IWF (Ziehungsrechte in der Reservetranche, Bestand an SZR) und den Forderungen an den EFWZ zusammen.
Ergibt sich (pro Jahr) ein Zuwachs der Nettoauslandsaktiva, so bedeutet dies eine Vergrößerung des Bestandes der Nettoauslandsaktiva und umgekehrt (meist als Bestand der Währungsreserven bezeichnet).

Die Abb. 5-2 zeigt für ausgewählte Jahre die Entwicklung der dargelegten Teilbilanzen in der BRD.

Teilbilanzen der Zahlungsbilanz	in Mio. DM für					
	1960	1970	1975	1980	1985	1990
A. Leistungsbilanz						
1. Handelsbilanz						
a. Ausfuhr (fob)	47946	125276	221589	350328	537164	662047
b. Einfuhr (cif)	42723	109606	184313	341380	463811	556665
c. Ergänzungen zum Warenverkehr	- 46	- 1344	- 1187	- 585	- 1057	- 484
d. Warenbilanz saldo	+ 5177	+ 14326	+ 36089	+ 8363	+ 72296	+ 104898
2. Dienstleistungsbilanz	+ 3094	- 1384	- 9222	- 14252	- 2604	+ 7863
3. Übertragungsbilanz	- 3488	- 9759	- 17489	- 22590	- 30829	- 36682
4. Leistungsbilanz saldo	+ 4783	+ 3183	+ 9378	- 28479	+ 38863	+ 76079
B. Kapitalbilanz						
1. Langfristige Kapitalbilanz	- 81	- 934	- 16831	+ 5491	- 6470	- 66178
2. Kurzfristige Kapitalbilanz	+ 1353	+ 16047	+ 4637	- 3730	- 40525	- 23935
3. Kapitalbilanz saldo	+ 1272	+ 15113	- 12194	+ 1761	- 46995	- 90113
Restpostenbilanz	+ 1964	+ 3616	+ 597	- 1175	+ 9974	+ 25010
C. Devisenbilanz						
1. Ausgleichspostenbilanz	-	+ 738	+ 5480	+ 2164	- 3104	- 5105
2. Devisenbilanz i.e.S.	+ 8019	+ 22650	+ 3260	- 25729	- 1262	+ 5871

Abb.: 5-2: Entwicklung der Teilbilanzen der BRD

5.3 Zahlungsbilanzgleichgewicht

5.3.1 Statistischer versus ökonomischer Ausgleich

Analysiert man die Leistungs- und Kapitalbewegungen eines Landes, so zeigt sich, daß in den seltesten Fällen das Export- dem Importvolumen entspricht oder der Kapitalimport gerade den Kapitalexport ausgleicht. D.h. die Teilbilanzen der Zahlungsbilanzen sind meist im Ungleichgewicht, da die Export- und Importentscheidungen von unterschiedlichen Wirtschaftssubjekten aufgrund voneinander unabhängigen Dispositionen getroffen werden.
Diese Unausgeglichenheit gilt jedoch nicht für die gesamte Zahlungsbilanz. Statistisch betrachtet ist die (gesamte) Zahlungsbilanz immer ausgeglichen. Dies läßt sich einmal mit den Zahlungsströmen auf den Credit- bzw. Debetseiten nachweisen, zum anderen beruht dies auf dem für die Zahlungsbilanz geltenden Prinzip der doppelten Buchführung, wo jede Handels- oder Kapitalstransaktion zweimal aufgezeichnet wird. Somit ist die (gesamte) Zahlungsbilanz statistisch stets im Gleichgewicht. Ein Beispiel soll dies verdeutlichen:
Ein Land X exportiert Güter im Wert von 100 Geldeinheiten (GE). Diese Güter können entweder in Gold im Wert von 100 GE bezahlt werden (1. Möglichkeit), sie werden durch die Abgabe von Devisen im Wert von 100 GE bezahlt (2. Möglichkeit), es wird ein Lieferantenkredit gewährt (3. Möglichkeit), oder schließlich der Export war eine unentgeltliche Leistung (Geschenk) des Landes X ans Ausland (4. Möglichkeit). Von der Verbuchung her stehen dem Warenexport als Creditposten 4 Möglichkeiten der Verbuchung als Debetposten gegenüber, d.h. dem Überschuß in der Leistungsbilanz (genau in der Handelsbilanz) stehen die Defizite in der Kapitalbilanz, der Übertragungs- oder der Devisenbilanz gegenüber. Per saldo, statistisch-buchhalterisch ist die gesamte Zahlungsbilanz ausgeglichen, sie ist im Gleichgewicht.

Vom statistischen Ausgleich ist aber der ökonomische zu unterscheiden. Ökonomisch ist die Zahlungsbilanz ausgeglichen, wenn sich die stattgefundenen realen und finanziellen (= Kapital)Bewegungen, die sog. *autonomen Transaktionen*, gerade ausgleichen. Autonome Transaktionen liegen vor, wenn es sich um ökonomische Vorgänge von Wirtschaftssubjekten im Außenwirtschaftsverkehr handelt, die sich nicht an der Zahlungsbilanzsituation orientieren, sondern ausschließlich an wirtschaftlichen Gegebenheiten wie Preisdifferenzen, Zinsunterschieden, an der Überwindung von Handelshemmnissen.

Von den autonomen sind die *Anpassungs- bzw. induzierten Transaktionen* zu unterscheiden, die hauptsächlich von der Zentralnotenbank mit dem Ziel durchgeführt werden, einen Zahlungsbilanzausgleich herbeizuführen. Vernachlässigt man die Übertragungsbilanz, so liegt ein ökonomischer Ausgleich vor, wenn gilt:

$$(Ex - Im) + (K_{Im} - K_{Ex}) = 0$$

d.h. wenn der Saldo aus dem Waren- und Diensteexport (Ex) und dem Waren- und Diensteimport (Im) gleich ist dem Saldo aus dem Kapitalimport (K_{Im}) und dem Kapitalexport (K_{Ex}).

Trotz des immer gegebenen statistischen Ausgleichs der Zahlungsbilanz spricht man von Zahlungsbilanzüberschüssen (= aktive ZB) und Zahlungsbilanzdefiziten (= passive ZB). Derartige Aussagen beziehen sich nicht auf die gesamte Zahlungsbilanz, sondern auf bestimmte Teilbilanz bzw. aggregierte Teilbilanzen.
Welche Teilbilanz bzw. welche Teilbilanzen unterstellt bzw. zusammengefaßt als ZB-Saldo betrachtet werden, unterscheidet sich nach dem Informationsbedürfnis und/oder der theoretischen Konzeption.

5.3.2 Zahlungsbilanzkonzepte - Zahlungsbilanzsalden

Folgende (wichtigste in der Wirtschaftspolitik verwendete) Zahlungsbilanzsalden bzw. Zahlungsbilanzkonzepte unterscheidet man:

1) den Außenbetrag als Saldo aus der Handels- und Dienstleistungsbilanz, bekannt aus der Verwendungsrechnung der VGR.
Der Außenbeitrag ist eine wichtige wirtschaftspolitische Größe, insbesondere für die Konjunkturpolitik und hier für die Beschäftigungsfrage. Er stellt einen wichtigen Bestandteil der gesamtwirtschaftlichen Nachfrage dar (so ist z.B. die leichte Konjunkturverbesserung in der BRD 1994 primär auf diesen Nachfrageblock zurückzuführen). Aus diesem Grunde bewertet man in der Regel einen aktiven Außenbeitrag als positiv. Ein aktiver (positiver) Außenbeitrag (d.h. Exporte größer als Importe) bedeutet, daß diese Volkswirtschaft mehr Güter (Waren und Dienste) ans Ausland abgegeben hat als sie gleichzeitig von dort bezogen hat. Ein negativer (passiver) Außenbeitrag bedeutet demgegenüber, diese Volkswirtschaft hat mehr Güter verbraucht als sie selber produziert hat.

2) den Leistungsbilanzsaldo als Saldo der Handels-, Dienstleistungs- und Übertragungsbilanz, auch **Bilanz der laufenden Posten** genannt.
Hierbei handelt es sich um das am häufigsten verwendete Konzept der Zahlungsbilanz. Der Saldo charakterisiert die Leistungsfähigkeit einer Volkswirtschaft gegenüber dem Ausland, und er drückt die Nettoforderungen (-verpflichtungen) dieses Staates gegenüber den übrigen Staaten aus.

3) die Grundbilanz als Saldo der Handels-, Dienstleistungs-, Übertragungsbilanz und des langfristigen Kapitalverkehrs.
Die Grundbilanz soll die Transaktionen widerspiegeln, die langfristig bestimmt sind, d.h. den Trend der Zahlungsbilanz beschreiben. Es sind in ihr die Transaktionen zusammengefaßt, die eine gewisse Konstanz in den außenwirtschaftlichen Beziehungen zum Ausdruck bringen (sollen).
Die Bedeutung des Saldos der Grundbilanz besteht u.a. darin, daß vor allem ein dauerhaftes Defizit der Grundbilanz wirtschaftspolitische Korrekturmaßnahmen erfordert (z.B. restriktive Fiskal- oder Geldpolitik). Dies deshalb, da ein Überschuß bzw. Defizit der Grundbilanz i.d.R. ein grundlegendes Ungleichgewicht beschreibt, d.h. diese Ungleichgewichte haben realwirtschaftliche Ursachen, wie z.B. Arbeits- und Kapitalproduktivitätsunterschiede oder eine zu hohe inländische Absorption (zu hoher Verbrauch von im Inland hergestellten plus importierten Gütern) in Relation mit dem Produktionspotential dieser Volkswirtschaft.
Die Aussage, die Grundbilanz beschreibe den langfristigen Trend der Zahlungsbilanz, ist nicht unproblematisch. Denn bekanntlich ist der in ihr enthaltene langfristige Kapitalverkehr (neuerdings) keine konstante Größe, und damit natürlich auch der Saldo der Grundbilanz nicht. Dies beruht vor allem auf den Kapitalmarktpapieren (im langfristigen Kapitalverkehr), deren Dispositionen sich sehr spontan ändern können.

4) die Devisenbilanz im engeren Sinne als Saldo der Handels-, Dienstleistungs-, Übertragungs-, kurz- und langfristigen Kapitalbilanz, Restposten- und Ausgleichspostenbilanz.
Wenn man (fälschlicherweise) von einem Überschuß bzw. Defizit der Zahlungsbilanz spricht, so meint man (meistens) richtigerweise den Saldo der Devisenbilanz. Eine sog. ausgeglichene Zahlungsbilanz meint somit eine Devisenbilanz von Null. Wird z.B. ein Leistungsbilanzüberschuß nicht durch einen entsprechend hohen Kapitalexport ausgeglichen, so ergibt dies einen Aktivsaldo der Devisenbilanz, was eine Zunahme der Devisenreserven bedeutet. In diesem Fall spricht man (nicht richtig) von einer positiven (aktiven) Zahlungsbilanz und umgekehrt.

Die materielle Aussage eines Saldos der Devisenbilanz ist somit, ob die Zentralnotenbank über alle anderen Teilbilanzen hinweg in dieser Periode mehr Devisen aufgenommen hat (= Überschuß), oder ob sie mehr Devisen abgeben mußte (= Defizit). D.h. der Saldo gibt einen Hinweis über Art und Umfang des Ungleichgewichtes zwischen Angebot und Nachfrage auf dem Devisenmarkt, und damit über Stärke bzw. Schwäche einer Währung. Durch Beobachtung der Devisenbilanz kann ebenfalls der Einfluß der Außenwirtschaftsbeziehungen auf das heimische Geldangebot analysiert werden.

Neben den dargelegten Salden untersucht man in der Literatur noch die *Liquiditätsbilanz, die Autonomen- und die Anpassungstransaktionen, das aktuelle und das potentielle Defizit.* Je nach der theoretischen Konzeption ergäben sich dabei wichtige und wünschenswerte Informationen. Allerdings bestehen für die empirische Abgrenzung noch so große ungeklärte Fragen, daß diese Salden noch keine praktische Relevanz besitzen.

5.3.3 Außenwirtschaftliches Gleichgewicht

Außenwirtschaftliches Gleichgewicht als viertes Stabilitätsziel (Stabilitätsgesetz) kann zunächst so gedeutet werden, daß von den Außenwirtschaftsverflechtungen keine negativen Auswirkungen auf die binnenwirtschaftlichen Ziele ausgehen sollen. Eine hier aktive Politik müßte darauf achten, daß beispielsweise weder Inflation noch Rezession aus dem Ausland "importiert" werden.
Mit den dargelegten Salden der Zahlungsbilanz kann das Ziel des außenwirtschaftlichen Gleichgewichtes präzisiert werden. Dabei kann man prinzipiell alle vier dargelegten Zahlungsbilanzkonzepte als außenwirtschaftliches Gleichgewicht heranziehen. So wird in den Jahreswirtschaftsberichten der Bundesregierung der Außenbeitrag in diesem Sinne zugrunde gelegt. Die dahinterstehende Überlegung ist, daß der Außenbeitrag das traditionelle Defizit der Übertragungsbilanz ausgleichen soll, um so ein Gleichgewicht der Leistungsbilanz zu erreichen. Man hat hierbei auch mit Zahlen operiert und (anfangs) festgelegt, daß der Außenbeitrag 1,5 % des Bruttosozialproduktes nicht überschreiten solle. Durch die wachsenden Handelsbilanzüberschüsse wurde die Zahl zunächst auf 3,5 %, später auf 5 % angehoben.

Derartige zahlenmäßige Fixierungen sind umstritten, da die hinter den Teilbilanzen liegenden Faktoren nicht genügend berücksichtigt werden. So kann ein Leistungs- bzw. Zahlungsbilanzüberschuß durchaus positiv gesehen werden, wenn er auf einem

Wettbewerbsvorsprung der eigenen Industrie oder auf Preisstabilität beispielsweise beruht. Beruht der Überschuß dagegen z.B. auf einer Investitionsschwäche (Nachfrageausfall im Inland), dann ist er kritisch zu beurteilen. Ebenso müßte eine nicht ausgeglichene Kapitalbilanz jeweils genauer analysiert werden, ehe eine entsprechende Beurteilung erfolgt.

Häufig versteht man unter außenwirtschaftlichem Gleichgewicht eine ausgeglichene Devisenbilanz (Zahlungsbilanz), d.h. man saldiert alle Leistungs- und Kapitalbewegungen gegenseitig auf.

Eine langfristig ausgeglichene Zahlungsbilanz und damit inklusive ein außenwirtschaftliches Gleichgewicht ist aber dennoch wichtig, weil bei dauerhaften Ungleichgewichten der Zahlungsbilanz binnenwirtschaftliche Ziele gefährdet werden können. So ist eine passive Zahlungsbilanz u.U. für eine negative Beschäftigungsentwicklung verantwortlich, während ständige Zahlungsbilanzüberschüsse eine importierte Inflation ergeben.

Liegt ein Ungleichgewicht der Zahlungsbilanz vor, wobei es meistens eines der Devisenbilanz ist, so stehen der Wirtschaftspolitik zwei grundsätzliche Formen zur Verfügung, den notwendigen Ausgleich durchzuführen, nämlich eine Zahlungsbilanzkorrektur und eine Zahlungsbilanzfinanzierung.
Eine **Zahlungsbilanzkorrektur** ist dann notwendig, wenn das Ungleichgewicht chronisch ist und sich in absehbarer Zeit nicht verbessert. Mit den wirtschaftspolitischen Maßnahmen soll die Entwicklung der Leistungs- und/oder Kapitalbilanz so beeinflußt werden, daß das Ungleichgewicht abgebaut wird. Dazu bestünden grundsätzlich folgende Möglichkeiten:

1) Soll der herrschende Wechselkurs unverändert beibehalten werden, dann müßte
   a) die Geld- und/oder Fiskalpolitik expansiv oder restriktiv, oder
   b) die Handels- und Kapitalverkehrspolitik der Außenwirtschaft (z.B. Zölle, Kontingente, Subventionen) expansiv oder restriktiv eingesetzt werden
2) Soll der Wechselkurs geändert werden, dann könnte
   a) eine Auf- und Abwertung durchgeführt werden
   b) eine Stufenflexibilität praktiziert werden
   c) man zu variablen Wechselkursen übergehen
3) Im Extremfall müßte man zu einer Devisenbewirtschaftung übergehen

Eine **Zahlungsbilanzfinanzierung** ist dann angebracht, wenn das Ungleichgewicht weder schwerwiegend noch langfristig ist und durch die Finanzierungsmaßnahmen ein Abbau erfolgversprechend erscheint. Das Verfahren besteht darin, daß die Zentralnotenbank auf dem Devisenmarkt durch Interventionen Angebot und Nachfrage so beeinflußt, daß sich wieder ein Gleichgewicht einstellt.

Kann die Wirtschaftspolitik ein **chronisches Zahlungsbilanzungleichgewicht nicht beseitigen,** so hat dies **unerwünschte wirtschaftliche und politische Konsequenzen**:

1) Im Falle eines **Zahlungsbilanzdefizites** heißt dies:
   a) Für den Warenverkehr, daß diese Volkswirtschaft hat über ihre Verhältnisse gelebt hat und dies durch Kredite finanziert. Gehen die Devisenvorräte zurück, geht dies einmal langfristig meist nicht, zudem sind künftige Importe nicht mehr möglich. Kreditiert das Ausland weitere Importe nicht mehr, so muß das Land seine Konsum- und/oder Investitionswünsche abrupt zurückschrauben
   b) Ein Defizit führt, wenn es nicht mit Vollbeschäftigung verbunden ist, meist zur Verschlechterung der Beschäftigung
   c) Die Finanzierung des Defizites durch Auslandskredite bedeutet einen künftigen Tilgungs- und Zinsendienst, der einen späteren Aufschwung deutlich einschränkt (Export nur noch für den Zinsendienst!)
   d) Ein Leistungsbilanzdefizit erscheint gerechtfertigt, wenn damit Investitionen und kein Konsum getätigt werden. Durch die erwartete Produktionszunahme müßten Tilgung und Zinsendienst möglich sein
2) Im Falle eines **Zahlungsüberschusses** bedeutet dies:
   a) Es werden mehr Güter weggegeben als zurückkommen, letztlich Wohlstandsminderung
   b) Ein längerfristiger Überschuß ergibt eine importierte Inflation
   c) Kurzfristig ist ein Zahlungsbilanzüberschuß geeignet, die eigene Arbeitslosigkeit abzubauen (sog. beggar-my-neighbour-policy). Da dies einmal aber Defizite bei den Handelspartnern voraussetzt, zum anderen man die eigenen Beschäftigungsprobleme auf Kosten der anderen Staaten löst, ist mit Gegenreaktionen der anderen Staaten zu rechnen
3) In etwa **ausgeglichene Zahlungsbilanzen hätten folgende Vorteile**:
   a) Die Vorteile der internationalen Arbeitsteilung kämen allen Ländern "gerechter" zugute
   b) Die Knappheit der Devisen zeigte sich deutlicher
   c) Maßnahmen einer Zahlungsbilanzkorrektur, die die internationale Allokation der Produktionsfaktoren verzerren, würden vermieden

5.4 Zahlungsbilanzausgleichsmechanismen

Die Thematik des Abschnittes 5.4 wird üblicherweise in der Literatur sehr ausführlich vorgestellt. Aus Platzgründen kann hier nur eine sehr verkürzte und gedrängte Darstellung erfolgen.

5.4.1 Einführung

Was sind die **Hauptursachen**, die **ein Zahlungsbilanzungleichgewicht ergeben?**

1) *Eine unterschiedliche Grundrichtung der Wirtschaftspolitik* führt in einem Land zu einer größeren Preisstabilität, in einem anderen zu stärkeren Preissteigerungen. Das Land mit der relativ höheren Inflationsrate neigt zu mehr Importen, mit der Konsequenz eines Zahlungsbilanzdefizites, während das mit der größeren Preisstabilität (u.U.) einen Zahlungsbilanzüberschuß hat
2) Durch die *unterschiedlich sich entwickelnden Kapitalbewegungen* fließt Kapital bevorzugt in ein Land ein (höhere Rendite, größere Sicherheit) und ergibt einen Überschuß, während im Land mit starkem Kapitalabfluß sich ein Defizit einstellt
3) *Durch* Mißernten, unterschiedlichen technischen Fortschritt, Kriegszerstörungen oder eine sonstige Aufbauphase *wird in einem Land verstärkt importiert* (mehr Bedarf an ausländischen Produkten) = Defizit
4) *Ungleichgewichte* können *durch* Nachfrageverschiebungen (verstärkter Wunsch nach ausländischen Gütern), durch Einfuhrbeschränkungen oder Boykottmaßnahmen gegen ausländische Produkte ausgelöst werden

Im folgenden Abschnitt geht es darum, ob es neben dem statistischen Zahlungsbilanzausgleich (der ja immer ex definitione gegeben ist) noch andere Mechanismen gibt, die dafür sorgen, daß ein bestehender Zahlungsbilanzsaldo durch entgegengesetzte Güter- und/oder Kapitalbewegungen wieder ausgeglichen wird.
Diese Mechanismen werden *so* isoliert, wie sie hier vorgestellt werden, in der Realität nicht auftreten. Trotzdem zeigen sie, welche Folgewirkungen sich für bestimmte ökonomische Größen aus Zahlungsbilanzungleichgewichten ergeben können und welche Anpassungsprozesse dadurch u.U. ausgelöst werden können.
Zu beachten ist, daß die einzelnen Mechanismen *unterschiedliche Wechselkurssysteme* (siehe Abschnitt 6) *voraussetzen*: So erfordert der Wechselkursmechanismus floatende Wechselkurse, während der Einkommen-, der Geldmengen-Preis-

mechanismus und der Mechanismus des monetären Ansatzes stabile (feste) Wechselkurse bedingt.

Den Mechanismen liegen *zudem unterschiedliche Zahlungsbilanzsalden* zugrunde. Der Wechselkurs-, der Einkommen- und der Geldmengen-Preismechanismus gehen vom Leistungsbilanzsaldo aus, während der monetäre Ansatz den Saldo der Devisenbilanz unterstellt.

5.4.2 Wechselkursmechanismus

Wie dargelegt, müssen für den Wechselkursmechanismus variable (floatende) Wechselkurse herrschen und die Zentralnotenbank darf auf den Devisenbörsen nicht eingreifen. Weiterhin darf es zu keiner Veränderung der Devisenbestände der Zentralnotenbank kommen.

Zum Verständnis muß kurz (siehe auch Abschnitt 6) Angebot und Nachfrage auf den Devisenmärkten betrachtet werden.

Warenexporte, Dienstleistungsexporte und Kapitalimporte ergeben das Devisenangebot auf einem Devisenmarkt, während Warenimporte, Dienstleistungsimporte und Kapitalexporte die Devisennachfrage darstellen. Damit ergäbe sich ein Zahlungsbilanzgleichgewicht wie folgt:

$$Ex + K_{Im} = Im + K_{Ex}$$

Dies würde dann auch dem Gleichgewicht auf dem Devisenmarkt entsprechen.

Über den Devisenmarkt kann jetzt der Wechselkursmechanismus auf folgende Weise erklärt werden:

Wenn im Inland ein Zahlungsbilanzdefizit herrscht, weil mehr importiert als exportiert wurde, so ergibt dies auf dem Devisenmarkt eine relativ stärkere Nachfrage nach Devisen. Bei variablen Wechselkursen folgt daraus ein Wechselkursanstieg (= Preisanstieg für die Devisen), was eine Abwertung der heimischen Währung bedeutet.

Die Abwertung wiederum hat eine Preisveränderung der Export- und Importpreise zur Folge, und zwar sinken die Exportpreise und es erhöhen sich die Importpreise. Wenn diese Preisänderung nun zu einem Anstieg der Exporte (damit ja ein größeres Devisenangebot) und zu einem Rückgang der Importe (wäre ja eine geringere Devisennachfrage) führen würde, so ergäbe sich über den Wechselkursmechanismus (= *Wechselkurspreiszusammenhang*) wieder (zumindest als Tendenz) ein Gleichgewicht auf dem Devisenmarkt und damit ein Gleichgewicht der Zahlungsbilanz.

Im Falle eines Zahlungsbilanzüberschusses müßte genau umgekehrt argumentiert werden.
Wie sicher kann der eben geschilderte Mechanismus unterstellt werden? Eine Voraussetzung sind variable Wechselkurse, bei stabilen Wechselkursen wirkt der Mechanismus nicht.
Weiterhin ist erforderlich, daß der Rückgang der Exportpreise einen Anstieg des Exportes ergibt und der Anstieg der Importpreise einen Rückgang des Importes. Dies wird dann eintreten, wenn die Export- und Importnachfrage elastisch reagiert, d.h. wenn man mit einer sog. "normalen Leistungsbilanzreaktion" rechnen kann bzw. wenn die sog. Marshall-Lerner-Bedingung erfüllt ist (siehe Abschnitt 6).
Müßte man dagegen mit einer unelastischen Reaktion rechnen (sog. Elastizitätspessimismus), dann ergibt sich infolge des nicht wirksamen Mechanismus kein Gleichgewicht der Zahlungsbilanz.

Der Erfolg des Wechselkursmechanismus kann weiterhin durch ökonomische Fernwirkungen in Frage gestellt werden. Wenn, wie unterstellt, die Exportindustrie zunimmt und die Importe zurückgehen, so ist ein inländischer Preisanstieg ziemlich sicher. Der Preisanstieg verschlechtert aber die Wettbewerbslage auf dem Exportmarkt mit der Gefahr eines Exportrückganges. Weiterhin könnte das steigende Einkommen und/oder der Preisanstieg wieder zu einer Zunahme der Importe führen und damit den Abwertungserfolg in Frage stellen. Dieser Zusammenhang ist dann relativ sicher zu erwarten, wenn Vollbeschäftigung herrscht, denn hier lassen sich Preise bekanntlich leicht überwälzen.
Somit ergibt sich insgesamt: Soll ein Zahlungsbilanzdefizit über den WK-Mechanismus abgebaut werden, dann ist unabhängig von der Frage der Elastizitäten (vor allem bei guter Beschäftigung) eine ergänzende, hier restriktive Geld- und Fiskalpolitik zur Abstützung nötig.

5.4.3 Geldmengen-Preismechanismus

Der Geldmengen-Preismechanismus als Ausgleichsmöglichkeit eines Zahlungsbilanzgleichgewichtes wirkte zunächst in einer Goldwährung (siehe Abschnitt 1.3.2). Bedingt durch die stabilen WK einer Goldwährung ergab sich über den Goldautomatismus (damals) ein automatischer Ausgleich der Zahlungsbilanz, ohne daß (nennenswerte) wirtschaftspolitische Eingriffe erforderlich waren. Allerdings war für die Wirksamkeit des Mechanismus eine Abstinenz in der Konjunkturpolitik erforderlich, d.h. man mußte einerseits Inflation und andererseits Depression mit Arbeitslosigkeit zulassen.

Der Geldmengen-Preismechanismus wirkt (kann!) aber auch in einem freien Währungssystem. Eine wichtige *Bedingung* ist aber ein *stabiles Wechselkurssystem mit Interventionsverpflichtung der Zentralnotenbank.* D.h. in einer Goldwährung ergaben sich die stabilen WK durch den Goldautomatismus automatisch, im freien Währungssystem muß sie der Staat bzw. die Notenbank garantieren, damit der Mechanismus wirkt.

Unterstellen wir jetzt einen **Zahlungsbilanzüberschuß**, so bedeutet dies auf dem Devisenmarkt, daß relativ mehr Devisen angeboten als nachgefragt werden. Die Folge wäre (bei variablen WK) ein WK-(Preis)-Rückgang. Da die ZNB *hier* aber (definitionsgemäß) verpflichtet ist, den WK stabil zu halten, wird der eigentliche Kursrückgang verhindert. Dies geschieht seitens der ZNB durch eine Intervention, und zwar hier durch Devisenaufkäufe.

Durch die Aufkäufe an Devisen gelangt Zentralbankgeld in den Kreislauf (= eine Geldschöpfung), mit der Konsequenz einer Geldmengenvergrößerung im Inland. Ob man nun den Weg (wie dargelegt) über die Fiskalisten (Keynes) oder die Monetaristen (Friedman) geht, die Vergrößerung der Geldmenge ergibt inländische Preissteigerungen.

Die steigenden inländischen Preise bedeuten aber auch steigende Exportpreise, so daß (Nachfrageelastizität vorausgesetzt) die Exporte zurückgehen. Umgekehrt bedeuten steigende Inlandspreise, daß Auslandsprodukte relativ billiger werden, somit der Import steigt. Zurückgehende Exporte und steigende Importe würden aber den Zahlungsbilanzüberschuß der Ausgangssituation abbauen und wieder tendenziell ein Gleichgewicht ansteuern und damit auch die anfänglichen Interventionen der ZNB überflüssig machen.

Somit erfordert die Wirksamkeit des Geldmengen-Preismechanismus einmal stabile WK plus Intervention der ZNB bzw. staatliche Gewähr für stabile WK.

Andererseits setzt der Mechanismus auch voraus, daß die Wirtschaftspolitik entgegengerichtete binnenwirtschaftliche Maßnahmen unterläßt. Die Analyse hat ergeben, daß der Zahlungsbilanzüberschuß plus die Intervention der ZNB zu Preissteigerungen führen. Soll obiger Mechanismus wirken, dann dürfte die Wirtschaftspolitik nichts gegen den Preisanstieg unternehmen, d.h. das Ziel der Preisstabilität müßte (zunächst) ignoriert werden.

Ist man realistisch, dann neigen die meisten Staaten dazu, geringe Preissteigerungen nicht zu beachten, d.h. keine Antiinflationspolitik zu betreiben. Allerdings sind das dann meistens keine Staaten mit Zahlungsüberschüssen.

Im Falle eines **Zahlungsbilanzdefizites** wäre genau umgekehrt zu argumentieren. Hier müßte die Wirtschaftspolitik eine deflatorische Tendenz der Konjunktur tolerieren und damit einen gewissen Grad von Unterbeschäftigung akzeptieren. D.h. eine aktive Beschäftigungspolitik dürfte hier (bis zum Ausgleich der Zahlungsbilanz) nicht betrieben werden.
Ist man auch hier realistisch, dann dürfte ein Vernachlässigen der Beschäftigung nur um "den Preis des automatischen Zahlungsbilanzausgleiches" heute wohl nicht in Frage kommen.

Insgesamt ist der Geldmengen-Preismechanismus ein Musterbeispiel von Zielkonflikten im Rahmen des magischen Vierecks.

5.4.4 Einkommensmechanismus

Der *Volkseinkommensmechanismus* baut auf der Investitionsmultiplikatortheorie auf und überträgt sie auf die Außenwirtschaft.
Ausgegangen wird von einem Zahlungsbilanzüberschuß, der durch steigende Exporte bedingt ist. Diese gestiegenen Exporte haben im Inland steigende Einkommen bzw. ein gestiegenes Volkseinkommen zur Folge, d.h. es entsteht ein ständiger Strom von Verbrauchsausgaben, ausgelöst durch den angestiegenen Export.
Diese gestiegenen Verbrauchsausgaben induzieren (lösen aus) aber auch zusätzliche Importe. Durch diese Importe, letztlich ausgelöst durch die gestiegenen Exporte, verringert sich aber der Zahlungsbilanzüberschuß. Im *Grenzfall* könnte sich hier wieder ein Gleichgewicht der Zahlungsbilanz ergeben.

Ist man auch hier wieder realistisch, dann tritt beim Einkommensmechanismus *kein* Ausgleich, sondern bestenfalls ein Abbau, eine Abschwächung des Überschusses ein. Weitere Analysen zeigen, daß mit dieser eingeschränkten Wirkung *nur* bei einer *unterbeschäftigten Wirtschaft* gerechnet werden kann. D.h. daß von diesem Mechanismus nur in eingeschränktem Ausmaß ein Mithelfen zum Ausgleich überhaupt erwartet werden kann.

5.4.5 Zusammenfassung der Ausgleichmechanismen

Neben den vorgestellten drei bekanntesten Ausgleichsmechanismen der Zahlungsbilanz analysiert man noch weitere Möglichkeiten, z.B. den monetären Ansatz der Zahlungsbilanztheorie.
Betrachtet man alle Möglichkeiten des automatischen Zahlungsbilanzausgleiches realistisch, dann sind eine Reihe von Wirtschaftssituationen denkbar, wo sie gänzlich versagen, d.h. infolge anderer wirtschaftspolitischer Konstellationen nicht zur Wirkung kommen.

Aber selbst in den günstigsten Fällen werden sie keinen vollständigen Ausgleich herbeiführen können, weil dem wieder andere Faktoren entgegenstehen. Sie können somit, positiv formuliert, mithelfen, das Zahlungsbilanzgleichgewicht anzusteuern.
Insgesamt kann man, von ökonomischen Ausnahmesituationen abgesehen, *nicht davon ausgehen*, daß die Ausgleichsmechanismen ausreichen, *ein Zahlungsbilanzungleichgewicht zu beseitigen.* D.h. man wird dafür, sollte dies ein Ziel der Wirtschaftspolitik sein, nicht um aktive wirtschaftspolitische Maßnahmen herumkommen.
Zunächst wären hier marktkonforme Maßnahmen denkbar, wie dies im Abschnitt 5.3 vorgestellt wurde. Dieser Maßnahmenkatalog wäre noch um einige Instrumente zu ergänzen, die im Kapitel 7 = güterwirtschaftliche Außenwirtschaft noch dargelegt werden.
Als Extremlösung kämen bei chronischem, längerfristigem Zahlungsbilanzungleichgewicht nicht marktkonforme Maßnahmen, wie z.B. eine Devisenbewirtschaftung, in Betracht.

6 Internationale Währungspolitik

6.1 Wirtschaftspolitische Ziele - Zahlungsbilanz - Wechselkurs

Die internationale Währungspolitik ist letztlich Wechselkurspolitik. So muß zunächst die logische Brücke zwischen der Zahlungsbilanz bzw. den wirtschaftspolitischen Zielen und dem neuen Stichwort der *Wechselkurse (WK)* hergestellt werden.

Das magische Viereck beschreibt bekanntlich den Umstand, daß entsprechend § 1 des Stabilitätsgesetzes die Wirtschaftspolitik vornehmlich die Aufgabe hat, die vier Ziele, Vollbeschäftigung, Preisniveaustabilität, Wachstum und außenwirtschaftliches Gleichgewicht zu erreichen.
Das letzte Ziel, außenwirtschaftliches Gleichgewicht, läßt sich, wie dargelegt wurde, als Gleichgewicht der Zahlungsbilanz beschreiben, wobei meist eine Ausgeglichenheit der Devisenbilanz gemeint ist.
Wie bereits kurz angedeutet, ist der Ausgleich der Zahlungsbilanz eng mit dem jeweils herrschenden Wechselkurssystem verbunden. D.h. man könnte u.U. durch die Wahl eines passenden Wechselkurssystems den Ausgleich der Zahlungsbilanz herbeiführen.
Da, wie dargelegt, der Ausgleich oder Nichtausgleich der Zahlungsbilanz u.U. erhebliche und einschneidende Rückwirkungen auf binnenwirtschaftliche Ziele hat, ist die Möglichkeit, dazu die Wechselkurspolitik einzusetzen, heute ein fester und wichtiger Bestandteil der Außenwirtschaftspolitik geworden.
Vereinfachend kann somit gelten: Monetäre Außenwirtschaftspolitik bzw. Internationale Währungspolitik sind im wesentlichen Wechselkurspolitik.

6.2 Grundbegriffe

Zunächst müssen hierzu die grundlegenden Begriffszusammenhänge erläutert werden.

6.2.1 Devisenmärkte

Der *Devisenmarkt* ist der "Ort", an dem Devisenangebot und Devisennachfrage zusammentreffen. Unter *Devisen* versteht man dabei die Währung (das Geld) eines anderen Staates.

Anbieter von Devisen sind insbesondere *inländische Exporteure*, die durch den Export ausländische Währung als Bezahlung erhalten haben und diese in die eigene (inländische) Währung umtauschen wollen. Es sind weiterhin *Inländer*, die *im Ausland* einen *Kredit* in ausländischer Währung *aufgenommen haben* und diesen ebenfalls in inländische umtauschen wollen (sog. Kapitalimporte). Ein Kapitalzufluß als Angebot an Devisen ergibt sich auch, wenn das Ausland *Zinsen* oder *Tilgungsleistungen ans Inland erbringt.* Schließlich wären noch *unentgeltliche Überweisungen des Auslands* hier möglich. Alle diese Vorgänge zusammengefaßt ergeben **das Angebot an Devisen.**

Nachfrager nach Devisen wären vor allem *inländische Importeure*, die ihre importierten Waren in ausländischer Währung bezahlen müssen. Ebenfalls ist dies ein *Inländer*, der sein *Kapital* (Geld) *im Ausland anlegen möchte* (Kapitalexport) und dazu die eigene in die ausländische Währung umtauscht. Es entsteht eine Nachfrage, wenn *Auslandsschulden getilgt* werden oder der *Zins* dafür *zu überweisen ist.* Endlich ergeben *unentgeltliche Leistungen ans Ausland* dies ebenfalls. Wieder ergeben all diese Vorgänge zusammengefaßt die **Nachfrage nach Devisen.**

Durch das Zusammenwirken von Devisenangebot und Devisennachfrage wird auf diesem Markt der **Preis für dieses Gut**, die Devisen ermittelt, der hier **Devisenkurs bzw. Wechselkurs** genannt wird.

Obwohl eigentlich für jede ausländische Währung (z.B. US-Dollar, japanischer Yen usw.) ein eigener Devisenmarkt existiert, spricht man der Einfachheit halber nur von dem Devisenmarkt.

Der wichtigste Devisenmarkt der BRD befindet sich in Frankfurt/M. Die Tatsache, daß es auch an anderen Orten der BRD noch Devisenbörsen(-märkte) gibt, ist für das Geschehen auf den Devisenmärkten ohne Bedeutung. Durch sog. Arbitragegeschäfte wird dafür Sorge getragen, daß sich auf allen inländischen Devisenbörsen letztlich pro Währung nur *ein* WK ergibt.

Die bisherigen Darlegungen bezogen sich auf den **Devisenkassamarkt** (= sofort fällige Devisengeschäfte, die üblicherweise in 48 Stunden abgewickelt werden). Daneben gibt es noch den **Devisenterminmarkt**, auf dem Termingeschäfte abgeschlos-

sen werden, d.h. Käufe oder Verkäufe von Devisen entsprechend den vereinbarten Fristen in der Zukunft (siehe auch Abschnitt 4.7).
Das Zusammenspiel zwischen Devisenkassa- und -terminmarkt wird häufig dann gestört, wenn für den Kassamarkt ein staatlich vereinbarter stabiler Wechselkurs festgelegt wird. In diesem Fall tritt häufig die Devisenspekulation auf den Plan, wenn eine Währungsabwertung oder -aufwertung erwartet wird. Hier zeigt sich dann eine deutliche Diskrepanz der Kurse zwischen Kassa- und Terminmarkt.

Eigentlich ist der Devisenmarkt ein Musterbeispiel der Wirkungsweise der vollständigen Konkurrenz, solange der Staat nicht eingreift.
In aller Regel **interveniert der Staat** aber meistens mehr oder weniger intensiv **auf dem Devisenmarkt**, so daß entsprechend die Wirkungsweise der vollständigen Konkurrenz gestört wird. Die *wichtigsten staatlichen Interventionsmöglichkeiten* sind:

1) Der Staat greift direkt über seine ZNB durch Angebot oder Nachfrage nach Devisen ein
2) Darüber hinaus kann er sein ganzes wirtschaftspolitisches Instrumentarium (z.B. Geld-Fiskal-Steuerpflicht usw.) einsetzen, um den Devisenmarkt in seinem Sinne zu beeinflussen
3) Er kann durch Gesetze und Verordnungen eingreifen, indem er z.B. ein bestimmtes Wechselkurssystem vorschreibt
4) Schließlich ist der Staat selbst Akteur (Anbieter oder Nachfrager) am Devisenmarkt, z.B. beim Kauf von Rüstungsgütern im Ausland, oder wenn er Entwicklungshilfe gewährt usw.

6.6.2 Begriff des Wechselkurses

Unter dem Wechselkurs kann man zwei verschiedene Zusammenhänge verstehen. Zunächst bedeutet der Wechselkurs den **Preis**, den man für eine **bestimmte Menge ausländischer Währung (Geld) bezahlen muß** (wobei immer glatte Größen ausländischen Geldes angenommen werden).
Z.B. 1 US $ kostet 2,- DM (WK $/DM: 1 $ = 2,- DM), oder 100 FF kosten 30,- DM (WK FF/DM: 100 FF = 30,- DM) usw. Hier liegt die meistübliche **Preisnotierung** vor.
Über die Preisnotierung ist der WK aber auch der **Umrechenfaktor** der **Inlandspreise in die** jeweiligen **Auslandspreise** und umgekehrt.

Über die Preisnotierung des WK in der eigenen Währung ergibt sich als *reziproker Wert* einfach der WK (als Preis) der eigenen Währung im Ausland.
Verwenden wir obige Beispiele, so gilt in der BRD: 1 $ = 2,- DM; 100 FF = 30,- DM.
In den USA ergibt sich der DM-Kurs als: 1/2 = 0,5, d.h. 1 DM kostet in den USA (Kursunterschied vernachlässigt) 0,5 US $ (WK DM/$ 1 DM = 0,5 $). Oder in Frankreich ergibt sich der DM-Kurs als 100/30 = $3{,}3\overline{3}$, d.h. 100 DM kosten 333,34 Francs (WK DM/FF: 100 DM = 333,34 FF).
Damit kann man Inlands- in Auslandspreise und umgekehrt umrechnen.
Wenn z.B. ein Maschinenaggregat in der BRD 140.000,- DM kostet und in die USA exportiert werden würde, so wäre der Preis in $: 140.000 : 2 = 70.000,- $. Würde umgekehrt aus Frankreich ein PKW im Preis von 183.337 FF in die BRD importiert werden, so kostet er in DM: 183.337 : 3,34 = ca. 55.000,- DM (beide Male Transportkosten und Sonstiges vernachlässigt).
Die Beispiele zeigen, daß über den Wechselkurs sich die jeweiligen Export- und Importpreise ergeben. D.h. wenn man (wohl nur der Staat) den WK verändert, beeinflußt man Export- und Importpreise und damit c.p. den Export und Import. Mit dieser Erkenntnis hat man den innersten Kern der Wechselkurspolitik erfaßt, d.h. man (der Staat) verändere den WK um damit Ex- und Import zu beeinflussen.

Für den Kurs gibt es (als Ausnahme) noch die **Mengennotierung**, z.B. in England und damit verwandten Ländern. In Großbritannien wird immer notiert, welche Menge ausländischer Währungseinheiten für ein brit. Pfund zu bezahlen ist, z.B. 1 £ = 2,- DM.
Banken kaufen ausländische Währung zum **Geldkurs** an, während sie ausländische Währung zum **Briefkurs** verkaufen, wobei in der Regel zwischen beiden eine Differenz von 2 % besteht.
Beim **Sortenkurs** meint man den Kurs (Preis) für ausländisches Bargeld (Banknoten, evtl. Münzen).
Beim **Devisenkurs** handelt es sich um den Kurs für ausländisches Giralgeld (Gutschriften, Belastungen, Schecks, Wechsel).
Der **Wechselkurs** versteht sich ebenfalls für ausländisches Giralgeld (somit sind Devisen- und Wechselkurs synonym), wobei dies der ältere Begriff ist.

6.2.3 Wechselkurssysteme

Ein Wechselkurssystem beantwortet die Frage, nach welchen institutionellen Bedingungen, die der Staat festlegt, sich konkret der WK bilden kann.
Folgende Möglichkeiten standen bzw. stehen zur Verfügung:

1) *Wechselkurssystem im Rahmen einer Goldwährung*, im 19. Jh. entwickelt, bis 1914 gültig. Praktizieren die Staaten eine Goldumlaufwährung (evtl. eine Goldkernwährung), so ergibt sich im Prinzip ein stabiler, sich grundsätzlich nicht verändernder WK, der nur in einer Spanne zwischen den sog. Goldpunkten schwanken kann.
2) *Stabile (feste) Wechselkurse* wurden zum ersten Mal nach dem 2. Weltkrieg als sog. Bretton-Woods-System praktiziert. In Anlehnung an die Goldwährung war der WK stabil (fest) und durfte nur zwischen den beiden Interventionspunkten schwanken, ohne daß aber selbst intern eine Goldwährung herrschte.
3) *Flexible, variable, floatende Wechselkurse* werden in dieser Form Anfang der 70er Jahre zum ersten Mal praktiziert. Hier bildet sich der WK grundsätzliche ohne staatliche Intervention durch Angebot und Nachfrage. Dabei sind folgende Varianten möglich:
   a) *Reine floatende WK*, wie eben dargelegt, wurden, von kurzen Perioden abgesehen, praktisch nicht verwirklicht.
   b) Variable WK mit Interventionen, das sog. *schmutzige Floaten.* Hier interveniert die ZNB gelegentlich, obwohl grundsätzliche flexible WK herrschen. Das unsaubere Floaten ist das auch z.Z. praktizierte Floaten.
   c) *Blockfloating* (z.B. im EWS) liegt vor, wenn die Länder des Blockes untereinander stabile WK anwenden, gegenüber Nichtblockländern dagegen floaten.
4) *Fixe Wechselkurse mit Devisenbewirtschaftung.* Hier wird von einem Staat der WK autonom festgelegt, häufig ohne Berücksichtigung ökonomischer Gesichtspunkte, d.h. er ist viel zu hoch (zu günstig) bestimmt worden. So war z.B. in der ehemaligen DDR (von dieser) der WK zur DM wie folgt: 1 DM = 1 Ostmark, obwohl der realistische WK 1 DM = 6 bis 7 Ostmark war.
   Dies führt in solchen Staaten zu einer stark defizitären Zahlungsbilanz bzw. zu erheblichem Devisenmangel. Die Folge ist, daß dort Devisen vom Staat bewirtschaftet werden, d.h. Devisen werden vom Staat zugeteilt (= Devisenbewirtschaftung).

6.3 Variables Wechselkurssystem - Floating

6.3.1 Prinzip des Floatings

Wie bereits kurz dargelegt, besteht das Verfahren eines variablen floatenden Wechselkurssystems (beim reinen Floaten) darin, daß der Staat in die WK-Bildung nicht eingreift, sich somit der WK ausschließlich durch Angebot und Nachfrage auf dem Devisenmarkt bildet.
Wäre z.B. die Nachfrage nach einer Devise (z.B. $) größer als deren Angebot, so würde eben der Kurs (Preis) der Devise so lange steigen, bis am Devisenmarkt ein Ausgleich zwischen Angebot und Nachfrage hergestellt wäre.
Im Abschnitt 6.2.1 wurde bereits dargelegt, daß Devisenangebot und -nachfrage jeweils aus unterschiedlichen Quellen gespeist werden können. Hinter diesen Quellen stehen letztlich die wichtigsten Transaktionen aus der Zahlungsbilanz. Somit kann man vereinfacht das Gleichgewicht auf dem Devisenmarkt gleichsetzen dem Gleichgewicht der Zahlungsbilanz.

Entsprechend der Funktionsweise des *reinen Floatens*, kann somit dessen *Wechselkursbildung* anschaulich *durch Angebots- und Nachfragekurven* (der Preistheorie) *dargestellt werden.*
Für den Dollar-Devisenmarkt in der BRD und dem korrespondierenden DM-Devisenmarkt in den USA ergibt dies die Abbildung 6-1.

Entsprechend der Abb. 6-1 wird angenommen, daß in der BRD das momentane Angebot und die Nachfrage nach US $ einen Kurs von 1 $ = 2,- DM ergeben hat. Infolge der internationalen Wechselkurs-Arbitrage folgt, daß der $-Kurs in der BRD unmittelbar mit dem DM-Kurs in den USA zusammenhängt. Kleine Unterschiede (z.B. durch die Zeitverschiebung bedingt) vernachlässigt, ergibt sich der DM-Kurs in den USA als reziproker Wert 1/2 mit 1 DM = 0,5 $.

6.3.2 Konvertibilität

Für ein variables WK-System ist Voraussetzung, daß die Währungen konvertibel sind, es muß Konvertibilität herrschen.

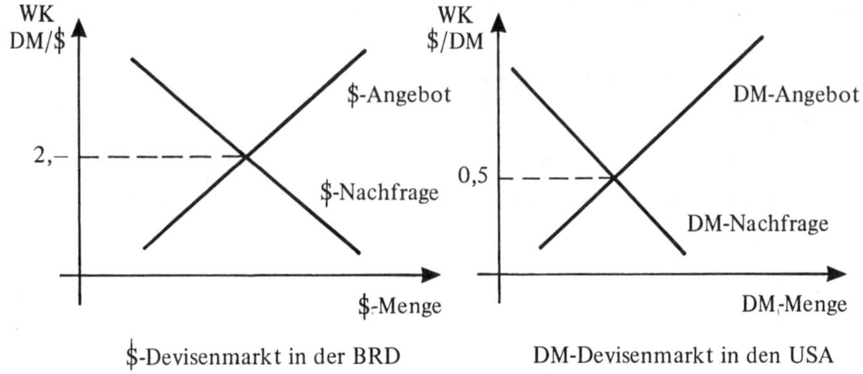

Abb.: 6-1: Wechselkursbildung durch Angebot und Nachfrage

Der Begriff selbst stammt aus der Goldumlaufwährung, er bedeutet **heute** in einem freien Währungssystem (letztlich als Gegenbegriff zu einer Devisenbewirtschaftung):

Das Recht (eines jeden Bürgers eines Staates), die eigene Währung (in der BRD die DM) des Landes frei, d.h. ohne jegliche staatliche Reglementierung in jede andere Währung (in Devisen) in jeder Höhe, an jedem Ort einzutauschen.

Konvertibilität heißt somit, Devisen sind für jedermann ein völlig freies Gut, das vom Staat weder beansprucht, noch bewirtschaftet wird. Eine Währung, die dieses Recht seinen Bürgern zugesteht (zugestehen kann!), nennt man eine *konvertible Währung.*

Damit ein Staat für seine Währung die Konvertibilität praktizieren kann, sind die entscheidenden Bedingungen ausreichende Devisen-(Währungs-)Reserven und (zumindest) mittelfristig eine in etwa ausgeglichene Zahlungsbilanz.

Die Konvertibilität kann in zwei Stufen auftreten.

Einmal als *Ausländerkonvertibilität.* Dann gelten die dargelegten Freizügigkeiten primär für Ausländer (z.B. 1958 für Westeuropa praktiziert). Motiv ist, daß dadurch der Außenhandel positiv stimuliert wird. Meistens gelten hier dann für Inländer deutliche Devisenerleichterungen.

Zum anderen die *Inländerkonvertibilität,* wobei die Freizügigkeiten uneingeschränkt für alle gelten.

Der Vorteil der Konvertibilität besteht zunächst darin (vom Vorteil der Freizügigkeit abgesehen), daß dadurch die Nachteile einer Devisenbewirtschaftung beseitigt werden. Evtl. Schwierigkeiten werden im folgenden noch erörtert.

6.3.3 Auf- und Abwertungstendenzen

Die Quellen, die Kräfte, die hinter einem Devisenangebot bzw. einer Devisennachfrage stehen, sind keine einmalig statischen Größen, sondern sind sich ständig verändernde Faktoren. Wenn z.B. in den USA die Zinsen stärken steigen als in der BRD und daraufhin ein verstärkter Kapitalexport in die USA einsetzt, so steigt c.p. auch die Nachfrage nach $, was wiederum c.p. einen Anstieg des $-WK zur Folge hat. Per saldo kann man davon ausgehen, daß sich Angebot und Nachfrage auf dem Devisenmarkt ständig ändern können.
Überträgt man diesen Tatbestand auf die graphisch-geometrische Darstellung mit Angebots-(AA) und Nachfrage-(NN)Kurven wie in Abb. 6-1 vorgestellt, so ergeben sich AA- und NN-Kurvenverschiebungen. Dazu als *Beispiel* eine zurückliegende Situation in der BRD:
Ausgelöst durch ein höheres Zinsniveau in den USA nimmt der Kapitalexport aus der BRD in die USA zu. Die Folge ist eine zunehmende Nachfrage nach $. Gleichzeitig ergreifen die USA verstärkt Importrestriktionen gegenüber Importen aus Europa (damit auch der BRD), z.B. durch höhere Importzölle. Diese Exporterschwernis führt zu einem Exportrückgang der BRD. Dies wiederum bedeutet eine Verminderung des $-Angebotes. Diese Vorgänge auf dem $-Devisenmarkt übertragen ergibt die Abb. 6-2.

In Abb. 6-2 ergibt die unterstellte Zunahme der $-Nachfrage am Devisenmarkt eine Verschiebung der NN-Kurven von $ N_0 nach $ N_1 (Rechtsverschiebung). Der angenommene Rückgang des $-Angebots ergibt die (Linksverschiebung) Veränderung des Angebotes von $ A_0 nach $ A_1. Abb. 6-2 zeigt, daß dadurch insgesamt der $-Kurs von ausgangs = 2,- DM auf 2,20 DM angestiegen ist.
Dieser WK-Anstieg bedeutet im Außenverhältnis, daß sich der Wert der DM gegenüber dem $ verringert hat bzw. umgekehrt, daß sich der Wert des $ gegenüber der DM verbessert hat.
Man bezeichnet diesen Vorgang (aus der Sicht der DM) als eine **Abwertung (Devalvation)** der DM (gegenüber dem $), besser als eine *Abwertungstendenz*, da sich der Vorgang ja durch die Devisenmarktkräfte eingestellt hat.

Den umgekehrten Vorgang, nämlich ein Sinken des $-WK in der BRD, nennt man eine **Aufwertung (Revalvation)** der DM (gegenüber dem $), bzw. besser eine *Aufwertungstendenz*. Eine Aufwertung bedeutet im *Außenverhältnis* einen Anstieg des DM-Wertes gegenüber dem $ bzw. umgekehrt ein Sinken des $-Wertes.

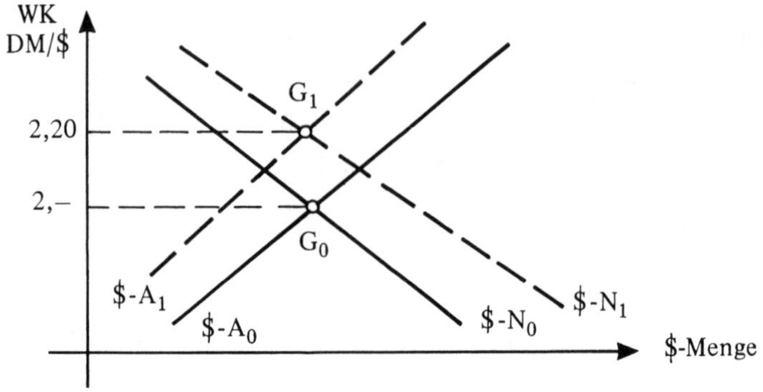

Abb.: 6-2: $-Markt der BRD nach AA- und NN-Veränderungen

Die weitergehenden Auswirkungen von Ab- und Aufwertungen werden im Abschnitt über stabile WK dargelegt.

Die *Faktoren*, die *letztlich hinter den Angebots- und Nachfrageveränderungen* (siehe Abschnitt 6.2.1) auf den Devisenmärkten *stehen,* sind insbesondere:

1) Relation, Volumen und Dringlichkeit (Elastizität) des Bedarfs an Importen gegenüber den Exporten
2) Abhängigkeit vom Wachstum des Sozialproduktes, sog. Importneigung
3) Relation der Inlands- zu den Auslandspreisen (Kaufkraftparitätentheorie)
4) Umfang und Höhe des internationalen Kapitalverkehrs

6.3.4 Vor- und Nachteile variabler Wechselkurse

Die Nachteile erblickt man in folgenden Punkten:

1) Einmal im **Wechselkursrisiko**. Die beim Floaten möglichen stärkeren Wechselkursschwankungen beeinflussen die Ex- und Importpreise. Wenn zwischen dem Zeitpunkt des Vertragsabschlusses eines Außenhandelsgeschäftes und dem dort zugrundegelegten WK und dem Zeitpunkt des Zahlungseinganges und dem dann gültigen WK sich der Kurs ungünstig entwickelt, entsteht ein Verlust, der dem WK-Risiko angelastet werden muß.
Wenn z.B. ein Maschinenaggregat zum Preis von 200.000,- DM beim Kurs von 1 $ = 2,- DM verkauft wurde, so schuldet der Käufer 100.000 $. Wäre der

WK beim Zahlungseingang 1 $ = 1,80 DM, so ergeben die vertraglich eingehenden 100.000 $ nur 180.000,- DM, d.h. einen Verlust von 20.000,- DM bzw. 10 %.

Gegen das WK-Risiko kann man sich auf verschiedene Arten schützen, z.B. indem Fakturierung in DM vereinbart wird (hier trägt allerdings der Kunde ausschließlich das WK-Risiko, Frage der Durchsetzbarkeit). Eine immer (heute meistens) bestehende Schutzmöglichkeit wäre der Abschluß eines Devisentermingeschäftes mit z.B. der Heimbank. Hierbei entstehen allerdings Kosten.

2) Ständige Kursschwankungen **gefährden den internationalen Handel**, d.h. die durch das WK-Risiko ständig gegebene Unsicherheit führt dazu, daß man sich aus dem Außenhandel zurückzieht (soweit dies möglich ist).

3) **Weitere wechselkursbedingte Risiken:**
Einmal das **Erfüllungsrisiko**. Der Exporteur weiß um das Wechselkursrisiko und hat deshalb kein Devisentermingeschäft abgeschlossen. Der Vertragspartner zahlt aber zum vereinbarten Zeitpunkt nicht. In diesem Fall lebt das (abgesichert gedachte) WK-Risiko wieder auf. Zum anderen das **Preisrisiko**. Ein Importeur hat wieder ein Devisentermingeschäft zur Absicherung abgeschlossen. Seine Konkurrenten nicht. Wenn nun der (stärkere) Kassakurs deutlich unter dem (abgeschlossenen) Terminkurs liegt, kann die Konkurrenz billiger anbieten und der vorsichtige Importeur erleidet einen Verlust.

Die Vorteile sieht man wie folgt:

1) Variable WK bieten den **besten Schutz** gegen eine **importierte Inflation**. Ergibt sich eine importierte Inflation durch zu starke Exporte, so ergibt sich über das dadurch ausgelöste verstärkte Devisenangebot ein Aufwertungseffekt. Dieser wiederum verteuert die Exporte. Gehen dieses schließlich zurück infolge des Preisanstieges, wird (allerdings mit Zeitverzögerung) auch der inflatorische Preisanstieg abnehmen.

2) **Binnenwirtschaftliche Stabilitätsziele sind besser realisierbar.** Da variable WK automatisch zum Zahlungsbilanzausgleich führen, ist das Ziel des außenwirtschaftlichen Ausgleiches für die Wirtschaftspolitik nicht mehr relevant. Sie kann sich somit verstärkt der binnenwirtschaftlichen Stabilität widmen, zudem bestehen Zielkonflikte über die Außenwirtschaft nicht mehr.

Bei einer *abschließenden Würdigung der Vor- und Nachteile* vertritt die Wissenschaft (häufig!) den Standpunkt, daß die Vorteile überwiegen und somit das Floaten vorzuziehen sei: Die Lobby der Wirtschaft dagegen ist in der Regel gegen variable WK.

6.3.5 Unsauberes Floaten

Unter dem unsauberen (schmutzigen) Floaten bzw. den variablen WK mit Interventionen versteht man, daß eine Volkswirtschaft zwar grundsätzlich floatende WK praktiziert, aber der Staat bzw. seine Zentralnotenbank gelegentlich doch am Devisenmarkt interveniert.
Diese Variante des Floatens ist die heute (und die meiste Zeit) einzig praktizierte Form. Zeitweise nehmen die Interventionen sogar deutlich zu und werden zur Regelmäßigkeit.
Zu berücksichtigen ist dabei allerdings, daß dadurch die Vorteile des Floatens deutlich eingeschränkt bzw. im Extremfall ganz zum Verschwinden kommen.

6.3.6 Beurteilung des Floatens

Haben die seit gut 20 Jahren praktizierten flexiblen WK die in sie gesetzten Erwartungen erfüllt?

Variable WK ergeben nur geringe Wechselkursschwankungen, lautet das 1. Argument der Befürworter des Floatens. Wobei dies nicht heißt, daß kurzfristig keine Schwankungen sich ergeben würden. Vielmehr müssen variable WK ja schwanken, sollen sich ihre Vorteile ergeben.
Betrachtet man für dieses Argument z.B. die WK-Entwicklung zwischen der DM und dem $, dann *stellt man demgegenüber starke WK-Schwankungen im Zeitablauf fest.* Wo liegt *der Grund* für diese entgegen den Erwartungen eingetretene Entwicklung? Die Erklärung ist darin gegeben, daß auch bei variablen WK eine deutliche *Abhängigkeit* der laufenden *Kurse von den Erwartungen der Wirtschaftssubjekte* gegeben ist. D.h. für die heutige Kursentwicklung sind die Dispositionen der Anbieter und Nachfrager am Devisenmarkt ausschlaggebend. In deren Überlegungen spielen aber die Erwartungen über die künftige Kursentwicklung eine wichtige Rolle. Diese Erwartungen wiederum werden deutlich von der Unsicherheit über den künftigen wirtschaftspolitischen Kurs mitbestimmt. D.h. solange die Wirtschaftssubjekte unsi-

cher über den künftigen geldpolitischen Kurs sind, sind beim Floaten deutliche Kursänderungen nicht vermeidbar.
Auch die *langfristige WK-Anpassung als Folge der unterschiedlichen Inflationsraten ist* (so) *nicht eingetreten.* Der Grund liegt u.a. darin, daß der WK nicht nur von der Inflationsrate, sondern auch von anderen Faktoren bestimmt wird, z.B. Verschiebungen der Nachfragestruktur oder protektionistischen Maßnahmen.
Schließlich entfernt man sich infolge des praktizierten unsauberen Floatens u.U. weit vom Ideal der variablen WK.

Ein 2. Argument der Befürworter des Floatens heißt, **durch das Floaten tritt nur eine geringfügige Beeinflussung des Außenhandels ein.**
Die Daten zeigen, daß der von den Skeptikern befürchtete Rückgang des Außenhandels nicht eingetreten ist, im Gegenteil, er ist gewachsen.
Die Fragwürdigkeit dieses Faktums als Begründung für den Erfolg flexibler WK zeigt sich darin, daß als Voraussetzung ja nur gering schwankende WK unterstellt werden, die bekanntlich nicht gegeben waren.
Man könnte im Gegenteil argumentieren, daß der Außenhandel so robust (und wohl auch notwendig) war, daß er sich trotz des Floatens positiv entwickelt hat.
Denn es haben sich seit der Praktizierung des Floatens die Kosten der Kurssicherung deutlich erhöht. Ebenfalls haben eindeutig die protektionistischen Eingriffe in die Außenwirtschaft zugenommen, u.U. um negative Effekte des Floatens zu eliminieren.

Das 3. Argument für variable WK lautet, daß **ein Staat eine größere Unabhängigkeit in der eigenen Stabilitätspolitik erlangt.**
Die Erfahrungen, vor allem in der BRD zeigen, daß es bei variablen WK einem Land möglich ist, sich von der Inflationsrate des Auslandes abzukoppeln und eine eigenständige Preisstabilität zu betreiben.
Dies bedeutet aber nicht, daß damit die internationale Konjunkturverbundenheit aufgehoben wäre, d.h. die konjunkturellen Schwankungen in der Produktion oder Arbeitslosigkeit waren (u.U. zeitlich versetzt) gleichgerichtet. Die Begründung, warum die gesamte Stabilitätspolitik nicht stärker genutzt werden konnte, liegt darin, daß die Stabilitätsmaßnahmen (vor allem bei der Preisstabilität) überwiegend gleichgerichtet betrieben werden, somit insgesamt wieder eine gegenseitige konjunkturelle Verbundenheit gegeben war. Eine weiterer Grund ist in diesem Zusammenhang die immer weiter voranschreitende internationale Verflechtung.

Insgesamt sind die Erwartungen in die variablen WK nur zum Teil oder nicht erfüllt worden. Ein Grund ist sicher, daß ja lediglich unsauberes Floaten praktiziert wird. Trotzdem ist das Floaten immer noch das beste Mittel, um insbesondere eine krisenhafte, von massiver Devisenspekulation entfachte Entwicklung zum Stillstand zu bringen. Dies zeigt nicht nur die Entwicklung Anfang der 70er Jahre, sondern auch die Krisen im EWS 1992 und 1993, wo sich letztlich durch das floatende WK-Prinzip eine Lösung ergab.

6.4 Stabiles Wechselkurssystem

6.4.1 Historische Perspektiven

Bis zum Ausbruch des 1. Weltkrieges herrschte international (im wesentlichen) die Goldwährung. Dies ergibt einmal stabile WK, die lediglich innerhalb der Goldpunkte schwanken, zum anderen besteht nicht die Notwendigkeit einer *WK-Politik*, da sich über den Goldautomatismus der WK automatisch ergibt.
Der Versuch, in den 20er Jahren eine Wiedereinführung der Goldwährung vorzunehmen, scheiterte endgültig mit der Weltwirtschaftskrise in den 30er Jahren.
Gegen Ende des 2. Weltkrieges setzen in den USA und England Überlegungen ein, wie nach Beendigung des Krieges ein internationales Währungssystem aussehen sollte. Die Leitidee waren dabei die stabilen WK aus der Goldwährung, ohne dabei allerdings wieder eine Goldwährung einzuführen. Aus den beiden Plänen dazu, von Keynes (England) und White (USA), wurde auf der Konferenz in *Bretton Woods* ein Kompromiß gefunden, das sog. stabile WK-System von Bretton Woods.
Zur organisatorischen Umsetzung des Bretton-Woods-Systems wurde 1944/45 eine internationale Organisation, der *IWF* (Internationale Währungsfonds) mit Sitz in Washington, gegründet (gleichzeitig mit der Weltbank).
1945 traten die Statuten des IWF in Kraft, 1947 nahm er seine Arbeit auf (ursprünglich 38 Mitgliedsländer), 1952 wurde die BRD Mitglied, 1994 sind praktisch alle Staaten Mitglieder (oder haben einen Beobachterstatus).

6.4.2 Prinzip des stabilen WK-Systems

Im Kern sind stabile WK entsprechend dem Bretton-Woods-System *zwischen den Staaten vereinbarte feste (staatliche) Preise für die WK.* D.h. eine Gruppe von Staaten legt fest, daß die gegenseitigen WK sich (grundsätzlich) *nicht* frei durch Angebot und Nachfrage bilden sollen, sondern daß der jeweilige WK eine vom Staat mit anderen Staaten ausgehandelte feste Relation bilden soll. *Weil* sich dieser stabile WK *nicht* wie beim Goldautomatismus *von alleine ergibt,* muß ein *Organisationsmechanismus installiert werden*, der ihn realisieren soll. Das Bretton-Woods-System wies folgende Konstruktion auf:

Anfangsparität

Trat ein Land dem IWF als Mitglied bei bzw. (damals) wollte es auch gemeinsam mit den anderen Staaten dieses WK-System praktizieren, so mußte es eine sog. Anfangsparität (= Anfangswechselkurs) zum US $ (bzw. zum Gold!) festlegen ($ war die sog. *Leitwährung).*

Z.B. war die Anfangsparität der DM zum $ 1 $ = 4,20 DM bzw. 1 DM = 0,238 $.

Da das amerikanische Schatzamt sich verpflichtete, zum Festpreis von 35 $ = 1 Unze Feingold alle Dollarbeträge der Mitgliedsländer in Gold einzuwechseln, war über die Parität zum $ gleichzeitig *indirekt eine Parität zum Gold hergestellt.*

Z.B. für die BRD: 1 $ = 4,20 DM -> 1 DM = 0,238 $ -> 1 DM = 0,21 g Gold. Die für diese Konstruktion häufig verwendete Bezeichnung Gold-Devisen- oder Gold-Dollar-Standard ist letztlich *falsch*, denn zu einem derartigen Standard würde die Deckungsvorschrift als entscheidendes Element gehören, die aber hier fehlte (siehe Abschnitt 1.3.2.1).

Gegenseitige Paritäten der Mitgliedsländer

Da alle Anfangsparitäten nach diesem Schema bestimmt wurden, waren gleichzeitig auch die gegenseitigen WK der Mitgliedsländer untereinander bestimmt (mathematisches Prinzip, wenn sich alle Größen als Relation auf eine gemeinsame Größe beziehen, sind auch die Relationen untereinander bestimmt).

Z.B. wenn 1 $ = 4,- DM wäre, dann gilt 1 DM = 0,25 $. Ist der WK (Anfangsparität) 1 britisches Pfund = 3,- $, dann ergibt sich: 3 : 0,25 = 12 und der WK 1 £ = 12,- DM ist ermittelt.

Bandbreite und Interventionspunkte

Die so ermittelten gegenseitigen WK waren nicht absolut fest, sondern durften entsprechend dem Angebots-Nachfrageprinzip in einer kleinen Spanne, der sog. **Bandbreite** schwanken.

Die Bandbreite war im Bretton-Woods-System auf ± 1 % gerechnet von der jeweiligen Parität festgelegt:

Z.B. bei der Parität 1 \$ = 4,20 DM ist 1 % von 4,20 -> 0,042 DM, so daß das Band des \$/DM-WK in der BRD lautet:

- 1 % + 1 %

4,158 DM <———— 4,20 ————> 4,242 DM

D.h. im Bretton-Woods-System war der \$/DM-WK nicht starr 4,20 DM, sondern er durfte in der Spanne von 4,158 bis 4,242 DM schwanken (durch Angebot und Nachfrage auf den Devisenbörsen).

Erst wenn das Ende des Bandes erreicht war, also entweder der Kurs 4,158 oder 4,242 bzw. einer der beiden sog. **Interventionspunkte**, mußte die betreffende Zentralnotenbank intervenieren, d.h. durch geeignete Maßnahmen den WK wieder ins Band zurückbringen.

In der Abb. 6-3 ist der gesamte Zusammenhang graphisch dargestellt.

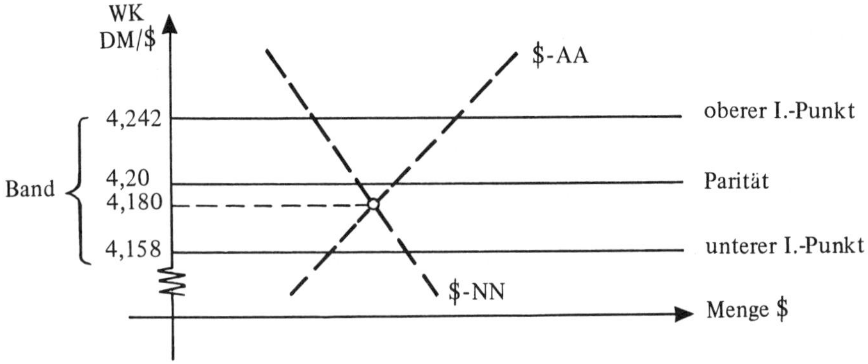

Abb.: 6-3: Bandbreite und Interventionspunkte bei stabilen WK

Wenn wie in Abb. 6-3 angenommen, der momentane DM/\$-WK bei 4,180 sich durch AA und NN ergeben würde, besteht seitens des Systems kein Handlungsbedarf. Erst wenn der WK den Preis 4,242 = *oberer Interventionspunkt* oder 4,158 =

unterer Interventionspunkt erreichen würde, muß die Bundesbank (hier) entsprechend intervenieren.

Intervention am oberen I.-Punkt

Wenn die Angebots- und Nachfrageverhältnisse auf dem $-Devisenmarkt in der BRD einen WK-Anstieg bis auf 4,242 und darüber hinaus ergeben (z.B. weil durch verstärkte Importe aus den USA die Nachfrage nach $ gestiegen ist), so müßte die Bundesbank entsprechend dem Marktmechanismus wie folgt intervenieren:

Da der Nachfrageanstieg nach $ Ursache des Erreichens des oberen I.-Punktes ist, muß seitens der DBB das Angebot an $ (aus ihren Währungsreserven) soweit erhöht werden, daß sich zwischen AA und NN nach $ wieder ein Gleichgewichtspreis unter 4,242 ergibt.

Kurz: Die Intervention am oberen I.-Punkt besteht in einem zusätzlichen Angebot der betreffenden Devise aus den Währungsreserven der ZNB, bis der Kurs sich wieder im Band befindet, bzw. die ZNB *interveniert durch Devisenverkäufe.*

Die Abb. 6-4 verdeutlicht den Zusammenhang.

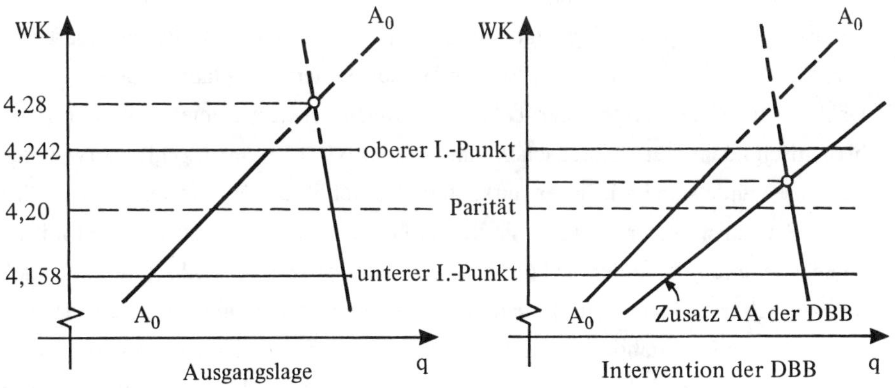

Abb.: 6-4: Intervention der DBB am oberen I.-Punkt durch Devisenverkäufe

In der Ausgangslage der Abb. 6-4 würde sich durch AA und NN nach $ am Devisenmarkt ein Kurs von 1 $ = 4,28 DM einstellen, d.h. der obere I.-Punkt mit 4,242 wäre überschritten. Durch das zusätzliche Angebot an $ seitens der DBB

(Rechtsverschiebung der AA-Kurve) ergibt sich wieder ein Kurs innerhalb des Bandes (wie in den IWF-Statuten festgehalten).

Intervention am unteren I.-Punkt

Würde sich durch AA und NN ein DM-$-WK-Kurs von z.B. 4,145 ergeben, wäre der untere I.-Punkt unterschritten worden.

Der WK von 4,145 würde sich infolge eines zu starken Angebotes an $ in Relation zur Nachfrage ergeben. Die Intervention der ZNB (DBB) muß entsprechend dem Marktmechanismus wieder umgekehrt erfolgen, d.h. da das Angebot jetzt zu groß ist, muß die DBB durch eine zusätzliche Nachfrage die zu viel angebotenen $ (z.B. weil verstärkt Kapitalimporte in die BRD stattfinden) so lange aufkaufen, bis der WK sich wieder ins Band bewegt.

Kurz: Die Intervention am unteren I.-Punkt besteht in einer zusätzlichen Nachfrage nach der betreffenden Devise durch die ZNB, bis der Kurs sich wieder im Band befindet, bzw. die ZNB interveniert durch Devisenaufkäufe.

Machbarkeit der Interventionen

Nunmehr ist die Frage zu klären, inwieweit diese Interventionen in einem stabilen WK-System *technisch* machbar sind, d.h. es wird zunächst nicht nach den evtl. ökonomischen Konsequenzen gefragt, sondern nur wie lange eine Volkswirtschaft bzw. deren ZNB die Verpflichtung im Bretton-Woods-System durchhalten kann.

Dabei ist unter dem Aspekt der technischen Machbarkeit der untere I.-Punkt unproblematisch, d.h. rein theoretisch könnte eine ZNB hier unentwegt intervenieren. Denn sie würde ständig Devisen aufkaufen, dadurch ihre Währungsreserven erhöhen (viele Staaten wären froh, wenn sie das so könnten) und die Transaktionen mit der eigenen Währung bezahlen. Da die ZNB das Notenprivileg hat, d.h. Zentralbankgeld beliebig schöpfen kann, geht ihr technisch gesehen der Atem nicht aus (daß dies Probleme mit der Preisstabilität mit sich bringt, steht zunächst nicht zur Diskussion an).

Von der Machbarkeit her gesehen ist der obere I.-Punkt erheblich problematischer, denn für diese Intervention benötigt die ZNB Devisen, d.h. eine fremde Währung, die sie nicht schöpfen (produzieren) kann. D.h. gehen einer Volkswirtschaft die Devisen aus, dann ist es mit dieser Intervention schnell vorbei.

Somit beziehen sich in einem stabilen WK-System alle währungs*technischen* Überlegungen auf den oberen I.-Punkt bzw. alle Hilfskonstruktionen befassen sich nur damit.

Gehen einem Staat die *Währungsreserven aus* und müßte er noch weiter intervenieren, so stehen ihm zunächst *folgende Hilfsmöglichkeiten* (letztlich zur Beschaffung von Devisen) zur Verfügung: 1) *Ziehung*, 2) *Währungskredit* und 3) *Sonderziehungsrechte* (SZR).

Quoten im IWF

Dabei ist zunächst der Begriff der Quote im IWF zu klären.

Unter **der Quote** verstand man (ursprünglich) die Einzahlungsverpflichtung eines Mitgliedslandes. D.h. wenn ein Land Mitglied im IWF werden wollte, müßte es einen bestimmten Betrag in den Fonds einbezahlen, die sog. *Subskriptionsverpflichtung* in Höhe seiner Quote. Die *Höhe der Quote* eines Landes wurde im wesentlichen aus seinem Bruttoinlandsprodukt, seinen Währungsreserven und weiteren Schlüsselzahlen ermittelt (wobei wirtschaftlich starke Länder eine hohe Quote haben und umgekehrt).

Die Quote ist auch für andere Vorgänge als Meßgröße (neben der Subskription) wichtig. Die Quote *begrenzt die Ziehungsrechte* eines Mitgliedslandes, die *Zuteilung neu geschaffener Sonderziehungsrechte* bemißt sich anteilig nach den Quoten *und die Stimmrechte* (Macht im IWF) werden nach den Quoten ermittelt (Jedes Mitgliedsland hat zunächst 250 Grundstimmen und je eine weitere Stimme pro 100.000 SZR-Einheiten seiner Quote. Somit ergibt sich das Stimmgewicht eines Landes primär aus der Höhe seiner Quote. Die USA verfügen Anfang der 90er Jahre über 19 % der Stimmrechte, die 12 EU Staaten zusammen gut 28 %, davon die BRD 5,7 %. D.h. letztlich ist der IWF machtmäßig wie eine AG konstruiert).

Die Subskriptionsverpflichtung (bzw. die Quote) stellt für den IWF die wichtigste Finanzquelle dar. Ursprünglich mußte die Quote zu 25 % in Gold und zu 75 % in Landeswährung aufgebracht werden. Später trat an die Stelle des Goldes die SZR-Zahlung. Der Fonds kann aber auch für diesen Teil der Zahlung fremde oder eigene Währung akzeptieren. Im Laufe der Zeit wurden die Quoten mehrmals erhöht und auch die Verteilung auf die Mitgliedsländer geändert. Durch die Quotenerhöhung (1993) beträgt die Gesamtsumme der Quoten z.Z. rd. 137 Mrd. SZR, wobei die höchste die USA mit 26,5 Mrd. SZR, die zweithöchsten Japan und die BRD mit je 8,2 Mrd. SZR haben.

Neben der Subskription in Höhe der Quote hat der IWF noch folgende Möglichkeiten, sich Mittel (Devisen) zu beschaffen: 1) Jedes Mitgliedsland ist verpflichtet, seine eigene Währung gegen SZR innerhalb bestimmter Grenzen zu verkaufen. 2) Ferner kann der IWF bei seinen Mitgliedern Kredite aufnehmen (so hat z.B. die Zehnergruppe (G 10) mit der Allgemeinen Kreditvereinbarung (AKV) dem IWF eine ständige multilaterale Kreditlinie bereitgestellt), z.B. die sog. Ölfazilität. 3) Der IWF könnte auch auf den internationalen Finanzmärkten Kredit aufnehmen.

Ziehung - Ziehungsrecht

Ursprünglich war eine Ziehung beim IWF als Hilfe bei Interventionen am oberen I.-Punkt gedacht, sollten die Währungsreserven zu Ende gehen. *Heute* können Ziehungen beim IWF allgemein bei Zahlungsbilanzproblemen, d.h. bei einen Defizit vorgenommen werden (wobei das Grundproblem in beiden Fällen identisch ist, es sind keine Währungsreserven mehr da).

Bei einer Ziehung kauft ein Land Fremdwährung (Devisen) oder auch SZR vom IWF gegen Hergabe der eigenen Währung, d.h. über den Vorgang einer Ziehung beschafft man sich die (fehlenden) Devisen beim IWF.

Ziehungen kann ein Land dabei in verschiedenen Abstufungen beanspruchen:

1) Die Ziehung im Rahmen der sog. *Reservetranche.* Zur Reservetranche zählt die Subskription = die Quote, abzüglich der in eigener Währung geleisteten Subskription, plus die Summe aus der eigenen Währung, die der IWF für Kredite an andere Länder verwendet hat. Im Extremfall kann die Reservetranche zwischen 0 % und 100 % der Quote eines Landes schwanken. Letztlich ist die Reservetranche eine beim IWF angelegte Währungsreserve eines Landes (wird deshalb auch zu den Währungsreserven gezählt). Ihre Inanspruchnahme stellt keine Kreditgewährung dar und ist gebührenfrei.
2) Ziehungen im Rahmen der *Kreditfazilitäten,* wobei *vier Kredittranchen zu je 25 %,* gemessen an der eigenen Quote, möglich sind. Bei Inanspruchnahme z.B. der ersten Kredittranche (à 25 %) handelt es sich letztlich um die Aufnahme eines Devisen-(Währungs-)Kredites beim IWF. Die Tilgung erfolgt entweder durch Hergabe von SZR oder vom IWF verwendbarer Devisen seitens des betreffenden Landes, wobei praktisch ein Rückkauf der eigenen Währung erfolgt (die Ziehung stellt somit eine Mischung aus Kauf und Kredit dar).

Die *Laufzeit einer Ziehung* beträgt normalerweise 3 1/4 bis 5 Jahre, dann muß die Tilgung (der Rückkauf) erfolgen. Für Ziehungen in den Kredittranchen müssen *Zinsen bezahlt werden,* wobei die Zinshöhe ein bestimmter Prozentsatz vom SZR-Zinssatz ist.

Umgekehrt erhalten die Länder, deren Währungen der IWF für Ziehungen verwendet, eine *Zinsgutschrift* in Höhe des SZR-Zinses (wobei der Berechnungsmodus etwas kompliziert ist).

Aus der Darlegung folgt, daß Ziehungen in der Höhe begrenzt (da die Mittel des IWF begrenzt sind) und nur kurzfristig als Überbrückung gedacht sind. Sie können im Regelfall eigene und weitere Anstrengungen des Landes zum Abbau des Zahlungsbilanzdefizites nur unterstützen, nicht ersetzen.

Über den bisher dargelegten Rahmen sind im Laufe der Zeit vom IWF *spätere Kreditfazilitäten geschaffen worden*, die vor allem schwachen Ländern und hier wiederum den Entwicklungsländern zur Verfügung stehen sollen. So gibt es z.B. die erweiterte Fondsfazilität bei besonders hartnäckigen Strukturproblemen (auch mit längeren Laufzeiten bis zu 10 Jahren), die Fazilität zur Kompensations- und Eventualfinanzierung bei Exporterlösausfällen, Kostensteigerungen bei Getreideimporten, oder die Ölfazilität bei Defiziten bedingt durch die Energie-(Erdöl-)krisen usw. Entwicklungsländern kommt der IWF u.U. durch Zinssubventionen bei einer Kreditaufnahme entgegen. Insgesamt stehen heute eine Vielzahl von Hilfs- bzw. Kreditprogrammen beim IWF bereit, um allgemein bei Zahlungsbilanzdefiziten oder bei dabei feststellbaren bestimmten Ursachen auszuhelfen.
Insgesamt hat der IWF von 1947 bis 1991 Zahlungsbilanzhilfen (d.h. über alle Programme gerechnet) von 129 Mrd. SZR gegeben, wobei er 139 Ländern, z.T. mehrfach, geholfen hat. Der größte Einzelkredit betrug dabei 5 Mrd. SZR.

Währungskredit

Eine weitere Möglichkeit, neben einer Ziehung sich Devisen bei einem Zahlungsbilanzdefizit bzw. hier beim stabilen WK-System für Interventionen am oberen I.-Punkt zu beschaffen, wäre ein Währungskredit.
Etwas anders formuliert, liegt die "momentane" Schwierigkeit des Landes ja in einem Liquiditätsengpaß, lediglich besonderer Art, nämlich in Devisen. Somit liegt es nahe, dieses Liquiditätsproblem durch einen Kredit, hier ein Währungskredit, zu beheben, d.h. einen Kredit in einer bestimmten Devise.
Zweckmäßigerweise nimmt man den Kredit bei dem Land auf, in dessen Währung die momentanen Schwierigkeiten bestehen. D.h. müßte die DBB gegenüber dem $ intervenieren, so versucht die DBB bei der amerikanischen ZNB (dem FED) einen $-Kredit zu bekommen.
Ob das kreditaufnehmende Land den gewünschten Währungskredit erhält, hängt im wesentlichen von seiner Bonität und (da es sich hierbei auch um einen politischen Faktor handelt) davon ab, ob kreditsuchendes und gewährendes Land auf der gleichen politischen Linie sich bewegen.

Sonderziehungsrechte (SZR)

Um den Mangel an internationaler Liquidität (= Währungsreserven) abzubauen und den $ (teils) aus seiner Leitwährungsfunktion zu entlassen, wurden im IWF 1969/1970 die SZR geschaffen.

Sonderziehungsrechte sind eine Art internationales Giralgeld im Verkehr der Zentralnotenbanken und des IWF untereinander. Sie besitzen Reservecharakter und werden zu den Währungsreserven gerechnet.
Die **Entstehung** der SZR geschieht wie beim Buchgeld durch einen Willensakt. Durch Beschluß des Gouverneursrates des IWF kann mit 85 % der IWF-Stimmen die Neuschaffung von SZR und ihre Zuteilung auf die Mitgliedsländer erreicht werden (d.h. eine "Sperrminorität" von 15 % plus eine Stimme könnte dies verhindern). Die *Zuteilung* der SZR auf die sog. Teilnehmerländer erfolgt anteilsmäßig entsprechend deren Quoten, ohne daß die Länder dafür eine Gegenleistung erbringen müssen.
In den Jahren 1970 bis 1972 wurden 9,3 Mrd. SZR und 1979 bis 1981 12 Mrd. SZR, zusammen 21.3 Mrd. SZR geschaffen. Seitdem keine mehr. Ende 1991 machten die SZR 3,1 % aller Währungsreserven (ohne Gold) aus. Auch 1994 (50-Jahr-Feier des IWF) werden trotz deutlicher Forderungen keine SZR geschöpft.
Die **Bewertung** der SZR erfolgte zunächst in Gold und zwar 1 SZR = 0,889 g Feingold. Über die alte Preisrelation 1 Unze Feingold = 35 $ ergab sich 1 SZR = 1 $. Seit 1981 und *heute* wird (nach einer Zwischenlösung) der Wert eines SZR *anhand eines Währungskorbes* bestimmt. Da sich der Wert eines SZR nicht wie bei einer nationalen Währung durch AA und NN infolge eines Handels am Devisenmarkt ergeben kann, wird er als ein "abgeleiteter" (definierter) Marktkurs ermittelt. Im Korb eines SZR befinden sich die fünf wichtigsten Weltwährungen $, DM, Yen, FF und brit. £. Die Abb. 6-5 zeigt die Korbzusammensetzung und Bewertung eines SZR in $.

Währung im SZR-Korb	Gewicht (in %) im Korb	Nationaler Währungs-betrag	WK in $ am 02.01.91	Gegenwert in US $
US $	40 %	0,572	1,0000	0,572000
DM	21 %	0,453	1,4940	0,303213
FF	11 %	0,800	5,0840	0,157356
Yen	17 %	31,8	134,6500	0,236168
Brit. £	11 %	0,0812	1,9350	0,157122
Insgesamt	100 %	= 1 SZR	---	1,425859

Abb.: 6-5: Korb und Bewertung eines SZR Anfang 1991

Die Analyse der Abb. 6-5 ergibt:
1. Spalte: Bei der Berechnung und Bewertung werden US $, DM, FF, Yen und brit. £ berücksichtigt.

2. *Spalte:* Enthält das sog. Korbgewicht (Bedeutung) einer Währung am Korb, ermittelt aus seinem Anteil am Weltexport und dem Umfang, in der diese Währung als Reservewährung gehalten wird. Alle fünf Jahre erfolgt eine neue Bewertung (Tabellenwerte gelten seit 01.01.91).

3. *Spalte:* Aus der 2. Spalte ergibt sich hier der absolute nationale Währungsbetrag dieser Währung im Korb. Die Summe dieser absoluten Beträge ist definitionsgemäß 1 SZR.

4. *Spalte:* Enthält die $-Devisenkurse an einem bestimmten Tag (hier am 02.01.1991); Ausnahme Brit. £, wo der $-Betrag für 1 £ angegeben ist.

5. *Spalte:* Durch Division des Betrages von Spalte 3 durch den Kurs von Spalte 4 ergibt sich der Währungsbetrag in $. Ausnahme beim £: hier muß eine Multiplikation erfolgen (siehe Spalte 4). Die Summe daraus ergibt, daß 1 SZR am 02.01.1991 = 1,43 $ entsprach bzw., über den WK umgerechnet, 1 SZR = 2,13 DM.

Die **Verwendungsmöglichkeiten der SZR** sind vielfältig. SZR dienen zwischen den Mitgliedsländern und dem IWF *als Zahlungsmittel* bei Subskriptionsleistungen, der Rückzahlung von Krediten und der Entrichtung von Zinsen und Gebühren (hier zwingend). Der IWF kann einem kreditnehmenden Land statt Devisen SZR geben und eine Reihe weiterer Vorgänge tätigen.

Die wichtigste Verwendung aus der Sicht der Mitgliedsländer ist die mögliche Umwandlung von SZR in Devisen, mit denen dann Interventionen getätigt oder Zahlungsbilanzdefizite abgebaut werden können. Der erste dazu mögliche Weg ist die sog. *Designierung* (Lenkung). Benötigt ein Land infolge seiner Zahlungsbilanzlage Devisen, so wendet es sich an den IWF, der ein anderes (devisen- und zahlungsbilanzstarkes) Land benennt, das die SZR des abgebenden Landes übernimmt und (im Regelfall) als "verwendbare Währung" dafür die eigene Währung abgibt (die für das andere Land ja eine Devise ist). Das vom IWF benannte und mit dem Umtausch belastete Land *muß* solchen Designierungswünschen bis zum Dreifachen der ihm selbst zugeteilten SZR nachkommen.

Im Laufe der Zeit wurde die Designierung immer mehr durch die zwischen den Ländern frei vereinbarte Transaktion (= Umtausch von SZR in eine Währung) abgelöst. Teils werden heute SZR zwischen den Staaten auch frei für andere Vorgänge (z.B. Swap- und Termingeschäfte) verwendet.

Per saldo, für devisenschwache Länder stellen SZR eine Möglichkeit zur Devisenbeschaffung ohne Gegenleistung dar.

Die Verzinsung der SZR erfolgt so, daß ein Land für seine gesamten ihm zugeteilten SZR Zinsen an den Fonds zu entrichten hat. Andererseits erhält ein Teilnehmerland Zinsen für die durch eine Umwandlung von ihm gehaltenen SZR. Beide Sätze sind identisch (sog. SZR-Zins) und werden als Durchschnitt entsprechend dem SZR-Korbgewicht aus den kurzfristigen Zinsen der Korbländer ermittelt.

Die Rückzahlung (Rücktransferierung), die sog. Rekonstitutionspflicht wurde früher analog zu den Ziehungen praktiziert. Seit 1981 ist die Rekonstitution (als Pflicht) abgeschafft worden, so daß man die Verwendung (= Umtausch) der SZR auch als einen Dauerkredit bezeichnen könnte.

Die Beurteilung der SZR konzentriert sich meist auf die Frage, *ob sie inflationär wirken.* Von den dargelegten Verwendungsmöglichkeiten ist in diesem Zusammenhang die Designierung die wichtigste. Nicht durch die Schöpfung der SZR, sondern durch die mögliche Umwandlung in eine Devise wird bei dem in Anspruch genommenen Land letztlich Geldschöpfung betrieben, dem kein realer Gegenwert gegenübersteht (so könnte mit SZR ein Defizitland seinen Importüberschuß ohne Rückzahlungsverpflichtung finanzieren). D.h. es wird (wurde) befürchtet, daß durch die SZR eine weltweite Inflationierung in Gang gesetzt wird.

Bei dieser Argumentation muß (bis jetzt) die Quantität der insgesamt geschaffenen SZR berücksichtigt werden. Bei einem Anteil von nur 3,1 % der Weltwährungsreserven (ohne Gold) ist die Gefahr bis jetzt letztlich unbedeutend. Zukünftig ist somit die weitere Politik des IWF hier entscheidend.

Ein weiterer Kritikpunkt ist, daß die *Zuteilung der SZR eine Verschwendung internationaler Liquidität darstellt.* Denn es erhalten die Länder (= westliche Industriestaaten) die größten Anteile zugeteilt, die sie infolge ihrer hohen sonstigen Währungsreserven gar nicht benötigen.

Insgesamt sind mit der Einführung der SZR die sog. "Dollar-Probleme" (im wesentlichen) nicht beseitigt worden.

6.4.3 Ziele einer Ab- bzw. Aufwertung

Die Konstruktion eines stabilen WK-Systems geht im Prinzip von in etwa ausgeglichenen Zahlungsbilanzen aus. Die Möglichkeiten der drei Hilfskonstruktionen (Ziehungen, SZR, Währungskredit) funktionieren nur vorübergehend, kurzfristig und in begrenzter Höhe (in etwa im Sinne einer Zahlungsbilanzfinanzierung).

Bei größeren, *längerfristigen*, sog. *chronischen Zahlungsbilanzungleichgewichten hilft nur* (soll das stabile WK-System aufrechterhalten werden) eine *Paritätsänderung*, d.h. es muß (bewußt wirtschaftspolitisch herbeigeführt) eine Ab- oder Aufwertung erfolgen (*siehe auch dazu Abschnitt 6.3.3*).

Abwertung

Hält der Druck auf den oberen I.-Punkt unvermindert an, gehen dadurch die Währungsreserven (Intervention!) zur Neige, nützen auch die Hilfseinrichtungen nichts, bleibt nur die (herbeigeführte) Abwertung.

Gehen wir entsprechend dem Beispiel der Abb. 6-3 ff. von einer Parität von 1 \$ = 4,20 DM aus und soll im Rahmen des IWF bzw. Bretton-Woods-Systems eine Abwertung von 5 % erfolgen, so lautet die neue Parität 4,41 DM = 1 \$ (= WK-Anstieg). Die Bandbreite bezieht sich immer auf die gültige Parität, sie wandert somit mit und lautet nunmehr: unterer I.-Punkt = 4,3659 und oberer I.-Punkt = 4,4541.

Das Ziel einer Abwertung ist (vordergründig), daß man dem Druck eines WK-Anstieges nachgibt und das gesamte Band sich somit nach oben wie in Abb. 6-6 verschiebt.

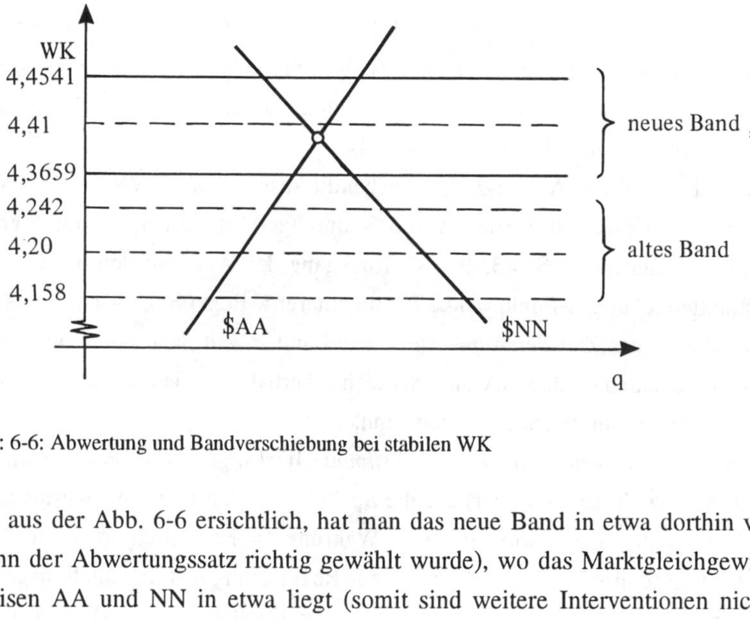

Abb.: 6-6: Abwertung und Bandverschiebung bei stabilen WK

Wie aus der Abb. 6-6 ersichtlich, hat man das neue Band in etwa dorthin verlagert (wenn der Abwertungssatz richtig gewählt wurde), wo das Marktgleichgewicht von Devisen AA und NN in etwa liegt (somit sind weitere Interventionen nicht mehr nötig).

Die eigentlichen Ziele einer Abwertung knüpfen an deren Wirkungen an, die letztlich das Zahlungsbilanzdefizit abbauen sollen.

Die kurzfristigen Wirkungen beziehen sich auf die Spekulation. Wurde von der Spekulation eine Abwertung erwartet, so fand eine Flucht aus dieser Währung statt (= Kapitalexporte). Soll der Spekulationsgewinn eingefahren werden, muß nach der Abwertung wieder in die Währung eingestiegen werden (bedeutet Kapitalimporte).

Daraus ergibt sich ein Devisenzustrom, der (kurz) eine Entlastung der Zahlungsbilanz darstellt.
Die letztlich angestrebten *langfristigen Wirkungen* beeinflussen die Export- und Importpreise. Die Exportpreise des abwertenden Landes gehen um den Abwertungssatz hinunter, während die Importpreise um den Satz ansteigen. Man hofft nun (siehe späteren Abschnitt zur Reaktion der Leistungsbilanz), daß daraufhin Ex- und Import normal (entsprechend dem Preismechanismus) reagieren. Und zwar, daß der Rückgang der Exportpreise einen Anstieg des Exportes, und die Zunahme der Importpreise einen Rückgang des Importes nach sich ziehen. Beides zusammen (siehe Abschnitt 5.3 und 5.4) würde wieder ein Zahlungsbilanzgleichgewicht ansteuern und damit das stabile WK-System ohne Probleme ermöglichen.

Aufwertung

Obwohl eine ZNB technisch am unteren I.-Punkt ständig intervenieren könnte, wird die dadurch (evtl.) ausgelöste importierte Inflation (siehe Abschnitt 3.2.6) ab einem bestimmten Punkt dazu führen, daß man dies als nicht mehr tragbar ansieht und deshalb eine Paritätsänderung, hier eine Aufwertung, durchführen (z.B. in der BRD mehrmals in den 60er und 70er Jahren der Fall).
Wieder vom Beispiel der Abb. 6-3 ff. ausgehend (Ausgangslage: WK -> 1 $ = 4,20 DM) soll nunmehr eine Aufwertung von 5 % durchgeführt werden. Dadurch ergibt sich die neue Parität mit 1 $ = 3,99 DM (Rückgang des WK) mit den neuen Interventionspunkten: oberer I.-Punkt = 4,0299 und unterer I.-Punkt = 3,9501.
Vordergründig ist das *Ziel der Aufwertung*, das Band soweit nach unten analog zur Abb. 6-6 zu verschieben, daß AA und NN sich innerhalb des neuen Bandes schneiden und die Intervention beendet werden kann.
Letztlich soll die Aufwertung aber ganz bestimmte Wirkungen auslösen. Die *kurzfristige Wirkung* bezieht sich (wieder) auf die Spekulation. Wird eine Aufwertung vermutet, so steigt die Spekulation in diese Währung (= Kapitalimporte) ein. Nach erfolgter Aufwertung wird die Spekulation zur Realisierung des Spekulationsgewinnes aus der aufgewerteten Währung aussteigen (= Kapitalexporte). Diese Kapitalexporte ergeben nun die hier erwünschte Entlastung der Zahlungsbilanz.
Die eigentlich erwünschte Wirkung ist langfristig wieder in einer Beeinflussung der Ex- und Importpreise zu sehen. Dabei erhöhen sich infolge der Aufwertung die Exportpreise und man hofft (bei normaler Reaktion) dadurch auf einen Exportrückgang. Umgekehrt sinken dadurch die Importpreise und man unterstellt jetzt daraus eine Importzunahme. Beides zusammen soll den Zahlungsbilanzüberschuß abbauen und wieder ein Gleichgewicht der Zahlungsbilanz ergeben.

6.4.4 Beurteilung eines stabilen WK-Systems

Im Gegensatz zu einer Goldwährung, bei der sich stabile WK quasi automatisch ergeben, *ist bei stabilen WK*, entsprechend der Konstruktion von Bretton-Woods, eine *Aktivität* und ein *Handlungsvermögen* (= Intervention z.B.) *der Zentralnotenbank erforderlich.* Ist das Handlungsvermögen und die Aktivität der ZNB eingeschränkt oder gar nicht mehr gegeben, so lassen sich stabile WK (auf Dauer) nicht aufrechterhalten.

Wovon hängt der Handlungsspielraum einer ZNB ab?

Der *Handlungsspielraum ist gegeben,* solange sich AA und NN nach Devisen im Gleichgewicht befinden, d.h. wenn in etwa eine *ausgeglichene Zahlungsbilanz vorliegt.*

Das Gleichgewicht der Zahlungsbilanz hängt ab von der Entwicklung der Handels-, Dienstleistungs- und Kapitalbewegungen in der Außenwirtschaft. Dies wiederum hängt ab von der Wirtschaftssituation in den betreffenden Ländern.

Ist die wirtschaftliche (konjunkturelle) Lage in den wichtigen Welthandelsländern in etwa identisch, so hat weder der Handels- noch der Kapitalverkehr Veranlassung, außerhalb des üblichen Preis- und Marktmechanismus zu reagieren.

Ist dagegen die wirtschaftliche Situation in den einzelnen Ländern unterschiedlich, so ergeben sich in Verbindung mit stabilen WK zusätzliche Impulse für den Handels- und Kapitalverkehr, die Ungleichgewichte erzeugen und auf die WK rückwirken (es fehlt hier der Ausgleichsmechanismus variabler WK).

Die beiden wichtigsten ökonomischen Größen der Welthandelsländer, die die wirtschaftliche Situation charakterisieren, sind dabei die Wachstumsrate des Sozialproduktes und vor allem die Preissteigerungsrate.

Wenn z.B. wie in der BRD in den 60er und 70er Jahren die Preissteigerungsrate niedriger ist als in den wichtigen Handelspartnerländern, so steigt der Export u.a. aus der einfachen Tatsache, weil Produkte der BRD preiswerter sind. Es entwickelt sich tendenziell ein Zahlungsbilanzüberschuß. Da der WK stabil ist, kann auch kein Ausgleich wie beim Floaten durch sinkende WK eintreten. Es muß am unteren I.-Punkt interveniert werden. Aber die Exportüberschüsse wachsen weiter, denn der stabile WK verhindert eine Preisanpassung, letztlich verfestigt sich das Zahlungsbilanzungleichgewicht (hier der Überschuß). Erachtet man die importierte Inflation als nicht mehr tragbar und greift zu einer konsequenten Stabilitätspolitik, hier Geldpolitik (siehe Kapitel 4), so ergeben sich drei Problemfelder. Einmal kann eine zu deutlich restriktive Geldpolitik eine Gefährdung der Beschäftigung darstellen. Des weiteren

fördert eine erfolgreiche Preisstabilisierung den weiteren Export (die Quelle der importierten Inflation). Letztlich bedeutet eine restriktive Geldpolitik u.a. ja steigende Zinsen, was u.U. zusätzliche Kapitalimporte bewirkt, d.h. einen weiteren Devisenzustrom und eine zusätzliche Quelle der Gesamtproblematik.
Erwartet schließlich die Spekulation, daß infolge des ökonomischen Gesamtzusammenhangs eine Aufwertung unvermeidbar ist, was weitere spekulative Kapitalimporte bedeuten würde, so bleibt dieser Volkswirtschaft schließlich nur die Paritätsänderung, hier die Aufwertung, übrig, um den Druck wegzunehmen.
Beseitigt man allerdings nicht das letztlich auslösende Moment des gesamten Vorgangs, nämlich die unterschiedlichen Preissteigerungsraten in den verschiedenen Ländern, dann ergibt die Aufwertung nur eine zeitliche Verschnaufpause, bis die verschiedenen Inflationsraten den Aufwertungseffekt (= Preiseffekt) wieder eingeholt haben und die Entwicklung und Problematik wieder von vorne beginnt.

Beim umgekehrten Fall, einem *Zahlungsbilanzdefizit*, müßte lediglich genau umgekehrt argumentiert werden.

Insgesamt ergibt sich, daß ein funktionsfähiges und störungsfreies stabiles WK-System innerhalb der daran *beteiligten Länder* eine in etwa *gleichgerichtete Wirtschaftsentwicklung voraussetzt.* Ist dies nicht gegeben, dann sind Zahlungsbilanzungleichgewichte vorprogrammiert mit all den dargelegten Folgen. Zunächst kann man das sich abzeichnende Desaster durch entsprechende Maßnahmen, letztlich eine Zahlungsbilanzfinanzierung, überdecken (siehe auch Abschnitt 5.3). Langfristig wird das Problem immer dringender und eine Zahlungsbilanzkorrektur unvermeidbar. Letztlich, soll das stabile WK-System aufrecht erhalten bleiben, kommt nur eine Paritätsänderung in Betracht. Aber, wie dargelegt, kann sich daraus eine permanente Auf- oder Abwertungsentwicklung ergeben (und das Postulat stabiler WK ad absurdum geführt werden).

Die **positiven Auswirkungen** stabiler WK erblickt man in den günstigen Auswirkungen auf die Entwicklung des internationalen Handels- und Kapitalverkehrs.
Stabile WK bedeuten für den Ex- und Import eine feste (sichere) Kalkulationsbasis. Da Unternehmen immer für sichere Planungsgrößen und Risikovermeidung (WK-Risiko) sind, geht man davon aus, daß dies den Ex- und Import positiv beeinflußt. Somit ist die Wirtschaft grundsätzlich für stabile WK.

Das **Scheitern des Bretton-Woods-Systems** hat seine Ursachen in dem geschilderten Zusammenhang.

Der *1. Grund* lag in der sog. *Dollarschwemme.* Über die Aufgabe der Leitwährung war der $ in diesem System das einzige Land, das seine Zahlungsbilanzdefizite (von Anfang der 60er bis Anfang der 70er Jahre ständig) mit eigener Währung, d.h. mit $ finanzieren konnte. D.h. die USA waren nicht gezwungen, ein Zahlungsbilanzdefizit irgendwie abzubauen, es ließ sich durch eigene Geldschöpfung finanzieren.
Das Ergebnis war ein riesiges Potential an Spekulationskapital in $ außerhalb der USA, zum anderen wurde das Vertrauen in die Leitwährung erschüttert (z.B. auch durch die 1971 vorgenommene Aufhebung der Goldeinlösepflicht für $). Die Folge war eine Spekulationswelle gegen den $, mit der Konsequenz von ständigen internationalen Währungskrisen.
Der 2. *Grund* ist der dargelegte Zielkonflikt (Systemfehler) zwischen stabilen WK einerseits und der Autonomie der Konjunkturpolitik der Länder andererseits. D.h. wenn, wie dargelegt, die wirtschaftliche Entwicklung nicht im Gleichschritt erfolgt, sind hier die Krisen durch das System vorgegeben.

6.4.5 Ausblick und neuere Entwicklungen

Die weitere Entwicklung eines weltweiten stabilen WK-Systems *ist eng mit derjenigen des IWF verknüpft,* so daß bei einer Analyse der Rolle des IWF gleichzeitig auch das eines stabilen WK-Systems erörtert wird.
De facto wird 1973 das stabile Bretton-Woods-System aufgegeben, da man international zum Floaten übergeht.
Gleichzeitig versucht man in den westeuropäischen Ländern, primär in der EG bzw. EU, für diese Ländergruppe im kleineren Maßstab eine "Zone stabiler WK" zu schaffen. Zunächst in der nicht sehr erfolgreichen Form der "Währungs-Schlange", ab 1979 in der (heute existierenden) Form des Europäischen Währungssystems (EWS).
1978 erfolgt die zweite Abkommensänderung des IWF, die praktisch die formale Aufgabe des Bretton-Woods-Systems darstellt und seither sämtliche Varianten an WK-Systemen zuläßt.
Der 1991 abgeschlossene Vertrag von Maastricht wird für die EU-Staaten intern (wenn er realisiert wird) die Wechselkursproblematik eliminieren. D.h. einmal mit seinem Inkrafttreten werden die gegenseitigen WK unveränderlich (stabil!) festgelegt und zum anderen werden durch das gemeinsame europäische Geld (ECU) künftig innerhalb der EU keine WK mehr zugelassen.

Regelungen im IWF durch die zweite Abkommensänderung (bzw. die Aufgabe des Bretton-Woods-Systems):
Seit 1978 sind jetzt **praktisch alle WK-Systeme zugelassen.** D.h. als Bezugsgröße für den WK könnte der US $, die SZR oder eine andere Größe gewählt werden, *nicht dagegen das Gold.* Es sind alle WK-Systeme möglich, d.h. das Floaten in seinen Varianten, ein stabiles System oder das Blockfloating wie im EWS. Z.Z. trifft man somit eine Vielfalt an WK-Systemen an.
Da, wie dargelegt, auch beim Floaten durch geeignete wirtschaftspolitische Maßnahmen eine Beeinflussung der Kurse und damit weitergehende Folgen möglich sind, erhielt der IWF die Aufgabe, die **WK-Politik und die internationale Finanzpolitik seiner Mitglieder zu überwachen.**
Die Rolle des Goldes ist neu festgelegt worden. Gold ist seit 1978 keine Bezugsgröße für Währungsparitäten mehr, ebenso hat es nicht mehr die Funktion als Recheneinheit für SZR. Gold ist im IWF nur noch ein Vermögenswert. Es wird aber weiterhin zu den Währungsreserven gerechnet. Bis jetzt ist die beabsichtigte Herauslösung des Goldes aus dem internationalen Währungssystem nicht erfolgt. Einmal wohl, weil die ZNB einen hohen Bestand an Gold noch besitzen (über 900 Mio. Unzen), zum anderen hat man sich innerlich offensichtlich noch nicht ganz vom Mythos Gold lösen können.
Durch die sog. Demonetisierung des Goldes waren die Goldbestände des IWF (sie stammen aus den früheren Subskriptionen) verfügbar. Bis jetzt hat der Fonds davon 1/3 verwendet, wobei die Hälfte (d.h. 1/6 des Gesamtbestandes) an die ehemaligen Subskriptionsländer zum Preis von 1 Unze = 35 $ zurücktransferiert wurde, die weitere Hälfte wurde zum Marktpreis verkauft und damit ein Sonderfonds für die Entwicklungsländer gespeist.
Die **sonstigen jetzigen Tätigkeiten des IWF** bestehen einmal darin, daß er ein *wichtiges Informationszentrum* und eine *bedeutende Beratungseinrichtung* für Währungs- und Wirtschaftsfragen darstellt. Zum anderen besteht (wie dargelegt) heute seine *Hauptaufgabe* in der *Hilfe* bei der *Vergabe kurzfristiger Kredite* bei (mannigfachen) Zahlungsbilanzproblemen (Defizite!). Schließlich *arbeitet* der IWF mit verwandten *anderen internationalen Organisationen zusammen*, so vor allem mit der Weltbank, auch mit dem GATT, den regionalen Entwicklungsbanken, der OECD, der UNCTAD und der BIZ.

Die **Weiterentwicklung des internationalen Währungssystems und die künftige Rolle des IWF** stehen zunächst vor sehr tiefgreifenden und komplexen Veränderungen und neuen Aufgabenbereichen. Dies war einmal die Veränderung der globalen

Zahlungsbilanzsituation im Gefolge der massiven Ölpreiserhöhungen (Energiekrisen) 1973/74 und 1979/80. Des weiteren die internationale Verschuldigungsfrage, insbesondere der Entwicklungsländer. Dazu kommen erste Versuche, der Bedrohung der Umwelt auch im Rahmen der internationalen Wirtschaftspolitik zu begegnen. Schließlich sind dies die Herausforderungen infolge der Auflösung der Planwirtschaften in Mittel- und Osteuropa.
All diese Themenkomplexe erfordern zu ihrer Lösung wachsende und effektiv eingesetzte globale Ersparnisse (Kapital), um die dazu nötigen Investitionen im privaten und öffentlichen Bereich finanzieren zu können.

Die Mitglieder des IWF haben dazu eine Analyse durchgeführt, wobei man im Kern zum Ergebnis kam, daß dazu eine grundlegende Neubestimmung der Rolle des IWF nicht angebracht seien. Es sei wohl aber eine Modifizierung und Ausweitung der Tätigkeit nötig. Insgesamt ist man der Meinung, daß die Problembereiche am besten durch eine im Grundsatz gleiche Politik wie bisher in einer engen Kooperation zwischen IWF und Weltbank zu lösen seien. D.h. daß der IWF wie bisher überwiegend vorübergehend kurzfristige (im begrenzten Umfang) Kredite bereitstellt. Auch die relativ begrenzte Rolle der SZR als Liquiditätshilfe sollte beibehalten werden, wie u.a. nochmals auf der Jahrestagung (50-Jahrfeier) 1994 in Madrid festgelegt wurde.
Ein Themenbereich dieser Analyse beschäftigt sich mit dem *Funktionieren des gegenwärtigen internationalen Wechselkurssystems*. Dabei ergab sich, daß eine Rückkehr zu einem weltweiten stabilen WK-System z.Z. und für die absehbare Zukunft als unrealistisch gelten kann. Abgesehen von der internen Stabilität im EWS (??) dominieren floatende Systeme. Selbst bei einer unterstellten (und eher fraglichen) Harmonisierung der wirtschaftlichen Entwicklung in den wichtigen Ländern kann es bei einer unterschiedlichen Anwendung wirtschafts- und währungspolitischer Instrumente zu WK- Entwicklungen kommen, die sich der Kontrolle eines einzelnen Landes weitgehend entziehen. Deshalb soll der IWF eine intensive internationale Überwachung (Surveillance) praktizieren, um Krisen bereits im Entstehen bekämpfen zu können.

6.5 Blockfloating - Europäisches Währungssystem

Ein Blockfloating verbindet bekanntlich die Elemente eines stabilen und eines variablen WK-Systems, wobei die Länder im Währungsblock untereinander stabile WK, gegenüber Nichtblockländern (Drittländern) dagegen floatende WK praktizieren. Das Europäische Währungssystem (EWS) ist ein Blockfloating-System.

6.5.1 Errichtung des EWS

Die Stationen (teils schon dargelegt) und Überlegungen hin zum EWS sind kurz: In den Römischen Verträgen (EWG-Vertrag) von 1957 sind für das Währungsgebiet der EG (EU) nur allgemein gehaltene Regeln formuliert. Eine gemeinsame Währungspolitik der EG-Staaten stand nicht zur Debatte, man hatte ja das (übergeordnete) Bretton-Woods-System.

Ausgelöst durch die Währungskrisen im Bretton-Woods-System wurde in der EG der Wunsch immer deutlicher, auch im Währungsbereich zusammenzuarbeiten. Konkretisiert wurde dies im sog. *Werner-Plan*, der bis 1980 die Errichtung einer Wirtschafts- und Währungs-Union vorsah (siehe Abschnitt 4.8.1). Währungstechnisch befürwortete der Werner-Plan stabile WK der EG-Länder.

In der Auflösungsphase des Bretton-Woods-Systems wurde in Europa (der EG, aber auch mit Nicht-EG-Staaten) mit der Währungs-Schlange der Versuch einer kleinen stabilen WK-Zone gemacht, allerdings nur mit geringem Erfolg.

Somit wurde auf den Tagungen des Europäischen Rates 1978 in Kopenhagen und Bremen und schließlich beim EG-Gipfeltreffen in Brüssel durch die Initiative Frankreichs und der BRD die Errichtung des EWS beschlossen und im März 1979 vollzogen.

Mitglieder des EWS sind grundsätzlich die EG- bzw. EU-Staaten. Z.Z. (1994) werden in der Konstruktion des EWS alle 12 EU-Staaten berücksichtigt. Das Wechselkurssystem des EWS wird dagegen (z.Z.) nicht von Italien und England (beide sind 1992 vorübergehend ausgeschieden) und von Griechenland (war noch nicht im EWS) praktiziert. Wann die 1995 in die EU eintretenden Länder auch am EWS teilnehmen, ist noch nicht festgelegt, wobei Österreich ab Januar 1995 bereits teilnimmt. Darüber hinaus besteht für Nicht-EU-Staaten die Möglichkeit einer assoziierten Teilnahme am EWS, d.h. insbesondere Beachtung der EWS-Interventionsregeln, Konsultationen bei Interventionen gegenüber Drittländern und (beschränkte) Teilnahme am System der Beistandskredite. Davon machen Finnland, Norwegen und Schweden Gebrauch; sie haben ihre Währungen an den ECU gebunden. Österreich praktiziert weniger formal eine Anbindung des Schillings an die DM.

Da das EWS eine Kombination aus stabilen WK (siehe Abschnitt 6.4) und floatenden WK (siehe Abschnitt 6.3) darstellt, ist die Funktionsweise eines Blockfloating bereits dargelegt worden. Somit sind zum Verständnis der Arbeitsweise des EWS nur noch die neu in das System eingeführten Regelungen zu analysieren, d.h.:

1) die Europäische Währungseinheit (EWE, ECU)
2) das Wechselkurs- und Interventionssystem
3) der Abweichungsindikator
4) der Saldenausgleich und die bilateralen Beistandskredite
5) und der EFWZ (Europäischer Fonds für währungspolitische Zusammenarbeit)

6.5.2 Währungstechnisch neue Regelungen im EWS

6.5.2.1 Europäische Währungseinheit (EWE, ECU)

Die *E*uropäische *W*ährungs*e*inheit (EWE) bzw. die *E*uropean *C*urrency *U*nit (ECU) bzw. eine alte französische Silbermünze = écu steht im Zentrum der Konstruktion des EWS. Die ECU löst die Europäische Recheneinheit (ERE) ab bzw. die ERE ging im ECU auf.

Die ECU ist (analog zum SZR) eine künstlich geschaffene Recheneinheit, ein künstlich geschaffener Wertbegriff.

Definiert ist die ECU als ein Währungskorb, wobei jedes Mitgliedsland einen bestimmten Bruchteil oder ein bestimmtes Vielfaches seiner nationalen Währungseinheit zum Währungskorb des ECU beisteuert. Die Summe aus den (z.Z. 12) nationalen Währungsbeträgen ist dann (definitionsgemäß) 1 ECU. Wieviel jedes Land an Währungsbeträgen zum ECU-Korb beisteuert, hängt vom wirtschaftlichen Gewicht des betreffenden Landes ab und wird im wesentlichen an seinem Bruttoinlandsprodukt, seinem Gewicht am EG-Außenhandel und seiner Quote in den Beistandsmechanismen gemessen. In Abb. 6-7 sind die wichtigsten Daten und Definitionen zum ECU-Währungskorb zusammengefaßt.

Spalte 1 der Tabelle in Abb. 6-7 zeigt die z.Z. **am EWS beteiligten Währungen.** Es sind dies (1994) die 12 Staaten der EU. Wann der vorgesehene Beitritt von Finnland und Schweden ab 01.01.1995 zur EU auch im EWS zur Veränderung führt, bleibt abzuwarten; Österreich nimmt ab Januar 1995 bereits teil.

In *Spalte 2* ist für jedes EWS-Mitgliedsland sein **absoluter Währungsbetrag zum ECU-Korb** festgehalten, d.h. die BRD steuert 0,6242 DM, England 0,08784 brit. £, Frankreich 1,332 FF usw. zum ECU bei. Die Summe aus den 12 nationalen Währungsbeträgen ist 1 ECU. Wonach sich der jeweilige Währungsbetrag bestimmt, wurde bereits dargelegt. Die z.Z. verwendeten Währungsbeträge wurden (lt. Schema) am 21.09.1989 festgelegt. Lt. den EWS-Bestimmungen soll alle fünf Jahre anhand der drei Kriterien eine Überprüfung und evtl. Revision der Währungsbeträge erfolgen (Korbrevision). Dies könnte auch auf Antrag eines der Mitgliedsländer früher erfolgen, wenn sich die Relationen der Bestimmungskriterien deutlich (um 25 %) verändert hätten.

Währungen im EWS		Absolute (nationale) Währungsbeträge seit 21.09.89	Korbgewicht anhand der Währungsbeträge (%)	ECU-Leitkurs ab 08.10.90 (bis 14.09.92)	ECU-Tageskurs am 31.12.91; d.h. 1 ECU = ...	Korbgewicht vom Tageskurs am 31.12.91 (%)
BRD	DM	0,6242	30,1	2,05586	2,03553	30,7
England	£	0,08784	13,0	0,696904	0,716117	12,3
Frankreich	FF	1,332	19,0	6,89509	6,95338	19,2
Italien	Lit	151,8	10,15	1538,24	1542,40	9,8
Holland	hfl.	0,2198	9,4	2,31643	2,29352	9,6
Belgien	bfr.	3,301	7,6	42,4032	41,9308	7,9
Luxemburg	lfr.	0,130	0,3	42,4032	42,9308	0,3
Dänemark	dKr.	0,1976	2,45	7,84195	7,92945	2,5
Irland	ir.£	0,008552	1,1	0,696904	0,766332	1,1
Griechenl.	Dr	1,440	0,8	205,311	235,065	0,6
Spanien	Pta	6,885	5,3	133,631	129,668	5,3
Portugal	Esc	1,393	0,8	178,735	179,886	0,8
Insges.		Sa. = 1 ECU	100,0	-	-	100,0

Abb.: 6-7: Daten und Definitionen zum ECU-Korb

Bedingt durch die Währungskrisen 1992 und 1993 im EWS, den Vertrag von Maastricht (der bei Realisierung ja die Funktion des EWS intern aufheben würde) und den Beitritt der neuen Länder zur EU ist die 1994 fällige Überprüfung der Währungsbeträge unterblieben und wird kurzfristig auch nicht erfolgen.

Spalte 3 der Tabelle enthält das sog. **Korbgewicht** (anhand der Zahlen von Spalte 2) einer Währung am ECU-Korb, d.h. sein Gewicht, seinen Prozentanteil gemessen an den (seit 21.09.1989 unveränderten) Währungsbeträgen. Ermittelt wird das Korbgewicht, indem man die absoluten Währungsbeträge der Spalte 2 der Tabelle in eine bestimmte Währung umrechnet (eine Addition der 12 verschiedenen Währungsbeträge ist ja nicht möglich, sie müssen erst auf einen gemeinsamen Nenner gebracht werden). Wenn z.B. eine Umrechnung in DM-Werte erfolgen sollte, so bräuchte man dazu die 11 WK der übrigen EWS-Staaten in der DM (am besten die WK am 21.09.1989). D.h. 0,08784 brit. £ = ... DM; und 1,332 FF = ... DM usw. Rechnet man diese DM-Werte der 12 Währungen schließlich in Prozentanteilswerte um, ergibt sich das Korbgewicht. Nebenbei ergäbe die Summe der 12 Währungsbeträge in DM-Werten den Wert eines ECU in DM (gemessen an den Währungsbeträgen und den WK am 21.09.1989).

Spalte 4 der Tabelle enthält die sog. **ECU-Leitkurse** der beteiligten Währungen. Die ECU-Leitkurse sind offiziell vom EWS *fixierte Kurse*, ähnlich wie im Bretton-Woods-System die Paritäten zum US $, d.h. im EWS wird für einen bestimmten Stichtag festgelegt, wieviel die ECU in einer bestimmten Währung wert ist, z.B. ab 08.10.1990 (siehe Tabelle) war 1 ECU = 2,05586 DM und 1 ECU = 6,89509 FF usw. (siehe auch Darlegungen zum Korbgewicht). Bis zur nächsten Festlegung (in der Abb. 6-7 am 14.09.1992) bleiben die so ermittelten ECU-Leitkurse unverändert (fix). *Die Grundidee* zur Ermittlung der ECU-Leitkurse besteht darin, daß anhand der WK an einem bestimmten Stichtag (hier eben der WK am 08.10.1990) der Wert des ECU in den 12 Währungen ermittelt wird und dann als ECU-Leitkurs fixiert wird (die tatsächliche Berechnung der ECU-Leitkurse erfolgt umständlicher, siehe dazu die Literatur, u.a. Jarchow).

Die **ECU-Tageskurse** (in Abb. 6-7 diejenigen am 31.12.1991), in der *Spalte 5 der Tabelle*, ergeben sich, wenn mittels der Währungsbeträge aus Spalte 2 und Zuhilfenahme der tatsächlichen Kassa-WK an diesem Tag (eben am 31.12.1991) der Wert des ECU in den teilnehmenden Währungen ermittelt wird. Der ECU-Tageskurs am 31.12.1991 in DM ergibt sich somit:
0,6242 DM + 0,08784 £ x Kassa-WK DM/£ + 1,332 FF x Kassa-WK DM/FF + usw. = 2,03553 DM, d.h. anhand der wirklichen Kassakurse aller EWS-Währungen am 31.12.91 war 1 ECU wirklich in DM so viel wert und in FF so viel wert usw. Auch hier erfolgt die tatsächliche Berechnung des ECU-Tageswertes umständlicher, siehe auch dazu die weiterführende Literatur.
Das **Korbgewicht anhand eines ECU-Tageskurses**, hier *in Spalte 6* der Tabelle vom 31.12.1991, wird analog zum dargelegten Korbgewicht der Spalte 3 (siehe dort) ermittelt. Zugrunde liegen hier lediglich die Kassa-WK vom 31.12.1991.

Die Funktionen des ECU im EWS sind:

1) Bezugsgröße für den Wechselkursmechanismus im EWS
2) Grundlage für den sog. Abweichungsindikator
3) Rechengröße für sämtliche Finanzierungsoperationen im EWS
4) Zahlungsmittel und Reserveinstrument unter den EWS-Zentralbanken.

6.5.2.2 Wechselkurs- und Interventionssystem im EWS

Die *bilateralen Wechselkurse*, die im EWS **bilaterale Leitkurse** genannt werden, d.h. die gegenseitigen Paritätskurse, ergeben sich aus den jeweiligen ECU-Leitkursen. So ergibt der Kreuzkurs zwischen dem ECU-Leitkurs des französischen Franc und der DM die beiden gegenseitigen Leitkurse wie folgt (siehe Abb. 6-7).

2,05586 : 6,89509 = 0,2981628

d.h. ein FF entspricht (als WK) = 0,2981628 DM, oder wie der WK als Preisnotierung in der BRD üblich angegeben wird:

100 FF = 29,81628 DM bzw. 100 FF kosten (= WK) im EWS = 29,81628 DM.

Berechnet man den Kreuzkurs umgekehrt als:

6,89509 : 2,05586 = 3,3538713

dann entspricht eine DM = 3,3538713 französische Francs, bzw. als Preisnotierung in Frankreich: 100 DM = 335,38713 FF

Nach diesem Schema lassen sich alle bilateralen Paritätskurse, eben die sog. bilateralen Leitkurse ermitteln (auch hier erfolgt der praktische Rechengang umständlicher, siehe wieder die Literatur), die auch **Mittelkurse** genannt werden.

Wendet man auf die so bestimmten bilateralen Leitkurse (Mittelkurse) die jeweilige **Bandbreite** an, so ergibt das Band die Spanne, innerhalb deren die gegenseitigen Wechselkurse schwanken dürfen, ohne daß im EWS eine Aktivität der ZNB erfolgt. Die übliche Bandbreite im EWS wurde gegenüber der alten Bretton-Woods-Regelung (von ± 1 %) im *Normalfall auf ± 2,25 %* festgesetzt. Als Ausnahme waren ± 6 % möglich, die von 1979 bis 1990 von Italien, zuletzt vom britischen £, der spanischen Peseta und dem portugiesischen Escudo verwendet wurde. Bedingt durch die Währungsturbulenzen im Sommer 1993 wurde im EWS die *Bandbreite allgemein auf ± 15 %* erweitert, nur zwischen Holland und der BRD gilt noch die normale Bandbreite (Kritiker sagen, damit sei intern im EWS praktisch der stabile WK aufgegeben worden). Das Ende des jeweiligen Bandes ergibt (bekanntlich) die *Interventionspunkte*, wobei im EWS der obere I.-Punkt jetzt **Höchstkurs** und der untere I.-Punkt **Niedrigstkurs** heißt.

Ordnet man die jeweiligen gegenseitigen Mittel-, Höchst- und Niedrigkurse in einer Matrix übersichtlich an, so ergibt sich das sog. **Paritätsgitter** (parity grid) als statistische Information der WK im EWS.

Erreicht der WK innerhalb der EWS-Staaten einen der I.-Punkte bzw. den Höchst- oder Niedrigst-(Mindest-)kurs, so muß uneingeschränkt interveniert werden, d.h. der

Höchst- bzw. Niedrigstkurs ist unbedingt zu halten, es erfolgt eine sog. **obligatorische Intervention**. Entsprechend dem WK-Mechanismus im EWS müssen zwei Partnerländer immer gleichzeitig, aber umgekehrt intervenieren.
Wenn z.B. der Franc in der BRD den Niedrigstkurs erreicht hat und somit die DBB durch Francaufkäufe (gegen Hergabe von DM) interveniert, muß der DM-Kurs in Frankreich den Höchstkurs erreicht haben, und somit die französische ZNB durch DM-Verkäufe (gegen Hereinnahme von FF) intervenieren. D.h. beide ZNB geben DM in den Markt und nehmen Francs aus dem Markt.
Interventionen innerhalb der jeweiligen Bandbreiten, sog. **intramarginale Interventionen**, dürfen nur in gegenseitiger Abstimmung mit den Partnerwährungen durchgeführt werden.
Gegenüber Nichtblockländern (Drittländern) wird grundsätzlich das **unsaubere Floaten** praktiziert (hier bestehen für das Prozedere im EWS keine Vorschriften).

Paritätsänderungen innerhalb des EWS, d.h. *Auf- und Abwertungen*, sog. **Leitkursänderungen** bzw. **Realignments** erfolgen durch Änderung der jeweiligen bilateralen Leitkurse, wobei wie gewohnt eine Abwertung eine Erhöhung des bilateralen Leitkurses, eines Aufwertung eine Senkung bedeutet. Die Änderung der bilateralen Leitkurse ergibt als Konsequenz eine Änderung der ECU-Leitkurse aller Währungen. D.h. ein Realignment (bedeutet auch gegenseitige WK-Änderung) im EWS ergibt infolge der Konstruktion des ECU eine Beeinflussung sämtlicher WK. Somit ist dafür im EWS die Zustimmung aller Partner nötig (Realignments sind somit gegenüber dem Bretton-Woods-System schwerer durchsetzbar).
Soll nach einem Realignment die Relation der Währungen untereinander (im Prinzip das Korbgewicht) erhalten bleiben, so müssen alle bilateralen Leitkurse entsprechend geändert werden. Die Erklärung dafür liegt in der Konstruktion des ECU, der ja ein arithmetisches Mittel (in einer bestimmten Relation) aus den Mitgliedsländern darstellt.

6.5.2.3 Abweichungsindikator

Der Abweichungs- bzw. (auch) *Frühwarnindikator* ist als Relation zwischen dem ECU-Leitkurs und dem ECU-Tageskurs definiert, d.h.

$$\text{Abweichungsindikator} = \frac{\text{ECU-Tageskurs}}{\text{ECU-Leitkurs}}$$

Wenn zwischen diesen beiden Werten eine Abweichung von 75 % der maximal im EWS zugelassenen Schwankungsmarge (= die Bandbreite) erreicht ist, dann wäre die sog. Divergenz- bzw. Abweichungsschwelle überschritten und damit der Indikator ausgelöst.

Bei der Normalbandbreite von ± 2,25 % wäre dies bei ± 1,68 %, bei der erweiterten Bandbreite von ± 6 % wäre dies bei ± 4,5 % und bei der allgemein erweiterten von ± 15 % wäre dies bei ± 11,25 % erreicht.

Zum Verständnis des Abweichungsindikators kann man sich vorstellen, daß in das jeweils gültige Band ein zweites, engeres hineingelegt wird.

Der Indikator soll zwei Funktionen erfüllen:

1) Er soll Interventionen am Höchst- bzw. Niedrigstkurs dadurch unnötig machen, daß beim Überschreiten des Indikators durch geeignete Maßnahmen ein Erreichen der Bandendpunkte gar nicht eintritt.
2) Er soll zeigen, ob eine Währung sich gegenüber den anderen Währungen im EWS durch die staatliche Wirtschaftspolitik außerhalb der üblichen Entwicklung befindet.

Somit wird (wurde) von einem Land beim Überschreiten des Indikators erwartet, daß es durch geeignete Maßnahmen ein Erreichen der I.-Punkte verhindert (wobei kein Muß für derartige Maßnahmen besteht). Unternimmt ein Land nichts, dann befindet es sich aber gegenüber den Partnerländern in einer Art Rechtfertigungszwang für seine Untätigkeit.

Die Hoffnungen, die in den Abweichungsindikator gesetzt wurden, *haben sich so nicht erfüllt*. Die Problematik liegt in der Konstruktion und Wertermittlung des ECU. Zum täglichen Wert tragen ja alle Währungen, aber mit einem unterschiedlichen Gewicht bei. Dazu kommen noch die Unterschiede in der jeweiligen täglichen WK-Entwicklung. Somit spielen in den Abweichungsindikator so viele Variable hinein, daß sich Situationen ergeben haben, wo er hätte ausgelöst werden müssen, aber nicht ausgelöst wurde und umgekehrt (per saldo, die Konstruktion ist zu kompliziert ausgefallen).

6.5.2.4 Saldenausgleich und Beistandsmechanismen

Die Mitgliedsländer im EWS haben sich verpflichtet, Währungen der Partnerländer nur in begrenztem Umfang zu halten. Da bekanntlich ein (hier internes) stabiles WK-System bei einer Intervention am Höchstkurs (oberer I.-Punkt) Fremdwährung in

ausreichender Menge voraussetzt, wurde vom EWS die **sehr kurzfristige Finanzierung** geschaffen.
D.h. wenn im Rahmen des EWS-Systems eine Intervention am Höchstkurs erforderlich ist, dann erhält das intervenierende Land auf dem Kreditweg vom Partnerland, in dessen Währung eingegriffen werden muß, **verpflichtend** und **der Höhe nach unbegrenzt** dessen Währung bereitgestellt unter Einschaltung des EFWZ sog. *bilaterale Beistandskredite.* Dies bedeutet z.B., wenn die belgische Zentralbank am Höchstkurs in Brüssel gegenüber der DM intervenieren müßte, daß sie dazu die nötigen DM-Beträge von der DBB auf diesem Weg erhält (unbegrenzt heißt, daß hier, siehe die Krisen im EWS 1992 und 1993, z.B. von der DBB Kredite von 100 und mehr Mrd. DM gefordert werden).
Der erforderliche Kreditbetrag wird zum Tageskurs in ECU umgerechnet und für das Gläubigerland als Guthaben, für das Schuldnerland als Belastung auf den sog. *Finanzierungskonten des EFWZ* verbucht. Die Salden auf den Finanzierungskonten sind mit einem Durchschnittszins der Diskontsätze der EWS-Länder *zu verzinsen.*
Die Kredite (= die sog. Interventionssalden) haben seit dem Basel/Nyborg-Abkommen von 1987 *eine Laufzeit von 3 1/2 Monaten* (vorher nur 1 1/2 Monate). Der Kredit kann *automatisch* auf Wunsch des Schuldnerlandes *um 3 Monate verlängert werden,* allerdings "automatisch" nur bis zum doppelten der sog. Schuldnerquote der betreffenden ZNB (siehe Abb. 6-8). Ginge der Kreditbetrag bei der automatischen Verlängerung über diese Begrenzung hinaus, so müßte für die darüber hinausgehende Verbindlichkeit die Gläubigerbank zustimmen. Eine *nochmalige Verlängerung um 3 Monate* ist nur mit Zustimmung der Gläubigerbank möglich.
Die *Rückzahlung des Kredits* (= sog. *Saldenausgleich*) hat überwiegend in Gläubigerwährung zu erfolgen, es kann dazu aber auch von der Schuldnerbank ihr ECU-Guthaben (siehe Abschnitt EFWZ) verwendet werden, seit dem Basel/Nyborg-Abkommen u.U. bis zu 100 % in ECU-Guthaben. Die Abb. 6-8 zeigt die Schuldner- und Gläubigerquoten der Beistandsmechanismen im EWS.

Nach maximal 9 1/2 Monaten ist die sehr kurzfristige Finanzierung nicht mehr möglich. Deshalb stehen hier die *weiteren bilateralen Beistandskredite (Kreditmechanismen)* bei Zahlungsbilanzdefiziten zur Verfügung. Diese bestehen aus dem *kurzfristigen Währungsbeistand* und dem *einheitlichen System des mittelfristigen Beistandes.* Diese beiden Fazilitäten sind nicht ins EWS integriert, sondern Mechanismen der EU, wirken aber, als wenn sie Bestandteile des EWS wären.

Zentralbank im EWS	Schuldnerquoten	Gläubigerquoten
	in Mio. ECU	
Deutsche Bundesbank	1.740	3.480
Banque de France	1.740	3.480
Bank of England	1.740	3.480
Banca d'Italia	1.160	2.320
Banco de España	725	1.450
Banque Nationale de Belgique[1)]	580	1.160
Nederlandsche Bank	580	1.160
Danmarks Nationalbank	260	520
Bank of Greece	150	300
Banco de Portugal	145	290
Central Bank of Ireland	100	200
Summe der Quoten	8.920	17.840
Rallongen	8.800	8.800
Insgesamt	17.720	26.640

1) incl. der Luxemburgischen ZNB

Abb.: 6-8: Fazilitäten im EWS bzw. der EU

Der **kurzfristige Währungsbeistand** gibt einem EWS-Mitgliedsland einen Devisenkredit zum Ausgleich eines Zahlungsbilanzdefizites. Dabei *bekommt* eine ZNB zunächst *einen Kredit in Höhe ihrer Schuldnerquote* (siehe Abb. 6-8), d.h. die BRD z.B. 1.740 Mio. ECU. Da es sich hierbei um ein gegenseitiges Kreditgewährungssystem der EWS-ZNB handelt, wird bei einer Kreditvergabe ein (oder mehrere) EWS-Länder als Kreditgeber in Anspruch genommen, wobei für ein Gläubigerland eine *Kreditvergabeverpflichtung bis zur Höhe der Gläubigerquote* möglich ist, im Falle der BRD müßte die DBB somit Kredite bis zu 3.480 Mio. ECU gewähren. Beide Grenzen, d.h. sowohl die Schuldner- wie die Gläubigerquote, können um die sog. *Rallonge aufgestockt werden*, wobei die Schuldnerquote im allgemeinen nur zur Hälfte (nur in Ausnahmefällen ganz) vom kreditaufnehmenden Land beansprucht werden kann. Im Falle der BRD hieße dies, daß die DBB maximal 6.140 Mio. ECU (bei halber Rallonge) bzw. 10.540 Mio. ECU (bei voller Rallonge) Kredit erhalten könnte, während sie höchstens 12.280 Mio. ECU Kredit gewähren müßte.

Eine Kreditgewährung setzt einen *einstimmigen Beschluß* des Ausschusses der *EG-Zentralbankpräsidenten* voraus (somit könnte ein als Gläubiger vorgesehenes Land dies z.B. verhindern). Innerhalb der Quoten erfolgt die Gewährleistung quasi automatisch, über die Rallongen wird von Fall zu Fall entschieden.

Die Kredite haben eine *Laufzeit von 3 Monaten* und können zweimal um je 3 Monate verlängert werden.

Das **einheitliche System des mittelfristigen Beistands** ist eine Kreditgewährung bei längerfristigen Zahlungsbilanzproblemen. Es besteht aus zwei Kreditlinien. Einmal aus dem (bereits seit 1971) *mittelfristigen finanziellen Beistand* (mit maximal 13,9 Mrd. ECU), der von den Mitgliedsländern im Rahmen des sog. Bereitstellungsplafonds aufzubringen ist. Zum anderen aus der sog. *Gemeinschaftsanleihe* der EU (maximal 14 Mrd. ECU), die auf den Finanzmärkten aufgelegt wird.
Es handelt sich um Darlehen mit einer Laufzeit zwischen 2 und 5 Jahren (ohne ausdrückliche Höchstdauer). Innerhalb des Kreditrahmens besteht für ein Land keine ausdrückliche Kredithöchstgrenze. Die *Verwaltung der Darlehen* übernimmt, wie auch beim kurzfristigen Währungsbeistand, *der EFWZ*. Die *Verzinsung* der Darlehen orientiert sich an der jeweiligen Marktlage.
Ob ein Darlehen gewährt wird und über die evtl. näheren Kreditkonditionen entscheidet der Ministerrat in Abstimmung mit der Kommission der EU.

6.5.2.5 Europäischer Fonds für Währungspolitische Zusammenarbeit (EFWZ)

Die ECU ist die alleinige Rechengröße für sämtliche finanzielle Operationen im Rahmen des Interventions- und Kreditmechanismus des EWS, die dabei über den EFWZ abgewickelt und verbucht werden.
Der bereits 1973 gegründete EFWZ hat folgende Aufgaben:

1) Er soll das Interventionssystem mit Währungen der EU gewährleisten
2) Er hat den Saldenausgleich zwischen den ZNB vorzunehmen
3) Er verwaltet die im Rahmen der Beistandsmechanismen gewährten Kredite
4) Er ist befugt, Währungsreserven von den ZNB der Mitgliedsländer entgegenzunehmen und dafür den Gegenwert in ECU auszustellen

Gerade diese letzte Funktion ist wichtig, da die Mitgliedsländer des EWS sich verpflichtet haben, jeweils 20 % der Gold- und Devisenreserven ihrer ZNB beim EFWZ zu hinterlegen und dafür ein ECU-Guthaben als entsprechenden Wert eingeräumt zu bekommen. Dadurch erhielten die Mitgliedsländer ein entsprechendes ECU-Guthaben, u.a. zum Saldenausgleich. Diese Übertragung der 20 % an Währungsreserven der ZNB auf den EFWZ erfolgt technisch durch revolvierende Dreimonatsswaps

(bekanntlich zählen deshalb diese 20 % auch zu den Währungsreserven eines Landes).
Die Gesamtmenge der gegen Reserveswaps durch den EFWZ geschaffenen ECU bewegt sich seit 1979 zwischen 23 und 56 Mrd. ECU.
Seit 1985 besteht die Möglichkeit, daß der EFWZ einem Drittland den Status eines *Sonstigen Halters* einräumt und auch dieser ZNB (oder einer internationalen Währungsbehörde) gegen Hinterlegen als Swap ein ECU-Guthaben einräumt (die Verwendung der ECU ist dabei beschränkt). Bisher sind Sonstige Halter die ZNB Österreichs, Maltas, Norwegens und der Schweiz und die BIZ (Bank für internationalen Zahlungsausgleich in Basel).
Anfangs erblickte man im EFWZ eine Vorstufe für einen Europäischen Währungsfonds. Durch den Vertrag von Maastricht ist dieses Ziel letztlich überholt worden.

6.5.3 Erfahrung und Beurteilung des EWS

Mit der Errichtung des EWS sollte primär in Europa (in der EU) eine Zone stabiler WK errichtet werden. Weiterhin sollte zwischen den EWS-Ländern eine erhöhte Preisstabilität realisiert werden. Zudem sollte das EWS ein Motor der weiteren europäischen Integration sein.
Was ist von diesen Zielen realisiert worden?

Politisches Ziel
Das EWS sollte nach einer Übergangszeit in einen Europäischen Währungsfonds übergehen und damit die weitere Integration vorantreiben. Manche erblickten im EWS eine Vorstufe einer europäischen Zentralnotenbank. Bis Ende der 80er Jahre hat das EWS diese Hoffnungen nicht erfüllt.
Der Anstoß einer weiteren Integration kam nicht durch das EWS, sondern als politischer Wille der EU-Staaten und manifestiert sich im Maastrichtvertrag (siehe Abschnitt 4.8).

Stabilität der Wechselkurse
Von 1979 bis 1986 wurden im EWS an neun Terminen z.T. beträchtliche Paritätsänderungen vorgenommen (wobei u.a. die DM beträchtlich aufgewertet wurde). Von 1987 bis Mitte 1992 waren die internen EWS-Kurse relativ stabil. Allerdings wurde dies durch beträchtliche Interventionen mit Hilfe der Beistandsmechanismen realisiert, es war somit eine künstliche Stabilität. 1992 und 1993 waren beträchtliche

Währungskrisen im EWS mit Paritätsänderungen und infolge der erhöhten Bandbreite von ± 15 % praktisch die Aufgabe der stabilen WK erfolgt.
Per saldo, die Stabilität wurde letztlich nicht erreicht.
Insgesamt leidet das EWS an der gleichen Unlogik, dem *nämlichen Systemfehler wie das Bretton-Woods-System,* nämlich an den stabilen WK bei einem Nichtgleichklang der Wirtschaftsentwicklung seiner Mitgliedsländer (siehe Abschnitt 6.4.5).

Größere Preisstabilität
Ein eindeutiger Erfolg in der gemeinsamen Preisstabilität ist bisher im wesentlichen ausgeblieben. Zeitreihenanalysen zeigen, daß die Inflationsraten der Länder (in der Regel) in der Richtung sich recht gleichgerichtet nach oben und auch nach unten bewegen, daß aber die relativen Unterschiede der Länder (von Ausnahmen abgesehen) erhalten bleiben.

Verminderung der Wechselkursschwankungen
Untersuchungen zeigen, daß im Vergleich zur Vorperiode des EWS die Schwankungen des realen WK nicht abgenommen haben.

Abstimmung der Wirtschafts- und Währungspolitik
Es gelang im EWS bzw. der EU nicht die Wirtschafts- und Währungspolitik gegenseitig abzustimmen (was für ein stabiles WK-System bekanntlich nötig wäre), die Krisen 1992 und 1993 haben dies deutlich ans Tageslicht gebracht.

Positive Aspekte im EWS
Günstig im EWS zu bewerten sind die vergleichsweise geringen kurzfristigen Wechselkursschwankungen und die in der Regel schneller erfolgten Paritätsänderungen.
Größere Währungskrisen (1992 und 1993) wurden relativ kurzfristig gelöst bzw. konnten vermieden werden (z.T. allerdings mit drastischen Maßnahmen).
Insgesamt positiv zu sehen ist auch, daß das EWS als eine Art Klammer der europäischen Integration wirkt.

6.6 Reaktion der Leistungsbilanz bei Wechselkursänderungen

Aus der Fülle theoretischer Fragestellungen und Probleme der monetären Außenwirtschaftstheorie soll ein einziger Komplex dargelegt werden. Für sonstige Analysen muß auf die weiterführende Literatur verwiesen werden.

Hier soll die Frage untersucht werden (die als Grundtenor im ganzen 6. Kapitel vorhanden war), ob die beabsichtigten Wirkungen von Wechselkursänderungen auf den Ex- und Import wirklich eintreten und sich damit ein Gleichgewicht der Zahlungsbilanz einstellt.

Die folgende Untersuchung ist eine *Partialanalyse*, die auf den Export- und Importgütermarkt beschränkt ist. Dabei werden eine Reihe vereinfachender Annahmen gemacht. Einmal werden Export- und Importgüter in der Form der vollständigen Konkurrenz angeboten und nachgefragt. Vernachlässigt werden Transportkosten, Zölle und sonstige Translokationskosten. Schließlich wird von einem 2-Länder-Modell, d.h. Inland gegenüber Ausland ausgegangen.

Für die Darlegungen wichtig ist die Unterscheidung zwischen dem nominalen und dem realen Wechselkurs.
Der **nominale Wechselkurs** (WK) ist der bisher unterstellte WK-Begriff in der (üblichen) Preisnotierung, d.h. der Preis der Auslandswährung ausgedrückt in Einheiten der Inlandswährung.
Der **reale Wechselkurs** (WK real) berücksichtigt zusätzlich das inländische Preisniveau (P_I) und das ausländische Preisniveau (P_A) und ist definiert als:

$$\text{WK real} = \text{WK} \cdot \frac{P_A}{P_I}$$

Der reale Wechselkurs gibt die Kaufkraft der Inlandswährung in bezug auf ausländische Güter wieder.

Wichtig ist weiterhin der Begriff der derivativen und der originären Funktion.
Man kann annehmen, daß die inländischen Exporteure ihre Angebotsentscheidung am DM-Preis ihres Exportproduktes orientieren. *Damit ist das Exportangebot* eine **originäre Funktion**, wenn, wie in den Graphiken üblich, die Exporte vom DM-Preis abhängen.
Die ausländischen Nachfrager (nach den heimischen Exporten) orientieren sich dagegen am Preis ihrer einheimischen Währung (z.B. am $-Preis) der Exportprodukte. Da man einen Dollar-Preis zu einem bestimmten WK auch in DM umrechnen kann, läßt sich *die Exportnachfrage* (des Auslandes) auch in DM ausdrücken, ist dann aber eine **derivative Funktion**. Denn bei WK-Änderungen wird sie ihre Lage verändern, da sich ja nun ein anderer $-Preis ergibt.
Umgekehrt ist dies beim Import. Ausländische Produzenten, die ins Inland importieren, orientieren sich am Dollar-Preis des Importgutes. Umgerechnet über den WK in

DM-Werte ist somit *das Importangebot* eine *derivative Funktion*, deren Lage sich ändern kann. Die inländische *Importnachfrage* ist dagegen eine *originäre Funktion*, da für die inländischen Importeure der DM-Preis ausschlaggebend ist.
Über die Umrechnung der ausländischen Währung in DM-Preise hat man aber die Möglichkeit, den Export- und Importmarkt in einer Währung (z.B. in DM) darstellen zu können.

6.6.1 Die Leistungsbilanz in Inlandswährung

Zunächst soll analysiert werden, wie sich der Export- und Importwert ausgedrückt in Inlandswährung verändert, sollte sich der WK ändern.

6.6.1.1 Entwicklung des Exportwertes

Wenn ein Staat (in einem stabilen WK-System) seine Währung abwertet, dann erwartet er von dieser Maßnahme eine Verminderung (Abbau) des Leistungs-(Zahlungs-)Bilanzdefizites. Umgekehrt erwartet er von einer Aufwertung einen Rückgang des Leistungs-(Zahlungs-)Bilanzüberschusses. Bei beiden Erwartungen spricht man von einer **Normalreaktion der Leistungsbilanz**.
Die Wechselkursänderung kann dabei (wie eben angenommen) bewußt von der Wirtschaftspolitik herbeigeführt werden oder vom Markt genommen werden (in einem System floatender WK).
Untersucht soll im folgenden werden, unter welchen Bedingungen eine derartige Normalreaktion eintritt, wobei zunächst der Exportmarkt betrachtet wird.

Für die übliche graphische Darstellung folgende Vorüberlegungen:
Die *Exportangebotskurve* (des Exportmarktes der BRD) *in DM-Werten* ist eine *originäre Funktion* (siehe Abschnitt 6.6), d.h. da die Anbieter in DM kalkulieren, wird sie sich bei einer WK-Variation nicht verändern. Die *Exportnachfragekurve* (des Auslandes, z.B. der USA) ist dagegen eine *derivative Funktion*, d.h. man kalkuliert in $ (wir haben sie aber über den WK in eine DM-Nachfrage umgerechnet) und wird auf WK-Variationen somit reagieren, d.h. die Nachfragekurve (= NN) wird sich verschieben.
Wenn für die nachfolgende Darstellung von einem WK DM/$ von 1 $ = 2,- DM ausgegangen wird, dann ist der $/DM-WK in den USA der reziproke Wert, d.h.

1 DM = 0,5 \$. Dazu ein Zahlenbeispiel: Ein deutscher Exporteur bietet für die USA u.a. ein Produkt A um 10,- DM und ein Produkt B um 1.000,- DM an. Der amerikanische Importeur kalkuliert in \$, d.h. über den unterstellten WK ergibt sich für ihn ein Preis des Produktes A = 5 \$ und B = 500 \$. Wenn nun die DM um 25 % abgewertet wird, d.h. der neue DM/\$-WK lautet: 1 \$ = 2,50 DM, so bedeutet dies eine 20 %ige Aufwertung des \$, denn der \$/DM-WK ist jetzt 1 DM = 0,4 \$. Der deutsche Exporteur kalkuliert immer noch die nämlichen DM-Preise. Durch die Abwertung der DM sinkt dagegen für den amerikanischen Importeur der (in \$ kalkulierte) Preis beim Produkt A auf 4 \$ und bei B auf 400 \$.

Bei unterstelltem normalem Verlauf der Exportnachfragekurve ergibt sich infolge der Verbilligung der Produkte für den Amerikaner eine Zunahme der Nachfrage = Rechtsverschiebung der NN-Kurve. Die *NN-Kurvenverschiebung erfolgt hier als Drehung* und zwar deshalb, weil die relative Preissenkung (in \$ um 20 %ige Preisabnahme je nach dem Ausgangspreis) ein unterschiedliches absolutes Ausmaß nach sich zieht (siehe Zahlenbeispiel).

Die Überlegung bei einer *Aufwertung der DM (bzw. Abwertung des \$)* wäre für den Exporthandel *genau umgekehrt vorzunehmen.*

Die Überlegungen umgesetzt ergeben die Abb. 6-9.

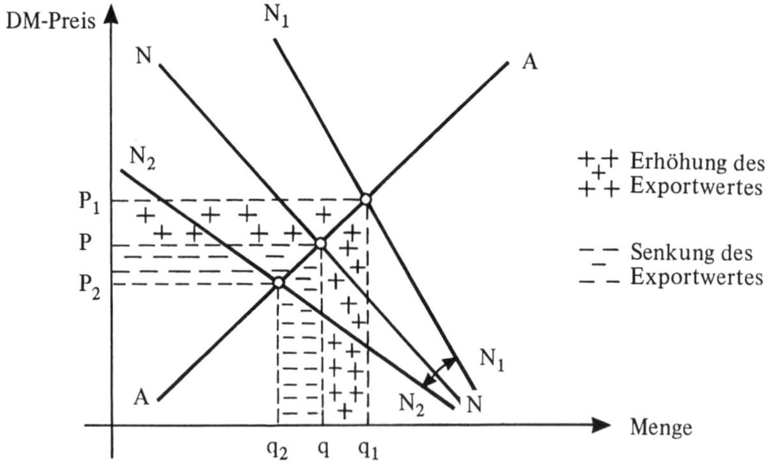

Abb.: 6-9: Veränderung des Exportwertes in Inlandswährung

AA = inländisches (unverändert bleibendes) Exportangebot, NN = Exportnachfrage in DM gerechnet in der Ausgangslage, N_1N_1 = Zunahme der Exportnachfrage infolge einer DM-Abwertung; N_2N_2 = Rückgang der Exportnachfrage infolge einer DM-Aufwertung, jeweils mit den dazugehörigen Preisen p und Menge q.
Das Produkt aus dem jeweiligen Gleichgewichtspreis und der Gleichgewichtsmenge ergibt den Exportumsatz (= Exportwert).
Aus der Abb. 6-9 ist unschwer erkennbar, daß eine Abwertung der DM eine Vergrößerung des Exportwertes (= ++) und eine Aufwertung der DM eine Verringerung des Exportwertes (= --) ergibt.
Im Fall der Abwertung der DM (d.h. für N_1N_1) ergibt sich, wie Abb. 6-9 zeigt, infolge der Verbilligung der Exportgüter in $ sowohl ein Mengen-(= q_1) wie ein Preis-(= p_1)Effekt in DM gerechnet und somit (da beide ansteigen) sicher eine Zunahme des Exportwertes. Im Falle einer Aufwertung der DM genau umgekehrt.

Ob sich infolge einer WK-Änderung (was man ja beabsichtigt in der Regel) eine starke oder schwache Wirkung (u.U. gar keine) auf den Exportwert einstellt, *hängt entscheidend von der Elastizität der Exportnachfrage ab*, dazu die Abb. 6-10.

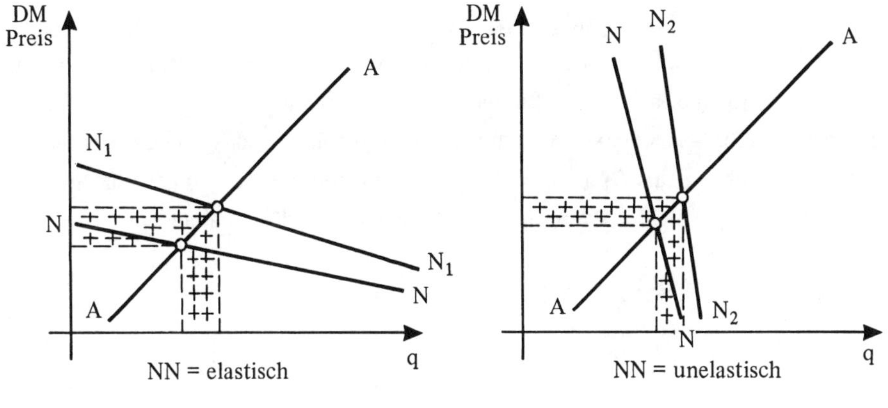

Abb.: 6-10: Verschiedene NN-Elastizität, Exportumsatz, bei DM-Abwertung

In der Abb. 6-10 wurde bei gleich angenommenem Exportangebot (= AA) eine unterschiedliche Elastizität der Exportnachfrage unterstellt. Wie aus der Graphik deutlich ersichtlich, hat eine unterschiedliche NN-Elastizität entscheidenden Einfluß auf die Veränderung des Exportwertes. D.h. *umso elastischer die NN ist, umso stärker wirkt sich dies auf den Exportwert aus.*

Bezieht man noch die Grenzfälle der NN-Elastizität mit ein, so gilt:

1) Ist die Nachfrage vollkommen elastisch ($E_N = \infty$), ergibt sich die stärkste Auswirkung auf den Exportwert
2) Ist die NN elastisch (d.h. $E_N > 1$), zeigt sich die zweitstärkste, aber eine geringere Exportwirkung als im Fall 1
3) Ist die NN unelastisch (d.h. $E_N < 1$), ergibt sich eine geringere Wirkung als im Fall 2
4) Ist die NN vollkommen unelastisch (d.h. $E_N = 0$), zeigt sich keine Exportwertwirkung (d.h. er bleibt konstant)

6.6.1.2 Entwicklung des Importwertes

Auf dem Importmarkt (= Inlandsmarkt in der BRD) orientiert sich die Importnachfrage am DM-Preis der Produkte, infolgedessen bleibt bei einer WK-Änderung die Importnachfrage unverändert. Die ausländischen Importanbieter kalkulieren dagegen (z.B.) in $-Preisen, somit verändert sich bei einer WK-Variation das Importangebot. Die dahinterstehende Überlegung ist genau umgekehrt wie auf dem Exportmarkt (siehe dort). In Abb. 6-11 ist die Entwicklung des Importwertes dargelegt.

Bei der in Abb. 6-11 unterstellten Abwertung ergibt sich für das Importangebot eine Linksverschiebung (als Drehung = A_1A_1) = Abnahme des Angebotes, da die Importanbieter infolge der Abwertung einen geringeren $-Erlös erhalten.

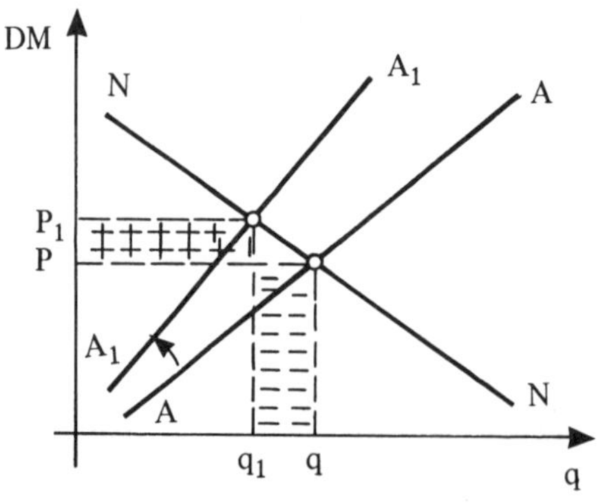

Abb.: 6-11: Importwert in Inlandswährung bei Abwertung

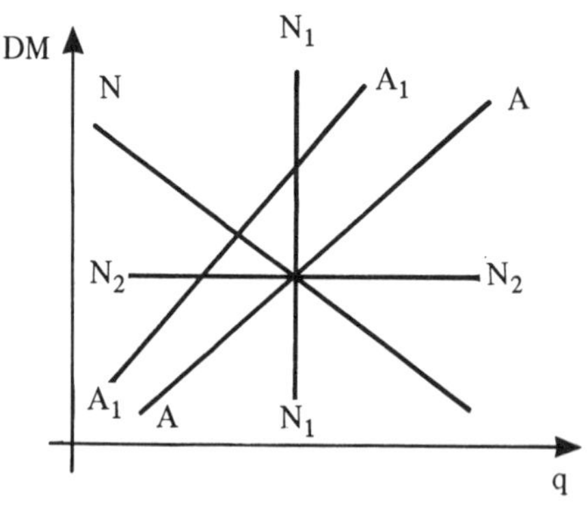

Abb.: 6-12: Importwert bei unterschiedlichen Nachfrageelastizitäten

Abb. 6-11 zeigt, daß sich hinsichtlich der *Entwicklung des Importwertes kein eindeutiges Ergebnis ergibt.* Durch die Abwertung (= A_1A_1) nimmt die Mengenkomponente ab, während die Preiskomponente ansteigt.

Für ein genaueres Ergebnis muß *die Preiselastizität der Importnachfrage* hier *mit berücksichtigt werden*, siehe Abb. 6-12.

In der Abb. 6-12 wird einer Abwertung der DM und daraus resultierend einer Linksverschiebung (Drehung) des Importangebotes (d.h. AA -> A_1A_1) zunächst eine normalverlaufende Nachfragekurve (Importnachfrage) als NN gegenübergestellt (wie analog in Abb. 6-11); dann eine völlig unelastische Importnachfrage als N_1N_1 und eine völlig elastische als N_2N_2. Daraus folgt:

1) Verläuft die Importnachfrage normal, d.h. als NN, dann kommt es auf die NN-Elastizität an. Ist $E^I_N > 1$ (relativ elastisch), dann ist die Mengenreaktion stärker als die Preisreaktion, somit sinkt der Importwert. Ist dagegen $E^I_N < 1$ (relativ unelastisch) ist die Preisreaktion stärker als die Mengenreaktion, damit steigt der Importwert insgesamt.
2) Liegt eine Importnachfrage als N_1N_1 vor, d.h. vollkommen unelastisch ($E^I_N = 0$), dann wirkt nur die Preiskomponente und damit steigt der Importwert.
3) Ist die Importnachfrage dagegen vollkommen elastisch ($E^I_N = \infty$), d.h. als N_2N_2 , wirkt nur die Mengenkomponente und der Importwert nimmt deutlich ab.

Insgesamt ergibt sich, daß der Importwert umso eher sinkt, je elastischer die Importnachfrage ist.

Für eine Aufwertung muß genau umgekehrt argumentiert werden.

6.6.1.3 Ergebnis

Für eine (erwartete) Normalreaktion einer WK-Änderung *ist der Gesamteffekt auf dem Export- **und** Importmarkt entscheidend*, d.h. der Saldo des Exportwertes und des Importwertes ergibt, ob sich eine Normalreaktion der Leistungsbilanz einstellt oder nicht.

D.h. es könnte z.B. bei einer Abwertung der DM zwar der Exportwert normal reagieren, d.h. zunehmen, aber der Importwert unverändert bleiben (oder sogar abnehmen), d.h. der Importwert anormal reagieren. Insgesamt fällt dann der letztlich entscheidende Gesamteffekt deutlich schwächer aus bzw. das mit der Abwertung anvisierte (letztliche) Ziel einer Leistungsbilanzverbesserung wird nur teilweise erreicht (bzw. im Extremfall verfehlt).

Für den Fall einer WK-*(DM)-Abwertung* soll aufgrund der vorherigen Ergebnisse nun eine Gesamtaussage der Leistungsbilanzentwicklung gemacht werden (bezogen auf die Inlandswährung). Das Ergebnis ist in der Tabelle der Abb. 6-13 zusammengefaßt.

<table>
<tr><th>Fall</th><th>Reaktion beim Exportwert</th><th>Reaktion beim Importwert</th><th>Gesamtreaktion in der Leistungsbilanz</th></tr>
<tr><td>1</td><td rowspan="3">steigt immer, umso mehr, je elastischer die Exportnachfrage ist</td><td>sinkt bei $E_N > 1$</td><td>Verbesserung
Normalreaktion</td></tr>
<tr><td>2</td><td>konstant bei $E_N = 1$</td><td>Verbesserung
Normalreaktion</td></tr>
<tr><td>3</td><td>steigt bei $E_N < 1$</td><td>Verbesserung
Konstanz
Verschlechterung</td></tr>
<tr><td>4</td><td>Ausnahme:
Konstant bei $E_N = 0$</td><td>steigt bei $E_N < 1$</td><td>Verschlechterung</td></tr>
</table>

Abb.: 6-13: Abwertung der DM und Gesamtreaktion der Leistungsbilanz

Aus der Tabelle der Abb. 6-13 folgt für die Gesamtreaktion der Leistungsbilanz bei einer Abwertung:

1) Solange die Exportnachfrageelastizität absolut größer, kleiner, gleich 1 ist (d.h. $|E^E_N| \geq 1$) und die Importnachfrage größer 1 ($E^I_N > 1$), ergibt sich immer eine Normalreaktion, d.h. Verbesserung der Leistungsbilanz.
2) Ist die Exportnachfrage $E^E_N \geq 1$ und die Importnachfrage $E^I_N = 1$, ergibt sich ebenfalls eine Normalreaktion (aber schwächer als bei 1).
3) Ist die Exportnachfrage $E^E_N \geq 1$ und die Importnachfrage $E^I_N < 1$, so kommt es auf die Relation von E^E_N und E^I_N insgesamt an, d.h. hier kann eine Verbesserung der L.-Bilanz eintreten (E^E_N ist stärker), ebenso eine Konstanz der L.-Bilanz (E^E_N und E^I_N heben sich auf) und eine Verschlechterung (E^E_N ist schwächer als E^I_N).
4) Ist $E^E_N = 0$ (vollkommen unelastisch) und $E^I_N < 1$, so tritt sicher eine Verschlechterung der L.-Bilanz ein (da der Exportwert konstant bleibt, der Importwert dagegen steigt).

Insgesamt ergibt sich, daß bei einer Abwertung umso eher mit einer Normalreaktion der L.-Bilanz zu rechnen ist, je elastischer Export- *und* Importnachfrage sind.

6.6.2 Die Leistungsbilanz in Auslandswährung

Untersucht wird nunmehr die Reaktion der Leistungsbilanz der BRD bei WK-Änderungen, *jetzt aber in Auslandswährung gerechnet.*

Zu beachten ist, daß im Vergleich zu den bisherigen Darlegungen originäre und derivative Funktionen genau umgekehrt sind und sich damit die umgekehrte Funktion bei einer WK-Änderung verschiebt.

So ist z.B. auf dem (deutschen) Exportmarkt, gerechnet in Auslandswährung, jetzt die Exportnachfrage (des Auslandes) eine originäre Funktion, während das (deutsche) Exportangebot jetzt eine derivative (und damit veränderliche) Funktion ist.

Somit ist bei Auslandswährung das Importangebot eine originäre und die Importnachfrage eine derivative Funktion.

Die Abb. 6-14 zeigt einmal den Übergang vom **Exportmarkt** in Inlandswährung in denjenigen **in Auslandswährung**, und dann dort die Wirkung einer DM-Abwertung. Auf dem Exportmarkt in Inlandswährung liegt die Exportangebotskurve $A_I{}^E A_I{}^E$ vor. Der Punkt Y auf $A_I{}^E A_I{}^E$ besagt, daß die Exporteure 3.000 Mengeneinheiten zum Preis von 2,3 Einheiten (DM) anbieten würden, Punkt X dagegen, daß 6.000 Mengeneinheiten zum Preis von 4 Einheiten angeboten würden. Bei einem DM/$-WK von 1 $ = 2,- DM (analog wie in Abschnitt 6.6.1.1) ergibt sich die Exportangebotskurve $A_A{}^E A_A{}^E$ in Auslandswährung (in $) über den WK: 3.000 q werden mit 1,15 $ angeboten = Punkt Y' und 6.000 q mit 2,0 $ = Punkt X'. Die Nachfragekurve des Auslandes (USA) in Auslandswährung ist $N_A{}^E N_A{}^E$.

Der Schnittpunkt der Exportnachfragekurve des Auslandes $N_A{}^E N_A{}^E$ mit der Exportangebotskurve des Auslandes $A_A{}^E A_A{}^E$ ergibt einen (realisierten) Preis (in $) von p und eine abgesetzte Menge von q, damit einen Exportwert von $p \cdot q$.

Wenn nun eine Abwertung der DM um 25 % (wie in 6.6.1.1) erfolgt, d.h. 1 $ = 2,50 DM bzw. eine Aufwertung des $ um 20 % (d.h. 1 DM = 0,4 $), so verschiebt sich jetzt (dreht sich) die Angebotskurve in Auslandswährung nach rechts auf $A_A{}^{1E} A_A{}^{1E}$. Der Exportwert ist jetzt das Produkt aus $p_1 \cdot q_1$.

Die Abb. 6-14 zeigt, daß jetzt die Entwicklung des Exportwertes infolge einer DM-Abwertung nicht eindeutig ist (in der Graphik 6-14 zwar deutlich eine Verringerung), da die Preiskomponente eine Verringerung (--) ergibt, die Mengenkomponente aber eine Zunahme (++); somit kommt es auf den Saldo der beiden Effekte für die Entwicklung des Exportwertes an.

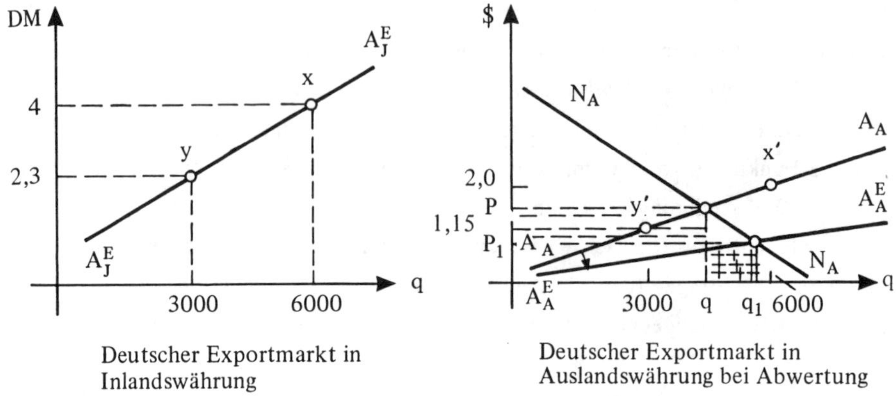

Abb.: 6-14: Übergang vom Exportmarkt in Inlands- in Auslandswährung und dort eine Abwertung der DM

Analoge Überlegungen (wie für den Exportmarkt in Inlandswährung) ergeben jetzt, daß die Entwicklung des Exportwertes von der Elastizität der (ausländischen) Exportnachfrage abhängt, wobei gilt: Ist $E_N{}^A > 1$, dann steigt der Exportwert, ist $E_N{}^A = 1$, bleibt der Exportwert unverändert, ist $E_N{}^A < 1$, sinkt der Exportwert.

Die **WK-Effekte auf dem Importmarkt** in Auslandswährung sind für eine DM-Abwertung in Abb. 6-15 dargestellt, wobei die Überlegungen genau umgekehrt zu denjenigen des Exportmarktes vorzunehmen sind.
D.h. jetzt ist die Importangebotskurve eine originäre, und die Importnachfrage eine derivative Funktion.

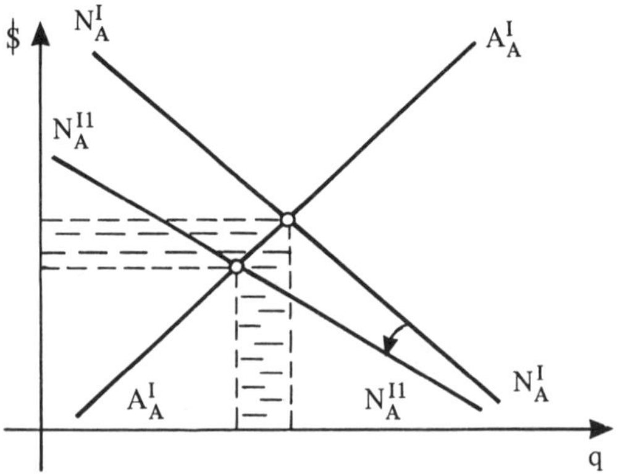

Abb.: 6-15: Importmarkt in Auslandswährung und Abwertung

Aus der Abb. 6-15 wird ersichtlich, daß eine Abwertung auf dem Importmarkt in Auslandswährung sicher den (erwarteten) Rückgang des Importwertes ergibt, da sowohl die Preis- wie die Mengenkomponente eine Verringerung darstellt. Auch hier gilt: Je elastischer die Importnachfrage ist, umso stärker wird die Reaktion (hier Rückgang) des Importwertes ausfallen.

Die Reaktion des Export- und des Importwertes in Auslandswährung bei einer **Aufwertung** sind entsprechend zu analysieren, d.h.:
Eine *Aufwertung* ergibt auf *dem Exportmarkt in Auslandswährung* kein eindeutiges Ergebnis im Hinblick auf die Reaktion des Exportwertes, denn die Preiskomponente ergibt eine Zunahme, während die Mengenkomponente eine Reduzierung nach sich zieht. Wieder kommt es auf den Saldo an bzw. auf die Elastizität der Exportnachfragekurve.
Eine *Aufwertung auf dem Importmarkt in Auslandswährung* ergibt dagegen immer die (erwartete) Zunahme des Importwertes, da sowohl Preis- wie Mengeneffekt eine Zunahme zeigen. Diese Zunahme fällt umso stärker aus, je elastischer die Importnachfragekurve ist.

6.6.3 Robinson- und Marshall-Lerner-Bedingung

Die bisherigen Darlegungen, ob, wann und wie eine Normalreaktion der Leistungsbilanz bei einer WK-Änderung eintritt, haben ergeben:

1) Es muß der Export- und Importmarkt gesondert analysiert werden, um die jeweilige Veränderung des Export- und Importwertes festzustellen.
2) Es muß die Betrachtung in der Inlands- und Auslandswährung unterschieden werden, da hierbei die Reaktion des Export- und Importwertes unterschiedlich ist.
3) Für die jeweilige Reaktion besonders wichtig war hierbei immer die Elastizität der entsprechenden Nachfragekurve. Dabei hatte sich ergeben, daß umso eher mit einer Normalreaktion zu rechnen ist, wenn die Nachfrage auf dem Ex- und Importmarkt elastisch ist.

Bei einer globalen Gesamtanalyse müssen **auch die Elastizitäten des Angebotes** mit berücksichtigt werden.
D.h. ob sich eine Normalreaktion der Leistungsbilanz bei einer WK-Änderung in Inlandswährung ergibt, hängt ab von:

1) der Angebotselastizität und der Nachfrageelastizität auf dem Exportmarkt

2) der Angebotselastizität und der Nachfrageelastizität auf dem Importmarkt. Ebenso sind dann die Elastizitäten auf dem Ex- und Importmarkt in Auslandswährung zu berücksichtigen

Wie nun in einer bestimmten Situation all diese unterschiedlichen Elastizitäten zusammenwirken müssen, damit sich eine Normalreaktion einstellt, hat **J. Robinson** in einer Formel zusammengefaßt (siehe dazu die Literatur). Vereinfachend ergibt sich aus der Robinson-Formel: Eine Normalreaktion der Leistungsbilanz tritt umso eher ein, je größer die Nachfrageelastizitäten und je kleiner die Angebotselastizitäten sind (d.h. die Nachfragen müssen elastisch, die Angebote unelastisch sein). Sind die Angebotselastizitäten Null (d.h. völlig unelastisch), so verbessert sich die Leistungsbilanz auch dann, wenn die NN-Elastizitäten kleiner als 1 sind.

Marshall und Lerner haben aus der Robinson-Formel einen Spezialfall als sog. **Marshall-Lerner-Bedingung** wie folgt formuliert:
Eine Normalreaktion der Leistungsbilanz ergibt sich, wenn die Summe der (absoluten) Elastizitäten der Export- und Importnachfrage größer als 1 ist.
Diese (bekannte) Bedingung von Marshall-Lerner gilt aber nur unter zwei einschränkenden Annahmen:

1) Die Leistungsbilanz muß in der Ausgangslage, d.h. vor der WK-Änderung ausgeglichen sein.
2) Die Elastizitäten des Export- und Importangebotes müssen vollkommen elastisch sein (d.h. zum herrschenden Weltmarktpreis ist das Angebot auf dem Ex- und Importmarkt als Menge unbegrenzt).

Die *Marshall-Lerner-Bedingung* einer Normalreaktion der Leistungsbilanz hat eine *wichtige wirtschaftspolitische Resonanz ergeben*:
Durch empirische Messungen zur Elastizität hat man in den 50er Jahren den (scheinbaren) Nachweis erbracht, daß die Summe der Elastizitäten der Export- und Importnachfrage *nicht* größer als 1 sei, d.h. die Bedingung nicht erfüllt wäre und somit sich eine Normalreaktion *nicht* ergeben würde. Diese Argumentation bezeichnet man als den sog. **Elastizitätspessimismus**. Wenn der Elastizitätspessimismus gelten würde, dann wäre jegliche WK-Politik zwecklos, denn das (doch immer) anvisierte Ziel einer Normalreaktion der Leistungsbilanz würde nie realisiert werden.
Neuere, auch empirische Untersuchungen (u.a. Rose, Jarchow, Siebert) zeigen, daß diese negative Auffassung nicht gerechtfertigt ist, d.h. daß die Marshall-Lerner-, bzw. weitergefaßt, die Robinson-Bedingung so erfüllt wird, daß sich (meistens) eine Normalreaktion der Leistungsbilanz ergibt. Dies bezeichnet man als den **Elastizitätsoptimismus.**

6.6.4 J-Kurven-Effekt

Der Begriff "J-Kurven-Effekt" rührt daher, weil die Graphik, die diesen Vorgang ausdrücken soll, wie ein J aussieht (siehe Abb. 6-16).
Damit soll folgender Zusammenhang beschrieben werden: Die Untersuchungen zur Entwicklung der Elastizitäten haben auch ergeben, daß sie langfristig größer sind als kurzfristig. Das liegt daran, daß Exporteure und Importeure sich bei verändertem Wechselkurs mit ihren Mengenreaktionen nicht sofort anpassen, sondern eine gewisse Reaktionszeit benötigen.
Somit ist es kurzfristig durchaus möglich, daß die Nachfrageelastizitäten nicht groß genug sind, um die Marshall-Lerner-Bedingung zu erfüllen und sich deshalb die Leistungsbilanz nach einer Abwertung zunächst verschlechtert. Erst langfristig tritt dann die Normalreaktion der Leistungsbilanz ein. Die Kurve, die diese Entwicklung beschreibt, ist die J-Kurve der Abb. 6-16.
Die Analyse des J-Kurven-Effektes unterscheidet dabei drei Phasen im Zeitablauf.

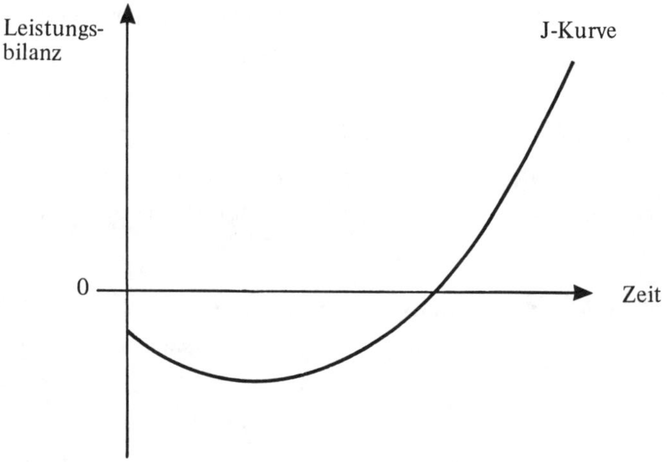

Abb.: 6-16: J-Kurven-Effekt der Leistungsbilanz

In der ersten **Kontraktphase** finden im Anschluß an eine WK-Änderung keinerlei Mengen- und Preisreaktionen statt. Da bei der Analyse unterstellt wird, daß die Exporte in DM fakturiert werden, bleibt der Exportwert unverändert. Bei den umgekehrt in $ fakturierten Importen steigen die Preise aber infolge einer Abwertung automatisch. Bei der dargelegten Analyse der Entwicklung des Export- und Importwertes, unterschieden nach Inlands- und Auslandswährung, wobei bekanntlich die Resultate verschieden waren, wird letztlich ja berücksichtigt, wie ein Außenhandelsgeschäft fakturiert wird, in der eigenen Inlands- oder in der jeweiligen Auslandswährung. Der unveränderte Exportwert und der gestiegene Importwert ergeben kurzfristig sogar eine (weitere) Verschlechterung der Leistungsbilanz. Der Grund liegt darin, daß alle Ex- und Importkontrakte bereits abgeschlossen sind und noch erfüllt werden müssen. Weiterhin ändern sich kurzfristig die Kaufgewohnheiten trotz Preisänderung nicht sofort.

Die zweite, die **"Pass-through"-Phase** setzt ein, wenn erstmals Verträge nach erfolgter WK-Änderung abgeschlossen werden, denn jetzt können Ex- und Importeure reagieren. Dabei nimmt man an, daß die Preise schneller reagieren als die Mengen, bzw. die Mengen bleiben in dieser Phase noch weitgehend unverändert. Graphisch kann man dies dadurch ausdrücken, daß die Ex- und Importnachfragekurven in Inlandswährung völlig unelastisch sind (d.h. E = 0). Dann ergibt sich nur ein Preiseffekt, aber kein Mengeneffekt infolge einer WK-Änderung.
Die Folge ist aber (siehe nochmals die vorangegangenen Darlegungen), daß nach einer Abwertung (der DM) die Exportpreise in Inlandswährung unverändert bleiben, in Auslandswährung dagegen sinken. Umgekehrt steigen die Importpreise in Inlandswährung, während sie in Auslandswährung konstant bleiben. Ob der Pass-through-Effekt vollständig gelingt, hängt dabei vom Verhalten der Außenhandelspartner in bezug auf deren Bereitschaft und Fähigkeit ab, Preisnachlässe und Preisaufschläge durchzusetzen. Das Ergebnis ist somit, die anormale Reaktion der Leistungsbilanz (d.h. Verschlechterung bei einer Abwertung) tritt umso stärker auf, je vollständiger der Pass-through-Effekt gelingt.

In der dritten, der **Mengenreaktionsphase**, reagieren Ex- und Importeure auch mit ihren Mengen, d.h. infolge einer Abwertung geht der Import mengenmäßig zurück, während die Exportmengen zunehmen. Beide Reaktionen führen dazu, daß sich jetzt die Leistungsbilanz verbessert und damit die anfängliche Verschlechterung überkompensiert wird. Beobachtungen haben ergeben, daß teils erst nach ein bis zwei Jahren eine Normalreaktion eintritt.
Eine impirische Untersuchung von Goldstein/Khan hat ergeben, daß sich für die BRD eine durchschnittliche Verzögerung für den Export von etwa fünf Quartalen und für den Import von ca. zwei Quartalen ergibt.

6.6.5 Grenzen und Probleme der Elastizitätsanalyse

Die Grenzen und Probleme der Elastizitätsanalyse werden eben anhand des J-Kurven-Effektes deutlich. Darüber hinaus sind noch weitere Gesichtspunkte zu berücksichtigen.

Diese bestehen zunächst in den *Schwierigkeiten der Elastizitätsmessung*. Für eine Vorhersage der Reaktion der Leistungsbilanz bräuchte man die jeweiligen Elastizitäten. Diese sind aber häufig nur mit deutlichen Schwierigkeiten bestimmbar (dargelegt wurde u.a., daß sie sich im Zeitablauf ändern können).

Die gesamte Analyse wurde unter der *Annahme des Vorhandenseins der vollständigen Konkurrenz* vorgenommen. Bekanntlich ist dies nicht die typische Marktform. Die gefundenen Resultate lassen sich nun schwer (z.T. gar nicht) auf oligopolistische und monopolistische Strukturen übertragen bzw. sie müßten diesen Gegebenheiten erst angepaßt werden (ein Monopol hat z.B. einen bestimmten Preisgestaltungsspielraum, innerhalb dessen es Preisveränderungen vornehmen kann, ohne daß eine (sofortige) Reaktion der Nachfrage erfolgt).

Die Analyse *vernachlässigt die Interdependenz der Märkte*. In der Realität ist es dagegen so, daß zwischen Ex- und Importmarkt und der Binnenwirtschaft Wechselbeziehungen herrschen (wenn z.B. infolge einer Abwertung die inländische Exportindustrie voll boomt, somit mehr Arbeitskräfte braucht, daher höhere Löhne zahlt, deshalb die anderen Branchen ebenfalls nachziehen, könnte sich eine lohninduzierte (Kosten-)Inflation einstellen. Diese inländische Preissteigerung würde aber den Preiseffekt der Abwertung im Export kompensieren und damit den (weiteren) Ausgleich der Zahlungsbilanz unterbinden).

Wirtschaftspolitische Gegenmaßnahmen der Handelspartnerländer können den Effekt einer WK-Änderung zunichte machen (wenn z.B. aufgrund einer Abwertung der DM die USA z.B. ihre Importzölle für deutsche Produkte erhöhen, so steigt der Exportwert auch langfristig nicht. Oder wenn der Handelspartner ebenfalls abwertet, bleibt alles beim alten).

Als Ferneffekt einer WK-Änderung *ist mit Einkommenswirkungen zu rechnen.* Unterstellt wurde bisher ein konstantes Volkseinkommen. Durch eine (erfolgreiche) WK-Änderung verändert sich aber auch das Einkommen, was sekundäre Fernwirkungen nach sich zieht (wenn z.B. eine Abwertung erfolgreich ist, d.h. die Exporte wachsen, ergibt sich eine Zunahme des inländischen Sozialproduktes bzw. des Volkseinkommens. Wie dargelegt, siehe Abschnitt 6.3.3, setzt jetzt die Importneigung ein, d.h. durch die Zunahme des Sozialproduktes wachsen auch die Importe, was bedeutet, daß die anfängliche Verbesserung der Leistungsbilanz dadurch abgebaut wird), man nennt dies die *Absorptionsansatzwirkung*.

Als *weiterer Ferneffekt* ist mit *Preiswirkungen zu rechnen*. Wie dargelegt, ergibt sich infolge einer Abwertung (in Inlandswährung) ein Preisanstieg für Importe. Wenn nun die Inlandsnachfrage nach Importen sehr unelastisch (bzw. völlig unelastisch) ist (siehe Abb. 6-12), weil die Importe Lebensmittel oder Rohstoffe sind, auf die man dringend angewiesen ist, so ergibt sich: Der Importwert steigt bzw. es wirkt nur der Preis-, nicht der Mengeneffekt. Das wiederum bedeutet aber, wenn das Importvolumen groß genug ist, einen inländischen Preisanstieg. Damit wird aber der Wettbewerbsvorteil auf dem Exportmarkt schnell abgebaut. Nur eine erneute Abwertung könnte - zeitweise - die Exporte wieder verbilligen, aber der Prozeß beginnt wieder von vorne, d.h. der Vorteil wird durch erneuten Preisanstieg bald wieder aufgehoben. Die letztliche Folge wäre eine *Abwertungs-Inflations-Spirale* (wieder ein Plädoyer für die Vorteile einer Preisstabilitätspolitik).

Die *Nebenbedingungen für eine normale Reaktion der Leistungsbilanz* sind somit:

1) Die normale Absorptionsquote (Einkommenswirkung) muß kleiner als 1 sein, besser ist, sie wäre Null
2) Ein Anstieg des inländischen Preisniveaus müßte durch eine restriktive Geldpolitik verhindert werden
3) Die inländische Wirtschaft darf bei einer Abwertung nicht vollbeschäftigt sein, sonst ist mit Preissteigerungen zu rechnen

Insgesamt sind die Wirkungen einer WK-Änderung bzw. die erhoffte Normalreaktion der Leistungsbilanz ein recht komplexes ökonomisches Thema, das sich einer einfachen Interpretation entzieht. Der als wichtigste angesehene Faktor ist die Berücksichtigung der Elastizitäten, dargestellt in der Robinson-Formel. Aber im Zeitablauf muß kurzfristig sogar mit einer weiteren Verschlechterung der Zahlungsbilanz gerechnet werden, erst mittel- bis langfristig tritt eine Normalreaktion ein. Darüber hinaus können die Probleme der Elastizitätsanalyse den erhofften Effekt schmälern oder ganz aufheben. Neben diesen Primäreffekten sind auch noch die Sekundäreffekte, d.h. die Fernwirkungen zu beachten, die wiederum die Normalreaktion in Frage stellen können.

7 Außenwirtschaft

7.1 Gegenstand und Aufgabe der Außenwirtschaftstheorie

Die Außenwirtschaftslehre untersucht die Ursachen, Zusammenhänge und Wechselwirkungen internationaler Wirtschaftsbeziehungen. Drei zentrale Fragen kennzeichnen die Problemfelder:

1) Welche Voraussetzungen müssen vorliegen, damit sich Unternehmen, Haushalte und - in Zentralverwaltungswirtschaften - der Staat entscheiden, internationale Tauschbeziehungen aufzunehmen?
2) In welchem Umfang und zu welchem Preis werden Güter und Dienstleistungen sowie Geld und Kapital, schließlich sogar der Produktionsfaktor Arbeit, die nationalen Grenzen überschreiten?
3) Ergeben sich Wohlstandseffekte aus den internationalen Wirtschaftsbeziehungen, und wie verteilen sie sich? Ist eine Protektion der Binnenwirtschaft mit Hilfe von Handelsrestriktionen vorzuziehen?

7.2 Historischer Abriß

7.2.1 Merkantilistische Lehre

Die ersten systematischen Aussagen über die Nützlichkeit eines zwischenstaatlichen Güteraustausches gehen auf die Epoche des *Merkantilismus* (1600 - 1750) zurück. Die seit Adam Smith so bezeichnete Wirtschaftspolitik des absolutistischen Zeitalters basiert zwar nicht auf einer einheitlichen Lehrmeinung, doch verbindet sie ein Kerngedanke: *Überschüsse im Außenhandel* erhöhen den nationalen Wohlstand. Der "Staat" wird reich. Dies leuchtet ein, wenn man den Staat im Sinne des Absolutismus (l'état c'est moi) versteht. Durch die Exportüberschüsse füllt sich die "Camera" des Staates mit Gold, über das der absolute Fürst verfügen kann.

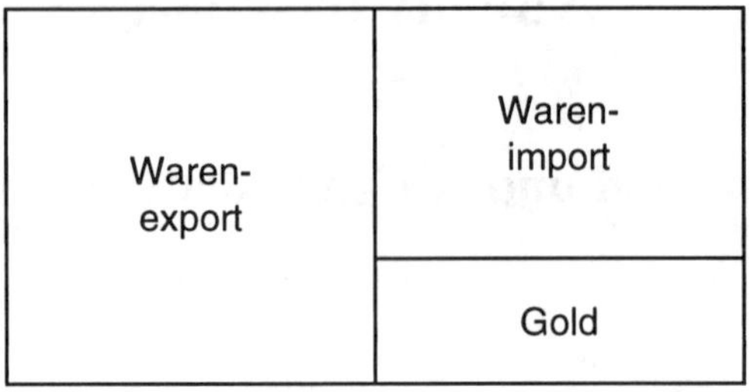

Abb.: 7-1: Aktive Handelsbilanz

Als Folge ergibt sich eine bessere Geldversorgung der Wirtschaft, verbunden mit positiven Wirkungen auf die Beschäftigung. Ein Land fährt also am besten, wenn es alle wirtschaftlichen Interessen der staatlichen Lenkung unterordnet.
Die Warenausfuhr wird gefördert, die Einfuhr dagegen beschränkt oder teilweise sogar verboten. Zusätzlich stärkt man im Inland zielgerichtet jene Industriezweige, die vom Import unabhängig machen.
Gleichsam als dialektische Gegenbewegung entdeckt die *ökonomische Klassik (1750 - 1850)* die *Vorteile des Freihandels*. Es vollzieht sich der Übergang von der Feudalwirtschaft zur kapitalistischen Wirtschaft, einer historischen Vorstufe der "Sozialen Marktwirtschaft". Das wirtschaftspolitische Paradigma wandelt sich von der staatlich gelenkten zur freien Wirtschaft - zunächst in der extremen Form des "laisser-faire".

7.2.2 Klassisches Grundmodell

Die klassische Nationalökonomie gewinnt ihre Erkenntnisse über die Außenwirtschaft, indem sie die Bedingungen für nationalen Handel auf internationale Verhältnisse überträgt. Die wichtigsten Prämissen im Hinblick auf die Außenwirtschaft sind:

1) homogene Güter im In- und Ausland

2) vollständige Konkurrenz innerhalb eines Landes, gleiche Technologie, kein technischer Fortschritt

3) umfassende Geltung der Marktgesetze (Preisflexibilität auch für die Produktionsfaktoren) und Geltung des Sayschen Theorems (Vollbeschäftigung)

4) gegebene ungleiche Ausstattung mit Produktionsfaktoren in jedem Land; national unterschiedliches Produktionspotential führt zu international divergierenden Produktionsfunktionen

5) Produktionsfaktoren national mobil, international immobil

6) keine Kosten für Transport, Information und Kommunikation (Sprache, Recht)

7) Konsumpräferenzen innerhalb eines Landes konstant (gegebenes Indifferenzkurvensystem)

8) Neutralität des Geldes . Der Preis wird im realen Sektor durch die für ein Gut notwendigen Arbeitseinheiten festgelegt. Das reale Austauschverhältnis hängt von der Leistungsfähigkeit der Produktionsfaktoren ab.

Im Rahmen der Partialanalyse läßt sich durch Variation jeweils einer Annahme (ceteris - paribus - Bedingung) das einfache Grundmodell der Realität annähern.

7.3 Reale versus monetäre Außenwirtschaftstheorie

Für die Ökonomen der Klassik gehen vom Gelde keinerlei Wirkungen (z.B. durch Spekulation) auf die Wirtschaft aus. Geld ist reines Tauschmittel. Man muß nur den "Geldschleier" beiseite ziehen, um dahinter die realen Tauschvorgänge zu erkennen. Ausschlaggebend sind allein Produktionskostenunterschiede, die entweder direkt in Arbeitseinheiten oder auch in relativen Preisen ausgedrückt werden können.

Mit der Reduktion ökonomischer Beziehungen auf reine Tauschvorgänge begründet die Klassik die **reale, güterwirtschaftliche** oder auch **reine Theorie** . Sie wird von der Neoklassik (E.F. Heckscher, B. Ohlin, P.A. Samuelson, J. Meade u.a.) fortgeführt. Es geht um die Darstellung von *Produktions- und Handelsgleichgewichten* (Export Inland = Import Ausland) mit Hilfe des mikroökonomischen Instrumentariums.

Die **monetäre Außenwirtschaftstheorie** hat ihren Ursprung in der Analyse der Zahlungsbilanz und sich daraus ergebender makroökonomischer Interdependenzen, wie zwischen Außenhandel, Beschäftigungsstand, Preisniveau, Wechselkurs, Geld- und Finanzpolitik.

Da zwischen den Vorgängen der realen und der monetären Außenwirtschaft vielfältige Wechselwirkungen bestehen, wäre methodisch eine Totalanalyse dringend notwendig. Solche integrative Ansätze befinden sich aber noch im Anfangsstadium.

7.4 Reale Theorie des internationalen Handels

Gegenstand der *güterwirtschaftlichen Forschung* ist die Frage nach Ursachen, Ausmaß und Struktur der internationalen Güterströme. Sie ist einerseits *positive Theorie*, indem sie die wesentlichen Einflußfaktoren auf Import und Export und deren Rückwirkungen analysiert. Darüber hinaus gibt sie im *normativen Sinne* die Bedingungen für die beste Versorgung der Weltwirtschaft an.

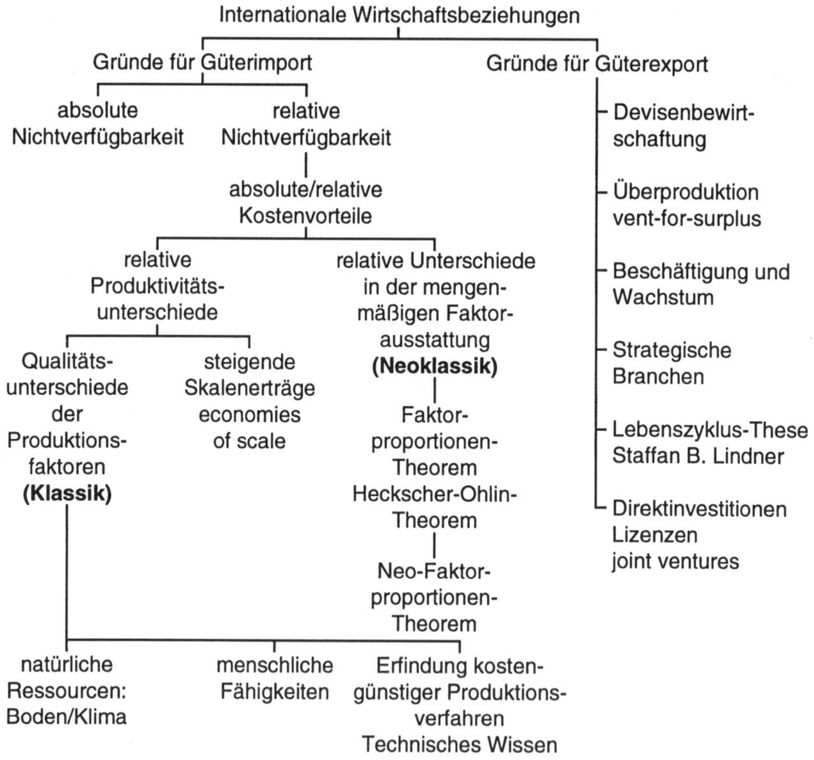

Abb.: 7-2: Ursachen internationaler Wirtschaftsbeziehungen

Für die Analyse außenwirtschaftlicher Zusammenhänge stellt sich zuerst das Problem, *warum* Länder eigentlich Güter und Dienstleistungen tauschen. Aus Übersicht 7-2 geht hervor, daß es wichtige Ursachen auf der Exportseite gibt - und sei es nur die Notwendigkeit, die für unverzichtbare Einfuhren notwendigen Devisen zu verdienen.

Historisch setzt die Außenwirtschaftslehre allerdings beim Güterimport an, der mit dem absoluten oder relativen Nichtvorhandensein bestimmter Güter begründet wird. Im Mittelpunkt steht die klassische **Theorie der komparativen Kosten** mit ihrer empirischen Weiterentwicklung bis in die Gegenwart.

7.4.1 Importe aufgrund absoluter Nichtverfügbarkeit von Gütern

Ein Land wird Güter einführen, wenn es diese entweder gar nicht oder nicht in der gewünschten Menge und Qualität herstellen kann.

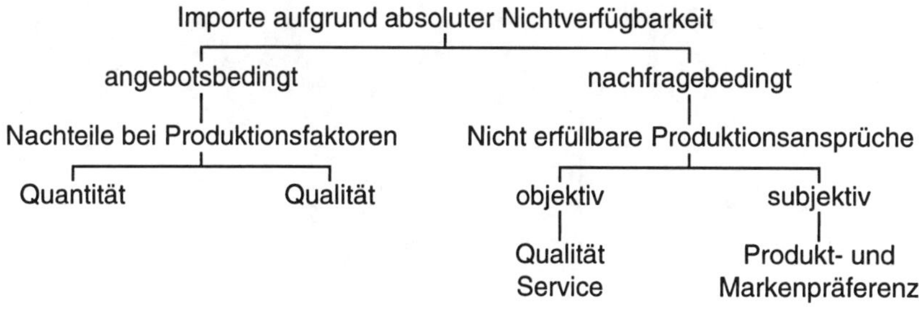

Abb.: 7-3: Absolute Nichtverfügbarkeit als Handelsursache

Aus der Sicht des **Angebots** sind Importe notwendig, wenn die *Produktionsfaktoren* Natur, Arbeit, Kapital und Unternehmer quantitativ bzw. qualitativ auf Dauer nicht in ausreichender Menge vorhanden sind.
Zu Gütereinfuhr kommt es aber auch deswegen, weil die inländischen Betriebe den spezifischen Ansprüchen der **Nachfrage** nicht genügen.

7.4.2 Relative Nichtverfügbarkeit als Importursache

7.4.2.1 Mögliche Transformationskurven

Abb. 7-4 zeigt für den 2 Güter - 2 Länder - Fall die jeweilige Transformationskurve des In- und Auslandes (Tr_I und Tr_A).

Sie heißt auch Kapazitäts- oder Produktionsmöglichkeitenkurve und ist der geometrische Ort aller Mengenkombinationen der Güter x_1 und x_2, die bei Vollbeschäftigung, d.h. unter Einsatz aller verfügbaren Produktionsfaktoren, hergestellt werden können. Eine Produktionsmenge CP, die rechts oberhalb der Transformationskurve liegt, repräsentiert eine höhere Versorgungslage und kann mit der gegebenen Kapazität nicht erreicht werden.

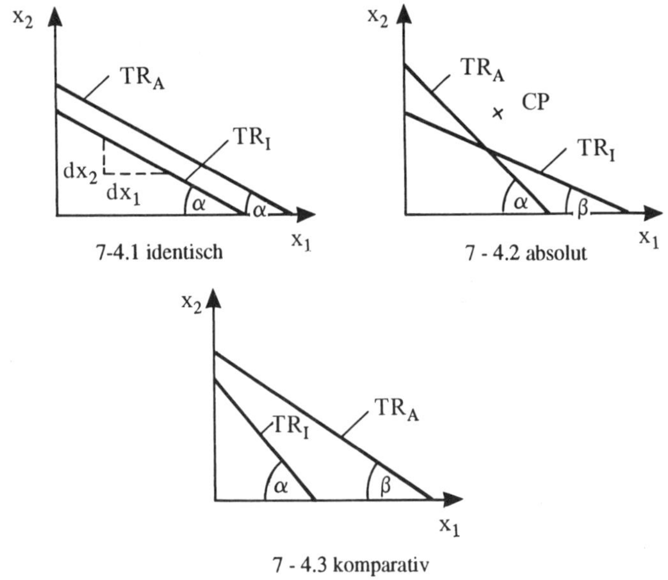

Abb.: 7-4: Unterschiedliche Transformationsverhältnisse

Der lineare Verlauf unterstellt eine Produktion zu konstanten Grenz- und Durchschnittskosten. Theoretische Voraussetzung hierfür sind linear-homogene Produktionsfunktionen und konstante Faktorintensitäten (Faktoreinsatzverhältnisse). Folglich ist die Grenzrate der Substitution (Transformation)

$$\frac{dx_2}{dx_1}$$

konstant, d. h. man muß jeweils auf die gleiche Menge dx_2 verzichten, wenn man 1 Gut mehr von x_1 (dx_1) produzieren will. Die Tatsache, daß die realen Austauschmöglichkeiten - anders ausgedrückt die Substitutions- oder Opportunitätskosten - konstant sind, läßt sich auch am Steigungswinkel α ablesen:

$$\tan \alpha = \frac{dx_2}{dx_1}$$

Die Situation 7-4.1 geht von identischen Substitutionskosten (identischen Preisverhältnissen) in beiden Ländern aus. Es kommt kein zwischenstaatlicher Handel zustande, weil jeweils die gleiche Menge des Gutes x_2 aufgegeben werden muß, um 1 Gut x_1 zu erwerben, und somit kein Vorteil entsteht. Sind dagegen die Austauschverhältnisse unterschiedlich (tan ß), stellt sich ein neues Gleichgewicht mit höherer Wohlfahrt in beiden Ländern ein.

7.4.2.2 Außenhandel bei absoluten Kostenvorteilen

Die Begründung außenwirtschaftlicher Beziehungen infolge absoluter Produktionskostenvorteile (Situation 7-4.2) geht auf *Adam Smith* (1723 - 1790) zurück. Mit seiner Argumentation ist auch heute noch ein großer Teil des Warenaustausches erklärbar. Graphisch kann man den Handelsvorteil mit Hilfe der Transformationskurven in Abb. 7-5 veranschaulichen.

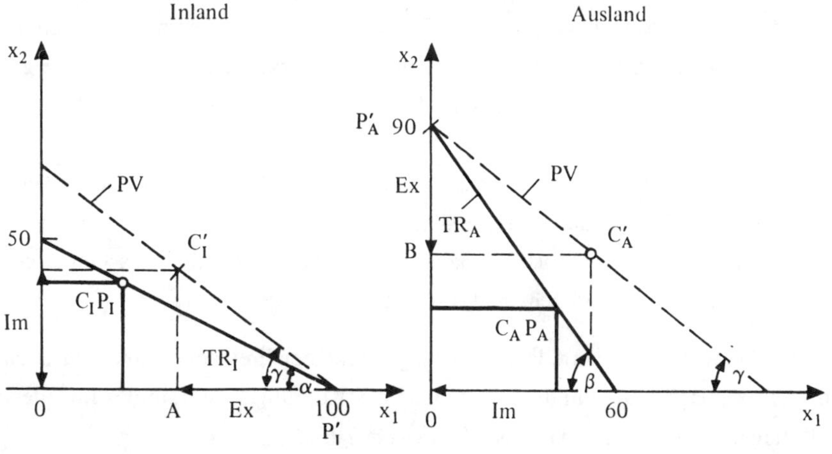

$$\tan \alpha = \frac{x_2}{x_1} = \frac{50}{100} = 0{,}5 \qquad \tan \beta = \frac{x_2}{x_1} = \frac{90}{60} = 1{,}5$$

Abb.: 7-5: Produktionsgleichgewicht bei absoluten Kostenvorteilen

In der Ausgangssituation ohne Außenhandel wird für jedes Land eine bestimmte Versorgungslage C_I P_I bzw. C_A P_A angenommen. Die Konsumpunkte C und die Produktionspunkte P müssen identisch sein (Gleichgewicht bei Autarkie).
Gemäß der Transformationskurve TR_I hat das Inland einen absoluten Produktionsvorteil für Gut x_1. Es kann mit seinen Ressourcen 100 x_1 herstellen, das Ausland dagegen nur 60. Umgekehrt hat das Ausland einen absoluten Kostenvorsprung für x_2 (90 zu 50).

Verzichtet das Inland auf die Herstellung von 1 x_1, kann es dafür 0.5 x_2 mehr produzieren. Im Tausch mit demAusland erhält man aber für 1 x_1 die Menge von 1,5 x_2. Analog ist für das Ausland der Tausch von x_2 gegen x_1 vorteilhaft.

Damit steht die *Richtung* der Güterströme fest. Konzentriert sich das Inland auf die Herstellung von x_1 (neuer Produktionspunkt P_I') und das Ausland auf x_2 (neuer Produktionspunkt P_A'), wird die Weltproduktion maximiert, und es verbessert sich die Versorgung beider Länder.

Um dies zu beweisen, wird zunächst im Inland ein höheres Wohlstandsniveau C_I' exogen festgelegt, und zwar so, daß von beiden Gütern mehr verbraucht werden kann. Dies ist notwendig, weil vorerst allein auf Produktionskostenvorteile abgestellt wird. Das *Ausmaß* des Gütertausches ergibt sich nach Einbeziehung der Nachfrage.
Der Konsumpunkt C_I' bestimmt ein neues Austauschverhältnis der Güter in der offenen Volkswirtschaft, das durch die Preislinie PV gekennzeichnet ist. Nach dem "Gesetz der Unterschiedslosigkeit der Preise" (law of indifference) müssen unter klassischen Bedingungen auf einem gemeinsamen Markt die Preisverhältnisse gleich sein. Dies kommt durch die identische Steigung beider Tauschgeraden PV (tan γ) zum Ausdruck.
Das Inland benötigt von seiner eigenen Produktion des Gutes x_1 die Menge 0A, der Rest wird exportiert. Dadurch ergibt sich der neue Konsumpunkt C_A' mit ebenfalls höherer Versorgung. Das Ausland behält von seiner Produktion des Gutes x_2 die Menge 0'B, der Überschuß geht an das Inland.

Das für beide Länder vorteilhafte Gleichgewicht bei Freihandel läßt sich auch in einem Box-Diagramm abbilden. Dreht man das Koordinatensystem des Inlandes um 180°, liegen 0' und 0 diagonal gegenüber (Abb. 7-6).

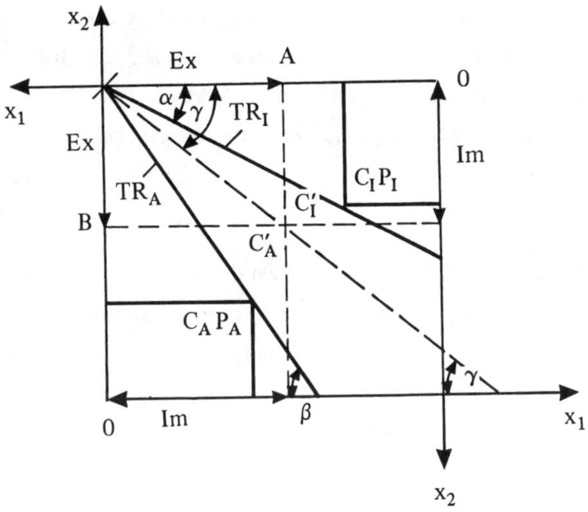

Abb.: 7-6: Tauschgleichgewicht

So entsteht eine gemeinsame Preislinie PV, auf der die Konsumpunkte C_I' und C_A' zusammenfallen. Die Neigung der Preisgeraden legt fest, welche Menge an Importgütern ein Land gegen welche Menge an Exportgütern erwerben kann. Dieses *reale Tauschverhältnis* bezeichnet man als *Terms of Trade* (ToT).

Zugleich wird eine grundlegende Voraussetzung für außenwirtschaftliche Beziehungen deutlich. Allgemein gilt, daß Außenhandel nur zustande kommt, wenn er beiden Ländern Vorteile bringt. Diese Bedingung ist erfüllt, wenn das internationale Austauschverhältnis nicht schlechter ist als das nationale. Die Grenzfälle, daß zumindest kein Nachteil entsteht, werden in Abb. 7-6 durch die nationalen Transformationskurven TR_I und TR_A im Autarkiezustand veranschaulicht. Alle vorteilhaften Positionen liegen demnach auf einer *Preislinie, die eine Steigung zwischen jener der Transformationskurven aufweist* (z.B. PV). Welche Tauschrelation sich tatsächlich einspielen wird, kann nach Einbeziehung der *Nachfrage* konkretisiert werden (vgl. 7.4.5).

7.4.2.3 Komparative Kostenvorteile bei linearen Transformationskurven

David Ricardo (1772 - 1823) führte den theoretischen Nachweis, daß internationaler Handel zu einer besseren Versorgung der Partner beiträgt, selbst wenn ein Land in der Herstellung aller Güter führt (Situation 7-4.3). Seine Analyse gilt als **Magna Charta des Freihandels**. Sie beruht auf dem im Jahre 1703 von John MATHUAN zwischen England und Portugal ausgehandelten Vertrag. Portugal verzichtete auf den Aufbau einer eigenen Textilindustrie und importierte *Tuch* aus England. Als Gegenleistung begünstigte England den Import von *Wein* aus Portugal mit einem Zollvorteil von 33 %.

In Abb. 7-7 ist das Ausland - modellhaft als "Rest der Welt " angesehen - dem Inland in der Produktion beider Güter überlegen. Es kann entweder 120 x_1 oder 90 x_2 herstellen im Vergleich zu 100 x_1 bzw. 50 x_2. Dennoch lohnt sich internationaler Handel, weil das Inland bei Autarkie einen *komparativen (relativen) Kostenvorteil* bei der Produktion des Gutes x_1 besitzt, das Ausland für x_2.

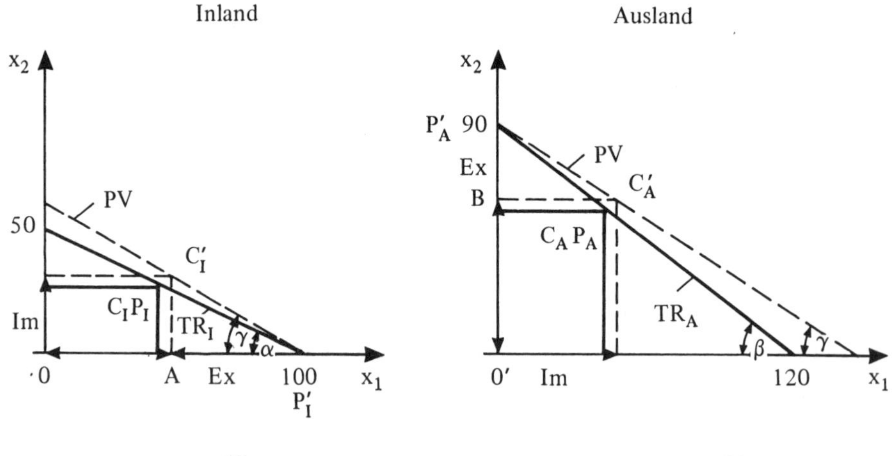

$$\tan \alpha = \frac{x_2}{x_1} = \frac{50}{100} = 0{,}5 \qquad \tan \beta = \frac{x_2}{x_1} = \frac{90}{120} = 0{,}75$$

Abb.: 7-7: Produktionsgleichgewicht bei komparativen Kostenvorteilen

Jedes Land spezialisiert sich ausschließlich auf das Gut, bei dem es über die größere relative Leistungsfähigkeit verfügt, also niedrigere komparative Kosten verursacht.

Inland	Ausland
$1\,x_2 = 2\,x_1$	$1\,x_2 = 1{,}33\,x_1$
$1\,x_1 = 0{,}5\,x_2$	$1\,x_1 = 0{,}75\,x_2$

Aufgrund der Austauschverhältnisse lohnt es sich für das Inland, ausschließlich x_1 zu produzieren. Das Ausland spezialisiert sich auf Gut x_2.

Graphisch läßt sich die Vorteilhaftigkeit der Marktöffnung in Abb. 7-7 veranschaulichen. Die Transformationskurven beschreiben die Ausgangslage $C_I\,P_I$ bzw. $C_A\,P_A$. Angenommen, durch Außenhandel soll im Inland die bessere Versorgungslage C_I' entstehen, ergibt sich das neue internationale Preisverhältnis PV.
Das Inland behält von seiner Produktion des Gutes x_1 die Menge 0A. Der Eigenbedarf des Auslandes von Gut x_2 beträgt 0'B. Der Güteraustausch beschert bei totaler Spezialisierung beiden Partnern den höheren Lebensstandard C_I' bzw. C_A'.
Allgemein erkennt man: Die Vorteilhaftigkeit des internationalen Handels hängt *allein vom komparativen Kostenunterschied* ab. Der absolute Kostenvorteil ist ein Unterfall des Theorems der komparativen Kosten.
Auch für eine sehr kleine Volkswirtschaft empfiehlt sich der Güteraustausch, wenn sie sich allein auf das Gut mit relativen Kostenvorteilen konzentriert. Im großen Ausland kommt es jedoch nicht zu einer vollständigen Spezialisierung, weil es seine eigene Nachfrage nach dem Gut, das es mit einem komparativen Kostennachteil herstellt, durch Import nicht voll decken kann.

7.4.2.4 Relative Kostenunterschiede bei steigenden Opportunitätskosten

Lineare Transformationskurven gehen von der unrealistischen Voraussetzung konstanter Faktoreinsatzverhältnisse und linear-homogener Produktionsfunktionen aus. Nähert man diese Annahmen der Wirklichkeit an und unterstellt ungleiche Faktorintensitäten und/oder Produktionsfunktionen mit sinkenden Niveaugrenzerträgen, so ergeben sich *konkave Transformationskurven* (Abb. 7-8).
Sie spiegeln den in der Ökonomie vielfach nachgewiesenen Tatbestand wider, daß eine Erhöhung der Produktion des Gutes x_1 um jeweils 1 Einheit eine ständig steigende Produktionseinschränkung bei Gut x_2 notwendig macht. Anders ausgedrückt: Um 1 Einheit x_1 mehr anzubieten, muß der Faktoreinsatz ständig erhöht werden. Die

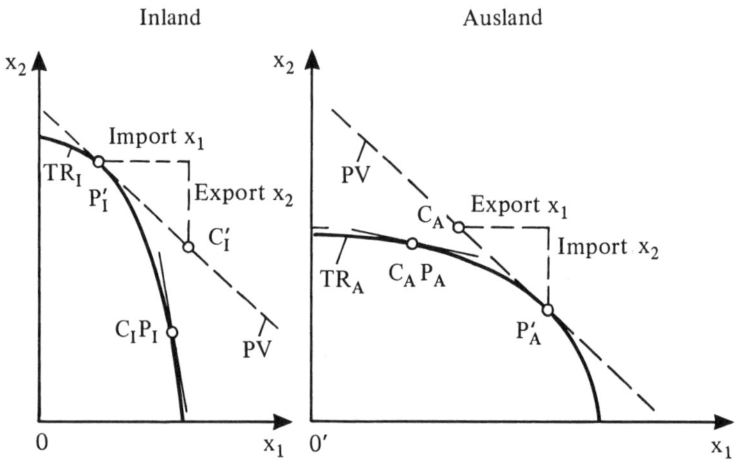

Abb.: 7-8: Außenhandelsgleichgewicht bei steigenden Transformationskosten

marginalen Substitutionskosten nehmen zu; es steigt die Grenzrate der Transformation. Auch unter diesen realistischen Bedingungen führt internationale Arbeitsteilung zu Vorteilen - allerdings i.d.R. bei unvollständiger Spezialisierung.

Auf den konkaven Transformationskurven sind C_I P_I bzw. C_A P_A die Produktions- und Konsumpunkte bei Autarkie. Die inländischen Austauschverhältnisse werden jeweils durch das Steigmaß der Tangenten ausgedrückt. Es zeigt sich, daß das Inland bei Verzicht auf 1 Einheit x_1 wesentlich mehr von x_2 produzieren kann als das Ausland. Dieses wiederum hat relative Kostenvorteile bei der Produktion von Gut x_1.

Bei internationalem Handel muß sich ein *einheitliches zwischenstaatliches Austauschverhältnis* einspielen, das *zwischen den nationalen Tauschrelationen* liegt. Die Preislinie PV soll die gemeinsamen ToT repräsentieren. Für das Inland ist es wirtschaftlich sinnvoll, mehr x_2 herzustellen. Im neuen Produktionspunkt P_I' werden die (steigenden) Opportunitätskosten der Produktion von x_2 gerade noch durch den Weltmarktpreis gedeckt. Legt man für das Inland ein höheres Wohlfahrtsniveau C_I' auf der Preislinie fest, so läßt sich ablesen, welche Menge des Gutes x_2 exportiert werden kann. Daraus ergibt sich der neue Konsumpunkt C_A' für das Ausland und zugleich die Exportmenge des Gutes x_1.

Durch die *teilweise Spezialisierung* auf das Gut mit dem komparativen Kostenvorteil hat sich der Wohlstand beider Handelspartner erhöht.

7.4.3 Kritik am Theorem der komparativen Kosten

Die Theorie der komparativen Kosten besticht durch innere Geschlossenheit und logischen Aufbau. Sie hätte, wie P.A. Samuelson sagt, große Gewinnchancen, wenn es einen Schönheitswettbewerb für Theorien gäbe. Ihre Schwäche liegt in den stark vereinfachenden Prämissen, an denen die Kritik ansetzen muß.

Auf dem Weltmarkt werden Güter nicht entsprechend ihren Produktionskosten gehandelt. Sie bilden im Normalfall nur die Preisuntergrenze. In der Realität kommt es auf die Angebots- und Nachfrageverhältnisse an, hinter denen vielfach noch Machtfaktoren stehen.

Das Theorem abstrahiert von Transportkosten, die zu einer erheblichen Veränderung der theoretischen Ergebnisse führen.

Weiterhin werden offene Weltmärkte unterstellt, die es allenfalls innerhalb der Freihandelszonen gibt. Ansonsten herrschen starke Handelsbeschränkungen vor. Die Theorie beruht auf statischen Annahmen. Bei dynamischer Betrachung können durch hohe Produktionszahlen die Kosten und Preise aufgrund der *economies of scale* sinken, was die Tauschverhältnisse und in der Folge auch die Handelsbeziehungen verändert.

Der rein auf unterschiedliche Produktionsverhältnisse zielende Ansatz vernachlässigt, daß in der wirtschaftlichen Wirklichkeit die Löhne nach unten kaum flexibel sind, daß vorübergehende inflatorische Lücken auftreten können und daß Währungs- und Zahlungsbilanzvorgänge auf die Unternehmen zurückwirken.

Entsprechend dem Theorem bringt freier Handel Wohlfahrtsgewinne mit sich; es sagt aber nichts über deren (gerechte) Verteilung.

Trotz aller Vereinfachungen läßt sich aus der Theorie des komparativen Vorteils eine für alle Länder fundamentale Handlungsmaxime ableiten: Offene Märkte und freier Handel nutzen auf Dauer allen Beteiligten. "Eine Nation, die nicht nach dem Prinzip der komparativen Kosten handelt, muß dafür unter Umständen in Form einer Verringerung des Lebensstandards und des möglichen Wachstums einen hohen Preis bezahlen". (P.A. Samuelson)

7.4.4 Ursachen komparativer Kostenunterschiede

Nach der *klassischen Lehre* sollte sich jedes Land auf die Herstellung jener Güter konzentrieren, die es aufgrund seiner Faktorausstattung am günstigsten anbieten kann. Zu den vorteilhaften Ressourcen zählen Klima und Bodenschätze, Quantität und Qualität der Arbeit, technisches Know-how sowie andere standortspezifische Produktionsvorteile. Für die komparative Kostenüberlegenheit ist also die unterschiedliche *Produktivität* der Faktoren maßgeblich, so daß ein Land zur Herstellung einer bestimmten Menge eines Gutes relativ weniger Produktionsfaktoren (Arbeit) benötigt.

7.4.4.1 Faktorproportionen - und Neo-Faktorproportionen-Theorem

Eine andere Erklärung geht auf die schwedischen Forscher *Eli F. Heckscher* (1919) und *Bertil Ohlin* (1933) zurück und beruht auf der Erkenntnis, daß Volkswirtschaften *in unterschiedlichem Verhältnis* mit Ressourcen ausgerüstet sind. In einem Land, das relativ reich an Kapital ist und über relativ wenig Arbeitskräfte verfügt, wird Kapital vergleichsweise billiger und Arbeit dementsprechend teurer sein als in einem Land mit umgekehrten Produktionsvorgaben. Diese relativen Unterschiede in den Faktorkosten führen zu unterschiedlichen Güterpreisen.
Die als **Faktorproportionen-Theorem** bekannte Folgerung lautet: Ein Land *produziert und exportiert vorrangig die Güter, die mit Faktoren hergestellt werden, die relativ reichlich vorhanden und deshalb relativ billiger sind.*

Der amerikanische Ökonom *Wassily W. Leontief* kam bei einem empirischen Test mit Hilfe von Input-Output-Analysen für die Jahre 1953 - 1956 zu dem überraschenden Ergebnis, daß die im Vergleich zu anderen Ländern hochindustrialisierten USA überwiegend kapitalintensiv hergestellte Güter importierten und Waren mit hohem Arbeitsanteil ausführten. Dieser als **Leontief - Paradoxon** bekannte Tatbestand läßt sich verstehen, wenn man beachtet, daß die Produktionsfaktoren keinesfalls homogen, sondern qualitativ höchst unterschiedlich sind:

- Arbeit wird nach einfacher und qualifizierter Tätigkeit unterschieden
- Kapital gibt es in der Form von Human- und Sachkapital

Die Produktionskosten hängen nicht nur vom Input der Faktor*mengen*, sondern auch von deren *Qualität* ab. In der Praxis genügt nicht allein der Lohnkostenvergleich, sondern mitentscheidend ist die *Arbeitsproduktivität.*
Als führende Industrienation verfügen die USA über hochqualifizierte Arbeitskräfte, deren Fähigkeit und Erfahrung sich in besonderem Maße in Exportgütern niederschlägt. Bezieht man das Humankapital in den Kapitalbegriff ein, so lautet das **Heckscher - Ohlin - Theorem** in seiner **erweiterten Fassung als Neo- Faktorproportionen - Theorem**: *Besitzt ein Land reichlich hochqualifizierte Arbeit, so exportiert es vor allem Produkte mit hohem Anteil an diesem Faktor (Hightech).*

7.4.4.2 Faktorpreisausgleich

Nach der komparativen Kostentheorie kommen internationale Wirtschaftsbeziehungen zustande, wenn sich zwischen den Ländern zunächst die relativen *Güterpreise* unterscheiden. Durch vermehrte Nachfrage des jeweils billigeren Gutes entwickelt sich bei Welthandel ein gleiches Austauschverhältnis (PV).
Bei zwischenstaatlicher Mobilität von Arbeit und Kapital bewirken die klassischen Markt- und Preisgesetze auch einen **Ausgleich der Faktorentgelte.** Die Kausalkette läßt sich wir folgt formulieren:

Land A	**Land B**
Autarkie	
komparative Vorteile bei *kapitalintensiver* Produktion - relativ höhere Löhne, relativ niedrige Zinsen	komparative Vorteile bei *arbeitsintensiver* Produktion - relativ höhere Zinsen, relativ niedrige Löhne

Außenhandel mit Spezialisierung

kapitalintensive Produktion wächst arbeitsintensive Produktion geht zurück	arbeitsintensive Produktion wächst kapitalintensive Produktion geht zurück
Nachfrage nach Kapital steigt Nachfrage nach Arbeit sinkt - Zins steigt - Lohn fällt	Nachfrage nach Arbeit steigt Nachfrage nach Kapital sinkt - Lohn steigt - Zins fällt

Ergebnis: Angleichung der Faktorpreise

Paul A. Samuelson (1948) führte den Nachweis, daß ein *absoluter Faktorpreisausgleich* selbst dann eintreten kann, wenn die Produktionsfaktoren nur im eigenen Lande, nicht aber zwischen den Staaten beweglich sind. Unter streng theoretischen Voraussetzungen könnten *Güterströme die Faktorbewegungen ersetzen.* Dies hätte enorme realpolitische Bedeutung, weil dann die internationale Wanderung von Arbeitskräften unnötig wäre. Doch sind in der Realität die restriktiven Prämissen des Modells nicht gegeben.

Eine Weiterentwicklung des *Faktor-Proportionen-Theorems* stellt die **Produkt-Zyklus-Theorie** von *Vernon/Hirsch* (1966/67) dar.

Wie Abb. 7-9 zeigt, werden neue Güter in Hochlohnländern mit hochqualifizierter Arbeit geboren. Die Expansionsphase erfordert großen Kapitaleinsatz auf hohem technischem Niveau. Zunehmende Standardisierung begünstigt Massenfertigung. Bei nunmehr reinem Preiswettbewerb verlagert sich die Produktion wegen ihres Kostenvorteils in Niedriglohnländer. Das erforderliche Kapital wird vielfach von multinationalen Unternehmen in Form von Direktinvestitionen bereitgestellt. Um ihre technologisch führende Position zu halten, sind die Industrieländer ständig gezwungen, neue Produkte und Herstellungsverfahren zu entwickeln.

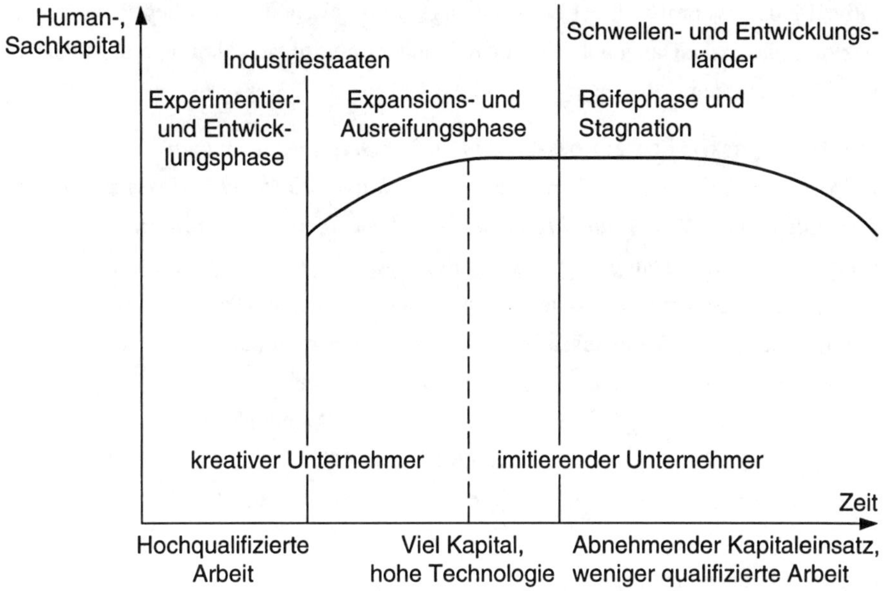

Abb.: 7-9: Produkt-Zyklus-Theorie

7.4.4.3 Tendenzen zur Selbstverstärkung des Außenhandels

Zu einer weiteren Konsequenz aus dem Heckscher-Ohlin-Theorem kommt **T.M. Rybczynski** (1955). Er analysiert die Wirkungen, die sich aus der Erhöhung der verfügbaren Menge *eines* Produktionsfaktors bei konstantem Güterpreisverhältnis (ToT) ergeben.

Langfristig sind Ressourcen durch wirtschaftliches Wachstum vermehrbar (Bevölkerungszunahme, Kapitalakkumulation). Vergrößert sich der Anteil des Produktionsfaktors, auf dem der relative Kostenvorteil beruht (z.B. Arbeit), so kann er zusätzlich nur Beschäftigung finden, wenn der andere Faktor (z.B. Kapital) entsprechend dem Faktoreinsatzverhältnis herangezogen wird. Dadurch verstärkt sich zwangsläufig die Spezialisierung auf das Exportgut. Die Produktionsmenge des anderen Gutes geht absolut zurück und muß durch weiteren Import ausgeglichen werden.

Eine Erhöhung des reichlich vorhandenen Faktors ist aber auch *kurzfristig* vorstellbar. Unter der realistischen Annahme, daß der Preis für den Faktor mit dem komparativen Kostenvorteil steigt (Lohnerhöhung), wird bei einer elastischen Reaktion der Faktoren das Arbeitsangebot zunehmen. Wiederum wird sich als Folge die Spezialisierung verstärken.

Das **Rybczynski-Theorem** besagt, *daß sich infolge mengenmäßiger Zunahme des Faktors, der in der Exportgüterindustrie den relativen Kostenvorteil verursacht - bei gleichbleibenden ToT -, die Produktion des Exportgutes überproportional erhöht, während die Herstellung des Importgutes absolut zurückgeht.* Der Außenhandel steigt; allerdings nimmt auch die Importabhängigkeit zu. Weitere Erkenntnis ist, daß sich internationaler Warenaustausch selbst induzieren kann oder, anders ausgedrückt, "Handelsbeziehungen rufen weitere Handelsbeziehungen hervor".
Kritischer Punkt des Rybczynski-Theorems ist die Annahme konstanter ToT, was auf Dauer höchstens bei einem kleineren Land möglich ist, das auf dem Weltmarkt als Preisnehmer auftreten muß. Im Normalfall aber wird eine Veränderung des Faktorangebots auch die Produktionsverhältnisse und damit die internationalen Güterpreisrelationen verschieben.

7.4.5 Ableitung der nationalen Nachfrage

Konsum- und Produktionspunkt einer Volkswirtschaft lassen sich anhand *sozialer Indifferenzkurven* theoretisch bestimmen. Sie sind die aggregierten Indifferenzkurven aller Bürger und als solche analytisch nicht unproblematisch.
Eine gesellschaftliche Indifferenzkurve ist der geometrische Ort aller Kombinationen der Güter x_1 und x_2, die den Wirtschaftssubjekten eines Landes gleichen Nutzen stiften. Mit höherem Index nimmt die Wohlfahrt zu.

In Abb. 7-10 gibt C_I P_I die nutzenoptimale Kombination beider Güter bei Autarkie an. In diesem Punkt muß die Grenzrate der Substitution (Steigung der Indifferenzkurve) gleich der Grenzrate der Transformation (Steigung der Transformationskurve) sein. Die Preislinie PV erfüllt als Tangente beide Bedingungen. Sie stellt das inländische Austauschverhältnis dar. Spielen sich in der offenen Volkswirtschaft neue ToT entsprechend PV' ein, so ändert sich die Konsum- und Produktionsstruktur. Das optimale Produktionsverhältnis wird im neuen Produktionspunkt P_I' erreicht, wo die Grenzrate der Transformation dem internationalen Austauschverhältnis entspricht. Der optimale Konsumpunkt C_I' ist der Tangentialpunkt an der höchst möglichen sozialen Indifferenzkurve.

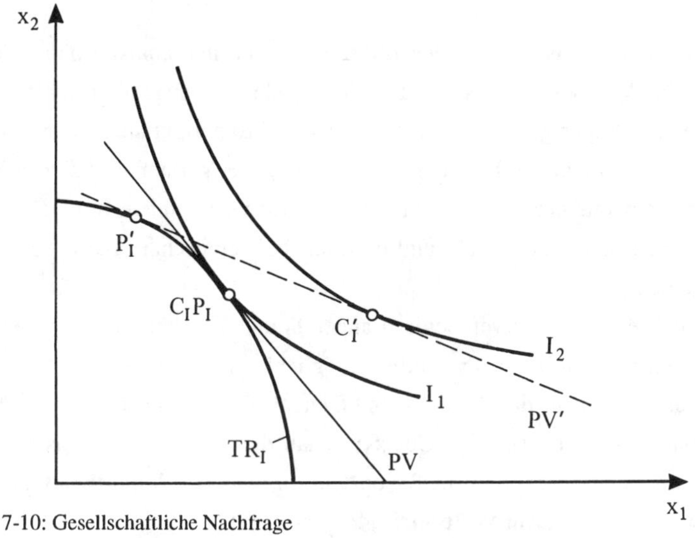

Abb.: 7-10: Gesellschaftliche Nachfrage

7.4.6 Handelsgleichgewicht auf dem Weltmarkt

Das zwischenstaatliche Tauschgleichgewicht kann bestimmt werden, wenn die nationale *Nachfrage* einbezogen wird. Zur Veranschaulichung dient in Abb. 7-11 die **Tauschkurve (offer curve)**. Es liegen lineare Transformationskurven zugrunde.

Die Tauschkurve gibt an, wieviele Mengeneinheiten eines Importgutes ein Land gegen wieviele Mengeneinheiten eines Exportgutes bei unterschiedlichen Austauschverhältnissen (Preisrelationen) zu handeln bereit ist.

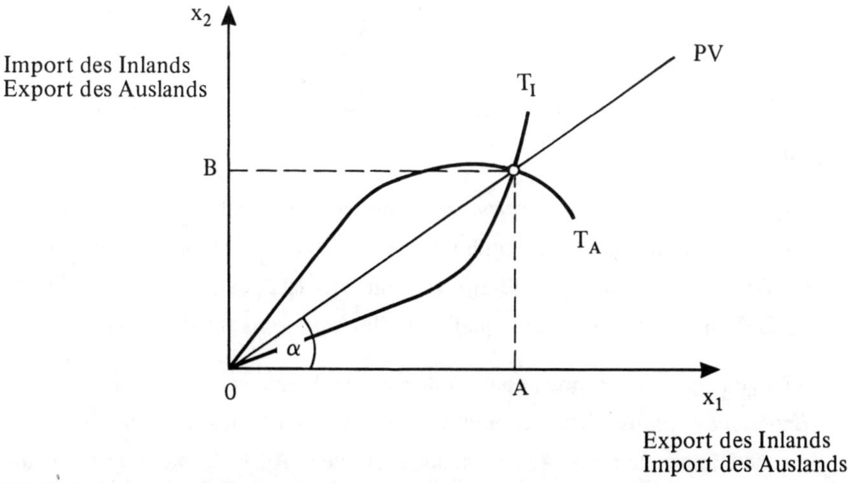

Abb.: 7-11: Internationales Tauschgleichgewicht

Die Tauschkurve wird aus der sozialen Indifferenz- und der Transformationskurve abgeleitet. Sie ist Angebots- und Nachfragekurve zugleich. Da sie die Nachfragepräferenzen nach dem Importgut im Austausch gegen das Exportgut ausdrückt, wird sie auch als *reziproke Nachfrage* bezeichnet. Der gebogene Verlauf läßt sich mit der abnehmenden Grenzrate der Substitution erklären. Mit wachsendem Import geht die Dringlichkeit nach dem Gut zurück, und es sinkt die Bereitschaft, dafür heimische Güter aufzugeben.

Im Schnittpunkt der Tauschkurven beider Länder T_I und T_A stimmen die jeweiligen Ein- und Ausfuhrpläne mit den Produktionsmöglichkeiten überein. Die Allokation der Ressourcen ist optimal; die Handels- und Dienstleistungsbilanzen sind ausgeglichen. Das Inland exportiert 0A von Gut x_1; genau diese Menge will das Ausland importieren. Das Ausland exportiert 0B von Gut x_2, was den Importwünschen des Inlandes entspricht. Es herrscht **Weltmarktgleichgewicht.**

Der Schnittpunkt der Tauschkurven bestimmt das gemeinsame Preisverhältnis PV. Graphischer Ausdruck der ToT ist die Steigung der Preislinie PV:

$$\tan \alpha = \frac{0B}{0A} = \frac{\text{Import des Inlandes}}{\text{Export des Inlandes}}$$

7.4.7 Exportinduzierte Wirtschaftsbeziehungen

Zwischenstaatliche Güterströme werden überwiegend mit unverzichtbaren Importen begründet. Doch gehen auch von der Exportseite originäre Anstöße zum Außenhandel aus. (vgl. Eckart Koch, Internationale Wirtschaftsbeziehungen, München 1992, S.111 ff.)

1) Zuvörderst müssen Devisen verdient werden, um die dringlichsten Importe zu finanzieren.

2) Export kann sich aus *Überproduktion* entwickeln. Bestimmte Güter müssen z.B. verkauft werden, weil - möglicherweise konjunkturbedingt - die Binnenkaufkraft fehlt, die Lagerfähigkeit begrenzt ist oder das Inland höhere Anforderungen an die Produktqualität stellt (*vent - for - surplus - These*).

3) Vielfach gehen Exporte von strategischen Planungen eines Staates aus. *Exportsubventionen* bzw. *Dumping* sollen Beschäftigung und Wachstum im eigenen Land steigern, Absatzchancen auf dem Auslandsmarkt festigen und langfristig Direktinvestitionen ermöglichen (strategische Branchen). Fraglich

ist, wie lange eine solche auf merkantilistische Ideen gegründete Politik bestehen kann.

4) Nach der *Produkt - Lebenszyklus - These* von *Staffan B. Linder* (1961) wird ein Gut im Ausland erst wettbewerbsfähig, wenn es sich im Inland voll durchgesetzt , also seine Reifephase erreicht hat.

Der Export verlängert den Lebenszyklus und hält die voll ausgebauten Kapazitäten längere Zeit aufrecht.

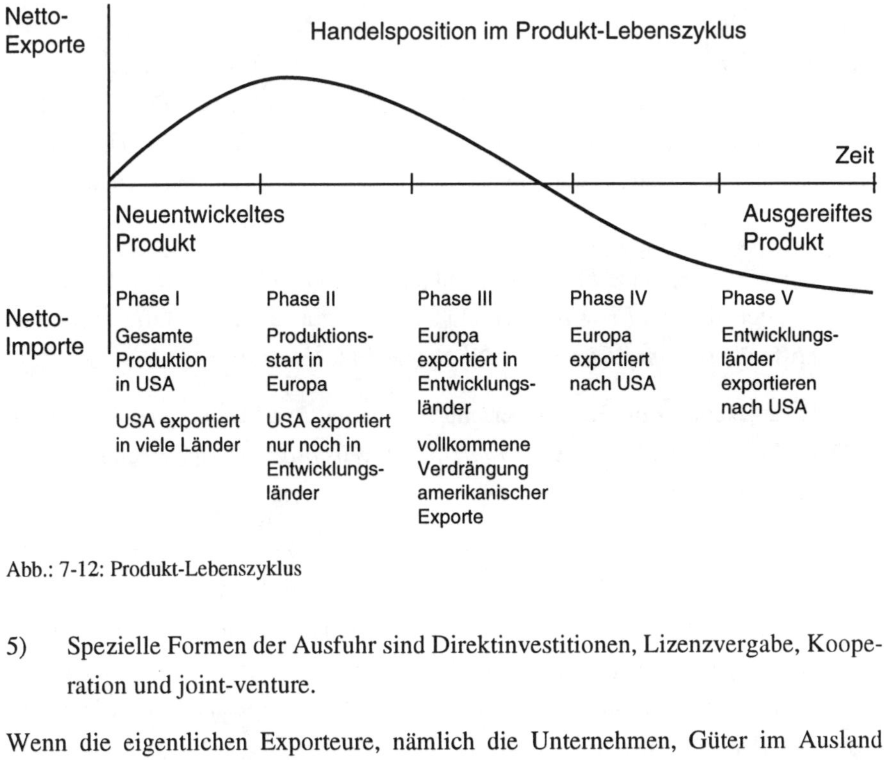

Abb.: 7-12: Produkt-Lebenszyklus

5) Spezielle Formen der Ausfuhr sind Direktinvestitionen, Lizenzvergabe, Kooperation und joint-venture.

Wenn die eigentlichen Exporteure, nämlich die Unternehmen, Güter im Ausland absetzen wollen, ist unabdingbare Voraussetzung, daß sie ihre betriebliche Leistungs- und Wettbewerbsfähigkeit ständig verbessern. Neben geeigneten Maßnahmen zur Minimierung der Kosten kommt es immer mehr auf den dispositiven Faktor an: Innovationskraft, Flexibilität, Risiko- und Investitionsbereitschaft des Managements.

Darüber hinaus muß der Staat auf der Grundlage einer freiheitlichen Wirtschafts- , Rechts- und Sozialordnung die politischen Rahmenbedingungen schaffen, die für den Außenhandel förderlich sind. So wirkt die Währungs-, Finanz- und Geldpolitik auf

Wechselkurse, Inflation und Zinsen ein. Internationale Wettbewerbschancen hängen auch davon ab, wie stark die Gemeinschaft Bildung und technischen Fortschritt (FuE) unterstützt. In Deutschland wird in Zukunft die Exportfähigkeit vor allem von den Belastungen des Sozialsystems bestimmt sein.

7.4.8 Ökonomische Wechselwirkungen des Außenhandels

Die rein kostentheoretischen Argumente der Gleichgewichtsmodelle verführen zu dem Schluß, internationalen Handel generell positiv zu beurteilen. Untersucht man die wirtschaftlichen Interdependenzen genauer, so erkennt man, daß aufgrund externer Effekte nicht immer nur vorteilhafte Ergebnisse für beide Seiten entstehen. Vielmehr bedingen, wie sich anhand *wesentlicher Beurteilungskriterien* darlegen läßt, die Vorteile des einen Partners vielfach entsprechende Nachteile für den anderen.

1) Importe schonen die *Ressourcen* und die *Natur* eines dicht besiedelten Landes, belasten aber die *Umwelt* außerhalb und erfordern zusätzliche Infrastruktureingriffe für *Transportleistungen*. Die Nettoeffekte sind schwer meßbar.

2) Hohe Exporte bzw. Exportüberschüsse schaffen *Beschäftigung und Wachstum* im Inland, bewirken aber *"Export von Arbeitslosigkeit"* und verdrängen Produzenten im Ausland (beggar-my-neighbour-policy).

3) Durch Ausfuhrüberschüsse sammeln sich *Devisenreserven* für Notfälle (Mißernten, Ölpreis) an. Sie tragen auch zum Ausgleich negativer Teilbilanzen bei (Dienstleistungs- und Übertragungsbilanz in Deutschland). Für den Handelspartner führt dies möglicherweise zu hoher *Verschuldung* und Zwang zur *Abwertung*. Exporte sind daher prinzipiell mit höherem *Produktions- und Absatzrisiko* behaftet.

4) Langfristige Exportüberschüsse erzeugen *importierte Inflation*, einerseits durch die Angebotslücke, die als Pendant zu den im Inland entstandenen Einkommen aus Produktion entsteht. Andererseits vergrößert der Devisenzustrom die inländische Geldmenge. Inflationsfördernd wirken zudem teure Importe, insbesondere wenn sie als Rohstoffe die Basis der Produktionskosten bilden.

5) Importe verbessern das *Angebot* im Inland. Ist allerdings das Ausland zum Export lebenswichtiger Güter gezwungen, um sich existenznotwendige Devisen zu beschaffen, stellt sich dort ein *Versorgungsengpaß* ein.

6) Ein rohstoffarmes Land kann seine Produktion und Beschäftigung nur gewährleisten, wenn es die fehlenden Grundstoffe einführt. Darunter leidet die *Autonomie.* Auf der Marktgegenseite entsteht möglicherweise *wirtschaftliche Macht.* Analog gibt es *Exportabhängigkeit,* insbesondere wenn ein Land auf die Ausfuhr agrarischer Erzeugnisse angewiesen. ist.

7) Selbst wenn Spezialisierung, Massenproduktion und Synergieeffekte eine höhere Güterproduktion ermöglichen, ist die richtige *Verteilung* der Wohlfahrtsgewinne internationaler Arbeitsteilung noch völlig ungeklärt.

8 Protektion im Außenhandel

Arbeitsteilung und Tausch bilden die Grundlage für die Vorteile internationaler Kooperation. Obwohl die ökonomische Theorie die Wohlfahrtsgewinne des freien Welthandels überzeugend nachweisen kann, ist die reale Welt voller Handelshemmnisse. Selbst *innerhalb* der Europäischen Union gibt es eine Vielzahl von Regelungen mit protektionistischem Hintergrund.

Das klassische Instrument zur Beschränkung des Gütertausches sind *tarifäre Maßnahmen*, nämlich **Zölle**. Als ebenso wirksam erweisen sich aber die heute eher bevorzugten *nicht-tarifären Handelshemmnisse*.
Darüber hinaus beeinträchtigen auch die monetären Rahmenbedingungen, wie das Wechselkurssystem, die Begrenzung der freien Konvertierbarkeit oder des Kapitalverkehrs, den Außenhandel.

8.1 Zölle

8.1.1 Begriff und Arten von Zöllen

Zölle sind Abgaben, die ein Staat erhebt, wenn Waren seine Grenzen passieren. Sie belasten also Einfuhr, Ausfuhr oder Durchfuhr. Von der *Zielsetzung* her kann es sich um Schutz- oder Fiskalzölle handeln.

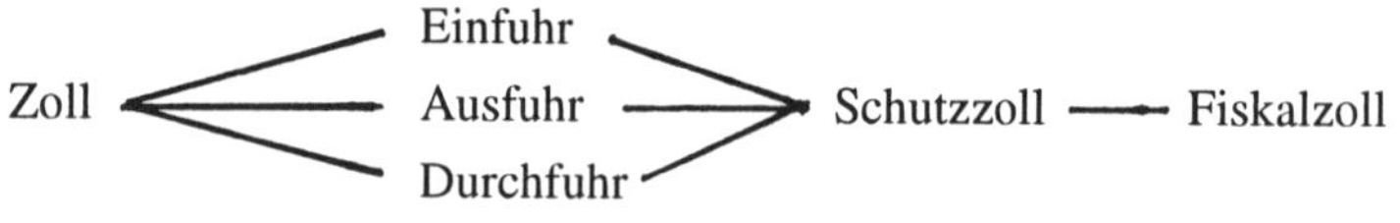

1) *Ausfuhrzölle* haben vor allem für Rohstoff- und Schwellenländer praktische Bedeutung. Die Zurückhaltung im Export knapper Güter soll die Preise im Inland niedrig halten und die verarbeitende Industrie schützen. Unter fiskalischem Aspekt wird der Abbau des Naturkapitals verlängert und so eine höhere Verzinsung erreicht. Vielfach verfügen diese Länder nicht über ein geordnetes Steuerwesen, insbesondere gibt es keine Einkommen- und Körperschaftsteuern. Exportzölle stellen somit eine wichtige Quelle der ordentlichen Staatsfinanzen dar.

2) *Durchfuhrzölle* dienen der Einnahmeerzielung. Aus moderner Sicht geht es einerseits um Beiträge zum Erhalt der Transitwege, zum anderen wird aufgrund des gestiegenen Umweltbewußtseins ein Ausgleich für die sozialen Kosten des Verkehrs verlangt.

3) *Importzölle* werden erhoben, wenn ein Land seine nationalen Wirtschaftsinteressen bedroht sieht. Sie haben eindeutig Schutzcharakter, indem sie unerwünschte ausländische Konkurrenz abhalten und die Nachfrage nach heimischen Gütern stärken. Auf diese Weise soll der Wohlstand im Inland - auf Kosten anderer Volkswirtschaften - erhöht werden.

8.1.2 Einteilung nach der Bemessungsgrundlage

Zollschutz wird erreicht, indem Importgüter mit Preiszuschlägen belegt werden. Entsprechend der Bemessungsgrundlage unterscheidet man zwei Grundtypen:

Mengenzoll = Stückzoll = spezifischer Zoll	Wertzoll = proportionaler Zoll
Es wird ein fester Zollbetrag (in DM) pro definierter Einheit erhoben (Stück, Gewicht, Alkoholanteil)	Es wird ein bestimmter Prozentsatz des Zollwertes eingehoben. (Zollsatz).
Nachteil: Die Zollbelastung nimmt mit steigendem Zollwert (Preiserhöhung im Ausland) relativ ab.	Nachteil: Die Zollbelastung ist unabhängig vom Wert des Gutes. Preissteigerungen im Ausland werden in der Inlandswirkung verstärkt.

Zollbetrag pro Stück		20 DM	Zollzuschlag	20 %	
Zollwert	100 DM	110 DM	Zollwert	100 DM	110 DM
Zollschutz	20 %	18,2 %	Preiserhöhung	20 DM	22 DM

Die Nachteile reiner Mengen- bzw. Wertzölle können durch Kombinationen beider Elemente als **Gleit - oder Mischzölle** dem jeweiligen Zollzweck angepaßt werden.

Als *Mindestzoll* lautet die Bemessungsgrundlage:	Als *Höchstzoll* lautet die Bemessungsgrundlage:
20% vom Einfuhrwert, mindestens 20 DM:	20% vom Einfuhrwert, höchstens 20 DM:

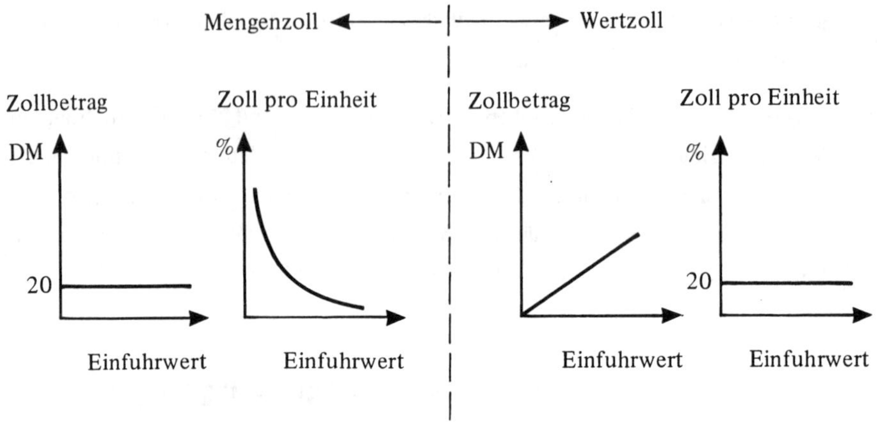

Abb.: 8-1: Wirkung von Mengen- und Wertzoll

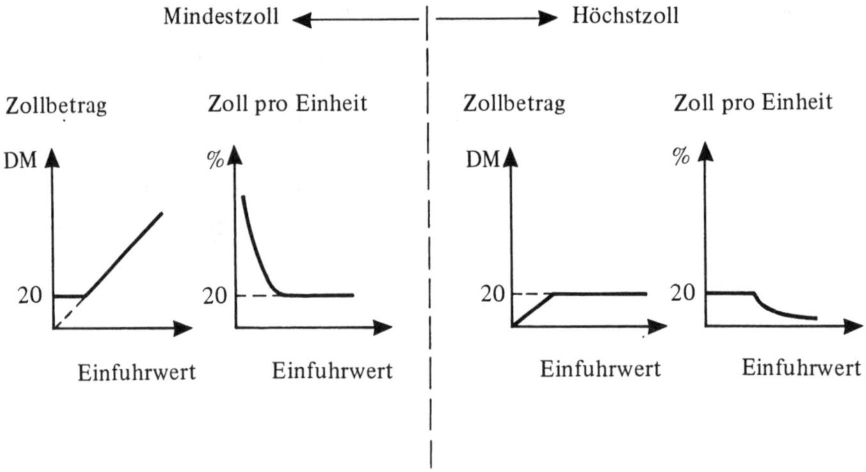

Abb.: 8-2: Wirkung von Mindest- und Höchstzoll

In der Praxis kommt häufig der *gleitende Wertzoll* vor. Der Zollsatz ist an die Entwicklung des Auslandspreises gekoppelt. Er sinkt bei Preiserhöhungen der Importgüter, so daß im Inland der Preis konstant bleibt.

8.1.3 Begründung protektionistischer Eingriffe

Die Theorie der internationalen Wirtschaftsbeziehungen kennt bereits seit der wissenschaftlichen Fundierung des Freihandels *ökonomische* Argumente für einseitige Handelsbeschränkungen.

1) Die Notwendigkeit von **Erziehungszöllen** wurde in Deutschland von **Friedrich List** (1789 - 1846) vertreten. Er forderte eine zeitlich begrenzte Protektion der aufkeimenden deutschen Industrie gegen die überlegene englische Wirtschaft, die einen Vorsprung im take-off von wenigstens 30 Jahren hatte. Selbst der klassische Ökonom *John Stuart Mill* (1806 - 1873) befürwortete derartige Schutzmaßnahmen.

   Erziehungszölle sollen junge, im Aufbau befindliche Branchen bzw. Unternehmen (infant industries) vorübergehend abschirmen, um im Inland eine konkurrenzfähige Produktion aufzubauen. Die erwarteten komparativen Kostenvorteile entstehen durch ständige Verbesserung der Fertigungstechnik (Lerneffekt) und Skalenerträge aufgrund der höheren Inlandsnachfrage.
   Analog sind *Anti-Dumpingzölle* gegen subventionierte Billigangebote gerichtet.

   Allgemein sind Schutzzölle *kritisch* zu beurteilen, weil im Wirtschaftleben eine nachweisbare Tendenz besteht, einmal gewährten Schutz zu verewigen. Aus ursprünglich akzeptabler Protektion zur Anpassung entwickelt sich nachteiliger Erhaltungsschutz. Niemand kann das Risiko einschätzen, ob die einem neuen Industriestandort vorausgesagten Vorteile eintreten werden. Zudem begünstigt die Zolldeckung das Nachlassen unternehmerischer und technologischer Kreativität.

2) Schutzzölle werden auch mit der Begründung **negativer externer Effekte** gerechtfertigt. Wenn Importgüter die gesamtwirtschaftliche Wohlfahrt beeinträchtigen, indem sie z.B. Umweltschäden oder Entsorgungskosten verursachen, begrenzen Einfuhrabgaben den Güterzustrom und tragen finanziell zum Ausgleich der volkswirtschaftlichen Kosten bei. Problematisch ist die rechnerische Erfassung der Nachteile.

3) Unter bestimmten Voraussetzungen kann ein einzelnes Land durch Einführung eines **Optimalzolls** seine Wohlfahrtsgewinne erhöhen, allerdings zu Lasten der Weltgemeinschaft (vgl. 8.2.1).

8.1.4 Wirkung von Schutzzöllen

Die Wirkungsanalyse protektionistischer Maßnahmen setzt beim zollerhebenden Land an, bezieht aber die außenwirtschaftlichen Folgen in die Gesamtbeurteilung ein.

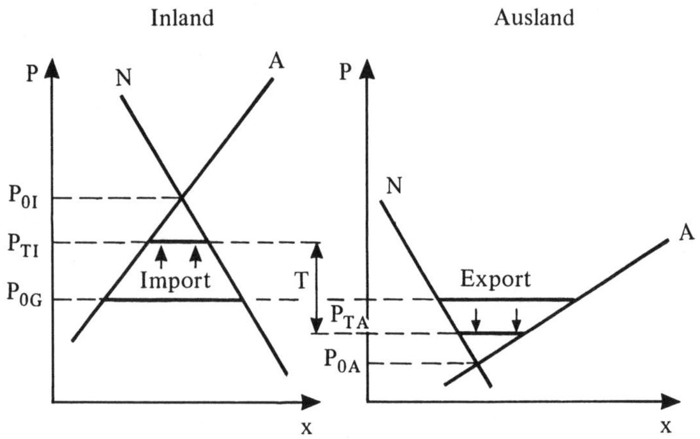

Abb.: 8-3: Preis- und Mengeneffekte eines Schutzzolls

In Abb. 8-3 ist das jeweilige nationale Gleichgewicht für ein bestimmtes Gut x bei Marktisolation erkennbar. Da der Auslandspreis p_{0A} *unter* dem inländischen Gleichgewichtspreis p_{0I} liegt, ist es für einheimische Unternehmen und Haushalte lohnend, Importgüter zu kaufen. Beim identischen Preis p_{0G} ergibt sich das *internationale Gleichgewicht.* Import und Export stimmen überein. Die Produktion im Inland geht zurück, während sie im Ausland steigt.
Ist das Inland mit der Produktionseinschränkung bei *diesem besonderen Gut* nicht einverstanden, wird es z.B. einen spezifischen Schutzzoll in Höhe von T ergeben.

Wie stark die Folgewirkungen sein werden, hängt von den Preiselastizitäten des Angebots und der Nachfrage im In- und Ausland ab. Zudem muß das Inland so groß sein, daß Änderungen seiner Importnachfrage im Ausland spürbar sind.

1) *Preiseffekt:* Der Preis im Inland steigt auf p_{TI}, der Weltmarktpreis fällt auf p_{TA}.

2) *Produktionseffekt:* Aufgrund der Preiserhöhung im Inland wächst das inländische Angebot. Dies ist der eigentlich angestrebte *Schutzeffekt.*
Treibt der Zoll den Preis bis p_{0I} nach oben, ist wieder der Zustand wie bei geschlossenen Märkten erreicht. Der Außenhandel geht dann auf Null zurück **(Prohibitivzoll)**

3) *Handelseffekt:* Das größere Angebot im Inland senkt die Importnachfrage und reduziert die Absatzmöglichkeiten des Auslandes. Dagegen wird es sich möglicherweise mit einem eigenen **Retorsionszoll** (Straf- oder Vergeltungszoll) zur Wehr setzen.

4) *Wohlfahrtseffekt*: Aufgrund der Preiserhöhung nimmt die Produzentenrente zu, während die Konsumentenrente fällt. Dieser Umverteilungseffekt bedeutet einen Reichtumsverlust für das Inland, weil die zusätzliche Produzentenrente kleiner ist als die verlorene Konsumentenrente.

5) *Fiskaleffekt*: In die Staatskasse fließen Einnahmen aus dem Zoll, die zum Teil durch das Ausland getragen werden, weil es eine Preissenkung akzeptieren muß.

6) *Zahlungsbilanzeffekt:* Der Importrückgang bewirkt tendenziell eine Aktivierung der Handelsbilanz und somit eine Verbesserung der Zahlungsbilanzsituation.

7) *Terms of Trade-Effekt:* Unter der (kurzfristigen) Annahme, daß die Exportgüterindustrie von der Zollerhebung nicht berührt wird, verbessert sich das Tauschverhältnis aufgrund des niedrigen Preisniveaus für Importgüter auf dem Weltmarkt.

Zum **Gesamtwohlfahrtseffekt** im Inland trägt auch die Verwendung der Zolleinnahmen bei.Positive Multiplikatorwirkungen auf *Einkommen* und *Beschäftigung* stellen sich ein, wenn die Mittel nicht für zusätzliche Importe ausgegeben werden. Dadurch würden zudem Zahlungsbilanz- und ToT-effekt verringert.

Selbst wenn sich für das Inland per Saldo ein Wohlfahrtsgewinn errechnet, führt eine Zollerhebung im Ausland immer zu Wohlfahrtsverlusten. Sie fallen umso höher aus, je größer der Anteil an der Zollbelastung ist, den die ausländischen Exporteure tragen müssen.

8.2 Aspekte der Zollpolitik

8.2.1 Optimalzoll

Da es einem großen Land bzw. einer Wirtschaftsunion möglich ist, durch Schutzzölle auf Importgüter seine ToT zu verbessern, kann es seine nationale Wohlfahrt auf Kosten der Handelspartner erhöhen. Nach Maßgabe der neuen ToT erhält es für jede exportierte Gütereinheit eine größere Menge an Importgütern. Als **Optimalzoll** bezeichnet man den Interventionsgrad, der die Wohlfahrtszuwächse im Vergleich zum Freihandel maximiert. Zu seiner Ermittlung sind die Außenhandelsgewinne mit den zwangsläufigen Wohlfahrtsverlusten in dem betreffenden Wirtschaftsraum zu saldieren. So wird beispielsweise die Exportmenge zurückgehen, und zwar einerseits wegen der günstigen Tauschverhältnisse bei konstantem Import, zum anderen aber auch infolge des gesunkenen Wohlstands außerhalb.

Die Rückwirkungen auf Allokation, Einkommen und Beschäftigung sowie die daraus folgenden Nettoeffekte sind praktisch kaum zu quantifizieren.

Optimalzölle können nur solange funktionieren, wie das Ausland nicht mit **Retorsionszöllen** reagiert. Ein eskalierender Handelskrieg würde die Wirtschaftsbeziehungen gänzlich zum Erliegen bringen und dann die Wohlfahrt *aller* im Vergleich zu offenen Weltmärkten verschlechtern.

8.2.2 Effektivzoll

Importabgaben werden nicht nur auf industrielle Fertigerzeugnisse erhoben, sondern auch auf Rohstoffe und andere Vorleistungen. Daher spiegelt der Nominalzoll auf das Endprodukt nicht den tatsächlichen Schutzeffekt wider.
Ist nach einem Zoll auf das ausländische Konkurrenzprodukt der Absatzpreis festgelegt, so schrumpft die Wertschöpfungsmarge der inländischen Produzenten umso mehr zusammen, je höher die notwendigen Vorprodukte mit Importzöllen belastet werden. Der angestrebte Preisvorteil schwindet durch höhere Einstandskosten. Der Zollschutz kann durch diese Zusatzkosten nicht nur ausgeglichen, sondern sogar überkompensiert werden. Das ursprüngliche Ziel der Zollpolitik, in einem bestimmten Industriezweig die Fertigung zu steigern, wird ins Gegenteil verkehrt. Bei sinkender Wertschöpfung, was insbesondere auch einen Gewinnrückgang bedeutet, wird die Produktion eingeschränkt.

Das *Konzept der effektiven Protektion* mißt den realen Zollschutz eines Wirtschaftszweiges im Inland (reale Belastung im Ausland) am Kriterium der *Wertschöpfung* bei Freihandel verglichen mit jener bei Berücksichtigung der entsprechenden Zollstruktur. Die zollpolitische Erkenntnis lautet: Der Schutzeffekt ist umso größer, je niedriger die Vorleistungen und je höher die Fertigerzeugnisse belastet werden.

Handelspolitische Auswirkungen hat diese Maxime vor allem für rohstoffexportierende Entwicklungsländer. Die Industriestaaten verzollen die Einfuhr von Rohstoffen bewußt nicht oder nur gering mit der Begründung, den anderen Exportmöglichkeiten und Einkommensquellen zu eröffnen. Dagegen erheben sie hohe Zölle auf Endprodukte. Der starke Effektivschutz behindert die weniger entwickelten Länder beim Aufbau einer eigenen Industrie.

8.3 Nicht-tarifäre Eingriffe

Unter dem Begriff nicht-tarifäre Handelsbeschränkungen sind alle staatlichen Maßnahmen - ausgenommen Zölle - zusammengefaßt, die auf Import und Export einwirken. Da einige - ähnlich wie Schutzzölle - gravierende Eingriffe in den freien Warenverkehr darstellen, hat sie das *General Agreement On Tariffs And Trade* (GATT, gegründet 1947 mit Sitz in Genf) in seine Verhandlungsrunden einbezogen. Ursprünglich war das GATT auf den weltweiten Abbau von Zöllen gerichtet. Es konnte bis zum aktuellen Abschluß der *Uruguay-Runde* respektable Erfolge erzielen - vielfach durch Ausdehnung der bilateralen **Meistbegünstigung** auf weitere Länder.

1) *Kontingentierungen* gehören zu den schärfsten Einschnitten in den Freihandel. *Ausfuhrkontingente* bezwecken eine bessere Inlandsversorgung, ein höheres Weltmarktpreisniveau oder die Wahrung strategischer Interessen. *Einfuhrkontingente* entsprechen in ihrem Ergebnis dem Schutzzoll. Ihr Vorteil besteht darin, daß sie von der Elastizität des ausländischen Angebots, die über die Wirksamkeit von Schutzzöllen mitentscheidet, unabhängig sind. Allerdings entfällt der fiskalische Einnahmeeffekt.

2) *Freiwillige Exportbeschränkungen* wirken ähnlich wie Importkontingentierungen. Da sie scheinbar auf einer freien Entscheidung beruhen, verstoßen sie nicht direkt gegen das GATT-Regelwerk. De facto kommen sie aber auf Druck des Importlandes zustande, das aufgrund seiner Überlegenheit auf einem anderen Gebiet mit Sanktionen droht.

3) *Subventionen* für die Exportindustrie sowie für Produkte, die mit Importgütern im Wettbewerb stehen, gibt es in der Form von Steuerermäßigungen, direkten Zuschüssen oder Ausfuhrgarantien (Hermes).
In der Vergangenheit haben alle Länder von diesem verdeckten Instrument mit unterschiedlichsten Begründungen umfangreichen Gebrauch gemacht.
Der Uruguay-Runde ist es durch einen neuen *Subventions-Kodex* gelungen, einerseits eine Verschärfung der multilateralen Disziplin im Hinblick auf verbotene oder umstrittene Fördermaßnahmen zu vereinbaren. Zum anderen werden bestimmte Subventionen (Umwelt, Forschung und Entwicklung, Regionalförderung) nicht mehr generell angreifbar sein. In der Uruguay-Runde wurden auch strenge *Anti-Dumping-Richtlinien* festgelegt.

4) Wachsende Bedeutung kommt einer neuen Art nicht-tarifärer Handelsbeschränkungen zu, nämlich dem *Verwaltungsprotektionismus*. In einer kaum überschaubaren Vielfalt wurden administrative Hürden, technische Normen und übertriebene Formalitäten geschaffen. Sie diskriminieren die ausländische Konkurrenz und verursachen Mengen- und Preiswirkungen (Zusatzkosten) wie Zölle. Sie bilden die modernen Hemmschwellen für ein umfassendes, transparentes und faires Welthandelssystem.

8.4 Ergebnis und Ausblick

Die enorme Steigerung des Welthandelsvolumens in der jüngeren Vergangenheit beweist, daß die internationale Arbeitsteilung zugenommen hat. Offensichtlich haben sich viele Nationen von der Freihandelsidee leiten lassen.
Deutschland hat sich von einem Land mit Außenhandel zu einer offenen Volkswirtschaft gewandelt. Die Stärke der außenwirtschaftlichen Verflechtung läßt sich anhand der Kennziffer des *Offenheitsgrades* (Wert der Ausfuhr plus Einfuhr bezogen auf das BSP) beurteilen. In den letzten dreißig Jahren ist diese Kennziffer in Deutschland von 37 auf 70, in Frankreich von 25 auf 45, in Italien von 26 auf 36 und in den USA von 9 auf 22 Prozent gestiegen (Christian Watrin).

Von der Handelsliberalisierung profitieren insbesondere die Mitglieder der Wirtschafts- und Zollgemeinschaften, denen sich immer mehr Länder anschließen. Beispielhaft seien die gerade beschlossenen Erweiterungen der Europäischen Union (EU) und des North Amercian Free Trade Agreement (NAFTA) genannt.

Für die Zukunft wird erwartet, daß sich die weltwirtschaftlichen Probleme eher verschärfen. Im Kampf gegen die sich abzeichnenden ökonomischen Dissonanzen - steigende Zahlungsbilanzdefizite in Entwicklungsländern, Strukturveränderungen durch neue Schwellenländer, die sich zu konkurrenzfähigen Volkswirtschaften fortentwickeln, und zu niedrige Wachstumsraten mit der Folge zunehmender Arbeitslosigkeit - ist damit zu rechnen, daß viele Staaten oder Wirtschaftsblöcke neue Handelsbarrieren errichten.

Bereits heute wird das erfolgreiche Wirken des GATT zugunsten einer liberalen weltwirtschaftlichen Ordnung durch immer kompliziertere nicht-tarfäre Eingriffe um kurzfristiger nationaler Vorteile willen unterlaufen. Eine grundlegende Aufgabe der Nachfolgeinstitution World Trade Organisation (WTO) wird es sein, diesen *neuen Protektionismus* zu bekämpfen.

Literaturverzeichnis

Adebahr, H., Währungstheorie und Währungspolitik, Berlin 1978.

Adebahr, H. und Maenning W., Außenhandel und Weltwirtschaft, Berlin 1987.

Altmann J., Außenwirtschaft für Unternehmen, Stuttgart/Jena 1993.

Bareis P./Ohr, R., Europäische Integration auf Abwegen - Die ordnungspolitischen und institutionellen Fehlentscheidungen von "Maastricht", Referate, gehalten auf dem Hohenheimer Europa-Colloquium 21., 22. Mai 1992, Universität Hohenheim 1992.

Batten, Dallas, S., The conduct of monetary policy in the major industrial countries, instruments und operating procedures, Occasional Paper International Monetary Fund 70, Washington DC 1990.

Bechler, E., Geld und Währung, München 1978.

Beckh, S., Das Instrumentarium der Deutschen Bundesbank seit dem Übergang zur Geldmengensteuerung, Berlin 1990.

Belke, A., Probleme und Risiken der Europäischen Wirtschafts- und Währungsunion, in: WISU Nr. 11, 1992, S. 864-866.

Birnstiel, E., Theorie und Politik des Außenhandels, Stuttgart, Berlin, Köln, Mainz 1982.

BMWJ, Leistung in Zahlen, Bonn 1986 und 1993.

Böchmann, L., Modelle der Anbieterinflation, in: WISU, Heft 8-9, August/September 1989, S. 155-157.

Borchert, M., Außenwirtschaftslehre, 4. Auflage, Wiesbaden 1992.

Borchert, M., Theorien der Geldnachfrage, in: Das Wirtschaftsstudium, 21. Jg. (1992), Heft 7, S. 575-581.

Borries von R., Europarecht von A bis Z, München 1982.

Bub, N., Duwendag, D., Richter, R. (Hrsg.), Geldwertsicherung und Wirtschaftsstabilität, Festschrift für Helmut Schlesinger zum 65. Geburtstag, Frankfurt a.M., 1989.

Cassel, D., Inflation, in: Vahlens Kompendium der Wirtschaftstheorie und Wirtschaftspolitik, Band 1, S. 255-306, München 1984.

Cezanne, W., Inflationstheorien - Ein Überblick, in WISU, Heft 1, Januar 1991, S. 56-62.

Cezanne, W., Grundzüge der Makroökonomik, München, Wien, 1982.

Christmann, J. und Schopf, M., Volkswirtschaft und Politik, Darmstadt 1988.

Claassen, E.-M., Der monetäre Ansatz der Zahlungsbilanztheorie in: Weltwirtschaftliches Archiv, Bd. 11, 1975, S. 1-23.

Claassen, E.-M., Grundlagen der makroökonomischen Theorie, München 1980.

Claussen, P., Einführung in die Theorie der Inflation, Stuttgart etc., 1977.

Deppe, F., Europäische Wirtschaftsgemeinschaft, Hamburg 1975.

Deutsche Bundesbank, Geschäftsberichte der Deutschen Bundesbank, Frankfurt a.M., 1992 und 1993.

Deutsche Bundesbank, Monatsberichte der Deutschen Bundesbank, Frankfurt a.M., Januar 1973, 1989, 1993, Nov. 1993, Mai 1993.

Deutsche Bundesbank, Die Beschlüsse von Maastricht zur Europäischen Wirtschafts- und Währungsunion, in: Monatsbericht Februar 1992.

Deutsche Bundesbank, Internationale Organisationen und Gremien im Bereich von Währung und Wirtschaft, Sonderdruck, Frankfurt 1992.

Deutsche Bundesbank, Sonderdruck: Geldpolitische Aufgaben und Instrumente, Frankfurt 1993.

Deutsche Bundesbank, Devisenkursstatistik, August 1994.

Dieckheuer, G., Internationale Wirtschaftsbeziehungen, München, Wien 1991.

Dixit, A. und Norman V., Außenhandelstheorie, München, Wien 1991.

Dornbusch, R., Stanley Fischer, Makroökonomik, München, Wien 1987.

Duwendag, D./Ketterer, K.-H./Kösters, W./Pohl, R./Simmert, D.B., Geldtheorie und Geldpolitik: Köln 1993.

Ehrlicher, W., Diethard B. Simmert (Hrsg.), Geld- und Währungspolitik in der BRD, Beiheft zu Kredit und Kapital, Heft 7, Berlin 1982.

Ehrlicher, W., Diethard B. Simmert (Hrsg.), Wandlungen des geldpolitischen Instrumentariums der Deutschen Bundesbank, Beiheft zu Kredit und Kapital, Heft 10, Berlin 1988.

Ethier, W.J., Moderne Außenwirtschaftstheorie, München, Wien 1991.

Felderer, B., Homburg, S., Makroökonomie und neue Makroökonomie, Berlin u.a. 1990.

Fricke, D., Verteilungswirkungen der Inflation, Baden-Baden 1981.

Fuhrmann, W., Makroökonomik: Zur Theorie interdependenter Märkte, München, Wien 1991.

Gahlen HRS, Volkwirtschaftslehre, Tübingen 1981.

Gehrels, F., Außenwirtschaftstheorie, München 1985.

Gerfin, H./Heimann, P., Elastizität in: Albers, W. et al. (Hrsg.), Handwörterbuch der Wirtschaftswissenschaft, Bd. 2, Stuttgart u.a. 1980, S. 353-362.

Gordon, Robert J., Makroökonomik, München, Wien 1989.

Hardes, H.-D., Rahmeyer, F. Schmid, A., Volkswirtschaftslehre, Tübingen 1986.

Heubes, J., Importierte Inflation, in: Wist, Heft 7, Juli 1990.

Hicks, J.R., Mr. Keynes and the Classics: A Suggested Interpretation. In: Econometrica 6 (1937), S. 147-159.

Issing, O., Einführung in die Geldpolitik, München 1990.

Issing, O., Binnenmarkt und Währungsintegration, in: Wist, Juli 1989, S. 351-355.

Issing, O., Einführung in die Geldtheorie, München 1976.

Jacob, K.D., Geldlehre (Theorie und Politik), Wiesbaden 1981.

Jaeck, H.J., Volkswirtschaftslehre, Landsberg 1984.

Jarchow, H.-J., Zahlungsbilanz I: Theorie und Politik, in: Albers, W. et al. (Hrsg.), Handwörterbuch der Wirtschaftswissenschaft, Bd. 9, Stuttgart u.a. 1980, S. 539-562, S. 548 ff, S. 560.

Jarchow, H.-J., Theorie und Politik des Geldes, Bd. I und II, Göttingen 1983.

Jarchow, H.-J./Rühmann, P., Monetäre Außenwirtschaft, Bd. 1, 2, 3, Göttingen 1988 und 1993.

Kath, D., Geld und Kredit, in: Bender, D. et al., Vahlens Kompendium der Wirtschaftstheorie und Wirtschaftspolitik, München 1992.

Keynes, J.M., The General Theorie of Employment, Interest, and Money, London 1936.

Koch E., Internationale Wirtschaftsbeziehungen, München 1992.

Krägenau, H., Europäische Wirtschaftsunion, Vom Werner-Plan zum Vertrag von Maastricht, Hamburg 1993.

Kraus, O., Inflation und Deflation, Hamburg 1956.

Ledig, M., Die Währungsunion in Europa, in: Zippel, Wulfdiether, Ökonomische Grundlagen der europäischen Integration, München 1993, S. 121-133.

Menkhoff, L., Nicht-monetäre Inflationstheorie, in: Wist Heft 3, März 1991, S. 114-121.

Möller, H., Außenwirtschaftspolitik, Wiesbaden 1961.

Möller, H., Internationale Wirtschaftsordnungen, Wiesbaden 1960.

Monski, E.M., Probleme internationaler Wirtschaftsbeziehungen, Rinteln 1979.

Mussel, G., Einführung in die makroökonomische Theorie, Stuttgart u.a. 1991.

Neldner, M., Der Einfluß des Nichtbankensektors auf das volkswirtschaftliche Geldangebot, in: Kredit und Kapital, 26 Jg. (1993), Heft 2, April/Juni, S. 193-203.

Neumann, M., In der Ära der Euro-Mark, in: Frankfurter Allgemeine Zeitung, Nr. 97, 25. April 1992, S. 13.

Neumann, M.J.M., Einführung in die Geldangebotsanalyse (I) + (II), in: Das Wirtschaftsstudium, 3. Jg. (1974), Heft 3, S. 116-121 + Heft 4, S. 170-176.

Ohr, R., Europäische Währungsunion - eine Gefahr für Europa, in: Bareis/Ohr (1992, Hrsg.), S. 39-48.

Pätzold, J., Stabilisierungspolitik: Grundlagen der nachfrage- und angebotsorientierten Wirtschaftspolitik, Bern u.a. 1993.

Peto, O., Grundlagen der Makroökonomie, München 1977.

Pohl, R., Theorien der Inflation, München 1981.

Rittenbruch, K., Makroökonomie, München, Wien 1993.

Rose K. und Sauernheimer K., Theorie der Außenwirtschaft, München 1992.

Rose, K., Der monetäre Ansatz in der Zahlungsbilanztheorie, in: Jahrbuch für Sozialwissenschaft, Bd. 28, 1977, S. 365-378.

Rose, K., Wechselkurs, in: Albers, W. et al. (Hrsg.), Handwörterbuch der Wirtschaftswissenschaft, Bd. 8, Stuttgart u.a. 1980, S. 576-605.

Sachs, R., Leitfaden Außenwirtschaft, Wiesbaden 1990.

Samuelson, Paul A., W. D. Nordhaus, Volkswirtschaftslehre, Bd. 1 und 2, Köln 1987.

Schaal, P., Monetäre Theorie und Politik, München und Wien 1981.

Schäfer, W., Anmerkungen zur J-Kurve, in: Kredit und Kapital, Bd. 18 (1985), Heft 4, S. 490-503.

Scharrer, H.-E., Europäische Währungsunion: kein Feld für Kompromisse, in: Wirtschaftsdienst, 71. Jg. (1991), Heft 10, S. 501-506.

Schlesinger, H., Weichenstellung für die Geld- und Währungspolitik das Jahr 1990, in: Währungspolitik und Kapitalmarkt, Frankfurt am Main, 1991, Informationsschriften des Instituts für Kapitalmarktforschung.

Schlesinger, H., Der Weg zu einer Europäischen Wirtschafts- und Währungsunion, in: Wirtschaftsdienst, 71. Jg. (1991), Heft 5, S. 232-238.

Schmölders, G., Geldpolitik, Tübingen und Zürich 1968.

Shams, R., Wechselkurstheorie und -politik, München, Wien 1985.

Siebert, H., Außenwirtschaft, Stuttgart 1984.

Siebke, J., Geldangebotstheorie, in: Wirtschaftswissenschaftliches Studium, 3. Jg. (1974), Heft 10, S. 465-469.

Siebke, J., Geldnachfragetheorie, in: Thieme J.H. (Hrsg.), Geldtheorie, Baden-Baden 1985.

Smeets, H.-D., Monetäre Integration: Vom EWS zur Währungsunion, in: Gröner, Helmut/Schüller, Alfred, Die europäische Integration als ordnungspolitische Aufgabe, Stuttgart 1993, S. 97-139.

Stern, R.M., The Balance of Payments, Chicago 1973.

Stevenson, A./Muscatelli, V./Gregory, M., Macroeconomic Theory and Stabilisation Policy, New York u.a. 1988.

Ströbele, W., Inflation, München und Wien 1994.

Wachtel, P., Macroeconomics: from theory to practice, New York, u.a. 1989.

Willms, M., Währung, in: Bender, D. et al., Vahlens Kompendium der Wirtschaftstheorie und Wirtschaftspolitik, München 1992.

Willms, M., Geldangebotstheorie, in: Thieme, H.J. (Hrsg.), Geldtheorie, Baden-Baden 1985.

Wissenschaftlicher Beirat beim Bundesministerium für Wirtschaft, Europäische Währungsordnung, Gutachten des Wissenschaftlichen Beirats, Bonn 21. Januar 1989.

Woll, A., Allgemeine Volkswirtschaftslehre, München 1993.

Woll, A. (Herausgeber), Inflation - Definition, Ursachen, Wirkungen und Bekämpfungsmöglichkeiten, München 1979.

Zottmann, A., Allgemeine Volkswirtschaftslehre IV, Stuttgart 1969.

Zottmann, A., Theorie und Politik der Außenwirtschaft, Stuttgart 1967.

Zweifel P. und Hehler R.H., Internationaler Handel, Heidelberg 1992.

Sachverzeichnis